# 역사주의 : 역사와 철학의 대화

# 역사주의 : 역사와 철학의 대화

한국사학사학회 편

경인문화사

# 책을 내면서

이 책은 한국사학사학회의 학술총서의 하나로 기획되었다. 본 학회의 활동은 역사이론과 역사서술의 역사를 탐구하는 학자들의 학술적 소통의 공간을 제공하면서, 그 기관 학술지로 『한국사학사학보』를 정기적으로 발행하고 있으며, 부정기적으로 역사이론과 사학사의 중요 문제에 대한 이론서 및 교양도서를 출간하는 데 집중되어 있다. 이러한 취지의 일환으로 이 책은, 역사학 이론의 분야에서 가장 문제시되고 있는 과제 중 하나인 '역사주의 (historicism)'에 관한 사학사적 논의가 우리나라의 역사학계의 연구자는 물론 나아가서 교양대중에게 알기 쉽게 전달되어야 한다는 필요성에 부응하기 위해서 기획되었다.

역사주의는 19세기 유럽, 특히 독일에서 근대 역사학의 성립과정에서 크게 활성화되었던 이념인데, 역사학의 일차적 연구와 서술 그 자체를 넘어서서 일종의 철학적 담론으로서 하나의 포괄적인 사상체계 또는 세계관(Weltanschauung)이었다. 물론 그것이 이론적으로 체계화되거나 하나의 담론 형태로 논의되기 시작한 것은 20세기 들어와서의 일이다. 그나마도 지역적으로 독일 외에 영미권, 이탈리아 등지에서 서로 다른 역사적 맥락과 국가적 특성에 따라 매우 다르게 해석되고 논의되었던 이념이다. 또한 학문영역으로는 역사학 외에 사회과학, 문학, 법학, 건축 및 예술분야 등 다양한 학문분야에서 광범위하게 또 그만큼 다기한 의미로 사용되면서 일정한 사상적 방향이나 확정된 논의의 틀을 찾아보기가 어려운 실정이다. 따라서 이처럼 복잡한 포괄적 개념으로서의 '역사주의'는 그 이해와 수용에 있어 많은 혼란을 수반하였던 것이 사실이었다. 이 개념이 우리나라에서 관련 연구자들 사이에 종합적이고 비판적 입장에서 집중적으로 다루어져야 할 과제였지만 그러한 기회가 드물었다는 것도 사실이었다. 본 학회는 특히 지난 세기말 광풍처럼 몰아쳤던 포스트모더니즘의 물결을 넘어 반성적 입장에서 역사이론의 문제를 재검토할 시점에 이르렀다는 인식 아래, 무엇보다도 근대 역사학의 근원에서부터 문제점을 야기해왔던 역사주의 문제를 재조명해야 한다고 보았다. 아울러 21세기 벽두인 오늘날 '우리 한국인의 시각에서' 역사주의를 그 원류에서부터 수용과정에 대한 비판을 거쳐 새롭게 재조명하고자 하는 것이 이 책의 기획 의도이다.

이러한 기획 취지 아래서 일차적으로 본 학회는 역사주의 관념의 시대별 발전과정에 따라 해당 분야의 전문가들을 망라하여 필진을 구성하였다. 이어서 2010년 12월 개최된 본 학회의 연례 학술대회를 필두로 하여 수차의 워크숍 및 기획발표회를 개최하고 필자들 간의 집필방향에 대해 상호 논의를 통한 조율과정을 거쳐 우리 학계의 사학사 연구와 역사이론의 발전에 도움이 될 만한 방향으로 집필하고자 최대한의 노력을 기울였다. 이러한 상호 조율 과정이 쉽지만은 않은 일이었기에 당초 계획보다 매우 늦게 이 책이 출간되게 된 점에 대해 필진 및 독자들의 양해를 구하는 바이다.

이 책의 서술 지침으로 다음과 같은 원칙을 필진들은 합의하고 서술에 임하였기에 이를 밝혀둔다. 첫째, 역사주의의 관념을 전체적으로 조망하면서 역사주의와 관계된 개별 역사가 또는 사상가들을 다루되, 해당 시기의 입장에서 다시 재구성하는 차원이 아니라, 철저히 오늘날의 관점에서 "왜 다시 역사주의인가?"에 답을 줄 수 있는 차원에서 수용적 또는 비판적으로 다룬다. 즉, 다루는 주제가 전체 개념으로서의 역사주의든 개별 역사가나 사상가의 역사주의 사상이든, 오늘날 그 주제를 왜 다루어야 하는지, 그러한 작업이 어떤 의미와 가치를 지니는지, 그래서 그 주제가 오늘날 현대 한국 사회에 어떻게 수용 또는 비판될 수 있는지 등을 현재의 관점에서 서술하고자 하였다. 둘째, 전문성을 갖춘 학술서를 지향하되, 가능하면 많은 교양독자들이 충분히 소화해서 읽어나갈 수 있도록 가독성을 높여 쉬우면서도 일정 수준의 전문성을 지닌 문체로 서술한다. 즉 학술적 성격을 견지하면서도 준 교양서를 지향한다는 취지 아래, 학문적 시각은 사학사와 역사이론적 전문성을 유지하면서도 대학생, 교양인 들을 대상으로 평이한 서술을 지향하고자 하였다. 따라서 일반 독자들이 관심을 갖지 않을 만한 또는 이해할 수 없을 지나친 전문성은 되도록 삼가기로 하여, 이론이나 사상은 되도록 쉽게 풀어서 설명하고, 필요한 경우 현대 사회나 일상생활에서의 실례를 많이 들어서 알기 쉽게 서술하고자 하였다.

이 책을 발간함에 있어 무엇보다도 옥고를 작성하고 학술대회 및 워크샵에 참석하여 집필 방향과 내용에 대해 진지한 토론의 시간을 할애해 준 필진들께 감사드린다. 또한 초기 기획의 방향을 수립하고 정리해 준 김기봉 교수와 원고 수합과 편집을 도맡아 준 최성철 교수, 그리고 이 작업을 이어 맡아준 곽승훈 교수께 커다란 감사를 드린다. 마지막으로 지루한 편집과정의 긴 시간을 투입하여 발간에 임한 경인문화사의 편집진에게도 깊은 감사를 드린다.

2014년 9월,

필진을 대표하여,
임 상 우

# 차 례

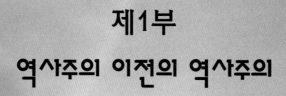

# 제1부
## 역사주의 이전의 역사주의

# 역사주의 이전의 역사주의자, 비코

조 한 욱

## 1. 머리말

본고의 목적은 '역사주의'라는 용어가 학계에 정착된 것보다 한 세기 이상 이전에 이미 이탈리아의 사상가 잠바티스타 비코가 그 이론과 실천을 위한 기반을 닦아놓았음을 증명하려는 것이다. 그러나 그 작업 자체로 들어가기에 앞서 거쳐야 할 단계가 있다. 그것은 '역사주의'라는 용어를 파악하는 데 내재하는 난점 때문에 생긴다. 무릇 한 시대를 포괄한다는 지적 경향이라면 그 어떤 것이라도 개괄적으로나마 정의를 내리는 일조차 무척 어려운 법이다. 왜냐하면 보통 그런 개념들은 배태될 때부터 이념적 성향에 있어 대립되는 사람들이 관여하여 자신에게 유리한 방향으로 의미를 전유하려 하고, 이후 해석의 과정에서는 더 많은 사람들이 개입하여 처음 생성되었을 때부터 이미 다의적이었던 함의를 더욱 모호하게 만드는 일이 흔히 일어나기 때문이다.

그것은 '역사주의'라는 용어의 역사를 살펴봐도 예외가 아니다. 김현식이 잘 정리해놓았듯 그 사조에 대한 여러 정의는 기원부터 오늘날의 용례에 이르기까지 상호모순적인 "개념 정의를 둘러싼 불필요한 소모적 논쟁"으로 점철되어 있었다. 정의를 내리는 데 관여한 사람들마다 상반되는 견해를 내세우는 정도를 넘어, 한 개인조차 자신의 정의에서 모순된 주장을 펼치는 일까지 일어나고 있다. 게다가 법학과 경제학을 비롯한 여러 학문 분야에서 각 민족의 특수성을 고려하며 법의 이론이나 경제의 법칙을 이끌어내야 한다는 역사학파가 만들어지고, 그들 역시 역사주의라는 큰 테두리 안에서 함께 설명되면서 역사주의라는 용어는 의미의 가지치기를 거듭하여 거기에 대한 통일된 정의를 포기하는 일마저 생겼다.

이 글에서 그 논쟁에 다시 참여하려는 의도는 없다. 그렇지만 역사주의의 선구자로서 비코를 조명하려는 글이라면 그렇게도 많이 생겨난 '역사주의들' 가운데 그의 사상이 특히 어떤 역사주의의 선례를 만들었는지는 반드시 밝혀두어야 선행 조건이다. 본고에서 말하려는 역사주의는 19세기 말부터 학문으로서 역사학의 위상을 정립시킨 독일의 역사가들과 역사철학자들로부터 비롯되는 경향을 지칭한다. 역설적으로 들릴지 모르지만, 굳이 비코까지 거슬러 올라가지 않더라도 역사학 내부에서 역사주의가 확립된 것은 다른 학문에서 역사학파가 생기고 그것과 관련하여 방법론 논쟁이 벌어졌던 것보다 뒤늦다.[1] 기록으로서 역사 자체는 아주 오래 전부터 존재했지만, 역사학이 학문의 지위를 부여받은 것은 기껏해야 150년 정도밖에 되지 않는다. 바꾸어 말하면 헤로도토스가 『역사』를 집필한 기원전 5세기를 기점으로 무려 200~300년 남짓을 기다려서야 겨우 역사학이 무엇을 왜 어떻게 연구하는지 그 이론과 방법론을 정립하기 시작한 것이다.

역사학파로 알려져 있는 일단의 독일 역사철학자들이 그 일을 맡았다. 이들을 통해 역사학의 존재이유, 대상, 목적, 서술 방식 등에 대한 전반적인 합의가 이루어졌고, 그것은 오늘날까지도 어느 정도 암

묵적으로 역사학계 내부에서 받아들여지고 있다. 단적으로 요약하자면, 빌헬름 딜타이는 역사학이 자연과학과 달리 정신과학의 위치를 가지는 것은 '의미'가 담겨있는 사람들의 삶을 다루기 때문이며, '이해'를 통해 다른 사람들의 삶을 추체험함으로써 그 의미를 알 수 있다고 주장했다. 또한 독일 서남학파의 빌헬름 빈델반트와 그의 제자 하인리히 리케르트는 역사학을 정신과학 또는 문화과학으로 분류하는 이유로서 '가치'를 통해 무수히 많은 과거의 사실로부터 중요한 것을 선별해내기 때문이라 논했다.

이들에게 미친 비코의 영향을 논하기 위해서는 이들의 주장을 다소나마 상세하게 따라가 봐야 할 필요가 있다.

## 2. 독일 역사주의자 : 과학 만능주의에 반(反)하다

역사학은 본디 수사학의 한 구석을 차지하고 있었다. 역사 서술은 옛 사람들의 선행을 본받고 악행을 경계할 교훈을 전해주거나, 과거의 실례를 통해 통치에 필요한 기술을 정치 지배자에게 제공하는 글로 간주되었던 것이다. 사실의 정확성보다는 교훈의 실용성이 강조되었고, 따라서 역사가에게 요구되는 것은 엄밀한 사실의 확인이 아니라 타인을 설득시킬 수 있는 힘이었다. 역사가는 감동적인 문체로 글을 쓰기만 하면 그만이었다. 역사학은 "사례를 통한 철학 교육"이라는 이러한 견해는 고전 작가들에 의해 시작되었으며 르네상스 시대에 재발견되었다가 18세기에 볼링브룩 경에 의해 다시 확인되었다. 이렇듯 비판의 정신이 무르익었던 계몽주의 시대에 이르기까지도 역사학은 아직 자체의 정체성을 찾지 못하고 통치술의 변죽을 울리고 있었다.

역사학이 학문으로서 정체성을 발견하게 된 단초는 역사학을 자연과학과 동일시함으로써 인문학의 울타리 밖으로 내몰려던 실증주의자들로부터 왔다. 그들이 문학과는 다른 방식으로 "지식을 구성하고 표현하는 역사학의 특징적인 방법을 발견"하기 시작하면서 역사학은 문학의 테두리 안에 갇혀 있기를 거부했다. 그들은 역사학의 동료는 과학이 되어야 한다고 주장했다. 오귀스트 콩트의 실증주의 철학정신을 물려받아 역사 서술에 자연과학의 방법을 적용시켜야 한다고 논하였던 프랑수아 기조는 『프랑스 문명사』에서 "붕괴된 건물을 재건하고 과학적 메스에 의해 파괴된 존재를 부활시키는 것은 상상력과 이성의 작업"이라 주장하면서 역사학의 과학화에 힘을 실었다. 프랑스에서는 이폴리트 텐이 기조의 뒤를 이어, 형이상학의 서거로 만들어진 공백을 과학이 채워야 하며 과거는 신비를 수용하고 있지 않다고 강변했다. 즉, 경험적으로 사실을 확인하고 그 사실들 사이의 정확한 관계를 세워주기만 한다면 과거는 완전하게 설명될 수 있으리라는 것이었다.

그와 비슷하게 영국의 헨리 토머스 버클은 "모든 학문 분야에서 인정하고 있는 일반화의 필요성이 역사학에서만 받아들여지지 않고 있어, 특수한 사건들을 지배하는 법칙을 발견해야 할 고귀한 시도"가 있어야 한다고 논했다. 그는 역사학을 "전기 작가, 계보학자, 일화 수집가, 궁정과 군주와 귀족의 연대기 작가, 헛된 것에 대해 지껄이는 사람들의 수중에서" 빼앗아 "여러 분야의 자연과학 연구에 의해 실행된 것과 동일한, 혹은 최소한으로 유사한 그 어떤 것을 인간 역사를 위해 성취"하려는 목적으로 『영국 문명사』를 집필하였다고 밝혔다. 19세기 중엽에 집필한 이 책이 산업 혁명의 결과가 가시적으로 나타나던 시대의 과학에 대한 자신감을 어느 정도 반영하고 있다는 사실을 감안한다 할지라도, "가장 저명한 역사가조차 성공적인 물리학도에 비해 열등한 것이 확실하다"는 그의 판단은 편벽하다는 비판을 받아 마땅하다.

　독일의 역사주의는 이러한 경향에 대해 역사학을 비롯한 인문학이 갖고 있던 고유한 특성을 지키려는 시도로부터 출발했다. 버클의 편협성은 물론 역사학을 자연과학과 동일하게 만들려는 경향에 대한 중요한 비판이 독일에서 나타났다. 자연과학이 명성을 거두며 인간과 세계에 대한 전망에 도전적으로 개입하던 것을 예리하게 의식하던 요한 구스타프 드로이젠은 버클의 『영국 문명사』에 대해 비판적 서평을 썼다. 이른바 역사학의 '프로이센 학파'를 창시하였던 그는 버클이 가족, 국가, 민족 등을 자연 현상과 동일시하며 거기에서 도덕적 성격과 목적을 박탈하였던 것에 반대했다. 드로이젠에 따르면 자연에는 반복이 있을 뿐이며 목적을 위한 여지가 없다. 그에게 역사가의 작업이란 역사가의 만남으로부터 출발하는 것이다. 그것은 문서나 유물은 물론 과거의 관습, 제도, 사고 체계 등등을 이루었던 과거의 삶과의 만남을 말한다. 그러한 만남을 통해 과거는 창의적으로 재구성된다. 확실히 이것은 일반적 법칙으로 모든 것을 환원시키려는 실증주의적 과학의 방식과는 다르게 역사학의 정체성을 확립하려는 시도였다.

　독일의 역사철학자들은 역사학 고유의 특성을 확립하려는 시도를 더욱 심원하게 몰고 나갔다. 해석학의 창시자로 알려져 있는 프리드리히 슐라이어마허의 영향을 받은 빌헬름 딜타이는 과학의 성취를 존중하면서도, 인간 세계에서 벌어지는 현상을 원자의 세계에서 벌어지는 기계적인 힘의 작용과 동일하게 바라보면서 모든 연구에서 주체와 객체를 엄격하게 구분하려는 시도를 배격했다. 그는 자연의 영역에는 없고 인간의 영역에만 존재하는 요인들이 존재함을 받아들이라고 촉구했다. 그것은 의도, 목적, 가치, 의미 등의 개념으로서 그것을 파악하기 위해서 자연과학과는 다른 방법이 필요하다. "우리는 자연을 설명하지만, 인간의 세계는 '이해'한다. 인간의 세계는 정신의 세계"라고 주장하며 역사학을 '정신과학'(Geisteswissenschaft)으로 분류했다. 딜타이에 따르면 간단히 말해서 이해란 "당신 속에 있는 나를 재발견하는 것"이다. 이러한 이해의 방법을 통해 "정신은 더 높은 단계에서 [주체와 객체의] 연결성을 다시 발견한다." 이리하여 "인식 주체는 그 대상과 동일하게 되며, 그것은 객관화의 모든 단계에서 동일하게 이루어진다." 이런 방식을 통해 타인의 경험을 추체험하는 것이 가능해지고, 그것은 인식 주체와 그 대상이 분리되는 자연과학과는 구분되는 정신과학의 전제조건이 되는 것이다. 가다머는 슐라이어마허와 딜타이 같은 해석학의 선구자들의 성취에 대해 다음과 같이 결론 내린다. "역사적 이해란 모든 편견이 제외된 주관성의 행위이며, 이것은 효과적인 역사적 방법을 수단으로 하여 자기 자신의 지평선을 버릴 수 있는 인식자의 능력에 비례하여 획득된다."

한편 하이델베르크 대학을 중심으로 서남독일학파를 창건하였던 빌헬름 빈델반트도 실증주의에 대한 반격에 가세했다. 1894년의 스트라스부르 대학 총장 취임 연설은 "실증주의에 대한 선전포고"로 받아들여지고 있다. 빈델반트는 특히 역사 연구에 내재하는 특이한 논리에 관심을 두었다. 그에 따르면 역사학이 다른 학문과 다른 것은 연구 대상 때문이 아니라 방법론 때문이다. 자연과학의 방법이 '법칙정의적'(nomothetisch)이라면 역사학의 방법은 '개별기술적'(idiographisch)이다. 언어, 심리, 생리학, 지리 등등의 경우가 그렇듯, 우리는 같은 연구 대상에 대해 그 두 가지 방법 중 어느 쪽으로도 접근할 수 있다. 그리고 그 두 방식은 각기 나름대로의 과학적 기준과 고도로 정제된 방법론을 유지하고 있다. 어떤 대상에 대해 그 추상적인 관련성을 알고 싶을 때에는 '법칙정의적' 방법을 사용하며, 특정의 사건을 제한된 시간 속에서 충실하고 포괄적으로 서술하고 싶을 때에는 '개별기술적' 방법을 사용한다. 한 마디로 빈델반트에 따르면 "자연과학은 법칙을 찾으며 역사학은 사실을 찾는다."

빈델반트의 제자였던 하인리히 리케르트는 그의 논지를 계승하여 더욱 체계화시켰다. 『자연과학적 개념 형성의 한계』Die Grenzen der naturwissenschaftlichen Begriffsbildung라는 그의 대표작 중 하나의 제목이 시사하듯, 그도 자연과학이 역사학에 개입하는 것에 반대하였으며, 그는 서문에서부터 그 사실을 명백히 밝히고 있다. "버클 및 그와 관련된 사상가들에 대한 믿음은 역사학의 영역에서 완전히 불신되고, 단지 자연 철학에서만 역할을 유지할 수 있으리라고 보였다. 그럼에도 불구하고 오늘날 계몽주의의 오래된 탁상공론이 역사학에서 가장 새롭고 중요한 업적으로 취급되고 있다." 리케르트는 빈델반트의 구분이 불충분하다고 여겼다. 자연과학과 역사학은 방법론뿐 아니라 내용에 있어서도 다르다는 것이다. 역사가는 무수히 많은 과거의 사실 중에서 역사적으로 중요한 것과 그렇지 않은 것을 구분해야 한다. 따라서 선택의 원리가 있어야 하며, 그 선택의 기준은 '문화적 가치와의 관련성'(Wertbezogenheit)이 되어야 한다. 모든 문화적 대상에는 가치가 개입되어 있는 반면 자연적 과정에는 그것이 없다. 이런 기준에 근거하여 리케르트는 '문화과학'(Kulturwissenschaft)과 '자연과학'(Naturwissenschaft)을 구분하였고, 가장 특징적인 문화과학으로서 역사학을 꼽았다.

확실히 이것은 특히 프랑스에서 큰 힘을 발하던 실증주의가 표방하는 과학 만능주의에 대한 독일 특유의 반발이었다. 그러나 다시 생각해 본다면, 이들 독일 역사주의자들의 시도가 반발 자체에 머무른 것이 아니었다는 데 더 큰 중요성이 있다. 그들은 역사학이 스스로 존립해야 할 당위성을 설파하였던 것이다. 그것은 역사학이 자연과학과는 다르다 할지라도 나름대로의 논리적 엄밀성을 갖고 있으며, 그것에 의해 학문으로서 위치를 보장받을 수 있다는 주장이었다. 바꿔 말하면 역사 서술에서 요구되는 것은 극적인 구조가 뒷받침된 표현으로 깊은 감명과 교훈을 주는 전통적인 능력뿐만이 아니었다. 사실을 충실하게 반영하는 엄밀하고 정확한 설명이 거기에 더해져야 한다는 것이었다. 이러한 과정을 겪어가며 독일의 역사가들과 역사철학자들에 의해 역사학은 그 대상과 방법론을 정제시키며 독자적인 정체성을 얻게 되었다.

## 3. 독일 역사주의자의 선례, 비코

비코가 독일의 역사주의자들에게 던져준 영감을 음미하기 위해서는 먼저 다음의 인용문을 살펴보도록 하자.

우리와는 멀리 떨어진 태고의 원시시대를 감싸고 있는 두꺼운 어둠의 밤 속에 영원히 꺼지지 않는 불이 빛나고 있다. 의심할 수 없는 그 진리는, 시민 사회는 사람들이 만든 것이 확실하기 때문에 그 원리는 우리 인간 정신의 적응 가능성 내부에서 찾을 수 있다는 것이다. 이 원리를 생각해본 사람이라면, 신이 만들었기 때문에 신만이 알 수 있는 자연 세계의 연구에 철학자들이 모든 정력을 쏟아 부은 반면 인간이 만들었기 때문에 인간이 알 수 있는 여러 민족의 세계 혹은 시민 세계의 연구는 소홀히 해왔다는 사실에 놀랄 수밖에 없다.

사상사의 맥락에서, 이 인용문은 진리의 근거를 명석하고 판명한 것에 두면서 수학이나 물리학에 최고 학문의 위치를 부여했던 데카르트에 대한 반발로 받아들여지고 있다. 데카르트에 의하면 기억력에 근거하는 학문인 역사학은 학문의 근거가 박약하다. 기억력은 시간이 지나면서 퇴색하기 마련이며 역사가들은 자신의 과거를 훌륭하게 윤색하려는 경향이 있기 때문이다. 이에 대해 비코는 인간이 만든 것을 인간은 알 수 있다는 원리에 근거하여, 인간의 합당한 연구 대상은 인간의 사회, 인간의 역사라고 주장하면서 역사학을 포함한 인문학을 위한 기틀을 제공하였다. 데카르트가 말하듯 우리는 기하학에서 가장 확실한 지식을 얻을 수 있다. 그러나 그 이유란 그가 주장하듯 기하학의 원리가 언제 어디에서나 통용될 수 있는 명석 판명한 진리이기 때문이 아니다. 오히려 기하학에서는 점이나 선과 같은 가장 기본적인 전제부터가 인간들끼리 합의하여 받아들이기로 한 가정, 즉 공리로부터 출발하기 때문이다. 자연 상태에 완벽한 원이 존재할까? 그렇지 않다. 그렇다면 원은 존재하지 않는가? 존재한다. 그것은 '같은 평면 위에서 한 점부터 같은 거리에 있는 점들의 집합'이라는 인간이 만들어낸 정의 속에 존재한다. 이처럼 기하학이야말로 자연에는 존재하지 않는 것으로서, 인간의 머릿속에서 만들어진 전제로부터 출발하였기에 그 학문에서 가장 확실한 진리를 얻을 수 있는 것이라고 생각한다면 비코의 원리가 지니는 논리적 타당성은 어렵지 않게 납득이 갈 것이다.

비코가 『새로운 학문』을 썼던 목적 중의 하나가 진리에 대한 데카르트의 관점을 역전시키려 하였던 것임은 확실하고, 특히 위의 인용문이 그 점을 증명한다는 것도 확실하다. 그렇다 할지라도 후대인들은 선인들의 성취를 보면서 자신들이 보고자 하는 것을 보려 한다. 독일의 역사주의자들이 비코에게서 보려고 했던 것은 데카르트의 부정이라기보다는 오히려 '정신과학'과 '자연과학'의 구분의 선구자라는 면모였다. 그것을 밝히기 위해 선행되어야 할 것은 실지로 독일인들이 비코를 읽었는가 하는 문제이다.

독일인들이 비코를 처음 접하게 된 것은 요한 게오르크 하만이라는 인물을 통해서라고 추정된다. 질풍노도의 시대에 계몽주의의 이성에 반대한다는 기치를 드높인 특이한 철학자 하만과 비코의 유사성에 대해서는 이미 크로체가 주목한 바 있다. 하만은 1777년에 비코의 『새로운 학문』을 한 권 갖고 있었고, 같은 해에 헤르더에게 비코에 대해 언급했다고 알려져 있다. 괴테도 1787년 3월 5일자로 되어있는 『이탈리아 여행기』에서 비코를 하만과 비교하며 언급하고 있고, 1791년 1월 31일에는 철학자 프리드리히 하인리히 야코비에게 비코의 『새로운 학문』 한 권을 보냈다. 헤르더, 괴테, 야코비는 물론 비코를 독일에 처음으로 전했다는 하만조차 비코를 읽고 그에게서 직접적인 영향을 받았을까 하는 문제는 크로체가 처음으로 제기한 이후 아직도 논란이 되고 있다. 그것이 논란이 되는 이유는 주(註)를 통해 학문적 관행이 아직 정착하지 않았던 시기에 저자가 그것을 명확하게 밝히지 않는 경우 궁극적으로는 저서를 통해 표현된 사상의 유사성을 통해 지적 유산의 계보를 추정할 수밖에 없기 때문이다.

그 모호한 추정의 문제를 더욱 난감하게 만드는 것은 국가나 민족들 사이에서 지적 영향이 오고갔을 때이다. 일반적으로 사람들은 영향을 준 민족이 영향을 받은 민족보다 최소한 영향을 주고받은 문제에 있어서는 우월하다고 생각한다. 마치 비코가 경계하라고 했던 두 가지의 자부심을 확인해주는 것처럼 보인다. 비코는 있어서 "인류의 원리에 관한 모든 오류의 고갈되지 않는 원천"이었던 "민족의 자부심"(boria delle nazioni)과 "학자의 자부심"(boria dei dotti)에 관한 비코 자신의 공리가 옳은 것이었음을 입증하는 것처럼 보인다. 말하자면 "각 민족은 그들이 기억하고 있는 자신들의 역사가 세계의 시초까지 거슬러 올라간다"고 자랑하며, 각 학자들은 "그들의 지식이 세계의 역사만큼이나 오래되었다"고 생각한다는 것이다. 예를 들어 프랑스의 학자들은 그들이 자랑하는 계몽사상가들이 이탈리아 철학자 비코의 영향을 받았다는 사실을 부인하려 하며, 이탈리아의 학자들은 계몽사상가들이 비코의 영향 아래 집필하였으면서도 애써 그 사실을 밝히지 않았다고 주장한다. 비코와 독일 사상가들의 지적 계보에 있어서도 그와 비슷한 문제가 발생한다. 독일의 학자들은 독일의 민족정신을 확립시켰다는 헤르더가 외국인의 영향을 받았다는 것을 인정하기 꺼린다. 반면 헤르더가 비코에 대해 알고 있었다는 사실은 밝혀졌으며, 그 둘의 사상에 긴밀한 유사성이 있다는 것도 마찬가지로 드러나고 있다. 그러한 모순을 해결하기 위해 절충안이 마련되었다. 그것은 헤르더가 비코에 대해 일찍부터 어느 정도 친숙한 지식을 갖고 있었지만, 비코를 언급하지 않은 것은 당시로서 비코가 별로 잘 알려지지 않은 이탈리아 학자였기 때문이라는 것이다.

그러한 절충적인 해석을 감안하지 않더라도 몇 가지 정황을 살펴보면 독일의 역사주의자들이 활약했던 19세기 후반에 이르러 비코가 독일의 학계에 상당히 널리 알려져 있었으리라는 추측이 가능하다. 하만은 철학자로서 얻은 명성보다는 외국의 문물을 독일에 소개한 인물로서 더 널리 알려져 있으며, 요한 고트프리트 헤르더와 임마누엘 칸트를 비롯한 학계의 인사들과 두터운 교분을 쌓고 있었다. 괴테의 명성과 영향력은 야코비에게 비코의 책을 전달할 무렵 이미 확고하게 정립되어 있었다. 1811년 야코비는 『신성한 것과 그 계시에 대하여』 *Über den göttlichen Dingen und ihrer Offenbarung*라는 저서에서 비코와 칸트를 비교함으로써 비코를 독일의 관념철학과 동화시키려는 시도를 출발시켰다. 딜타이가 칸트의 비판 작업에 맞춰 '역사이성비판'을 시도하려 했으며 빈델반트와 리케르트가 '신칸트학파'라고 불린다는 사실에 더해 1822년 빌헬름 베버에 의해 『새로운 학문』의 독일어 번역본이 출간되었다는 사실까지 인정한다면 독일의 역사주의자들이 비코에 대해 친숙하게 알고 있었으리라는 추측은 확신으로 바뀔 수 있을 것이다.

이제 다시 앞의 인용문으로 돌아가 그것이 갖는 의미가 독일의 역사주의자들에게 어떻게 반영되었는지 살펴볼 차례이다. 흔히 verum ipsum factum이라고 알려져 있는 그 원리를 풀어 말하자면, 그것은 사람은 자신이 만든 것, 혹은 원칙적으로 만들 수 있는 것만을 이해할 수 있다는 것이다. 이 원리에 내재하는 가정이란 문화적 산물은 인간 의식의 창조물이며, 과거의 인간 정신은 현재의 인간 정신과 같은 방식으로 작용했다는 것이며, 인간은 자연 현상에 대해서는 불가능한 방식으로 인간적 현상에 대해 이해할 수 있다는 것이다. 인간은 자기 자신에 대해, 그리고 자신이 창조한 모든 것에 대해 이해할 수 있다. 그러나 그 이해는 계몽사상의 철학자들이 생각했던 것처럼 자연의 연구에서 오는 것이 아니라 문화에 대한 귀납적인 연구에 근거한다.

과거의 인간 의식은 현재의 인간 의식에 의해 이해가 가능하다. 그러나 그것은 과거의 문제가 현재의 문제와 동일하다거나, 과거의 인간들이 그 문제에 반응하던 방식이 현재의 인간들이 그 문제에 반응하는 방식과 유사하다는 의미가 아니다. 오히려 그 반대이다. 각 시대는 자체의 문제를 갖고 있으며, 그 문제에 반응하는 방식은 그 시대의 문화가 도달한 합리성의 수준에 따라 다르다. 각 시대는 자체의 요구와 가능성과 선입관을 갖고 있다. 각 시대는 그 요구를 처리하기에 필요한 제도와 가치관을 만든다. 따라서 현대인이 원시인을 이해하려 한다면, 그는 원시인의 세계 속으로 공감적으로 들어가야 할 필요가 있다. 인간 의식을 합당하게 이해하기 위해 필요한 것은 인류가 어렸을 적으로, 사람들이 이성을 그다지 많이 지니지 않고 행동했을 때로 되돌아가는 것이다. 이것이 비코의 인식론적 원리와 그것이 함축하는 의미에 대한 간략한 설명이다.

우리는 인간이기 때문에 인간이 만든 것을 원칙적으로 이해할 수 있다. 비코의 이 말은 우리가 인문학에서 어떤 대상에 대해 알 수 있는 것은 우리 자신이 그 대상이기도 하기 때문이라는 딜타이의 말로 풀이할 수 있다. 인간의 사회, 법, 정부, 도시, 군대, 예술, 과학, 종교 등등 그 모든 것은 인간의 소산이며, 그것을 연구하는 우리 역시 인간이다. 인문학에서 지식이 가능한 것이 바로 그런 이유 때문이며, 그것에 대해서는 자연과학과는 다른 접근 방법이 요구된다. 앞에서 언급한 바와 같이 딜타이에게서는 그것이 '이해'(Verstehen)라는 방법으로 표출되며, 그것은 자연과학에서 말하는 '설명'(Erklärung)과 대비된다. '이해'에 내면적인 의미와 가치가 개입되어 있다면 '설명'은 표면적인 현상만을 다룬다는 것에 차이가 있다.

다시 비코로 돌아가자. 비코의 『새로운 학문』에서는 '인간적인 사물'의 본질을 추구한다.[2] 그런데 그 본질이란 단지 "어떤 시간에 어떤 방식으로 존재하게 되었다는 것일 뿐"이다. "학문은 그것이 다루고 있는 소재로부터 출발"해야 하고, "언어가 형성되었던 당시에 행해지던 사람들의 고래의 관습에 대한 가장 비중 있는 증거란 대중적 언어"이기 때문에 비코에게 있어서 탐구를 위한 최초의 단계가 문헌학적이고 어원학적이 되어야 한다는 것은 명백한 사실이었다. 간단히 말해서 '출발점부터 출발하라'는 비코의 금언은 대단히 단순하게 들린다. 그러나 이것은 비코가 수학 또는 과학의 담론에 물들어있던 당시대의 철학자들에게 제공하였던 참신한 통찰력이었던 것으로서, 그들은 "자기 자신 시대의 계몽되고, 교화되고, 훌륭한 시대를 근거로 하여 인류의 기원을 판단하였을 것이나 실지로 그 기원은 본질상 미소하고, 조악하고, 어두웠을 것"이기 때문이다. 따라서 비코에게 있어서, 그리고 그가 촉구하는 바, 인문학자들의 출발점이란 "최초의 인간들이 인간적으로 생각하기 시작하였던 시점이지 철학자들이 인간의 관념에 대해 사색하기 시작하였던 때가 아닌 것"이다.

바로 이곳에서 자연과학의 방법과 인문학의 방법이 갈린다. 자연과학이 시간과 공간을 초월하여 통용될 수 있는 법칙을 찾기 위해 계몽된 철학자의 이성을 척도로 사용한다면, 인문학자란 최초의 인간들이 인간으로서 생각하기 시작했던 시점으로 되돌아가 생각할 수 있는 능력을 가져야 한다. 따라서 문헌학이나 어원학과 같은 학문이 그 연구에 필수적이다. 물론 문헌학이나 어원학은 경험적이고 사실적이기 성격을 갖고 있다. 그렇기 때문에 비코가 말하는 어원이 진실과는 부합되지 않는다는 비판도 있고, 그와 동시에 그의 어원학적 탐색은 개별적인 경우와 관련되어 있는 것이기 때문에 그의 합리적 철학 체계와는 구분되어야 한다는 해석 역시 널리 퍼져있다. 그러나 비코는 "전체로서의 인류에 몰두하고 있는 것이지 개별로서의 인간에 관심을 두고 있지는 않으며," 이런 관점에서 그의 어원학은 인간의 공동주관성(intersubjectivity)에 근거하고 있는 보편적 언어를 찾으려는 시도이다. 따라서 그의 어원학적 방법은 앞서 논했던 슐라이어마허나 딜타이의 해석학적 방법과 유사하다. 따라서 최초의 인간들과 같은 지평선을 바라볼 수 있도록 하기 위해 "배워야 할 최초의 학문이란 신화 또는 우화의 해석"이라는 비코의 주장은 오히려 필수적이다. 왜냐하면 "모든 민족의 역사의 출발점은 우화에 있는 것이며 우화는 제민족의 역사"이기 때문이다.

여러 민족들에 대한 어원학적, 신화학적 연구를 위한 비코의 전제조건은 공동주관성의 존재이고, 이것이 비코의 용어로는 '정신적 어휘', '정신적 언어', '정신적 사전'과 같은 말로 표현되고 있다. 이런 공동주관성이 가능한 이유란 "인간은 어디에서건 무지에 빠졌을 경우 자기 자신을 만물의 척도로 삼는다"는 인간 정신 본연의 불확정성 때문이다.

서로 알지 못하는 모든 민족들 사이에서 나타나고 있는 동일한 관념은 공동적인 진리의 근거를 지니고 있음이 확실하다.

이 공리는 인류의 공통적인 지식(상식)이 신의 섭리가 모든 민족에게 가르쳐준 각 민족들의 자연법에 있어서 무엇이 확실한 것인가를 규정하는 기준이라는 사실을 확립시킨 위대한 원리이다. 그리고 각 민족은 세부적 사실에 있어서의 변형에도 불구하고 이 법에 관한 한 모든 것에 통용되는 기본적인 동의가 있다는 것을 인정함으로써 그 확실성에 도달한다. 따라서 모든 다양한 개별의 언어들이 기원을 두고 있는 정신적 사전이 생겨나는 것이다.

이 공통적인 정신적 언어의 중요성이란 이것이 "모든 언어학자들이 현존하거나 사멸한 모든 다양한 구체적 언어들에 공통적인 정신적 어휘를 그것에 비추어 구성할 수 있도록 만들어주는" 모델이 될 수 있다는 것이다. 따라서 무수히 많은 언어가 현존하고 사멸하기도 하였지만 비코의 어원학에 있어서 요체를 이루고 있는 것은 바로 이 '공통적인 정신적 언어'를 파악한다는 것이지 구체적인 특정의 언어를 꼬치꼬치 파고 들어가는 것이 아니다. 그 공통적인 정신적 언어의 존재야말로 '당신 속에 있는 나'를 해석학적으로 '이해'함으로써 자연과학과는 구분되는 역사학의 학문적 기반을 마련한 독일 역사주의자들의 선례를 제공해준 것이다. 이렇듯 verum ipsum factum과 그것으로부터 파생된 이론들 때문에 비코는 "이해(Verstehen)의 전통의 꼭대기에 위치"한다는 평을 받는다.


## 4. 맺음말

사실 비코의 '진리는 만들어진 것'이라는 명제는 데카르트에 의해 확립된 수학적 명증성의 지배가 확고하였던 시대에 그것을 극복하여 오늘날 우리가 인문학이라고 부르는 것의 논리적 기반을 마련하려던 의도로 제기되었다. 그리고 그 목적에 있어 비코의 사상은 극적으로 보일 만큼 두드러져 보였다. 그는 "데카르트 파의 한복판"에 뛰어들어 "데카르트 파가 가장 완벽하다고 믿었던 급소를 찔렀다"고 묘사되거나, 비코 자신이 "반(反) 데카르트 매니페스토"라고 불리기도 했다. 비코의 철학은 "기계론적 물리적 우주의 구조로부터 인간적 사회적 우주의 구조를 도출해내려는," 당시에 주류를 이루던 데카르트 식의 철학 방식에 대한 비판을 주요 주제로 하고 있다고 여겨지기도 했다. 이러한 맥락에서 비코에 대한 연구가 데카르트와의 대립이나 그의 극복에 초점이 맞추어진 것은 당연한 일이었다. 데카르트를 극복한 그의 연구 방법이 인문학의 여러 분야를 위하여 구체적으로 어떤 의미를 갖는가를 찾으려는 것보다는, 데카르트를 넘어서는 데 핵심적인 역할을 담당했던 verum ipsum factum이라는 원리의 성격을 규명하는 데 비코 연구의 강조점이 놓여있었다는 것이다.

　이러한 경향은 세계적으로 비코 연구의 한 축을 이루고 있는 독일에서는 다른 방향으로 발전하였다. 1924년에 이루어진『새로운 학문』에 대한 에리히 아우어바흐의 부분적인 독일어 번역에 의해 미국 학자들보다 일찍부터 비코의 사상에 접할 수 있었던 독일의 학자들은 수사학자로서의 비코에 더 큰 비중을 두고 있다.[3] 즉, 독일 학자들의 관점에 의하면 르네상스 인문주의자들의 수사학에 대한 관심은 비코에 이르러 절정에 이르렀고, 비코에 의한 '문헌학'과 '철학'의 구분은 독일의 관념철학에서 중요한 위치를 차지하는 '정신과학'과 '자연과학'의 구분의 선구적 역할을 하여, 비코는 이들로부터 '정신과학'의 진정한 창시자로 숭앙받게 되었다는 것이다. 따라서 독일 학자들은 비코의 철학에 내재하는 해석학적인 요소, verum ipsum factum의 원리 등에 큰 중요성을 부여하고 있다. 따라서 이들의 연구는 비코 자신을

위한 연구라기보다는 독일의 관념철학 자체를 위한 연구, 그리고 그
것에서 파생된 역사주의의 논리적 기초를 다지기 위한 연구라는 인
상을 준다는 비판을 받기도 한다. 그러나 역으로 그것은 비코의 이론
이 어떤 토양에서도 결실을 맺을 수 있는 적응력을 갖고 있다는 또
다른 증거로 받아들여질 수도 있을 것이다.

# ■ 주

1) 법학의 역사학파의 대표자인 프리드리히 카를 폰 자비니가 칼 프리드리히 아이히호른과 『역사적 법학 연구 잡지』 *Zeitschrift für geschichtliche Rechtswissenschaft* 를 창간하였던 것이 1815년이다. 경제학의 역사학파를 창시한 인물로 꼽히는 빌헬름 로셔가 『역사적 방법을 통한 국가 경제 강의』 *Grundriss zu Vorlesungen über die Staatswirtschaft nach geschichtlicher Methode*를 통해 그 기본적인 원리를 천명한 것이 1843년이다.
2) '인간적인 사물'이라는 용어의 원어는 'cose umane' 즉, '인간적인 것'이다. 그것을 영역자인 Bergin과 Fisch는 'human institution'으로 번역했다. '인간적인 사물'이라는 말은 추상명사를 배제시킬 위험성이 있는 반면, '인간적인 것'이라는 번역은 '인간적'이라는 형용사만을 강조할 위험이 있다. 영역자들을 따라 때로는 '인간 제도'라는 방식으로 번역하는 것이 적합할 경우도 있다.
3) 앞서 언급했던 빌헬름 베버의 독일어 번역은 소수의 전문가 집단을 제외하고는 널리 유포되지 않았다.


# ■ 참고문헌

김현식, 「역사주의」, 김영한·임지현 편, 『서양의 지적 운동』, 지식산업사, 1994.

Bentley, Michael. *Modern Historiography: An Introduction*, London: Routledge, 1999.

Breisach, Ernst. *Historiography: Ancient, Medieval and Modern*, The University of Chicago Press, 1983.

Iggers, G. G. The German Conception of History: The National Tradition of Historical Thought from Herder to the Present, Middletown: Wesleyan University Press, 1968.

Stern, Fritz (ed.), *The Varieties of History: From Voltaire to the Present*, London: Macmillan, 1970.

Tagliacozzo, Giorgio & White, Hayden. *Giambattista Vico: An International Symposium*, The Johns Hopkins Press, 1969.

Vico, Giambattista. *New Science*, tr. David Marsh, Penguin Books, 1999.

# 헤르더(J. G. Herder) 역사주의와 계몽사상

강 성 호

## 1. 머리말

역사주의 이론은 자연현상과 역사현상사이에 근본적인 차이가 존
재하며, 그래서 자연과학적 방법과 다른 사회과학적·인문과학적 방
법이 필요하다고 가정한다.[1] 자연은 의식적 목적이 결여된 채 영원히
반복되는 장이고, 이에 비해 역사는 의지와 목적을 지닌 인간의 독특
하고 복제 불가능한 인간의 행동들로 이루어져 있다는 것이다. 이러
한 역사주의는 역사적 상황 속에 담겨져 있는 독특한 성격을 발견할
수 있게 해줌으로써 역사발전과정을 풍부하게 인식할 수 있게 한다는
점에서 장점이 있다. 동시에 역사주의는 너무 개별적이거나 특수한
것을 강조하게 되어 상대주의에 빠질 수 있다는 문제점도 안고 있다.

이거스(G. G. Iggers)는 이러한 역사주의 이론이 공식화된 대표적
초기 저작으로 지암바띠스따 비코(Giambattista Vico)의 『신과학』(1725
년)과 요한 고트프리드 헤르더(J. G. Herder: 1744~1803)의 『또 하나의
역사철학』(1774년)을 들었다.[2] 여기서는 헤르더의 역사주의를 중심으
로 살펴보려한다. 헤르더의 『인류문명에 대한 또 하나의 역사철학』은

당시 계몽사상의 보편주의적 합리주의를 비판한 책이다. 헤르더의 미완의 대작인 『인류의 역사철학에 대한 이념』은[3] 인간의 기원과 역사 발전과정을 구체적으로 다룬 책이었다.

헤르더의 역사주의에 대해서는 크게 두 가지 입장이 있다. 하나는 헤르더의 역사주의는 개체성과 특수성을 지나치게 강조하여 상대주의와 배타적 민족주의로 나아갔다는 주장이다. 하임(R. Haym), 에르강(R. Ergang), 콜링우드(R. G. Collingwood) 등이 이 해석을 지지한다.[4] 또 다른 하나의 주장은 헤르더의 역사주의는 19세기 독일 역사주의와 다르게 다원성과 보편성을 강조하였기 때문에 극단적 상대주의와 민족주의와 구별된다는 것이다. 니스벳 (H. B. Nisbet), 클라크 (R. T. Clark), 바나드 (F. M. Barnard), 도벡 (W. Dobbek), 변원림 등이 이러한 입장에 서있다.[5] 그들은 헤르더를 올바르게 이해하기 위해서는 헤르더사상을 개별화시켜 다루지 말고, 총체적 연관 속에서 파악할 것을 주장하였다.

본고에서는 후자의 입장에서 헤르더의 역사주의를 살펴보고자한다.[6] 이를 위해 2장에서는 헤르더의 역사주의의 개체성 사상을 정리하고, 3장에서는 19세기 독일 역사주의와의 차이점을 보이는 헤르더의 진보적 발전사상과 보편적 인간성 이념을 점을 다루어 보려한다. 4장에서는 헤르더의 민족주의가 배타적 민족주의가 아니라 세계시민주의적인 문화적 민족주의로 해석되는 이유들을 살펴보고자 한다.


## 2. 헤르더 역사주의: 개체성이념

개체성을 강조하는 헤르더 역사주의는 18세기 유럽 계몽사상의 역사서술의 영향을 받으면서 그 한계를 극복하는 과정 속에서 출현하였다. 계몽사상의 역사서술은 이성을 근거로 하는 인간의 자기 확신과 역사의 진보에 대한 믿음, 그리고 자연법 사상 등 같은 계몽사상의 이념에 영향을 받아서 다음과 같은 특징을 지녔다.[7] 첫째, 이성을 중시하면서 역사에 대한 신학적 파악이나 순환론과 정체론 등 같은 전통적 역사관을 부인하였고, 신이 세계를 창조했지만, 세계는 그 자체의 법칙에 따라 전개된다고 보았다. 둘째, 각 시대가 새로운 지식을 첨가함으로써 인간의 지식과 경험이 축적됨으로써 역사가 진보한다고 파악하였다. 세째, 자연법 사상에 근거한 강한 도덕적 욕구, 즉 인도주의가 작용함으로써, 역사서술 속에서 계몽과 개혁의지가 부각되었고 역사의 교훈성과 실용성이 중시되었다.

계몽사상적 역사서술은 프랑스에서 제일 먼저 형성되었고, 이 후 영국과 독일로 전파되었다. 또한 동시에 계몽사상적 역사서술에서 벗어나려는 역사서술도 나타났다. 빙켈만(J. J. Winckelmann, 1717~1768)은 예술사를 그리고 뫼제르(J. Möser, 1720~1794)는 법제사와 헌법사를 18세기에 독자적으로 개척하여 19세기에 본격적으로 발전할 수 있는 기반을 닦았다. 프랑스 계몽사상이 신학적 사고를 철저히 배제했던 데에 비해, 독일 역사서술은 역사 속에서 신을 완전히 배제하지 못한 채 신을 역사의 배경에 넣고 있었다. 신은 여전히 역사 속에 숨어있는 주재자로서 지위를 유지했고, 역사진행 속에서 인간은 독자적 본질을 지닌 개체로 간주되었다.

헤르더의 역사주의는 그의 개체성 사상에서 잘 드러난다. 헤르더의 개체성 사상은 주로 세 가지 영역에서 중점적으로 나타난다. 첫째, 헤르더는 보편적인 것만을 강조하는 계몽사상과 다르게 개체적인 것의 중요성을 강조하였다. 이는 모든 것이 개체 속에서만 나타날 수 있고, 모든 가치가 개체적 진행에 근거하고 있으며, 더 나아가 신(神)은 자신을 개체 속에서 발현한다는 그의 주장에서 확인된다. 그는 민족 속에서 개체성이 실현된다는 민족개체성(Völkerindividualität)개념을 통해, 인간완성의 각 형태는 민족적이며, 시대에 제약받음을 말하고 자 하였다. 그래서 그는 "로마인은 로마인이기 때문에 다른 민족이 될 수도 없고, 또 다른 민족도 로마민족을 모방할 수 도 없다"[8]는 점을 강조하였다.

둘째, 헤르더에게 있어 민족의 독특성은 민족이 지니고 있는 문화에서 나타난다. 그는 문화를 인류공동체사회의 그리고 여러 민족의 목표와 과제로 보았다. 문화는 인간마음의 깊은 곳에서 나오며, 종교적이라고도 불려 질 수 있는 감정 속에 내재해있다는 것이다. 여기서 이러한 문화의 과제와 내용으로 인간성이 상정되었다.[9] 그리고 헤르더는 각 민족의 문화는 동일한 형태로 존재할 수 없다고 보았다. 그는 "문화의 매개수단은 모두 같을지 모르나, 문화 그 자체는 동일하지 않다. 왜냐하면 이런 것을 형성하는데 도움을 주었던 영향과 같은 것이 이제는 존재하지 않기 때문이다. 로마인에 흡수된 그리스 학문은 로마적인 것이 된다"[10] 고 보았기 때문이다.

세째, 헤르더는 각각의 역사적 시대가 독특성을 지닌, 따라서 연구되어야 할 가치가 있는 시대로 파악하였다. 그는 역사를 초월적 목표로 나아가는 단일한 과정으로, 또는 계몽사상처럼 내적 완성으로 나아가는 진보과정으로도 보지 않았다. 오히려 그는 18세기 계몽사상이 무시하고 있었던 각 시대의 독특한 의미를 복원시키려고 하였다. "세계에서 동일한 순간은 존재하지 않고",[11] "각 시대는 자신 속에 행복의 중심성을 지니고"[12] 있기 때문에, 각각의 시대는 서로 다를 수밖에 없으며 각각 독특한 의미를 지니고 있다는 것이다. 이에 따르면, 역사가들이 어느 한 시대에만 집중하여 다른 모든 시대의 독특한 역사적 의미를 무시해서는 안 된다. 헤르더는 이런 관점에서 당 시대인들이 심취했던 고대의 그리스와 로마에 대한 편파적 연구를 바람직하지 않은 것으로 평가했다.

헤르더의 역사의 연속성 개념은 당시대인들이 무시했던 중세시대의 독특한 가치를 새롭게 부각시켰다. 계몽사상가들은 중세시대를 "야만, 미신, 우둔함, 도덕의 결핍, 어리석음"으로 가득찬 시대로 무시함으로써, 역사발전과정을 고대에서 근대로 뛰어넘어가는 역사의 비연속성을 주장하였다.[13] 이에 비해 헤르더는 역사의 연속성을 강조하면서 중세시대가 지니고 있는 독자적 의미를 밝히고자 하였다. 그는 중세시대가 계몽사상시대의 도래를 위한 준비기였고, 근대라는 "회복기간을 위한 소요기"의 성격을 지녔기 때문에, 인류역사발전과정에 여러 가지 측면에서 적지 않은 기여를 했다고 평가하였다. 그 구체적 기여로서 유럽인구의 증대, 중세도시의 발전, 중세법률의 발전, 봉건제도의 발전, 기사도, 그리고 중세 시민힘(Bürgerstarke)의 등장 등이 거론되었다.

벌린은 개체성을 강조하는 헤르더 역사주의의 주요한 특징으로 역사적 사실들에 대한 다원주의적 해석을 들었다.[14] 다원주의는 상이한 문화와 사회들의 가치는 다양할 뿐만 아니라, 같은 표준으로 잴 수 없고, 동일하게 타당한 이념들은 양립할 수 없다는 신념이다. 각각의 문명은 자신의 견해를 지니고 있고, 생각하고, 느끼고, 행동하는 방식을 지니고 있고, 그 자신의 집단적 이상을 창출하고 있기 때문에, 어떤 다른 문화의 관점에서가 아니라, 자신의 가치척도, 자신의 사상과 행동규칙의 관점에서만 진정으로 이해되고 판단될 수 있다. 헤르더에게 있어 인간은 인간이고, 그래서 언제든지 공통적 특징을 지니고 있다. 그러나 가장 중요한 것은 인간들 사이의 차이다. 왜냐하면, 인간을 지금 존재하는 인간으로 만든 것, 즉 인간을 인간자신으로 만든 것은 차이들이고, 인간과 문화의 개별적 특질들이 표현되는 것은 이러한 차이 속에 존재하기 때문이다. 벌린은 헤르더의 다원주의적

상대주의적 해석을 역사발전과정을 보편적, 초시간적 관점에서 파악
하려고 하는 계몽주의적 입장에 대한 가장 혁명적인 비판이라고 높
이 평가하였다.


## 3. 계몽사상과 헤르더: 진보적 발전사상과 보편적 인간성 이념

헤르더는 개체성을 강조함으로 인해 비합리주의자나 상대주의자
등으로 평가받기도 했다. 그가 개체성만을 강조했다면 이러한 평가는
타당할 수도 있다. 그러나 헤르더가 계몽사상의 보편주의의 단점을
극복하기 위한 시도로서 개체적인 것을 강조했다면, 다시 말해 보다
높은 차원의 일정한 체계 속에서 보편주의와 상호 보완되는 것으로서
개체적인 것을 강조했다면,[15] 위와 같은 헤르더에 대한 부정적 평가
는 문제가 있다. 이 점은 그가 개체성 사상을 강조할 때 나타날 수
있는 상대주의의 폐해를 완화시킬 수 있는 진보적 발전사상과 보편
적인 인간성(Humanität)이념 등을 중시했다는 점에서 확인된다. 더 나
아가 그가 계몽사상을 비판했지만 근본적으로 계몽사상을 부인하지
않았다는 점에서 이러한 평가는 받아들이기 어렵다. 먼저 계몽사상에
대한 헤르더의 근본적인 입장이 무엇인지를 살펴보고 나서 진보적 발
전사상과 보편적인 인간성 이념에 대해 살펴보기로 하겠다.


### (1) 계몽사상가 헤르더

헤르더가 계몽사상의 보편주의를 비판한 것은 사실이다. 그러나
이것은 계몽사상을 반대하는 입장에서 한 것이 아니라, 계몽사상의

입장에 서서 계몽사상을 발전하고 보완하기 위해서 한 것이었다. 또 그가 보편주의의 역사사상이 지니고 있는 문제점, 즉 구체적 역사의식의 결여와 발전의 개념이 결여된 "일직선적"·"도식적" 성격의 진보개념을 비판하고 개체성을 강조했던 것은 사실이다. 그러나 이 과정에서 그는 결코 근본적으로 계몽사상의 보편주의에서 떠나지 않았다.

우리가 다음 절에서 살펴볼 그의 "진보적" 발전의 개념도 진보의 구체적 진행과정 면에서는 계몽사상의 진보개념과는 차이가 있으나 역사가 진보한다는 근본적인 측면에서는 동일하다고 볼 수 있다. 또한 그가 역사발전의 목표로 삼았던 인간성 이념도 그 출처는 위에서 본 것처럼 칸트나 레싱 등 같은 계몽사상의 기조 위에서 상정된 것이다. 이 점들을 고려해보면 헤르더를 개체성 사상만을 일면적으로 강조한 비합리주의적·상대주의적 로맨티스트로 파악하기는 어렵다.

더욱이 헤르더는 계몽사상 시대의 위대함을 찬양하면서 자기 자신을 "세계시민"으로 상정하였다. 그는 계몽사상 시대의 여러 가지 업적들의 우수성을 인정하는 데 주저하지 않았다. 그는 이 중에서 특히 계몽사상 시대의 백과사전과 학술지를 위대하다고 찬양했다. 또한 그는 보다 구체적으로 계몽사상 시대의 "세력균형의 원리"에 기초하여 형성된 국제관계, 이러한 유럽의 세력균형 속에서 각 국가 간에 이루어지는 자유무역, 그리고 근대적인 조직과 무기로 무장된 상비군 등을 칭찬하였다.[16) 동시에 그는 계몽사상 시대의 훌륭함을 칭찬하면서 자신을 근본적으로 계몽사상가라고 생각했다. 이것은 그가 한편에서 계몽사상의 보편주의를 비판하여 민족의 고유한 개체성을 존중해야한다고 주장하면서도, 다른 한편으로 자신을 당시의 계몽사상가들처럼 "세계시민"이라고 간주했다는 점에 잘 나타나 있다.

그는 자신을 "세계시민"이라고 자처하면서 동시에 다른 한편으로 계몽사상을 비판하는 것이 오해를 불러일으킬 수 있다는 사실에 대해서도 잘 인식하고 있었다. 그래서 그는 자신이 계몽사상을 비판하지만 근본적인 측면에서 계몽사상을 결코 부인하지 않는다는 사실을 다음의 문장에서 강조하였다.

> 내가 글을 쓰고 난 이후에 나는 의심할 여지없이 늘 멀리 떨어진 과거를 찬양하고, 현재에 대해 불평했던 것으로 평가받을 것이다. 마치 내가 아무 것도 알지 못한 채 멀리 떨어져서 반짝이고 있는 그럴듯한 것에 매혹되어, 자신의 수중에 있는 사과대신 그것을 취하려고 하는 아이들과 같다고 비난 받을 것이다. 그러나 나는 결코 그러한 아이가 아니다. 나는 나의 모든 비판 에도 불구하고 우리 세기의 모든 훌륭하고, 정교하며, 독특한 것을 인정하며, 늘 내 마음 속에 그것을 지니고 있다.[17]

이런 점들을 살펴보면 계몽사상의 보편주의에 대한 헤르더의 공격은 근본적으로 계몽사상의 보편주의 전체를 부인하는 것으로 보기 어렵다. 이러한 비판을 계몽사상의 보편주의를 총체적 입장에서 새롭게 조화시키기 위한 노력으로 평가할 수 있다.

## (2) 진보적 발전사상

헤르더는 각 민족의 개체성, 각각의 역사시대의 개체성을 이야기 하면서, 동시에 이 개체성을 개별적으로 이해한 것이 아니라 역사전 체의 흐름과정 속에서 총체적으로 이해하고자 하였다. 이 과정에서 나온 것이 헤르더의 발전사상이다.

헤르더의 발전사상은 "진보적" 발전개념이라고 할 수 있다. 그는 역사의 진행과정에 "진보"가 존재한다는 사실을 부인하지 않았다. 그 러나 그는 계몽사상의 비연속적 "진보"사관과는 달리 "연속적 성격"의

"진보적" 발전이 존재한다고 생각하였다.[18] 그리고 그는 이러한 연속적 성격의 "진보적" 발전은 역사발전과정을 일직선적으로가 아니라 "나선형적"으로 나아가는 과정으로 보았다.[19]

헤르더는 "진보적" 발전의 내용으로 집단으로서의 인간존재가 자신의 관습 속에서 그 자신의 목표를 향해 나아가는 문화의 내적 발전을 상정하였다.[20] 그가 역사의 연속적 발전과정에서 내적 발전의 목표를 상정할 수 있었던 것은 수단과 목적을 동일시하였기 때문이다. 그의 이러한 관점은 "신의 영역 안에 있는 모든 것이 단순히 수단이라고 내 자신을 설득시킬 수 는 없다－모든 것은 수단이며 동시에 목적이다"[21] 라는 말 속에 잘 나타나 있다. 이처럼 헤르더는 "진보적" 발전개념에 근거하여 인간의 역사를 역사발전의 목표로 향해 나아가는 단일한 발전과정으로 파악하였다.

헤르더는 역사발전과정에 "내적 힘"과 같은 자연 법칙적 힘과 인간의 목적 지향적 실천노력이 동시적으로 작용하는 것으로 보았다. 그는 먼저 인류와 민족의 출현이 "내적 힘"과 같은 자연 법칙적 요소와 "장소", "시간"과 같은 환경 요인에 의해 영향 받는 것으로 파악하였다.[22] 그러나 이러한 인간 외적인 요소만이 작용하는 것으로 본다면, 역사에 있어서의 인간의 역할은 무의미하게 될 것이다. 이런 점에서 헤르더는 인간의 이성을 통해서 역사발전을 이끌어나가는 목적 지향적 실천노력을 간과하지 않았다.

따라서 그는 인류와 민족의 출현과 형성과정에 "인간이성"이 동시적으로 작용하고 있다고 주장했다. 다시 말해 그는 "인간이성"이 "다수에서 하나를 무질서에서 질서를, 힘과 의도의 다양성에서 조화와 지속적 미를 지닌 전체를" 만들어 내는 "하나의 원리" 가 인류와 민족의 형성과정에 동시적으로 작용하고 있다고 보았던 것이다.[23] 또한 헤르더는 역사의 목표로 나아가는 발전과정에서도 이 두 요소가 동시적으로 작용한다고 보았다. 그는 이런 입장에서 역사는 "인류의 행복"이라는 목표로 발전해나간다고 생각했다.[24)

헤르더는 역사발전과정에서 자연 법칙적 필연("내적인 힘")과 인간의 목적지향적 실천의지가 상호 모순 없이 서로 동시에 작용하는 것으로 보았음을 알 수 있다. 헤르더의 이러한 입장은 두 요소사이의 근본적 차별성을 명확히 하면서 조화시키려고 노력하지 못했다는 점에서 문제가 있다. 본래 이 두 요소는 논리 전개과정 면에서 볼 때, 서로 모순되기 때문에 동시적으로 양립할 수 없다. 왜냐하면, 자연 법칙적 필연의 입장에 서게 되면, 역사의 목표로의 합법칙적 진행이 보장될 수 있으나, 반면에 인간의 실천의지의 입장에 서게 되면, 위와 같은 보장을 할 수 없기 때문이다. 다시 말해, 우리들이 역사발전의 목표와 목표의 본질을 의식할 수는 있으나, 그렇다고 목적에 대한 의식과 현실적인 목적의 달성 사이에 존재하는 불연속성이 자동적으로 극복되지는 않기 때문이다.[25) 이러한 양자 간의 본질적인 모순을 심각하게 생각하지 못했다는 점이 바로 헤르더의 한계라고 볼 수 있다.

## (3) 보편적 인간성 사상

헤르더는 역사속의 개체성과 특수성을 전체적으로 그리고 보편적으로 규정해주는 역사발전의 목표를 설정하고자 하였다. 이러한 역사발전 목표의 내용으로서 "인간성 이념"이 상정되었다. 이 인간성 이념을 제대로 이해하기 위해서는 레만(R. Lehman), 도벡(W. Dobbek), 변원림이 이 주장한 것처럼 헤르더가 인간성 개념을 사용하게 된 근본적 동기를 파악해야할 필요가 있다. 헤르더는 "인간 도리(Menschheit)", "인간 권리(Menschenrecht)", "인간 의무(Menschenpflichten)", "인간 품위(Menschen-wurde)", "인간 사랑(Menschen-liebe)" 같은 기존 개념들을 다 포괄하기 위해 "인간성"이라는 새로운 이념을 만들었다.

헤르더의 인간성 이념은 계몽사상의 영향을 받아 형성되었다. 헤르더는 쾨니히베르그와 리가 등에서 칸트를 비롯한 계몽사상가들로부터 인간성 이념을 받아들였다. 이 인간성 이념에 담긴 주요 내용은 "덕성", "완전(Vollkommenheit)"과 "행복"이다.[26] 행복과 완전이 조화를 이루어 하나가 될 때 진정한 인간 사랑(Menschen-liebe)의 완전성이 존재하게 된다. 헤르더의 인간성 이념은 완벽한 인간을 추구하지만 신성(神性)의 복사는 아니고, 종교를 총괄하는 것으로 상정되었다. 헤르더는 인간의 오성(悟性, Verstand)과 정의(Rechtschaftenheit)에 기초해서 인간성 이념이 역사발전과정 속에서 완성되어간다고 생각하였다.[27]

그는 인간성이념의 달성이 저해 받을 때 사람들이 "악" 밑에서 고통을 받는다고 생각했고, 인간성을 향해 나아가는 역사의 발전과정은 이러한 요소를 제거해나가는 "인간해방(Emanzipation des Menschen)"의 과정으로 보았다. 그는 인간성을 실현시켜나가는 과정이 방해를 받았다가 다시 본궤도로 돌아가는 과정에는 평화로운 진행이 아니라, "극단적이고 폭력적인 소요"가 불가피하게 나타난다고 지적하고 있다.[28] 그는 이런 과정을 통해 인간성이 상실된 "부정의한 상황"을 개선할 수 있다고 보았고, 따라서 이러한 실천노력을 역사발전을 위한 "인간해방의 힘"으로 높이 평가했다.

헤르더의 인간성이념은 위에서 본 것처럼 "인간 해방"의 이념을 지니고 있었기 때문에 이념상으로는 진보적 성향을 띤 것이었지만, 현실에 있어서는 보수성을 띰으로써 한계점을 드러내었다. 이 점은 그의 당 시대에 있어서의 정치적 실천의식이 회고적 보수주의 이데올로기성격을 띠고 있다는 점에서 잘 나타나 있다. 헤르더는 이 점에서 계몽사사상가들과 정치적 입장을 같이하고 있다. 계몽사상가들은 이념적으로는 진보를 추구했으나, 현실적 정치면에 있어서는 점진주의자들이었다.

그러나 이러한 한계 자체가 원래 헤르더가 인간성 이념자체를 상정한 근본적 의도마저 해치는 것으로는 볼 수 없을 것이다. 어쨌든 그의 인간성이념이 지니는 "상대적" 진보성과 보편성은 최소한 각 시대, 각 민족, 그리고 각각의 사회가 지니는 독특한 개체성을 강조하는 가운데 나타날 수 있는 상대주의의 폐해를 규제하는 데 기여해주고 있기 때문이다.

## 4. 헤르더 역사주의와 문화적 민족주의

헤르더는 민족이나 국민의 독자성을 강조했으나 그것은 어디까지나 인류의 보편적인 인간성을 전제로 한 것이었다. 이것에 대해서는 일찍이 19세기에 독일의 유명한 시인인 하이네(Heinrich Heine)도 지적한 바 있다. 하이네는 독일의 배타적 애국주의의 폐해를 경계하면서 레싱(Gotthold E. Lessing), 헤르더, 실러(Friedrich Schiller), 괴테(Johann W. Goethe) 등이 소중하게 여겼던 인류애, 형제애, 세계주의 같은 독일의 훌륭하고 소중한 사고방식을 발전, 계승시켜나가야 한다고 제안했다.

그러나 19세기 후반을 지나면서 헤르더는 그동안 독일의 로맨티스즘과 비합리주의적인 배타적 민족주의 선구자라로 잘못 인식되었다. 이러한 잘못된 인식에 기여한 사람은 1880년대의 하임이었다.[29] 이후 1930년대에 에르강은 당시 나치즘 대두의 시대적 흐름과 연관하여 헤르더의 민족주의를 국수주의적으로 파악하였다. 그리고 이러한 인식을 영미 권에 널리 전파시킨 사람은 콜링우드였다. 콜링우드는 헤르더가 민족의 독특성을 강조함으로써 인종주의로 나아갈 수밖에

없다고 보았다.[30]

　이러한 헤르더에 대한 부정적인 평가는 1950년부터 비판을 받아왔다. 니스벳, 클라크, 바나드등은 헤르더의 개체성을 발전이나 휴머니티와 관련해서 총체적으로 파악하고자 하였다. 이러한 이론적 기초위에서 쉬미트(R. J. Schmidt), 스펜서(V. Spencer), 바이스만(L. Weissmann)등이 헤르더의 민족주의를 문화적 민족주의로 재평가 할 수 있었다.[31]

　헤르더는 문화적 민족주의 개념을 정립하는 데 크게 기여하였다. 헤르더는 시간과 공간을 초월하여 민족이 불변적으로 존재한다고 보았다. 그는 민족이란 인간의 가장 자연스런 집단이며, 인간의 깊은 심리의 내면에는 이성과 자연, 그리고 하나님의 섭리에 의해서 민족에 대한 집단화의 의지가 형성된다고 생각했다. 따라서 이러한 민족은 유럽뿐만 아니라 아시아, 아프리카, 아메리카에도 존재한다. 이 민족단위의 집단은 지역성과 기후, 이것에 의해서 조성되는 역사적인 전통에 의해 형성된다. 이 지역성, 기후 그리고 역사적 전통은 그 민족의 고유한 언어, 문자, 교육, 관습, 태도 등을 형성시켜 주며 이것이 마침내 민족성과 민족의지를 만들어 준다. 이 민족성과 민족의지는 민족문화를 구성하는 또 다른 요소가 된다. 이렇게 형성된 민족문화는 세대 간의 학습을 통해서 한층 더 공고하게 전승되어 간다. 또 이러한 민족성이 여러 변화를 거쳐서 다른 영역으로 분산되어 새로운 생활 관습이 형성되었을 때도 최초의 민족성에 상당할 정도로 규제받게 된다. 그러면서도 헤르더는 민족성 그 자체가 자연적임과 동시에 합리적이기 때문에 그 민족성을 수용하고 있는 민족구성원들은 보다 더 바람직한 사실이 민족성 속에 포함되기를 바라면서 민족성의 이념적인 목표의 실현을 추구한다고 설명한다.

　헤르더는 이러한 민족성을 이해하기 위해서는 민족문화에 대한 비교연구가 필요하며, 또한 이것은 독일의 민족문화에 대한 이해에서 부터 시작되어야 한다고 주장했다. 헤르더는 독일인 모두에 의해 독일민족에 대한 가치 인식이 형성될 때 독일민족주의가 의미를 지닐 수 있다고 보았다. 그는 독일 민족에 대한 가치 인식은 교육과 종교의 개혁을 통해 이루어진다고 보았다. 그는 개혁방안으로 라틴어와 프랑스어 대신 독일어를 사용하고, 종교 면에서는 고대 독일인들의 이질적인 종교까지 민족종교에 포함시켜 독일 프로테스탄트의 자유주의적 성격과 계몽사상적 인도주의의 성격을 가미시켜야 한다고 제시했다.

이러한 헤르더의 문화적 민족주의는 보편적 휴머니티를 최종목표로 추구하고 있다. 그는 진정한 보편적 휴머니티는 전 세계의 서로 다른 민족들이 각각 고유한 전통과 역사를 지니고, 그리고 각 민족의 존엄성이 다른 민족에 의해 인정될 때라야 가능하다고 보았다. 이러한 입장에서 헤르더는 유럽의 크리스트교적 제국주의 침략을 비판하였다. 그는 아시아, 아프리카, 중동의 권리가 유럽인과 마찬가지로 존중되어져야 한다고 생각했다. 다시 말해 한 민족이 다른 민족의 자연적인 발전을 저해하려는 시도는 반인도주의적인 범죄에 속한다는 것이다. 이러한 주장 등을 살펴보면 헤르더는 배타적인 민족주의를 주장했던 것이 아니라 열린 문화적 민족주의를 주장했음을 알 수 있다.

헤르더는 보편적인 인간성 이념을 통해 민족국가차원을 벗어나긴 했으나 전 세계적 보편성까지는 나아가지 못하고 유럽중심주의적 보편성에 머물렀다. 이러한 유럽중심주의적 보편성에 대한 강조는 당시 18세기에 있었던 유럽의 세계 식민화 과정을 합리화 해주는데 기여하였다. 유럽적 보편성이 식민지화 과정을 통해서 전 세계로 이식되어 가는 과정은 그에게 인류의 진보과정으로 나타났다.

모든 것이 계속 진보해나간다는 것을 눈으로 확인할 수 있다. 곧 모든 곳에 유럽의 식민지가 존재할 것이다! 세계 곳곳에 있는 야만인들이 우리들의 브랜디와 사치품을 더 좋아하게 될 때, 그들은 개종할 정도로 성숙할 것이다. 그들은 곧 우리들의 문화에 접근할 것이며 바로 우리들처럼 선량하고, 강인하며, 행복한 사람이 될 것이다.[32]

이러한 맥락에서 보면 유럽을 통한 세계 식민지화 과정은 결과적으로 인류 진보로 해석된다. 그런 생각에서 그는 세계 식민지화에 앞장섰던 기독교와 민족들을 열렬히 찬양할 수 있었다.

얼마나 많이 무역과 크리스트교는 이러한 거대한 작업(세계의 유럽 식민지화)에 기여를 했는가! 에스파냐인, 예수회 신도들, 네덜란드인들은 모두 박애적이며, 비타산적이며, 고귀하며, 덕성을 갖춘 민족들이다! 지구의 다양한 지역 속에 산재해있는 인류의 발전이 얼마나 많이 당신들에 의해 이루어졌는가![33]

당시 유럽민족들은 자국의 이익을 확보하기 위해서 식민지 정책을 통해서 세계를 착취하는 데 앞장섰다. 이러한 민족들을 찬양했다는 점에서 헤르더의 한계는 명확한 것이다. 물론 그는 역사발전의 최종목표로 보편적 인간성이념을 주장하였기 때문에, 전 세계적 보편성과 전 세계의 모든 민족의 행복이 이루어지기를 원했을 것이다. 그럼에도 이러한 목적에 다다르는 필연적 과정으로 유럽의 세계 식민지화를 합리화했다는 점에서 유럽중심주의적 세계사 파악을 하고 있는 것이다.

# 5. 맺음말

헤르더 역사주의는 18세기 보편적인 것만을 강조하는 계몽사상과 다르게 개체적인 것의 중요성을 강조하였다. 그의 개체성 사상은 민족개체성 개념, 민족문화개념, 각 역사시대의 독특성 추구 등을 통해 확인된다. 동시에 헤르더는 역사속의 개체성과 특수성을 전체적으로 그리고 보편적으로 규정해주는 역사발전의 목표를 설정하고자 하였다. 이는 헤르더가 근본적으로 계몽사상을 부인하지 않았으며, 진보적 발전사상과 보편적 인간성 이념을 주장했다는 점에서 잘 확인된다. 따라서 헤르더의 역사주의는 보편적인 인간가치를 부정하는 쪽으로 나아간 19세기 독일역사주의와는 구별된다.

헤르더는 문화적 민족주의 개념을 정립하는 데 크게 기여하였다. 그는 시간과 공간을 초월하여 민족이 불변적으로 존재한다고 보았다. 지역성, 기후 그리고 역사적 전통은 그 민족의 고유한 언어, 문자, 교육, 관습, 태도 등을 형성시켜 주며 이것이 마침내 민족성과 민족의지를 만들어 준다. 이러한 민족성을 이해하기 위해서는 민족문화에 대한 비교 연구할 필요성이 강조되었다. 헤르더의 문화적 민족주의는 보편적 휴머니티를 최종목표로 추구하고 있다. 이러한 입장에서 헤르더는 유럽의 기독교적 제국주의 침략을 비판하였다. 이러한 주장 등을 살펴보면 헤르더는 배타적인 민족주의를 주장했던 것이 아니라 열린 문화적 민족주의를 주장했음을 알 수 있다. 헤르더의 인간성 이념은 보편성을 추구했지만, 민족국가차원을 벗어나긴 했으나 전 세계적 보편성이 아니라 유럽적 보편성이었다는 점에서도 한계를 지니고 있다. 그가 원했던 것은 전 세계적 보편성이었겠지만, 유럽의 세계 식민지화를 불가피한 과정으로 합리화했다는 점에서 유럽중심주의 세계관에서 벗어나지 못했다.

# ◼ 주

1) 게오르그 G. 이거스, 『독일역사주의』, 최호근역 (서울: 박문각, 1992), p. 23.

2) 이거스, 『독일역사주의』, p. 62; J. H. Herder, *Auch eine Philosophie der Geschichte zur Bildung der Menschheit*, in *Johann Gottfried Herder Werke*, vol, 2 (München, Hanser, 1953), 앞으로 *Philosophie der Geschichte*로 표시함.

3) J. G. Herder, *Ideen zur Philosophie der Geist der Menscheit in Herders Werke* XV, Hrsg. von B. Suphan and C. Redlich, (Berlin, 1877~1909), 앞으로는 *Ideen*으로 생략해서 사용하겠음.

4) Robert Ergang, *Herder and the Foundations of German Nationalism* (New York: Columbus University Press, 1931); R. G. Collingwood, *The Idea of History* (Oxford, The Clarendon Press, 1946), p. 91.

5) H. B. Nisbet, *Zur Revision des Herder Bildes im Lichte der neueren Forschung*; F. M. Barnard "Herder's Treatment of Causation and Continuity in History," *Journal of the History of Ideas*, vol. 24, no. 2 (April-June, 1963); F. M. Barnard, "Natural Growth and Purposive Development: Vico and Herder," *History and Theory*, Vol. XVIII, no. 1 (1979); W. Dobbek, J. G. *Herders Weltbild: Versuch einer Deutung* (Köln: Böhlan Verlag, 1969); Byun Won-rim, *Die Kontinuitätidee in der Geschichte bei Johann Gottfried Herder*, (Erlanger-Nürnberg, Friedrich-Alexander-Universität, Diss., 1982).

6) 헤르더의 역사주의에 대한 여기서의 논의는 강성호, 「헤르더의 사상에 나타난 '총체적 역사인식 – 개체성·발전·인간성사상'의 상호관계를 중심으로」, 『사총』, 40·41합집, (1992. 6)에 많은 부분 의존하였다.

7) 이상신, 『서양사학사』 (신서원, 1993), pp. 289~293; J. G. 헤르더, 『인류의 역사철학에 대한 이념』, 강성호역 (책세상, 2002).

8) *Philosophie der Geschichte*, p. 31.

9) W. Dobbek, *J. G. Herders Weltbild*, p. 168.

10) *Philosophie der Geschichte* p. 78.

11) *Philosophie der Geschichte*, p. 30.

12) *Philosophie der Geschichte*, p. 36.

13) *Philosophie der Geschichte*, p. 46.

14) I. Berlin,, 『비코와 헤르더』, 강성호, 이종흡 역(민음사, 1997).

15) W. Dobbek, *J. G. Herders Weltbild: Versuch einer Deutung* (Köln: Boham Verlag, 1969), p. 7.

16) *Philosophie der Geschichte*, pp. 64~65.

17) *Philosophie der Geschichte*, p. 63.

18) *Philosophie der Geschichte*, p. 36.

19) J. G. Herder, *Ideen zur Philosophie der Geist der Menscheit in Herders Werke XV*, Hrsg. von B. Suphan and C. Redlich, (Berlin, 1877~1909), p. 229. 앞으로는 Ideen으로 생략해서 사용하겠음.

20) F. M. Barnard, "Herder's Treatment of Causation and Continuity in History", p. 205.

21) *Philosophie der Geschichte*, p. 36.

22) *Ideen*, p. 227.

23) *Ideen*, pp. 233~234.

24) *Ideen*, p. 234.

25) F.M. Barnard, "Natural Growth and Purposive Development: Vico and Herder", *History and Theory*, vol. XVIII, no. 1 (1979), pp. 24~26.

26) Byun Won-Rim, p. 244.

27) *Ideen*, p. 252.

28) *Ideen*, p. 233.

29) Byun Won-rim, *Die Kontinuitätidee in der Geschichte*, p. 5.

30) R. G. Collingwood, *The Idea of History*, p. 91.

31) Lael Weissman, "Herder, Folklore, and Modern Humanism," *Folklore Forum* 24(1), pp. 51~65; Royal J. Schmidt, "Cultural Nationalism in Herder." *Journal of the History of Ideas*, vol. XVII, no. 3 (1956); Vicki Spencer, "Herder and Nationalism: Reclaiming the Principle of Cultural Respect," *Australian Journal of Political and History*, 43 (1), (1997), pp. 1~13.

32) *Philosophie der Geschichte*, pp. 63~64.

33) *Philosophie der Geschichte*, p. 66.

## ▣ 참고문헌

김기봉, 「독일철학의 오리엔탈리즘-칸트, 헤르더, 헤겔을 중심으로」, 『담론』 7권 1호(2004).

김승렬, 「민족주의와 유럽통합」, 『역사비평』, 2010.11.

박용희, 「비유럽사회와 문화에 대한 칸트와 헤르더의 인식」, 『서양사연구』, 2006.1.

박의경, 「헤르더의 문화민족주의: 열린 민족주의를 위한 시론」, 『한국 정치학회보』, 29집 1호 (1995. 10)

이광주, 「Herder와 문화적 민족주의」, 『역사학보』, 89집, 1981. 3.

이민호, 『역사주의: 랑케에서 마이네케』, 민음사, 1988.

조우호, 「헤르더의 역사인식과 마이네케의 역사주의」, 『독일어문학』, 15권 2001.

I. 벌린, 『비코와 헤르더』, 민음사, 1997.

J. G. 헤르더, 『인류의 역사철학에 대한 이념』, 책세상, 2002.

J. G. 헤르더, 『인류의 교육을 위한 새로운 역사철학』, 한길사, 2011.

# 계몽사상과 역사주의

최 호 근

## 1. 들어가는 말

서양 역사학의 역사에서 19세기는 '역사학의 세기'로 일컬어진다. 그 중심에는 '근대 역사학의 아버지' 레오폴트 폰 랑케(Leopold von Ranke)를 비롯한 역사주의 역사가들이 자리하고 있다. 또 이들 중 대부분은 독일인이었다. 이러한 점에 주목하여 많은 학자들은 서양 근대 역사학의 성장을 독일 역사주의의 탄생에서 시작되었다고 본다.

그러나 이러한 주장을 '역사주의의 신화'로 비판하는 사람들도 있다. 이들의 논지는 세 개로 요약할 수 있다. 첫째, '역사학의 세기'에서 말하는 역사학은 오늘날 우리가 이해하고 있는 것과 같은 분과학문으로서 역사학이 아니었다는 것이다. 19세기에는 역사학은 물론, 문학과 신학, 법학과 경제학에서도 만물의 생성과 변화에 주목하는 역사적 사고가 중심을 차지했던 시대였다는 주장이다. 정확히 말하자면 '역사적 학문의 세기'라고 할 수 있겠다. 둘째, 역사주의는 결코 독일에서만 일어난 현상이 아니었다. 최근의 연구결과에 의하면, 사건과 제도의 생성과 변화를 중시하는 태도, 엄정한 사료비판 등을 역사주의의 핵심적 특징으로 삼는다면, 이러한 경향은 북유럽이나 동유럽까지 포함해서 서양 역사학 전체에서 발견된다고 할 수 있다. 심지어 중국과 한국을 비롯한 동양의 역사서술 전통까지도 역사주의라는 이름을 가지고 설명하기에 충분하다는 주장도 제기되고 있다. 셋째, 역사주의는 너무도 많은 상이한 경향들을 아우르고 있기 때문에, 대표단수로 '역사주의'를 일컫는 것 자체가 무리라는 주장도 있다. 역사주의 역사학을 대표하는 랑케가 개체를 강조했던데 반해 역사주의 경제학, 바꿔 말하면 국민경제학의 역사학파를 대표하는 구스타프 폰 슈몰러(Gustav von Schmoller)는 역사발전의 법칙을 강조했기 때문이다. 역사주의에 관해 토론할 때, "당신이 말하는 역사주의는 어떤 역사주의인가?"라는 말을 흔히 듣는 것도 이런 이유에서이다.

필자가 보기에 이러한 이의제기보다 더 근본적인 것은 계몽사상과 역사주의의 관계에 관한 물음이다. 역사주의를 옹호하는 사람들은 계몽사상을 역사주의를 이해하는데 필요한 하나의 전사(前史)나 배경 정도로 처리해왔다. 예를 들어 마이네케(Friedrich Meinecke) 같은 독일 학자들은 계몽사상과의 단절을 강조하는 가운데 역사주의를 "서구 역사상 가장 위대한 정신혁명들 가운데 하나"라고 칭송하였다.[1] 그의 입장에서 보면, 역사주의는 계몽사상의 문제점을 극복한 결과였다. 왜냐하면 생성과 변화에 주목하는 새로운 세계관의 탄생을 통해 계몽사상의 가장 큰 문제점인 몰역사적 사고를 넘어설 수 있었기 때문이라는 것이다. 그러나 다른 역사가들은 이러한 의미부여를 해석의 과잉으로 폄하한다.

계몽사상과 역사주의의 관계에 관한 해석은 단순히 역사학의 역사에 국한된 문제가 아니다. 왜냐하면 서구 계몽사상으로부터의 '일탈'이 결국은 나치 독재로 귀결되었다는 영미권 역사가들의 비판적 주장에서 느낄 수 있는 것처럼, 양자 간의 관계를 설정하는 방식은 독일 근대사의 해석과도 밀접하게 관련되어 있기 때문이다. 계몽사상과 역사주의 간의 단절을 부각하면 부정적이건 긍정적이건 독일사의 '특수한 발전의 길(Sonderweg)'을 강조하게 되고, 반대로 양자 간의 연속성에 주목하면 독일사를 보편적인 유럽사의 일환으로 해석하게 되는 것이 통례이다.

사학사에 한정시켜볼 때, 계몽사상과 역사주의의 관계를 생각하는 것이 중요한 이유는 다음과 같다. 첫째, 고전적 역사주의와 후기 역사주의에 국한되어 온 이제까지의 국내 연구를 초기 역사주의의 역사까지 확장시킬 수 있다. 둘째, 이 작업을 통해 그동안 여러 가지 이유에서 부정적으로 평가받았던 계몽사상의 역사서술을 새롭게 이해할 수 있다. 셋째, 역사 이해와 현실 변혁 간의 관계를 다시 한 번 생각해 볼 수 있다. 이 문제는 아마도 '역사학과 계몽'이라는 주제로 따로 거론할 수 있을 것이다. 포스트모더니즘의 출현과 더불어 일부 학자들은 서구의 근대를 '계몽의 기획'이라는 관점에서 비판적으로 조명해 왔지만, 계몽사상의 역사학이 기획으로서의 근대만으로 설명될 수 있는 것은 아니다.

이처럼 큰 문제들은 다른 자리에 다루도록 하고, 여기에서는 계몽사상과 역사주의의 관계를 세 가지 점에서 검토해보자. 첫째, 과학으로서의 역사학에 관해, 또 역사의 진행에 관해 양자는 각각 어떤 입장을 표명하였는가? 둘째, 역사를 해석하는 방식에서 양자 간에는 어떠한 동질성과 차이점이 있었는가? 셋째, 직업적 역사학을 표방한 역사주의 역사가들은 과거를 재현하는 방식에서 계몽사상기의 역사가들과 어떠한 차이점과 공통점을 보여주는가? 이러한 문제들을 차례대로 살펴본 후, 계몽사상과 역사주의의 관계에 대해 결론을 제시할 것이다.

## 2. 계몽사상과 역사주의는 단절인가 연속인가?

　대부분의 학자들은 독일 근대 역사학의 성립이 18세기에서 19세기로 전환될 무렵에 이루어졌다고 생각한다. 이론(異論)의 여지가 없는 것은 아니지만, 이들은 근대 학문으로서 역사학의 근거를 전문화 과정에서 찾는다. 이들이 생각하는 전문화란 학문공동체가 공유할 수 있는 이론의 정립, 규율 가능한 연구 방법의 확립, 충원방식의 제도화를 의미한다.

　계몽사상과 역사주의가 만나는 18세기 말 19세기 초의 전환기 역사학은 두 경향의 혼재, 중첩, 착종 때문에 해석의 논란이 크다. 이 시기의 성격을 둘러싼 사학사적 해석은 크게 단절설과 연속설로 양분된다.

　단절설에서 가장 중요한 입장이 패러다임(Paradigm) 교체론이다. 이 입장을 대표하는 뤼젠(Jörn Rüsen)은 그 이유를 세 가지로 제시한다. 첫째, 클라데니우스(Johann Martin Chladenius)의 ≪일반역사학 *Allgemeine Geschichtswissenschaft*≫(1752)이 잘 보여주는 것처럼, 역사주의 역사가들은 역사가의 관점을 예전처럼 당파성의 근원으로 보지 않고, 오히려 과학적 역사인식의 필수조건으로 인정하였다. 이제 주관은 객관적 역사인식을 위해 제거해야할 것이 아니라, 과학적 인식의 출발점으로 적극 수용되었다. 둘째, 이론에 관해서도 역사주의 역사가들은 계몽사상의 역사가들과 다르게 생각하였다. 계몽사상가들이 이론을 역사서술의 플롯 구성을 위한 도구 정도로 생각한 데 반해, 역사주의자들은 역사연구 자체를 규정하는 결정적 틀로 보았다. 역사의 진행과정을 파악할 때 역사주의에서 중시했던 핵심 개념은 개체성(Individualität)과 발전(Entwicklung)이었다. 셋째, 방법에 대한 이해도 양자는 달랐다. 계몽사상가들이 문헌비판을 통해 해명된 사실들을 교육 목적에서 활용하는 방식을 방법으로 생각했던 반면에, 역사주의자들은 문헌비판과 해석이라는 연구의 방법에 주목하였다. 이러한 점들을 고려하면, 계몽사상과 역사주의의 관계는 단절로 설명해야 한다는 것이다.

단절설의 또 다른 축을 이루고 있는 이들은 독일사의 '특수한 길'에 비판적 태도를 보이는 영미권 학자들과 벨러(Hans-Ulrich Wehler)를 비롯한 독일 사회사가들이다. 이들에 따르면, 계몽사상에서 역사주의로 전환은 퇴보의 과정이었다. 왜냐하면 계몽사상의 특징인 합리주의, 보편적 사고, 세계시민주의가 약화되고 그 자리를 비합리주의, 민족주의, 인종주의가 메웠기 때문이라는 것이다. 각 민족에게는 완수해야할 고유한 역사적 사명이 있고, 이러한 사명은 강력한 국가를 통해서 실현할 수 있다는 역사주의의 주장이 이러한 사상적 일탈을 재촉했다는 것이다. 역사주의가 역사연구와 역사교육을 정치적 도구로 전락시키고, 역사가의 시야를 정치적 사건에 한정시키는 부정적 결과를 낳았음은 부정하기 어렵다.

이와는 반대로 계몽사상과 역사주의의 연속성에 주목하는 사람들도 있다. 이 입장을 대표하는 라일(Peter Hans Reill)은 계몽사상을 역사주의의 부정적 대립쌍으로 단순화하는 데 반대하면서, 역사적 시대개념으로서 계몽사상을 도구적 이성이 지배했던 기간인 것처럼 치부하는 태도를 피상적이라고 비판한다. 계몽사상은 포스트모던론자들이 생각하는 것처럼 이성의 기획으로 통칭할 수 있는 일차원적 세계가 아니었다는 것이다. 이러한 주장을 제기하면서 그가 특별히 주목하는 것은 계몽사상 후반에 출현한 생기론(Vitalismus)이다. 생기론은 영육이원론에 바탕을 둔 계몽사상 초기의 기계론적 사고에 맞서 등장한 대항담론으로서, 모든 존재의 역사성을 강조함으로써 역사주의 성립에 결정적인 토대를 제공했다는 것이다. 그는 헤르더(Herder)처럼 상당수의 독일 역사가들이 계몽사상의 유산과 역사주의적 사고를 동시에 지녔다고 강조한다.

라일은 학자들이 사용했던 언어체계도 중시한다. 그리하여 그는 패러다임이 한 번 바뀌고 나면 언어체계의 급변 때문에 앞 시대의 개념과 어법들을 이해하기 어렵지만, 역사학에서는 그러한 일이 일어나지 않았다고 역설한다. 오히려 역사주의 시대에 와서도 계몽사상을 대표했던 옛 거장들의 글이 여전히 널리 읽히고 있었다는 것이다. 고대사 연구의 대가 몸젠(T. Mommsen)이 역사주의의 전성기에 계몽사상을 대표하는 기본(Gibbon)에 관해 잘 알고 있었고, 니이부어가 여전히 흄(Hume)의 역사저작들을 근대 역사사상 최초의 모범이라고 높이 평가했다는 사실을 보더라도, 계몽사상에서 역사주의로의 이행은 결코 패러다임 전환이 될 수 없다는 것이다.


## 3. 역사이론의 의미변화 : 서술의 전략에서 연구의 해석틀로

뢰젠을 비롯한 패러다임 전환론의 주창자들도 역사서술의 과학화를 위한 시도가 역사주의에서 최초로 이루어진 것이 아니라는 점을 인정한다. 이들은 과학화를 위한 노력이 이미 계몽사상에서부터 시작되었으며, 역사주의는 이러한 시도를 계승하여 획기적으로 발전시켰다고 파악한다. 이러한 발전이 가장 확연하게 발견되는 영역은 바로 이론 분야일 것이다.

과거의 수많은 사건들을 일정한 이론적 틀 속에서 파악하려는 계몽 역사가들의 시도는 슐뢰처(A. L. v. Schlözer)의 다음 구절에서 잘 나타난다. "아직도 전체를 포괄하는 일반적 관점이 결여되어 있다. 이 강력한 관점이 수북하게 쌓여있는 사실들을 체계로 전환시켜, 지상의 모든 국가들을 하나의 단위인 인류로 소급시키고, 여러 민족들을 오로지 세계의 거대한 혁명들과의 관계에 따라 평가한다."[2] 슐뢰처가 보편사 서술의 전제조건으로 생각한 전체에 대한 조망은 독일의 후기 계몽사상 역사가 대부분이 공유하고 있던 생각이다. 전체적 조망이란 이론적 틀을 의미한다. 훗날 독일 역사주의의 창시자로 평가되는 훔볼트(Wilhelm von Humboldt)가 〈역사서술가의 과제〉(1821)에서 역사서술가가 반드시 파악해야 한다고 강조했던 '세계를 움직여가는 계획'이 바로 이에 해당한다. 그렇지만 계몽사상가들에게 '역사의 계획'이란 많은 경우 역사진행의 내재적 의미를 파악하게 해주는 연구의 이론적 틀보다는 역사서술의 정합성을 보장해주는 원리로 이해되었다. 이러한 상황을 계몽 역사가의 한 사람인 가터러(Johann Christoph Gatterer)는 다음과 같이 진술하고 있다.

역사서술가가 하나의 작품을 위해 역사자료들을 힘들게 수집하는 작업을 마치고 나면, 이 혼돈으로부터 주목할 만한 자료들이 선별된다. 이미 자료를 수집할 때부터 간직할 필요가 있는 인간의 존엄과 현저하게 관련된 내용에 주목해야 한다고 믿을 경우에는 언제나 불필요한 내용을 제거하게 될 것이다. 그리하여 자료의 수집과 선별이 이루어지면, 건물을 짓는데 필요한 크고 작은 모든 재료들을 매우 능숙하게 정돈할 수 있게끔 해주는 계획을 생각할 시점이 도래한다. 그렇게 해야 작품을 완성한 후에 왜 자료들 가운데 일부가 여기에 배치되어야 하고 다른 데로 가면 안 되는지 파악하는 데 아무 어려움도 없게 된다. 이것이 재료를 수집하고 배제한 후에 하는 최초의 작업이다. 사람들은 이 작업을 배치, 혹은 배열, 혹은 서술의 구도라고 부른다.[3]

여기에서 중요한 것은 역사서술의 구성방식이다. 역사주의 역사가들은 실용적 관점에서 출발하여 합리적 서술을 위해 많은 노력을 기울였던 계몽사상 역사가들의 의도에 공감하면서도, 이러한 이론화의 노력이 서술 분야에 국한된 것에 대해서는 매우 비판적이었다. 그들은 서술의 정합성에 대한 고민에서 한 걸음 더 나아가 단편적인 역사자료들 속에 '객관적으로' 존재하는 시간적 사슬의 연쇄, 즉 역사의 의미(meaning in history)를 발견하고자 하였다. 이로써 이론은 더 이상 서술의 구성방식이 아니라 역사 속에 내재하는 경향의 탐색과 관련된 것으로 그 의미가 확장되었다.

이 과정에서 결정적으로 기여한 것이 바로 관념론적 역사철학이었다. 역사연구 분야에서 역사이념설(historische Ideenlehre)로 구체화된 관념론 철학은 이념들이야말로 인간세계의 시간적 변화를 가능케 하는 동력으로서, 과거 사실들의 다양성을 역사운동의 통일성 속으로 통합하는 근원적 힘들이라고 파악하였다. 훔볼트는 〈역사서술가의 과제〉에서 이렇게 표현하고 있다. "과거에 발생했던 모든 것들 속에는 직접적으로는 지각할 수 없는 이념이 내재해있다. 그렇지만 이 이념은 오로지 주어진 사건들을 통해서만 인식될 수 있다."[4]

훔볼트의 사고 속에서 이념은 기계적 힘들, 생리적 힘들, 심리적 힘들에 이어 역사를 움직여가는 네 번째 힘으로써, 인간의 내면에 끊임없이 활동적 성향을 공급해주는 근본적 동력이었다. 이념에 대한 이러한 원형적 설명은 이후 《역사학론 Historik》의 저자 드로이젠에게서 역사를 움직이는 인륜적 힘들(sittliche Mächte)로 구체화된다.

역사주의 역사가들에게서 다양한 용어로 표현되는 역사적 이념들의 근본적 특성은 자유에 대한 의지와 염원으로 요약될 수 있다. 이러한 특질은 자유의지를 갖고 있는 인간들의 집단행동을 통해 제도화되며, 제도화된 이념은 다시 교육을 통해 전승, 확장, 고양의 과정을 겪게 된다. 이러한 과정을 장기적 시각에서 고찰할 때 우리는 역사의 '발전'에 관해 이야기할 수 있다. 역사주의에서 말하는 인간 역사의 발전이란 시대와 지역, 민족과 개인에 따라 서로 다른 양상으로 전개될 수 있기 때문에 전형적인 계몽사상가들이 천명했던 일률적 진보와는 다소 다른 개념이라고 할 수 있다. 이와 같은 차이에 관한 예리한 의식을 드러내주는 개념이 바로 '개체성'이다. 이렇게 개체와 발전을 동시에 고려할 때 비로소 우리는 역사주의 역사가들이 인간의 과거를 바라보고 연구하는 전체적 틀을 이해할 수 있다. 개체 사상과 발전 사상이야말로 역사주의 이론을 특징짓는 양대 날개라고 할 수 있다.

요컨대 계몽사상과 역사주의는 모두 역사적 관점의 이론화를 도모했지만, 그 방식에 있어서는 상이한 모습을 보여주었다. 계몽 역사학에서 이론이 주로 역사서술의 구성계획을 의미했다면, 역사주의에서 이론은 일차적으로 역사연구를 위한 연관의 틀을 의미했던 것이다. 계몽사상에서 역사주의로의 패러다임 전환을 강조하는 사람들에게는 바로 이 점이 역사주의의 결정적 기여 가운데 하나이다.


## 4. 방법 개념의 변화 : 서술의 방법에서 규율 가능한 연구방법으로


후기 계몽사상 역사가들이 역사연구 방법과 관련하여 기여한 바는 무엇보다 다양한 비판의 방법을 통해 문헌들 속에 포함되어 있는 정보들을 취득할 수 있도록 해주었다는 점이다. 문헌비판의 방법은 그 결과 얻어진 정보의 내용만이 아니라 정보를 획득하는 과정까지도 상호주관적으로 검토할 수 있다는 점에서 과학적 방법으로 평가

된다. 계몽사상기의 역사가들은 문헌비판의 다양한 방법들을 체계화하고 확장하였다. 그들은 진실의 규명을 역사학의 제 1과제로 강조하는 가운데 체계적인 문헌비판 능력을 내세워 아마추어 역사가들이나 역사를 소재로 삼아 집필하는 일반 작가들과 자신들을 명확하게 구분하고자 하였다. 이와 관련하여 슐뢰처는 자기 시대의 역사서술가들은 고전고대 역사서술가들에 비해 어려움에 직면해 있다고 밝힌 바 있다. 왜냐하면 후자에게서는 "문학과 역사 간의 경계가 진지하게 문제시되지 않았기 때문이다."[5]

그러나 앞에서 이론에 관해 언급했던 것과 유사하게, 방법에 관한 계몽사상가들의 이해도 협소하였다. 그들에게 방법이란 사실들을 수집해서 서술하기 위한 분과에 지나지 않았던 것이다. 방법에 관한 계몽사상가들의 자의식에 관하여 계몽 역사가의 일원이었던 슐뢰처는 다음과 같이 적고 있다.

> 역사학에서 개별 사실들이나 주어진바들은 모자이크 그림 속에 있는 형형색색의 작은 돌들과 같다. 예술가는 숙련된 분배작업을 통해 이 돌들을 혼합하고 정돈하며, 정확하게 연속적으로 배치함으로써 깔끔하고 빈 곳 없이 꽉 찬 평면 위에 완성된 그림을 우리 눈앞에 제시한다. 비판이 여러 연보들과 기념물들 속에서 이 사실들을 하나하나 발굴하는 것이라면, (볼테르 같은 사람들은 이 사실들 자체를 만들어 내거나, 그게 아니라면 최소한 색칠을 하겠지만) 배열은 역사서술가의 작업이다. 전체 배열 계획 속에서 통일성이 지배한다면, 보편사는 학문적 명성을 얻게 될 것이고, 시대의 존경을 받게 될 것이다. 이러한 특수한 종류의 배열이 보편사의 방법을 특징짓는다. 대부분이 목적에 따라 엄선된 사실들을 포함하는 세계사가 최고의 세계사다. 배우는 사람들에게 이 모든 사실들의 연관관계에 대한 통찰을 가장 쉽게 가져다주는 세계사의 방법이 최고의 방법이다.[6]

여기에서 알 수 있는 것은, 계몽사상 역사가들에게 방법이란 일차적으로 교육상의 문제였다는 점이다. 계몽 역사가들은 문헌비판을 통해 얻어진 사실들을 서술 속에서 종합할 때 언제나 교육적 목적을 염두에 두어야 한다는 원칙을 준수하였다. 어떻게 보면 계몽사상에서 말하는 방법이란 수사학적 규정에 다름 아니었던 것이다.

가터러와 더불어 비판적 문헌학적 방법을 역사학 분야에 도입 발전시키는 데 결정적으로 기여했다는 평가를 받고 있는 괴팅겐 학파의 일원이었던 헤렌(A. H. L. Heeren)은 고대사가 "실천적인 정치적 스승"에 다름 아니라고까지 밝혔다. 그러므로 인문주의 시대에 발전된 문헌비판의 방법을 역사연구에 적용함으로써 사료비판의 수준을 획기적으로 끌어올린 계몽 역사가들에게 있어 방법은 어디까지나 종속적 의미만 요구할 수 있었을 뿐이다. 이렇게 되면, 역사서술에서 방법이란 취향의 문제로 전락해버릴 가능성이 커질 수밖에 없다. 계몽사상기 역사가들에게 널리 퍼져있던 이러한 이해의 위험성을 의식하면서 방법론의 문제를 서술의 영역에서 연구의 영역으로 확실하게 옮기고자 했던 이들이 바로 역사주의 역사가들이었다. 역사주의의 관심은 문헌비판을 시도하는 바로 그 순간부터 이미 사건들 간의 내적 연관을 파악하는데 있었던 것이다.

이러한 태도를 가장 명확하게 제기한 사람이 바로 드로이젠(Johann Gustav Droysen)이다. 드로이젠의 방법론에 관한 인식은 "역사적 방법의 본질은 탐구하면서 이해(forschend zu verstehen)하는 것, 즉 해석"이라는 명제를 통해 표명된다. 드로이젠이 의도한 바는 명확하다. 그것은 곧 사실들 간의 연관관계는 역사서술과 관련된 수사학적 문제가 아니라, 문제제기-자료수집-문헌비판-해석으로 이어지는 역사연구를 통해서 해명된다는 것이다. 지난날 서술의 방식에 종속되었던 방법은 역사주의에 이르러 연구의 영역으로 본격 이행하게 되었고, 정보의 확보 수준에 머물러 있던 문헌비판의 방법이 이제 역사적 비판으로, 즉 방법적으로 규제되는 탐구적 해석으로 진전되었던 것이다. 이것은 분명 질적 비약이었다.

## 5. 서술양식의 전환: 수사적 서술에서 논증으로

역사학의 과학화 과정은 서술형식의 탈수사화 과정을 수반하였다. 이 과정을 보여주는 하나의 대표적인 사례는 "예증, 출처에 대한 언급, 인용문이 구비된 엄격하게 학문적인 서술방식"을 갖춘 논문들만 게재할 것이라는 원칙을 강조한 ≪역사평론 *Revue Historique*≫ 창간호 서문이 될 것이다. 이 서문을 집필한 작가 모노(Monod)는, "우리는 일반화와 수사학적인 상세한 언급들을 엄격하게 배제한다"고 천명하였다.

이미 계몽사상기에 시작된 이러한 탈수사화 경향은 독일에서도 강하게 나타나, 역사교수들 사이에서 역사 문필가의 대명사였던 볼테르(Voltaire)에 대한 비판이 계속 이어졌다. 역사주의에서는 여기에서 한 걸음 더 나아가 서술과 연구, 수사적 기교와 진리 탐구에 대한 요구를 분리하는 추세가 강화되면서, 전자를 후자에 기능적으로 종속시키는 경향이 강하게 나타났다. 이에 따라 역사서술의 관건이 이제는 문헌비판을 통해 명증성이 입증된 사실들을 어떻게 명료하게 전달하는가 하는 문제로 이동하였다. 이러한 문제의식은 케스트너(Johann Christian Kestner)의 다음 문장을 통해 잘 드러난다.

역사에서 하나의 찬란한 소설을 쓰려고 하거나, 우리가 그 기만을 알아차리지 못하거나 혹은 강조된 부분의 묘사와 재미있는 장면에 푹 빠져 속아 넘어가게 만드는 시를 쓰고자 하는 사람들은 … 잘못이다. 이러한 사람들은 우리 기대에 한참 못 미치며, 이런 일은 우리를 불쾌하게 만든다. 왜냐하면 우리가 기대하는 것은 진실이기 때문이다.[7]

랑케는 이러한 요구를 학문적 서술방식과 관련하여 다음과 같이 공식화하였다.

> 우리는 우리 영역에서 다른 역사 개념을 갖고 있다. 아무런 꾸밈이 없는 있는 그대로의 진실, 개별적인 것에 대한 철저한 탐구, 그리고 그 밖의 것들은 신에게 맡긴다. 아무리 사소한 것이라 해도 어떤 종류의 날조도 하지 않고, 그 어떤 공상도 하지 않는다.[8]

이러한 신랄한 비판의 대상이 된 인물은 귀치아르디니(F. Guicciardini)였다. 그는 유명한 인물들로 하여금 허구의 발언을 하게 함으로써 실제로 일어난 역사적 사건을 설명하고자 했던 대표적 역사서술가였다. 이러한 식의 수사학적 글쓰기에 대한 비판적 태도는 사실연관을 서술하기에 적합한 새로운 양식의 글쓰기를 요구하였다.

계몽사상과 역사주의의 서술방식을 대립적 관계로 설정하거나 또는 전적으로 상호 교체관계 속에서 설명하는 것은 무리이다. 양자는 모두 언어와 문학에 지대한 관심을 가졌고, 문헌학적 탐구를 역사연구의 중요한 부분으로 상정하였다. 후기 계몽 역사학을 대표하는 인물들 중 하나인 헤렌과 고전 역사주의의 정점에 서있던 랑케는 모두 유럽 국가체제의 역사만이 아니라 문학사에도 관심을 가졌던 역사가들이다. 이러한 점들을 고려한다면, 계몽사상과 역사주의 사이에는 서술양식에서도 일종의 연속성이 존재했다는 것마저 부정할 수 없다. 초기 역사주의 역사가들은 계몽사상을 대표했던 몽테스키외, 기본, 레싱, 흄을 여전히 존경했으며, 역사서술의 정치적 실천적 효과를 대단히 중시했고, 바로 그런 이유에서 대중에게 읽히는 글을 염두에 두고 집필하였다.

그럼에도 불구하고 역사주의 역사가들이 수사학적 글쓰기 방식에 불만을 느끼며, 수신자가 누군가에 따라 서술방식도 달라져야 한다고 믿었던 것만은 분명하다. 그들의 주된 관심은 전문적 연구결과를 전문가들을 대상으로 알리는 데 적합한 새로운 글쓰기에 있었다. 그것은 곧 니이부어가 말한 '간결한 서술'이요 랑케가 지적한 '압축적 서술'이었던 것이다.

새로운 서술양식의 출현은 1828년 레오(Heinrich Leo)가 랑케의 대표 저작들 가운데 하나인 ≪1494년부터 1535년까지 로마와 게르만 여러 민족들의 역사≫에 대해 가했던 비판과 랑케의 반비판 사례를 통해 특징적으로 파악될 수 있다. 랑케의 글이 이제까지 고수되어 온 글쓰기 방식에 대한 공격이라고 이해했던 레오는 이 책의 제 2장 초반부를 예로 들어, "무미건조하게 지배자들의 이름을 열거하고 온갖 종류의 무관한 언급들을 반복하는 것"에 불과하다고 랑케의 서술을 비난하였다. 이 비판에 대해 랑케는 이렇게 답변하였다.

나는 일반적인 것을 직접적으로 길게 에둘러 말하지 않고 특수한 것을 통해 서술하였다. … 나는 사건 속에서, 그리고 사건과 더불어 과정과 함께 그 과정에 표현된 정신을 서술하고자 했고, 그 과정으로부터 특징적 윤곽을 파악하고자 애썼다. 시적 표현과 예술적 표현 속에서도 이것이 본질적 계기라는 점을 확신하며, 나는 역사서술에서도 이와 같은 시도가 통용될 수 있다고 생각한다. 그러나 나는 이러한 작업을 제대로 수행하지 못했다는 것을 잘 알고 있다.[9]

얼핏 보면 자기겸양처럼 보이는 랑케의 이 응답은, 사실은 전문가로서의 학문적 글쓰기에 대한 뚜렷한 자의식의 표현이었다. 랑케는 이미 철두철미한 압축전략에 따라 작성된 새로운 양식의 글에 관해 이야기한 것이다. 랑케의 자부심은 "그러면 우리가 어린이들에게 이 유식을 주는 것처럼 역사가라고 하는 사람들에게까지 인용문을 제시 해야 한다는 말인가?"[10]라는 말을 통해 확연하게 드러난다.

이 논쟁을 겪은 후 수년 동안 랑케는 자신이 천명했던 서술방 식을 거듭 개선하였다. 그 결과 등장한 것이 바로 ≪로마의 교황들 *Die römischen Päpste*≫(1834~1836)이다. 최초의 정치 분석으로 평가되 기도 하는 이 수작(秀作)은 서술의 집중을 이루어낸 성과이기도 하다. 이 작품에서는 헨리 4세의 개종이나 메리 스튜어트의 참수 같이 구경 거리가 될 만한 사건들은 빠르게 지나가고, 수많은 전쟁과 조약들 중 에서도 가장 중요한 것들만 선별적으로 서술되었다. 인물들에 대한 서술도 시대적 변화의 원리와 경향을 제시하는데 필요한 정도에 국 한되었다. 이 작품 전체를 관통하고 있는 서술상의 특징은 이른바 객 관주의 전략, 곧 사건의 전체적 흐름을 관조하면서 저자가 본질적이 라고 판단한 내용들을 하나의 의미 축에 따라 서술하는 방식이라고 부를 수 있을 것이다. 랑케에게 '압축적 서술'은 전문성의 증표였다. 헤겔 류의 이론중심적인 글이 그에게 경원의 대상이었던 것처럼, 재 미를 추구하면서 상세하게 진술하는 글도 작가 스스로가 아마추어임 을 입증하는 것이었다. 긴 시각에서 보면 수사학적 상술(詳述)의 배제 와 압축의 전략을 특징으로 삼는 전문적 글쓰기의 등장은 이미 18세 기 말 후기 계몽사상에서부터 시작된 경향이었다.

물론 이러한 방식의 전문가적 글쓰기가 모든 역사주의 역사가들 에게, 또 그들의 모든 작품에서 나타났다는 것은 아니다. 그의 고전적 인 저작 ≪로마사≫를 통해 제 2회 노벨 문학상을 수상했던 몸젠처럼 연구자만이 아니라 작가로서도 탁월한 능력을 발휘하거나, 문학적 글쓰기에 큰 가치를 부여하는 역사가들도 적지 않았다. 그러나 전문 학술지의 잇따른 출간 속에서 전공논문과 전문연구서가 학자적 능력을 평가받는 표준이 되면서, 19세기 말이 되면 인용문의 배치와 정확한 각주처리, '나'라는 1인칭 주어 대신 '저자'나 '필자'처럼 작가를 3인칭화하는 표현이 사용되는 압축적 형식의 '과학적' 글쓰기가 지배적인 추세가 되었던 것만은 분명하다.

# 6. 맺음말

이제까지 이론과 방법, 서술양식에 비추어 계몽사상과 역사주의의 특징을 살펴보았다. 이를 통해 볼 때, 계몽사상과 역사주의의 관계를 급진적 단절이나 일탈로 규정하는 것은 무리라고 생각된다. 계몽사상과 역사주의는 자석의 양극처럼 상호 대립적 입장이거나 양립 불가능한 제로섬 관계가 아니었다. 그렇다고 해서 역사주의의 주요 성과가 모두 계몽사상 속에 이미 잉태되어 있었다는 식으로 연속성을 주장하는 것도 설득력이 적다.

그러나 단절론과 연속론을 살펴보는 작업은 계몽사상과 역사주의의 관계를 이해하는데 매우 유익한 결과를 가져다준다. 연속성을 강조하는 논지 중에서는 계몽사상이 하나의 확고한 시대개념으로 수용되기에는 너무도 많은 다양성을 갖고 있다는 주장이 특히 중요하다. 계몽사상은 인간의 이성과 역사의 진보에 대한 신념을 핵심으로 삼는 실증주의와 동일시될 수 없고, 오히려 생기론을 비롯하여 다양한 대항담론들까지 포함하는 하나의 경향이었을 뿐이다. 마찬가지로 단절을 강조하는 논지들 가운데 역사주의는 실증주의나 낭만주의에 비견될 만큼 동시대 유럽인들의 생각을 강력하게 지배한 독자적 사고

방식이 아니었다는 주장도 유념해야 한다.

이렇게 본다면 계몽사상과 역사주의의 관계를 지배적 사고체계의 교체, 곧 패러다임 전환으로 규정하는 것은 무리일 수밖에 없다. 계몽사상에도 여러 분파가 있었던 것처럼, 역사주의에도 최소한 발전의 측면을 강조하는 경향과 개체의 측면을 강조하는 경향이 공존하고 있었다. 그러므로 양자의 관계는 후기 계몽사상과 초기 역사주의의 접점들을 구체적으로 살펴볼 때 좀 더 생산적인 결과가 산출될 수 있을 것이다. 앞에서 살펴보았던 것처럼, 후기 계몽사상과 초기 역사주의는 많은 사례에서 확인할 수 있듯이 서로 중첩되거나 착종되어 나타나는 경우가 많았다. 그럼에도 불구하고 적어도 역사주의가 하나의 주요 경향으로 뿌리내린 독일의 경우를 기준으로 삼는다면, 초기 역사주의에서는 기계적 진보 개념에 대한 반발, 발전과 개체를 동시에 고려하는 균형적 사고, 역사연구 방법에 대한 천착, 서술방식의 변화로 요약될 수 있는 사유체계의 변화가 현저하게 일어났음을 부인하기 어렵다. 이러한 변화는 후기 계몽사상에서 나타난 문제제기와 대안들을 일군의 후대 역사가들이 수용하면서 체계화한 결과이다. 이렇게 본다면 역사주의는 계몽사상의 역사 이론과 방법론을 비약적으로 발전시킨 결과라고 결론지을 수 있다.

# ■ 주

1) Friedrich Meinecke, *Die Entstehung des Historismus*, Werke, vol. 3(München 1965), p. 1.
2) August Ludwig von Schlözer, *Vorstellung einer Universalhistorie*(Göttingen 1772), pp. 18~19.
3) Johann Christoph Gatterer, "Vom historischen Plan", *Allgemeiine Historische Bibliothek*, Vol. 1(Halle 1767), pp. 22~23.
4) Wilhelm von Humboldt, "Über die Aufgabe des Geschichtsschreibers", p. 605.
5) A. L. v. Schlözer, "Vorrede zu Abbé Mably, Von der Art die Geschichte zu schreiben"(Strassburg 1784), Horst Walter Blanke/Dirk Fleischer(ed.), *Theoretiker der deutschen Aufklärungshistorie*, Vol. 2(Stuttgart 1990), p. 590.
6) A. L. v. Schlözer, Vorstellung einer Universalhistorie, pp. 44~45.
7) Johann Christian Kestner, "Untersuchung der Frage: Ob sich der Nutzen der neueren Geschichte auch auf Privatpersonen erstrecke?", *Allgemmeine Historische Bibliothek*, Vol. 4(1767), p. 218.
8) Leopold von Ranke, *Zur Kritik neuerer Geschichtsschreiber*(Leipzig/Berlin 1824), p. 24.
9) L. v. Ranke, *Geschichten der romanischen und germanischen Völker von 1494 bis 1535*(Leipzig/Berlin 1824), pp. 664~665.
10) L. v. Ranke, *Geschichten der romanischen und germanischen Völker*, p. 662.


# ■ 참고문헌

Droysen, Johann Gustav, *Historik. Vorlesungen über Enzyklopädie und Methodologie der Geschichte*, ed. Rudolf Hübner, München 1937.

Humboldt, Wilhelm von, "Über die Aufgabe des Geschichtsschreibers", *Werke in fünf Bänden*, vol. 1. Schriften zur Anthropologie und Geschichte, Darmstadt 1960.

Meinecke, Friedrich, "Die Entstehung des Historismus", Werke, vol. 3, München 1965.

Muhlack, Ulrich, *Geschichtswissenschaft im Humnanismus und in der Aufklärung. Die Vorgeschichte des Historismus*, München 1991.

Ranke, Leopold von, *Zur Kritik neuerer Geschichtsschreiber*, Leipzig; Berlin 1824.

Reill, Peter Hans, *The German Enlightenment and the Rise of Historicism*, Berkeley 1975.

Rotteck, Carl von, *Allgemeine Geschichte*, Braunschweig 1861.

Rüsen, Jörn & Jaeger, Friedrich, *Geschichte des Historismus*, München 1992.

Schlözer, August Ludwig von, *Vorstellung einer Universalhistorie*, Göttingen 1772.

Walther, Gerrit, "Der 'gedrungene' Stil. Zum Wandel der historiographischen Sprache zwischen Aufklärung und Historismus," G. Oexle/J. Rüsen(ed.), *Historismus in den Kulturwissenschaften*, Köln 1996.

계몽사상과 역사주의

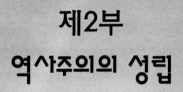

# 제2부
## 역사주의의 성립

# 랑케의 'wie es eigentlich gewesen' 본래 의미와 독일 역사주의

김 기 봉

## 1. 문제제기

모든 역사는 정치적이다. 그래서 역사가 정치적 권력투쟁의 무기로 활용되기도 한다. 이러한 역사의 정치화는 과학의 한 분과로서 역사학의 존립을 위협하는 아킬레스건이다. 역사란 과거 해석을 둘러싼 정치투쟁이라면, 역사의 객관성은 어떻게 확보될 수 있는가? 이 문제의 해결책으로 자주 인용되는 말이 랑케의 "(역사가의 임무는) 그것이 본래 어떠했는가를 단지 보여주는 것(bloss zeigen, wie es eigentlich gewesen)"이라는 표현이다. 언뜻 듣기에 심오하지 않은 이 말의 놀라운 성공에 대해 카(E. H. Carr)는 이렇게 말했다. "세대가 세 번씩 바뀔 때까지 독일과 영국의 역사가들은 그리고 심지어 프랑스의 역사가들마저 'wie es eigentlich gewesen'이라는 마술적인 단어들을 마치 주문처럼 읊어대면서 싸움터를 향해서 행진해 들어갔다. 과학으로서 역사를 열렬히 주장한 실증주의자들은 이 주문으로 사실 숭배에 대한 강력한 힘을 불러내고자 했다. 이들은 우선 사실들을 확인하고, 그런 후에 그것들로부터 결론을 이끌어낼 것을 주장했다."[1]

그런데 과연 랑케는 카의 말처럼 단순이 사실을 숭배하기 위해, 곧 실증사학의 기치를 들기 위해 이 말을 했을까? 이 같은 판단은 역사인식의 궁극적 목표를 역사에 담겨진 '신의 비밀문자'를 해독하는 것으로 설정했던 랑케의 역사신학(Geschichtstheologie)에 대한 무지에서 비롯했다. 원래 이 말은 1824년 출간된 그의 첫 번째 학문적인 저작인 『1494년부터 1535년까지 로마와 게르만 민족의 역사들 *Geschichten der romanischen und germanischen Völker von 1494 bis 1535*』에서 자신의 역사인식론의 원칙을 천명할 목적으로 한 표현이다. 그렇다면 정말로 랑케는 이 말을 통해 정치로부터 자유로울 수 있는 역사의 객관성을 확립할 수 있다고 믿었는가? 이 물음에 대한 답을 위해서는 "그것이 본래 어떠했는가를 단지 보여주는 것"이라는 말에 내재해 있는 그의 역사신학을 먼저 드러낼 필요가 있다.


## 2. 랑케의 메타역사로서 역사신학


'wie es eigentlich gewesen'의 정확한 의미를 알기 위해서는 앞뒤 문맥을 살펴봐야 한다. "역사학은 과거를 재판하고 미래의 유용함을 위해 동시대인들에게 가르침을 준다는 직무를 갖지 않는다. 그래서 여기서의 시도는 그런 고귀한 직무를 수행하는 것이 아니라, 그것이 본래 어떠했는가를 단지 보여주는 것이다."[2]

랑케가 이 말을 통해서 역설했던 것은 두 가지다. 첫째, 과거를 재판하지 말라는 주문을 통해서는 역사의 탈도덕화를 주장했다. 물론 그는 역사의 도덕적 가치를 결코 부정하지 않았다. 그런데도 그가 역사학의 탈도덕화를 주장했던 이유는 역사 그 자체는 도덕적이지만, 역사연구는 탈도덕적으로 해야 역사서술의 객관성이 확보될 수 있다고 믿었기 때문이다. "모든 시대는 신에 직결된다"고 말했던 랑케는 역사는 신의 의지와 섭리의 반영이라고 생각했다. 역사가의 임무는 개별 역사적 사건에 담긴 신의 뜻을 읽어내는 것이다. 개별적 사건을 통해 구현되는 신의 의지는 보편적이기 때문에 개체적인 역사가는 오직 직관적 이해를 통해 이에 대한 예감(Ahnung)을 가질 수 있을 뿐이다. 이러한 예감에 도달하기 위해서는 역사가는 먼저 자신의 주관적 가치체계를 배제하도록 노력해야 한다. 그는 "사물로 하여금 말하도록 하기 위해 나 자신까지도 지우고 싶다"는 극단적인 심정을 토로했다.[3]

둘째, 미래의 유용함을 위해 과거를 이용하지 말라는 말을 통해 랑케는 역사학의 탈정치화를 주장했다. 여기서 탈정치화는 무엇보다도 프랑스혁명을 부정하려는 의도를 가진다. 그런데 그가 프랑스혁명에 반대했던 이유는 그가 보수주의자였기 때문이 아니라 인간의 자유를 옹호하기 위해서였다. 카가 진보를 역사를 과학적으로 인식하기 위한 가설로 설정했던 반면, 랑케는 인간의 자유를 역사연구에서 포기할 수 없는 가설로 보았다. 그는 인간의 자유를 역사적 정보들을 체계화 하는 원리로 삼음으로써, 인과적 결정론과 진보의 목적론의 양자택일을 넘어서는 과거, 현재, 미래로 이어지는 역사의 열린 연관성을 기술하는 제 3의 대안을 추구했다. 자연과학은 인과론에 따라 자연현상을 설명하고, 헤겔 역사철학은 진보의 목적론에 따라 역사현상들의 위계질서를 규정했다. 이에 대해 랑케는 역사 발전이 인간의 자유를 매개로 해서 이루어진다는 점에 근거해서 역사적 사건들이 완전히 결정론적이거나 순전한 우연으로 발생하지 않는다고 논증했다. 그는 인간은 역사를 만들지만 주어진 조건 속에서만 그렇게 할

수 있다는 마르크스의 유명한 정식화와 매우 유사한 말을 1860년경에
썼던 유고에서 명시했다.

> 역사는 결코 철학적 체계의 통일성을 가질 수 없다. 하지만 내적 연관
> (inneren Zusammenhang) 없는 역사란 존재할 수 없다. 우리는 서로서로 계
> 기를 이루면서 조건 짓는 일련의 사건들 앞에 직면한다. 내가 조건 짓는다
> (bedingen)'라고 말할 때, 그것은 결코 절대적 필연성으로 조건 지워진다는
> 의미가 아니다. 중요한 점은 오히려 인간의 자유는 도처에 어디에나 있다는
> 것이며, 그런 자유의 장면들을 추구한다는 것이 역사학의 가장 큰 매력이다.[4]

신이 아담에게 자유의지를 부여했던 것처럼 역사에서 인간은 행
동의 자유를 가진다고 랑케는 믿었다. 그런 인간의 자유가 실현되는
장면들을 묘사하는 것이 역사학의 가장 큰 매력이라고 했다. 따라서
역사학이 그 매력을 충족시키기 위해 역사가가 가장 애써서 노력해
야 할 사항은 각 시대에서 인간 행동의 자유의 한계를 설정했던 역사
적 조건들을 파악하는 일이다. 랑케에 따르면, 각 시대에는 인간 자유
의 역사적 조건을 규정하는 그 나름의 주도이념(die leitende Idee)이 내
재해 있다. 세계정신과 이성의 간지에 의해 역사가 진보한다고 보았
던 헤겔이 세계사를 지배하는 원리로서 절대이념(die absolute Idee)을
주장했다면, 진보의 결정론에 반대해서 인간의 자유를 옹호했던 랑케
는 각 시대에는 그 나름의 방식대로 역사 발전을 선도하는 주도이념
이 있다고 보았다. 그가 주도이념으로 이해했던 것은 "각 세기에서의
지배적 경향이다. 이러한 경향은 단지 기술될 수 있을 뿐이며, 어떤
경우에서도 하나의 개념으로 총괄될 수 없다. … 인류 발전은 무한한
다양성을 가지며, 이러한 다양성은 우리가 알 수 없는 법칙에 따라
우리의 생각보다도 훨씬 더 신비스럽고 위대하게 점차로 나타난다."[5]

랑케는 각 시대는 개체에 의해서 구현되는 독자적인 지배적 경향성이 있다고 믿었으며, 역사가의 임무는 그 개체 안에 담겨있는 지배적 경향성을 신이 새겨 좋은 비밀문자처럼 해독하는 것이라고 생각했다. 그는 신의 손길은 모든 시대에 공평하게 개입해 있다는 역사신학적 전제에 입각해서, 역사가의 임무는 "본래 그것이 어떠했는지를 보여주는 것"이라는 것을 역사학의 공리로 제시했다.

"본래 그것이 어떠했는지를 보여주는 것"이라는 표현에서 핵심어는 '본래(eigentlich)'와 '보여준다(zeigen)'이다. 그런데 eigentlich라는 독일어 번역의 다양성이 랑케 역사학의 왜곡과 굴절을 낳음으로써 랑케를 실증사학의 창시자로 만드는 단초를 제공했다. 로빈슨, 비어드 그리고 베커와 같은 미국의 신사학 역사가들은 물론 카는 eigentlich를 essentially가 아니라 really 또는 actually로 번역하여 이해했다. "본래 그것이 어떠했는가"가 아니라 "실제로 그것이 어떠했는가"로 번역함으로써, 역사에서 신의 사상을 읽고자하는 본래 관념론자였던 랑케를 실재론자로 탈바꿈시켰다. 결국 이 같은 왜곡을 통해 실증주의자로서 랑케의 이미지가 만들어졌다.

그가 '본래'라는 표현을 썼던 이유는 역사연구의 궁극적인 목표를 신의 상형문자를 읽는 것으로 설정했기 때문이다. 그에게 신이란 우리 인식 저편에서 세계사의 통일성과 시대의 연속성을 선험적으로 보장하는 준거점이다. 헤르더의 민족 개념과 마찬가지로 랑케는 신의 사상이 민족을 단위로 해서 다양하게 펼쳐지는 것으로 보았다. 랑케는 세계사를 신의 사상의 세속적 형태인 절대정신이 실현되는 진보의 과정으로 설정했던 헤겔과 다르게 신의 사상에 따라 각각의 민족이 내적인 발전을 이룩하는 민족사 중심으로 세계사를 구상했다. 존재론적으로 그리고 인식론적으로 신은 객관성을 보장하는 준거다. 과거, 현재, 미래로 이어지는 역사과정에 총체적인 의미연관을 부여하고, 가치와 연관해서 이루어지는 인간의 주관적인 인식을 넘어서 역사의 객관성을 보장해 주는 역사의 알파와 오메가가 바로 신이라는 것이다.

이러한 랑케의 역사신학은 그 시대의 정신적 풍토에서 기인했다. 랑케 역사관의 배후를 이루는 메타역사는 루터적인 프로테스탄티즘과 괴테시대의 역사신학, 칸트의 선험철학 그리고 그 시대를 풍미했던 질풍노도의 낭만주의 정신이 있었다. 이러한 랑케 역사신학은 기독교 신학을 철학으로 세속화시켰던 헤겔의 역사철학과는 다른 것이었다. 랑케와 헤겔 모두는 신학을 공부하다가 한 사람은 역사가의 길을 갔고, 다른 한 사람은 철학자가 되었다. 동일한 시기에 같은 베를린대학에서 랑케는 신임교수로 재직했던 반면, 헤겔은 이미 거장이 되어 당시 독일 정신세계에 막대한 영향력을 행사했다. 랑케 역사주의는 이러한 헤겔 역사철학에 대한 도전이며, 이러한 랑케의 도전은 슈네델바하 말대로 헤겔 이후의 역사철학을 역사주의 문제로 전환시키는 계기가 되었다.[6]

헤겔에게 역사는 절대정신을 통해 신의 섭리가 구현되어가는 과정이다. 그는 '이성의 간지'라는 이름으로 신의 의지를 세속화 시키는 방식으로 역사를 신격화 했다. 랑케가 시도한 역사학의 독립선언은 헤겔의 사변적인 역사철학에 대한 비판으로 시작했다. 그는 헤겔에 의한 '역사의 신격화' 대신에 '신의 역사화'를 시도했다. 그는 '살아있는 신'이라는 교회의 언어를 역사에 적용했다. 그는 1820년 동생 하인리히(Heinrich Ranke)에게 보낸 편지에서 "모든 역사 속에 신이 거주하며, 신이 살아있고, 신이 인식될 수 있다. 모든 행위가 신을 증언하고 모든 순간이 신의 이름으로 설득되고, 대부분의 경우 나는 역사적 맥락은 성스러운 신성문자로 해독되어야 하는 것으로 느껴진다"고 썼다.[7]

그는 또 1830년경에 썼던 유고에서 "역사는 모든 존재, 모든 상황과 사물 속에서 무한한 것을 보며 신에게서 유래하는 영원한 것을 보는 것이다. 그리고 이것이 역사의 기본원리"라고 했다. 역사가는 개체적 사물과 사건을 매개로 해서 무한한 신의 섭리에 대한 직관적 이해에 도달하고자 노력해야 하며, 이를 위해서는 그는 "나는 나 자신을 해소시키고, 사물이 스스로 말하고, 강력한 힘들이 스스로 나타나게 하기만을 원할 뿐이다"라고 말했다.[8] 전체로서 신의 관점을 갖기 위해서 역사가는 신 앞에서 자기를 완전히 버리고 오직 신의 은총만을 기도하는 루터와 같은 성직자의 태도를 가져야 한다는 것이다.

랑케는 이러한 역사신학에 의거해서 '객관적(objektive)'이란 말을 '무당파적(unparteisch)'과 같은 뜻으로 이해했다. 따라서 우리는 랑케의 무당파적이란 말의 일차적 의미를 오늘날처럼 정치적 당파의 차원 보다는 종교적 분파의 맥락에서 이해해야 한다. '당파(Partei)'에 대한 개념사적인 연구에 따르면, 1848년 혁명 이후에서야 비로소 당파라는 개념이 인민주권론을 주장하는 자유주의를 둘러싸고 첨예하게 대립되는 정치적 파당의 의미로 이해하기 시작했고, 그 이후 당파 개념의 정치화는 급격하게 확산했다. 요컨대 "본래 그것이 어떠했는지를 보여준다"는 랑케가 상정한 역사 객관성의 코드는 정치가 아니라 종교에서 기원했다.

이렇게 랑케가 역사서술의 객관성을 종교와 관련된 문제로 파악했던 데에는 역사신학이라는 메타역사적 토대 뿐 아니라 당시의 역사적 상황이 배경으로 작용했다. 그는 첫 번째 저작 『1494년부터 1535년까지 라틴과 게르만 민족들의 역사들』에서 16~17세기 유럽사의 주요 흐름을 결정하는 가장 중요한 요인을 종교적 대립으로 보았다. 종교개혁과 반종교개혁으로 점철된 16~17세기 로마와 게르만의 여러 민족의 역사에서 세계사적인 운동을 추진하는 제일 동력은 종교 문제이었다. 따라서 구교와 신교 국가들 모두가 받아들일 수 있는 불편부당한 역사를 쓰기를 열망했던 랑케는 무당파성을 무엇보다도 종교적 의미로 파악했다.

하지만 역사가는 자신의 주관적 입장을 완전히 배제하고 관점 없이 어떻게 역사를 쓸 수 있는가의 문제를 순전히 종교적 믿음의 문제로 해소할 수는 없었다. 이 문제와 관련해서 두 번째 핵심어인 '보여준다(zeigen)'는 표현이 중요한 의미를 가진다. 일반적으로 알려져 있는 "그것이 본래 어떠했는가를 단지 보여주는 것(bloss zeigen, wie es eigentlich gewesen)"이라는 말은 랑케가 1824년에 썼던 『1494년부터 1535년까지 라틴과 게르만 민족들의 역사들』 초판 서문이 아니라 1874년 재판 서문에 나오는 표현이다. 초판 서문에는 "그것이 본래 어떠했는가를 단지 말하는 것(nur sagen, wie es eigentlich gewesen)"으로 써져있다.

그렇다면 랑케는 왜 이러한 수정을 했는가? '말한다(sagen)'는 것은 화자가 반성적 사고를 통해 재구성하는 과정을 거쳐야 하는 것임에 비해, '보여준다(zeigen)'는 표현은 좀 더 직접적인 묘사를 지칭한다. 랑케는 자신을 소거함으로써 얻어질 수 있는 직관적 이해의 결과를 직접적으로 기술해야 한다는 점을 강조하기 위해 그런 수정을 했다. 'wie es eigentlich gewesen'이란 랑케가 처음으로 제시한 역사서술의 모토는 아니었다. 그것은 서구 사학사의 오랜 전통과의 연관성 속에서 정식화된 표현이었다. 랑케는 프랑크푸르트 오더에서가 김나지움 교사로 재직하면서 그의 처녀작을 집필하기 위해 고대세계 유일의 사론인 기원 후 2세기 루키아노스 Lucianos의 「역사를 어떻게 쓸 것인가? De Historia Conscribenda」를 참조했다. 루키아노스는 역사를 쓰는 목적을 '진실을 보여줌(ten tes aletheias delosin)'이라고 전제한 후에 랑케의 'wie es eigentlich gewesen'의 원형이 될 만한 말을 했다. "무엇보다, 거울 같은 마음을 지니도록 하라. 거울은 맑고, 밝게 빛나며, 정확함을 중시하며, 또한 왜곡, 채색, 와전 없이 일어난 대로 사물의 형상을 보여준다 … 역사가가 말하는 것, 즉 사실은 스스로 말한다. 그것은 이미 일어난 일인 까닭이다."[9] 이렇게 역사가는 사실을 거울에 비추듯이 있는 그대로 써야한다는 역사서술 원칙은 역사가는 "있었던 것을 이야기하는 것(ta eonta legein)"이라는 말을 했던 역사의 아버지 헤로도토스이래로 투키디데스, 키케로 그리고 랑케 선배 역사가인 니부르 (Niebuhr)에 이르기까지 면면히 이어져 왔던 전통이었다. 그런데 우리는 왜 랑케를 근대역사학을 정립시킨 역사학의 아버지로 추앙하는가?

중요한 사실은 랑케가 역사가는 과거가 본래 어떠했는지를 보여줘야 한다는 말을 했다는 점이 아니라 그러기 위해서 역사주의로 불리는 역사학 최초의 과학적 모델을 제시했다는 점이다. 랑케는 1차 사료 이외의 다른 것에 근거하여 역사를 서술하는 것을 거부하는 사료 비판이라는 역사학 고유의 방법론을 고안해 냄으로써, 헤겔의 사변적인 역사철학과는 구별되는 하나의 경험과학으로서 역사학을 정립했다. 이로써 독일 역사학은 랑케로부터 새로운 출발을 하며, 이후 독일 역사학은 랑케와의 대결을 통해 발전하는 왝슬레(Oexle) 말대로 '역사주의를 징표로 한 독일역사학'이 되었다.[10]


# 3. 랑케와 독일 역사주의

근대에서 역사가 역사주의에 의해 하나의 학문분과로 자리 잡은 이래로 독일 사학사는 역사주의와 더불어 또는 그것을 화두로 해서 전개됐다고 해도 과언은 아니다. 이런 독일 역사주의 창시자는 랑케이다. 랑케 이후 독일 역사주의는 그 자체의 역사를 가진다.[11] 드로이젠, 부르크하르트와 같은 랑케의 후예들은 랑케의 공식 'wie es eigentlich gewesen'과의 대결 속에서 서로 모순되는 복합적 의미의 역사주의 개념을 만들어냈다. 현대 역사학에서 랑케의 가장 훌륭한 후계자라 할 수 있는 니퍼다이(T. Nipperdey) 말대로, 역사주의는 19세기에서 자연과학과 대조해서 정신과학을 성립시키는 데 결정적인 공헌을 했던 지적 혁명을 지칭하는 말이다.[12] 이러한 역사주의는 '포스트(post)' 랑케 시대에서 세 가지 방식으로 의미 분화를 했다. 역사주의가 이 같은 의미 분화를 할 수 있었던 맹아 역시 랑케 역사학에 배태해 있었다.

첫 번째, 역사주의는 철학과 문학과 독립적인 역사학의 첫 번째 과학적 모델을 지칭한다. 이는 과거 그 자체의 개성적 가치와 발전과정을 그것이 처해 있었던 당시의 역사적 조건들과의 상관관계 속에서 파악하는 역사학 고유의 방법론이다. 드로이젠은 이것의 본질을 '연구하면서 이해하는 것(forschende Verstehen)'이라고 정의했다. 요컨대 역사주의란 사료에 대한 문헌 고증적 비판을 통해 과거의 사실을 밝혀내고 또 그것을 해석학적으로 이해하는 것을 통해 과거가 본래 어떠했는지를 서술하는 역사학 최초의 과학 모델이다.

랑케는 처녀작 『1494년부터 1535년까지 라틴과 게르만 민족들의 역사들』을 출간하면서 동시에 그 책의 방법론에 해당하는 『근대 역사가에 대한 비판을 위하여』를 간행했다. 여기서 그는 국제정치 중심의 정치사적 역사서술의 새로운 모델을 제시하려는 포부를 갖고, 그 방면에서 선구적인 업적을 남긴 이탈리아 귀치아르디니(F. Guicciardini) 역사서술을 검토했다. 그는 귀치아르디니가 세력균형(balance of power)과 같은 국제정치의 감각을 갖고 구체적인 사건들의 연관관계를 해명했던 것에 찬사를 보내면서도, 그의 역사방법론의 문제점과 한계를 신랄하게 비판했다. 귀치아르디니는 일차사료에 의거하기 보다는 다른 책들에 기록된 것들을 인용하는 방식을 취했기 때문에 부정확한 사실들을 보고하거나 중요한 사건들을 잘못 해석하는 오류를 범했다는 것이다. 이러한 비판과 함께 랑케는 전문적인 역사가란 그 이전 역사가들이 썼던 이차문헌이 아니라 당대의 일차사료를 비판적으로 분석하는 것을 통해서 과거에 대한 직관적인 이해에 도달해야 한다는 역사주의라고 지칭되는 역사학 고유의 방법론을 정립했다. 랑케의 일차적 목표는 역사학을 전문적인 훈련을 받은 역사가들에 의해 실행되는 엄격한 과학으로 전환시키는 것이었다. 이러한 역사학 프로그램에 의거해서 그는 역사가가 되고자 하는 학생들에게 문헌비판의 방법론을 훈련시키는 필수 과정으로 세미나 수업방식을 대학에 확립시켰다. 이러한 랑케의 역사인식론은 역사의 과학화를 이룩하는 결정적인 계기를 마련했지만, 그의 역사학 모델은 이후 독일 역사학의 발전을 막는 걸림돌로 작용함으로써 다음과 같은 2가지 비판을 받았다.

첫째로 "모든 시대는 신에 직결된다"는 역사신학에 근거해서 사건들의 배후에 객관적 질서가 존재한다는 선험적 가정에 따라 행하는 역사연구는 역사의 과학 패러다임으로서 역사주의의 치명적인 한계를 노정했다. 랑케는 개체 속에 영원한 가치를 지니는 신의 손길이 내재해 있다는 것을 증명할 필요가 없는 당연한 진리로 생각했는데, 그 이유를 다음과 같이 피력했다. "우리의 노력은 종교적 토대에 근거해 있기 때문이다. 우리는 신 없이는 그 어떤 것도 존재하거나 살아갈 수 없다고 믿는다. 우리는 어떤 협소한 신학적 개념으로부터는 해방될 수 있지만, 우리의 모든 노력이 보다 높은 종교적 근원에서 나온 것이라는 점을 부정할 수는 없다."[13] 이러한 역사신학에 근거해서 그는 개체 연구는 항상 보다 큰 연관성을 연결되어 궁극적으로는 세계사라는 전체와 연관된다는 보편사 이념을 설파했다. 랑케는 위와 같은 형이상학적 토대와 엄정한 사료비판과 같은 과학적 방법론 사이의 괴리와 모순에 대해 심각한 고민과 회의를 하지 않았다. 하지만 종교적 토대 위에서 역사의 과학화를 이룩한다는 것은 사상누각이 될 수밖에 없었다. 랑케 또한 후기로 갈수록 초기에 선명하게 표명했던 역사신학적 태도에서 벗어나 실증적인 역사연구에만 전념함으로써 실증사학자로서의 랑케 이미지가 만들어지는 데 공헌했다.

두 번째 비판은 랑케 역사학의 이러한 실증사학적 전향과 관련해서 제기됐다. 사료를 통해 과거를 추체험하는 방식으로 직관적 이해에 도달할 수 있다는 역사주의 인식방법론이 성립할 수 있는 근거는 사료적 사실이 곧 과거의 사실이라는 실증할 수 없는 메타역사적 전제이다. 이러한 메타역사에 입각해서 역사가들이 사료를 매개로 해서 일어났던 그대로의 과거와 일치할 수 있는 역사를 쓸 수 있다는 진리대응설을 견지하고 실증사학의 기치를 들었다는 것은 역설이 아닐 수 없다. 실증사학자들은 사료 자체도 역사가의 역사책과 마찬가지로 저자에 의해 써진 텍스트라는 점을 무시함으로써 과거 실재와 사료의 기록 그리고 역사서술 사이의 차이와 틈새를 간과했다.

랑케의 이름으로 성립한 실증사학적 메타역사는 독일 역사학으로 하여금 20세기 초에 프랑스와 미국 등에서 공통적으로 일어났던 새로운 역사학의 조류로부터 이탈하게 했다. 그 결과는 독일 역사학이 '독일의 파국'에 일조하는 것으로 나타났다. 실증사학 패러다임은 사료의 언어들을 넘어서 과거를 재구성하고 비판할 수 있는 길을 봉쇄함으로써 '독일 특수의 길(der Deutsche Sonderweg)'을 이데올로기적으로 정당화하는 기능을 담당했다. 하지만 역사주의에 대한 이러한 비판이 독일사학사에 대한 자기반성으로 본격적으로 제기되는 것은 1960년대 말에 이르러서였다. 그 이전 이미 제2차 세계대전이 종식된 직후인 1947년 마이네케가 '독일의 파국'에 대한 책임으로 랑케 역사학을 거론했지만, 그는 부르크하르트의 문화사를 랑케 역사주의를 대체하는 대안이라고는 보지 않았다.[14]

랑케 역사주의가 극복되어야 할 역사학 패러다임으로 대대적인 도전을 받는 것은 한스 울리히 벨러(Hans-Ulrich Wehler)와 유르겐 코가 (Jürgen Kocka)와 같은 새로운 세대에 의한 사회사의 정립이 시도되면서부터였다. 그들은 직관적 이해에 바탕을 둔 역사주의 방법론의 이론적 빈곤을 지적하고, 사회과학 이론과 개념을 도구로 해서 개별적 사료들의 언어를 통해서는 파악할 수 없는 구조와 과정과 같은 장기 지속의 역사현실을 재구성할 수 있는 대안적 역사학 모델로서 역사적 사회과학을 창시했다. 이후 독일사학사는 1980년대 일상사와 미시사와 같은 신문화사적 경향을 띤 새로운 역사서술이 등장하기 이전까지 일반적으로 역사주의와 역사적 사회과학 사이의 대결구도로 전개되었다고 말해도 과언은 아니다.

두 번째, 역사주의란 역사의 개체성을 국가 중심으로 파악하는 정치사 위주의 역사학 패러다임을 의미한다. 랑케는 1836년 그의 처녀작의 성공으로 베를린 대학 정교수로 취임하면서 행했던 연설 「역사와 정치의 친화성과 차이에 대하여」에서 "역사학의 과제는 국가의 본질을 일련의 이전의 특수성들로부터 밝혀내고 그런 식으로 파악하는 것인 반면, 정치의 과제는 이렇게 얻은 이해와 인식에 따라 국가의 본질을 계속 발전시키고 완성시키는 것"이라고 말했다.[15] 또 같은 해 행했던 「정치문답」에서 국가란 역사 발전의 결과로서 나타나는 개성을 가진 존재이고, '정신적 실체'라고 규정했다. 국가는 인간정신의 독창적인 산물이며, 이는 궁극적으로 도덕적 힘을 구현하는 '신의 사상(Gottesgedanken)'이라는 것이다.

랑케의 이 같은 국가 중심의 역사관은 이후 프로이센 주도 아래 독일 통일을 이룩하는 것을 역사적 소명으로 주장했던 프로이센 학파 역사가들의 민족주의 역사관을 형성하는 단초를 제공했다. 하지만 그가 국가의 권력에의 의지가 타락하여 변질될 수 있다는 것을 알았음에도 국가권력을 옹호했던 이유는, 정신적 원리를 실현하는 가장 높은 역사의 잠재력이 국가 안에 내재해 있다고 믿었기 때문이다. 이러한 믿음은 결국 그가 살았던 시대의 지배적 경향에서 기인했다. 그는 프랑스혁명이 낳은 유럽의 변화들을 되돌리고자 했던 1815년 비인 체제에 대한 대안적 유럽질서를 모색할 목적으로 국가를 역사의 이념으로 고양시켰다. 그의 처녀작 『라틴과 게르만 민족들의 역사』가 출간된 1824년은 기독교에 토대를 둔 유럽의 정치질서가 붕괴하고, 민족자결의 원칙에 입각해서 근대의 권력국가를 형성하려는 운동이 싹트기 시작한 시기였다. 지난날의 '기독교 공화국'으로서의 구유럽이 붕괴하고 유럽이 민족국가들의 각축장으로 변화하는 시기에서 국가는 자연스럽게 역사의 개체성을 대변할 신의 소명을 갖는다고 랑케는 생각했다. 그래서 그는 『프로이센사』에서 국가와 권력은 동일한 것이라고 썼다.

하지만 그의 이상적인 국가상은 그 이후 등장한 프로이센 학파 역사가들처럼 유럽의 패권을 추구하는 권력국가가 결코 아니었다. 그는 기본적으로 민족주의자라기보다는 유럽주의자였다. 그는 프랑스혁명 이후 구체제의 유럽은 종말을 고하고 근대유럽, 곧 민족주의 유럽이 등장하기 시작한 시대를 살았다. 민족주의 유럽의 등장과 함께 권력은 자연스럽게 국가에 집중되었다. 그는 이러한 민족주의라는 시대의 지배적 경향에 따라 프로이센을 강력한 권력국가로 성장시키는 데 이바지하는 역사학 모델을 정립시키고자 했다.

랑케는 그의 조국이 강대국이 되기를 열망했다. 하지만 그가 생각했던 강대국은 결코 패권 국가가 아니라, 천체의 시좌(constellation)처럼 세력균형을 유지하고 끊임없이 밀고 당기는 국가들 사이의 긴장관계를 유지할 수 있는 권력국가였다. 그는 민족주의 감정이 비등해지는 시대에 살면서도 국가(state)와 민족(nation)을 동일시하지 않았다. 오히려 그는 민족 주권이 점점 더 커져 가는 시대적 경향성을 염려했다. 그는 민족들 위에 유럽이 있다고 믿었다. 그는 이러한 '상위공동체'로서의 유럽을 염두에 두고 민족국가의 역사적 맥락을 밝히기 위해서 『영국사』, 『프랑스사』, 『프로이센사』를 썼다. 그는 개별국가의 발전을 유럽국가들 사이의 세력균형의 맥락에서 고찰했다. 그는 쓰기를, "우리의 내부적 분열이 아무리 여러 갈래라고 해도, 우리의 여러 경향이 아무리 서로 다르고 심지어는 흔히 서로 적대적이라고 해도, 우리가 세계의 나머지 부분과 관련하여 통일성을 형성하지 않는 것은 아니다."[16] 따라서 그는 유럽이 권력국가들로 분열되고 있음에도 불구하고 유럽공동체에 대한 낙관적 믿음을 포기하지 않고, "유럽 기독교 국가들의 복합체는 하나의 전체로, 이를테면 하나의 국가로 여겨져야 한다"고 말했다.[17]

랑케 시대에는 역사가가 국가정치에 이바지 하는 것은 당연한 임무였다. 그는 엄격한 객관성을 요구하는 역사의 과학화를 추구하면서, 동시에 역사가는 국가를 위해 정치적, 문화적 역할을 수행하는 것을 모순으로 여기지 않았다. 프랑스혁명 이후 민족국가 형성은 개체적 발전이 지향해야 할 보편사적 방향이었다. 기독교에 의거한 중세의 보편적 공동체가 무너지고 그 대신에 민족이라는 '상상의 공동체'가 개인들의 공동체적 삶의 의미와 목표를 결정하는 민족주의 시대에서, 역사는 바로 그런 정치 공동체의 정체성을 확립하고 또 미래의 방향을 설정해 주는 기능을 했다. 요컨대 전통적 가치와 규범으로부터 해방된 근대인이 "우리는 어디서 왔으며, 어디로 가야하는가"의 물음을 제기했을 때 민족국가 중심의 정치사적 역사서술 모델로서의 역사주의가 하나의 답으로 제시됐다.

하지만 수많은 사건들 가운데서 대부분 전쟁과 외교정책에만 치중하는 정치사 위주의 역사학 모델은 국가를 위대한 개체로 파악하고 강대국들 간의 투쟁을 중심으로 역사를 서술함으로써 산업화 과정에서 생겨났던 사회문제에 대한 인식의 빈곤을 초래했다. 19세기 중반이래로 첨예화 되었던 계급갈등의 문제를 반영하지 못하고 국가권력을 정신화 했던 랑케 역사주의는 비스마르크에 의해 주도됐던 현실정치(Realpolitik)를 추종했던 역사가들에 의해 '랑케 르네상스'라는 이름으로 전유됨으로써, '역사주의 위기'로 일컬어지는 독일 역사이념의 몰락을 낳았다.

세 번째, 역사주의는 세계를 역사로 해석하는 근대적 세계관을 지칭한다. 근대의 합리화 과정은 모든 절대적이고 보편적인 가치와 의미를 상대화시키고 개체적인 것으로 만들었다. 모든 것은 시간 속에서 생성하고 변화하며 또 사라진다면, 인간의 세계에 대한 이해는 역사적인 연관성 속에서만 이뤄질 수 있다. 이 같은 '근대의 징표'를 트뢸치는 역사주의라고 불렀다. 드룈치의 뒤를 이어 마이네케는 이러한 역사주의를 단순한 지식의 원리(Wissensprinzip)가 아니라 삶의 원리(Lebensprinzip) 일반으로 규정함으로써, "종교개혁 이래로 유럽 사상이 경험한 가장 위대한 정신 혁명"으로 평가했다.[18] 모든 사물과 사건은 끊임없는 흐름과 변화 속에 있게 마련이기 때문에 그것들 자체는 그것들이 발생했던 시간과 공간의 제약 속에 놓여있을 수밖에 없다. 그것들이 그 시대 그 장소에서만 특유하게 나타나는 것이라면, 그것들의 역사적 가치는 일반적 개념이나 법칙적 도식으로는 해명될 수 없고 오직 그 자체에 고유하게 내재해 있는 개체성을 밝히는 것으로써만 구명될 수 있다는 것이다.

모든 것이 생성과 변화의 끝없는 흐름 속에 놓여 있다고 보는 역사주의는 상대주의 문제에 봉착한다. 랑케는 상대주의 문제를 극복하기 위해 다시 신이라는 조커(joker)를 사용했다. 그에게 신이란 개체를 초월해 있는 존재가 아니라 개체 안에 내재해 있는 시간과 공간에 의해 상대화 될 수 없는 절대적 가치였다. 이러한 개체적 가치를 랑케는 "모든 시대는 신에 직결된다"는 말로 요약했다. 그에 따르면, 인간이 가치의 상대성 위기를 극복할 수 있는 유일한 길은 매 순간마다 삶의 개별적 상황에서 영원한 것을 찾고 또 구현하고자 하는 역사주의적 '삶의 원리'를 실천할 때이다.

개체사상을 통해 독일 역사주의의 기본정신을 완성했던 랑케가 초기 역사연구에서 가장 고심했던 문제는 구체적이고 다양한 역사현실과 신의 보편적 이념을 어떻게 연관시킬 수 있는 가였다. 계몽주의 진보사관은 역사를 진보의 과정으로 보는 방식으로 개체의 역사적 위상을 규정했던 데 반해, 랑케는 개체 그 자체의 가치를 보장해 주기 위해 신이라는 초역사적 이념을 요청하는 역사신학적 입장을 견지했다. 랑케 역사학의 궁극적인 목표는 개체의 연관성을 통해 신에 이르는 것이었다. 초기 랑케는 역사학의 길이 아니라 역사신학의 길을 추구했다. 그는 역사를 신격화하는 헤겔의 역사철학에 반대해서 신을 역사화 했다. 이러한 랑케의 역사신학은 "신은 세세한 것 속에 존재한다"는 오늘날 미시사의 모토가 되는 아비 바르부르크의 말로 요약될 수 있다.

철학은 모든 시대에 적용되는 절대이념을 추구하는 반면, 역사는 특정시대의 주도이념 내지는 시대적 경향성을 개체 연구를 통해 해명하는 것을 목표로 한다. 랑케는 비역사적 진리의 가능성에 대해 의심하면서 철학에 대한 역사학의 우위를 다음과 같이 주장했다. "역사학은 철학의 성과를 절대적인 그 무엇이 아니라, 시간 속의 현상으로 간주하고자 한다. 역사학에 따르면, 가장 진정한 철학은 철학사이다. 왜냐하면 인류가 깨달은 절대적인 진리는 시간의 추이에 따라 상호 모순적인 이론들의 형태로 나타나기 때문이다. … 이런 점에서 역사학은 이전의 모든 체계를 하나의 단계로, 곧 조건에 따라 수행되는 하나의 연구로서만 타당성을 인정할 뿐이고 절대적인 타당성은 오로지 그 나름의 체계 내에서만 유효한 것으로 여긴다."[19]

역사학이란 한마디로 '역사적으로 접근하는 인간학'이다. 역사적으로 접근하는 인류학자인 역사가는 철학자 칸트가 말했던 초역사적 정언명령(die Kategorische Imperative) 대신에 '역사적 정언명령'을 추구한다. 이러한 '역사적 명령법'은 다른 시대 다른 공간의 상이한 존재 방식에 대해 거리감과 존경심을 가질 것을 요구한다. 개체사상은 기본적으로 '역사적 정언명령'에 입각해서 성립한다. 역사학에서 개체가 역사인식의 아르키메데스적 지렛점인 이유는 과거와 현재의 차이를 담지하는 것은 개체기 때문이다. 이 같은 차이를 파악하는 것을 출발점으로 해서 역사적 이해가 이뤄진다. 근대에서 역사주의 세계관이 발견한 위대한 사실은 모든 것이 시간 속에 놓이게 됨으로써 만물은 개체로서만이 존재한다는 것이다. 마찬가지로 그 스스로가 시간 속에 존재하는 인간이 시간을 초월해서 존재하는 보편 그 자체를 직접 인식한다는 것은 불가능하다. 개체적 인간이 보편에 이르는 길은 개체를 통해서만이 열릴 수 있고, 이 같은 맥락에서 랑케의 개체사상은 역사학에서 작동했던 '오캄의 면도날'이다. 요컨대 인간에게는 보편은 없고 개체만이 존재한다면 개체를 통해서 보편으로 나아가는 것이 인간이 추구할 수 있는 유일한 인식의 길이며, 모든 것이 시간 속에 놓여 있다는 것을 깨달은 근대인이 이것을 하나의 '삶의 원리'로 공식화했던 것이 바로 역사주의다.


## 4. 랑케 역사학의 현재적 의미

역사가는 과거를 본래 있었던 그대로 보여주어야 하는 임무를 가진다는 랑케의 말은 모든 시대에는 공평하게 신의 섭리가 내재해 있다는 역사신학에 입각해서 성립했다. 하지만 이 같은 역사신학이 세속화된 오늘날에도 여전히 유효한 역사학 이념이 될 수 있는가? 랑케 역사주의의 치명적 한계는 역사신학적 메타역사에 입각해서 역사의 과학적 모델을 정립했다는 점이다. 역사의 과학화가 진전되면서 랑케의 역사신학적 전제는 의미를 상실했다. 하지만 근대 역사학의 확립과 더불어 모든 메타역사가 사라졌는가? 랑케의 신은 민족과 계급과 같은 다른 세속적인 가치들에 의해 의미가 전유됐다. 민족주의 역사학은 "모든 시대는 민족에 직결된다"는 메타역사에 입각해서 역사를 '국사'로 환원했다. 또한 유물사관은 "지금까지 존재했던 모든 사회의 역사는 계급투쟁의 역사"라는 마르크스의 테제에 따라 "모든 시대는 계급에 직결된다"고 믿고 역사를 공산주의 사회가 도래하는 목적론적 과정으로 재구성했다. 하지만 포스트모더니즘 역사이론은 이런 모든 거대담론이 허구임을 선언했다.

이제는 막스 베버 말대로 진정한 의미에서 '가치의 다신론(Polytheismus der Werte)' 시대가 열렸고, 이로써 하나의 보편적 가치가 모든 역사의 의미를 규정하는 시대는 종말을 고했다. 그렇다고 랑케가 염원했던 보편사 이념까지도 유효성을 상실했는가? 랑케 자신도 당대의 주도이념에 따라 자신의 역사관을 피력했을 뿐이다. 랑케는 우리는 신 없이는 아무 것도 아니며 우리의 모든 노력은 궁극적으로 더 높은 경지의 종교적 근원에서 기원한다는 믿음을 갖고 사료비판에 입각한 역사의 과학 모델을 정립했다. 하지만 오늘의 역사가가 "모든 시대는 신에 직결된다"는 역사신학에 입각해서 역사를 연구하고 서술할 수는 없다. 그럼에도 모든 시대는 그 이후 발생한 결과에 따라 그 가치와 의미가 규정되는 것이 아니라 그 나름의 고유한 가치와 의미를 가진다는 것은 역사학의 불문율이다. 따라서 문제는 탈종교화된 이 시대에서 랑케 역사학을 어떻게 현재화시킬 것인가이다.

신의 죽음뿐만 아니라 거대담론으로서 역사의 종말을 선언한 포스트모던 시대에서 랑케 역사학의 현재적 의미를 세 가지로 정리할 수 있다. 첫째, "모든 시대는 신에 직결된다"는 랑케 말의 진짜 의도는 역사를 신의 상형문자라고 상정하는 역사신학을 세우기 위해서가 아니라 진보라는 역사의 목적론을 부정하고, 그 대신 인간의 자유에 기초한 열린 역사를 지향하기 위해서였다. 랑케는 '목적 없는 목적론(eine Teleologie ohne Telos)'을 정립하려는 의도로 신을 요청했다.[20] 그는 개별적인 사건들과 사실들 사이에는 연관성이 있으며, 이것을 해명하는 것이 역사가의 과제라고 생각했다. 따라서 그는 개별적인 사건들과 사실들 사이의 원인과 영향의 내적연결을 선험적으로 전제할 목적으로 자기 시대의 궁극적이며 최고의 가치인 신을 필요로 했다.

　　두 번째, 랑케 역사학에서 신이란 역사가에게 비당파적인 역사인식을 강제하는 '규제 이념(die regulative Idee)'과 같은 것이다. 모든 역사인식은 당파적일 수밖에 없다면, 랑케는 객관성을 지키기 위한 최후의 보루로 신을 상정했다. 헤겔 말대로 "진리는 전체다." 하지만 특정 관점과 입장에 의거한 역사가는 과거의 부분적인 진리만을 보여줄 뿐이다. 예컨대 1945년 8월 15일을 한·중·일 역사교과서는 각기 다르게 기술한다. 일본인들에게 그 날의 역사적 의미는 패전이고, 한국인들에게는 광복이며, 중국인들에게는 승전이다. 그렇다면 무엇이 객관적인 역사적 사실인가? 적어도 역사가가 자국사의 범위와 시각을 초월할 수 있는 역사적 연관성을 추구하려는 노력을 포기하지 않기 위해서는 비당파적인 전체가 진리라는 역사학의 공리가 필요하다.

　　세 번째, 총체적 역사를 실현하는 구체적인 기획으로 추구했던 랑케의 보편사 이념을 오늘날 되살릴 필요가 있다. 개별자는 다른 개별자와 관련성을 맺고, 그런 식으로 관련성이 계속해서 확장됨으로써 궁극적으로는 전체성에 대한 인식에 도달할 수 있기 때문에 진정한 의미에서 세계사가 서술될 수 있다고 랑케는 믿었다. 그는 '사물들의 신적인 질서'는 세계사라는 대상의 통일성으로 구현되며, 이러한 철학적 전제에 입각해서 역사학의 보편에 이르는 길이 열릴 수 있다고 보았다. 그는 민족주의 시대를 살면서도 민족사를 넘어서는 전체 연관으로서 세계사의 꿈을 신에 의거해서 실현시키고자 했다.

하지만 오늘날 우리는 랑케의 문제의식을 신에 의거함이 없이 고민해야 하는 시대에 살고 있다. 오늘 우리의 문제는 신에 의거하지 않고 어떻게 전체사로서의 세계사, 곧 전지구사(global history)의 관점과 전망을 어떻게 열 수 있는가이다. 랑케가 민족주의 시대에서 민족의 '상위개념'으로서 유럽을 상정했다면, 오늘의 역사현실에서 '상위개념'은 지구촌이다. 지구 전체가 모든 인류의 생활세계가 된 오늘의 지구촌 시대에서 민족과 국가 사이의 연관관계를 새롭게 설정하는 담론으로 재부상한 것이 문화다. 랑케가 "모든 시대는 신에 직결된다"는 말은 오늘의 역사적 맥락에서는 "모든 시대는 문화에 직결된다"로 재정의 될 수 있다. 랑케가 신을 통해 역사를 보고자 했다면, 오늘의 역사가들은 문화를 통해 역사를 보는 '문화적 전환'을 시도한다. 이같은 시대정신 속에서 역사를 '문화의 시학(poetics of culture)'으로 재정의 하는 신역사주의(the new historicism)가 등장했다. 랑케의 역사주의와 신역사주의 사이에는 연속성보다는 단절이 더 많은 것이 사실이다. 하지만 모든 거대담론이 해체된 시대에서도 여전히 역사를 통해 자신의 존재의미를 부여하려는 인간의 노력이 계속되는 한, 역사주의는 사라지지 않고 새로운 역사주의라는 이름으로 부활한다.

# ■ 주

1) E. H .Carr, *What is History?* (reprinted in Penguin Books, 1990), pp. 8~9.

2) L. v. Ranke, *Sämtliche Werke 33/34*, Ⅶ(Leipzig, 1867~990).

3) *Ranke, Englische Geschichte,Sämtliche Werke* 15(Leipzig, 1867~890), p. 103.

4) Ranke, "Idee der Universalgeschichte", F. Stern (ed.), *Geschichte und Geschichtsschreibung. Möglichkeiten, Aufgaben, Methoden*(München, 1966), p. 64 재인용.

5) Ranke, *Über die Epoche der Neueren Geschichte*(Stuttgart, 1954), p. 9.

6) H. Schnädelbach, *Geschichtsphilosophie nach Hegel. Die Probleme des Historismus* (Freiburg /München, 1974), pp. 7~13.

7) 길현모, 「랑케 사관의 성격과 위치」, 전해종, 길현모, 차하순 공저, 『역사의 이론과 서술』, 서강대 인문과학 연구소, 1975, 51쪽 재인용.

8) Ranke, "Englische Geschichte", p.103.

9) 김경현, 「헤로도토스를 위한 변명」, 『서양고전학연구』 24, 2005, 269쪽 재인용.

10) O. G. Oexle, Deutsche Geschichtswissenschaft im Zeichen des Historismus, in: *Historische Zeitschrift* 238 (1984), pp. 17~55.

11) F. Jäger/J. Rüsen, *Geschichte des Historismus*(München, 1992).

12) Th. Nipperdey, *Deutsche Geschichte 1800~866. Bürgerwelt und starker Staat*(München, 1991), p. 498.

13) Ranke, "Über die Idee der Universalhistory" , published in E. Kessel, "Rankes Idee der Universalhistory", in: *Historische Zeitschrift* 178(1954), p. 295.

14) 프리드리히 마이네케, 『랑케와 부르크하르트』, 차하순 역, 규장문화사, 1979.

15) Ranke, "Über die Verwadtschaft und den Unterschied der Historie und Politik. Eine Rede zum Antritt der ordentlichen Professur an der Universität zu Berlin im Jahre 1836", in: W. Hardtwig, *Über das Studium der Geschichte,* (München, 1990), pp. 47~50, 55.

16) 장-바티스트 뒤로젤, 『유럽의 탄생』, 이규현/이용재 옮김, 지식의 풍경, 2003, 278쪽 재인용.

17) 같은 곳.

18) F. Meinecke, *Die Entstehung des Historismus. Werke Bd. Ⅲ,* (Stuttgart/ Munchen, 1959), p. 2.

19) Ranke, "Über die Idee der Universalhistory", p. 295.

20) Th. Nipperdey, "Zum Problem der Objektivitaet bei Ranke", in: W. J. Mommsen

(ed.), *Leopold von Ranke und die moderne Geschichtswissenschaft*(Stuttgart, 1988), pp. 215~222, 216.

## ▣ 참고문헌

길현모, 「랑케 사관의 성격과 위치」, 전해종, 길현모, 차하순 공저, 『역사의 이론 과 서술』, 서강대 인문과학 연구소, 1975.

김경현, 「헤로도토스를 위한 변명」, 『서양고전학연구』 24, 2005.

마이네케, 프리드리히, 『랑케와 부르크하르트』, 차하순 역, 규장문화사, 1979.

Carr, E. H., What is History? (reprinted in Penguin Books, 1990), pp. 8~9.

Jäger, F./Rüsen, J., Geschichte des Historismus(München, 1992).

Nipperdey, Th., "Zum Problem der Objektivitaet bei Ranke", in: W. J. Mommsen (ed.), *Leopold von Ranke und die moderne* Geschichtswissenschaft (Stuttgart, 1988).

Nipperdey, Th., *Deutsche Geschichte 1800~1866. Bürgerwelt und starker Staat*(München, 1991).

Oexle, O. G., Deutsche Geschichtswissenschaft im Zeichen des Historismus, in: *Historische Zeitschrift* 238 (1984).

Ranke, "Idee der Universalgeschichte", F. Stern (ed.), *Geschichte und Geschichtsschreibung. Möglichkeiten, Aufgaben, Methoden*(München, 1966).

Ranke, "Über die Idee der Universalhistory", published in E. Kessel, "Rankes Idee der Universalhistory", in: *Historische Zeitschrift* 178(1954).

Ranke, "Über die Verwadtschaft und den Unterschied der Historie und Politik. Eine Rede zum Antritt der ordentlichen Professur an der Universität zu Berlin im Jahre 1836", in: W. Hardtwig, *Über das Studium der Geschichte*(München, 1990).

Ranke, *Englische Geschichte,Sämtliche Werke* 15(Leipzig, 1867~1890).

Ranke, L. v., *Sämtliche Werke 33/34*, Ⅶ(Leipzig, 1867~1990).

Schnädelbach, H., *Geschichtsphilosophie nach Hegel. Die Probleme des Historismus* (Freiburg /München, 1974).

# 랑케의 역사주의 실증사학과 기록관리 발전의 상호관계

노 명 환

## 1. 이 글의 목적과 핵심 내용

랑케 (Leopold von Ranke)는 누구이고 그의 역사주의는 어떠한 사상인가? 그는 왜 실질적인 증거에 의거한 실질적으로 증명할 수 있는 실증사학 (Positivistic Historical Science)을 발전시키고자 하였는가? 이 역사주의 실증사학을 위해 그가 그렇게 열정을 받쳐 발전시키려 한 기록관리 제도의 역할은 무엇인가? 이 글에서 필자는 이러한 의문들에 대한 답을 찾아 랑케 시대 역사주의 실증사학의 역사연구와 기록관리 상호 관계에 관한 설명과 논의를 개진하려 한다.

필자는 랑케와 그의 제자들에 의해 주도되는 근대의 독일 기록관리 제도의 발전을 잘 살펴보면 그의 역사주의와 실증사학을 보다 뚜렷하게 이해할 수 있다고 생각한다. 역으로 랑케의 역사주의에 대한 깊은 이해를 통해 우리는 역사연구를 위한 기록관리의 역할에 대해서 더욱 깊이 성찰할 있게 될 것이다.

필자가 보기에 역사주의는 정체성의 본질과 이에 관한 문제를 설명하는데 있어서 너무나 가치 있는 사상이다. 이를 보다 명료하게 설명하고 역사주의 가치를 인식하기 위해서 필자는 정체성에 관한 본질주의(essentialism) 이론과 구성주의(constructivism) 이론 개념을 보완적으로 도입한다. 정체성의 문제는 인간존재의 모든 부면에서 특히 전쟁과 평화, 행복과 불행의 많은 측면과 중대한 관련이 있다. 구성주의는 정체성이 구성된다는 입장이고 이에 반해 본질주의는 정체성이 본질적으로 존재하며 변하지 않는다고 본다. 역사주의의 본질을 이해하기 위하여 이러한 논의의 관점들에 비추어 역사주의 성격을 살펴볼 필요가 있다.

이 글에서는 역사자료를 의미하기 위해 사료라는 용어보다 주로 기록이라는 용어를 사용한다. 기록이라는 개념은 사료라는 용어보다 더욱 포괄적이라고 할 수 있다. 모든 기록은 사료가 될 수 있는 잠재성을 가지고 있다.

## 2. 랑케의 역사주의와 실증사학 그리고 근대 기록관리 제도의 발전

### (1) 역사주의와 실증사학

랑케 (Leopold von Ranke)는 헤르더 (Johann Gottfried von Herder) 등 선각자들이 개척한 역사주의 사상을 계승하면서 이를 더욱 구체화했다. 특히 그는 역사주의 인식을 위해 실증사학을 개척했다. 역사주의가 추구한 개별의 시간과 공간의 조건에서 생성하여 발전(Entwicklung)해 가는 개별성에 대한 객관적인 파악의 수단으로 도입된 사료비판

방법은 실증사학을 정립하는 촉매가 되었고 기록관리 발전을 촉진시켰다. 개별성이 생성·발전해 간 증거로서 사료가 중요성을 가지게 되었기 때문이다. 그 사료는 기록이었다.

역사주의에 따르면 세상의 모든 존재는 독자적인 개별의 시간과 공간의 조건 속에서 전개되는 역사와 더불어 그 본질을 갖추어 간다. 이에 따르면 생물학적으로 같은 사물이나 생명체라도 공간과 시간의 다름에 따라 다르게 형성되어 존재하게 된다. 특히 시간의 조건, 시간의 경과 정도는 존재의 특질 형성에 큰 영향을 미친다. 역사주의는 역사전개를 개체가 생성, 성장 그리고 소멸하는 유기체의 생애주기와 같은 과정으로 파악했다. 따라서 역사주의에 의하면 역사 속의 모든 존재는 끊임없는 생성·변화 과정 속에서 존재했다. 세상의 모든 존재는 변화하는 시간과 수없이 다양한 공간의 좌표축에서 만나 형성된 결과물이며 각기 고유한 개별성들을 갖게 된다. 이러한 측면에서 역사주의는 세상의 모든 존재와 현상의 다양성과 고유성 그리고 유기체성을 인정하는 개체사상이라고 할 수 있다. 이 개체들은 상호 연계관계를 가져 상관성과 인과관계를 형성한다. 랑케는 특히 각 시대는 개별의 가치를 갖고 개별의 개체를 형성한다고 보았다. 그리하여 그는 "모든 시대는 직접적으로 신에게 연결된다 (Jede Epoche unmittelbar zum Gott)"고 주장했다. 이는 각 시대의 개별의 가치는 그 다음 시대를 위해 예비단계로 존재하는 것이 아니라 신과 직접 연결된 고유하고 고귀한 가치를 가지고 있다는 것을 의미한다고 하겠다. 기독교 경건주의자로서 랑케는 각 개체에는 신의 뜻이 들어 있다고 생각했다. 그래서 각 개체에는 보편성이 들어 있다. 왜냐하면 각 개체와 개체는 이 신에 뜻에 의해서 보편성을 공유하며 엮이기 때문이다.

이러한 역사주의는 낭만주의의 영향을 많이 받았다. 낭만주의는 계몽주의의 이성과 보편성 그리고 진보(Fortschritt)의 개념을 반대하고 개별인간의 감정, 정서, 비합리성이 개인의 실존과 역사를 위해 중요하다고 보았다. 그들은 보편이 아닌 개별의 가치를 중시하여 개체개념을 발전시켰다. 그러면서 개체들의 개별성과 상관성을 강조하였다.

역사주의 본래의 논리에서 볼 때 개체의 단위는 다층적으로 다면적으로 중첩되어 열려 있고 지속적으로 변화하면서 구성된다. 개체의 단위는 대단히 폭넓은 스펙트럼 가운데 존재할 수 있다. 그런데 이러한 개체 단위의 문제는 개체의 정체의 문제라고 할 수 있다. 역사주의 논리에서 정체성은 다층적으로 다면적으로 중첩되어 열려 있고 폭넓은 스펙트럼 가운데 존재하면서 지속적으로 변화하면서 구성된다고 할 수 있다. 이렇게 볼 때 역사주의는 오늘날 구성주의 이론의 전형을 제시해 준다고 할 수 있겠다. 역사주의 인식론은 논리적으로 구성주의 인식 및 연구 방법과 매우 밀접한 연관을 가질 수 있다고 하겠다.

그런데 실제 역사에서 역사주의는 개체의 단위를 민족으로 고정시켰다. 민족은 성장 발전하지만 그 본질은 변하지 않고 영원하다고 보았다. 여기에는 또 당시 낭만주의 운동이 크게 작용했다. 낭만주의자들은 계몽주의에 기초한 프랑스 혁명을 비판하고 전통의 질서를 자연적인 것으로 옹호했다. 현재의 것의 원류가 되는 과거를 중요시하였으며 이 과거를 복원하여 전통으로 이어가고자 하였다. 이 전통의 중심에 선 대체 불가능의 개체 단위가 민족이었다. 역사주의는 이러한 낭만주의 운동과 대세를 보다 학문적으로 정치하게 체계화하는 것이었다고 할 수 있다. 이렇게 하여 역사주의에서 개체의 단위로서 민족이 견고하게 자리 잡았다. 랑케도 이 관점을 이어받았고 더욱 공고히 하였다. 이는 실제의 역사에서 역사주의는 민족의 정체성만을 인정하는 그 정체성은 변화지 않는다고 보고 있음을 말한다. 이는 실제 역사에서의 역사주의가 정체성에 관해 본질주의 입장을 표방함을 말한다.

다음 장에서 설명하는 바와 같이 정체성에 관하여 역사주의 본래의 논리에 있어서의 구성주의와 실제 역사에서의 본질주의가 자리잡았다. 이러한 왜곡, 모순과 괴리 때문에 역사주의가 비극의 운명을 갖게 되었으며 인류를 불행하게 만드는데 이조했다. 이를 바로 잡아야 한다.

## (2) 실증사학과 기록관리

역사주의자들은 이러한 개체가 생성하여 발전(Entwicklung)해 가는 과정을 면밀히 성찰함으로써 세상의 질서와 인간존재의 본질을 규명할 수 있다고 보았다. 이러한 맥락에서 랑케는 역사주의에 의거한 개체를 인식해 내는 과학적인 방법론을 제시했다. 그것이 앞에서 언급한 그의 실증 역사학이었다. 개체의 단위는 민족이라는 점도 계승하고 확고히 했다.

랑케는 앞에서 설명한 대로 역사주의의 이 왜곡된 정체성에 대한 인식의 측면을 받아들였던 것이다. 그는 민족의 본질적인 정체성을 인식하고 공고히 하기 위해 실증사학의 방법론을 개척하였다고 할 수 있다.

랑케는 시간과 공간의 조건 속에서 역사전개를 통해 민족성과 민족문화가 그 본질의 변화없이 구성되는 것이라고 보고 그 조건과 과정을 증거에 기초하여 인식하고자 했다. 그는 증거에 기초해서 민족에게 "본래 있던 그대로 (Wie es eigentlich gewesen)"를 재현하고자 했다. 이를 통해 민족성을 이해하고 민족문화의 성격을 파악할 수 있다고 생각했다. 이는 궁극적으로 이 개체에 담겨 있는 신의 뜻을 정확하게 인식하는 길이었다. 과거에 대한 증거물은 각 시간과 공간의 좌표축의 접점이 중층으로 전개되는 과정에서 산출된 기록들이었다. 랑케에 따르면 역사의 증거인 기록에 의거하여 객관적으로 연구하고 서술하는 작업이 역사학이었다. 이 역사학을 수행하는 학자가 역사가였다.

그는 이 학문으로서의 역사학을 진흥하기 위해 기록의 수집 및 관리와 이에 대한 평가와 해석 방법을 제자들에게 훈련시키는데 열정을 쏟았다. 그는 세미나 수업 제도를 도입하여 토론을 통해 수집된 기록의 진위여부를 평가하고 그 기록의 가치 및 해석 방법을 학습하게 하였다. 이를 통해 "본래 있던 그대로(wie es eigentlich gewesen)"를 밝혀내는 경지에 도달하고자 했던 것이다.

그런데 각기 개체들은 고립된 개별이 아니라 전체와 연결된 개체였다. 앞에서 말한 이들은 상호 연관성을 가지고 있었다. 따라서 기록은 개별 내부의 상호 관계, 개별과 개별의 관계, 개별과 전체의 관계를 증거해 줄 수 있어야 했다. 이 논리를 충족시키도록 기록은 낱개가 아닌 상호 맥락이 보존되는 방향으로 관리되어야 했다. 이러한 측면에서 랑케와 그의 제자들은 실증 역사연구를 견인할 수 있는 기록보존소 제도를 발전시키기 위해 진력했다. 이를 통해 사료수집과 편찬 그리고 그 이용을 활성화 하고자 하였다. 랑케는 기록에 의거한 실증사학의 의의를 1830년대에 다음과 같이 피력했다. "나는 현대사를 더 이상 본래의 정보를 포함하지 않는 보고서나 동시대 역사가들의 설명에만 의존해서는 서술할 수 없는 그러한 때가 오리라고 확신한다. 현대사는 목격자와 직접적인 증거문서의 조합 속에서만 서술될 수 있을 것이다."

1848년 3월 혁명의 여파에서 등장한 제헌의회가 독일 전체의 기록들을 중앙 집중적으로 관리할 국립기록보존소(National Archives)를 설립하고자 하였는데 이 과정에서 랑케는 이 분야 전문가로서 큰 역할을 하였다. 그러나 이때에 국립기록보존소는 창설되지 못하였다. 그는 많이 실망하였지만 1858년 "역사와 사료연구를 위한 위원회(Kommission für Geschichts- und Quellenforschung)"의 위원장이 되고 그의 제자 지벨(Heinrich von Sybel)을 사무총장으로 임명하여 사료편찬 작업을 활발히 하였다. 특히 그와 지벨은 당시 침체되었던 "기원후 500년부터 1500년에 이르기 가지의 게르마니아의 역사기념 사료집(MGH: Monumenta Germaniae Historica inde ab anno Christ quingentesimo usque ad annum millesimum et quingentesimum)" 편찬 사업에 중흥을 일으켰다. 그런데 이 활동은 그 작업 내용의 정교함으로 인해 독일 역사주의 실증사학의 기념비로서 칭송되고 이웃 국가들 그리고 후대의 모범으로 자리 잡았다. 이러한 가운데 지벨이 프로이센 국립기록보존소와 비밀기록보존소의 소장 직을 겸임하게 되었을 때 이들 기록보존소들은 실증적 역사연구의 센터로 비약할 수 있게 되었다. 중세 이래 당시까지 독일의 기록보존소들은 역사연구를 뒷받침하는 기관이라기보다는 현실정치를 위한 정보통제 및 권력의 정통성 확보의 기능을 수행하였다. 따라서 당시까지 기록보존소는 일반 연구자들의 연구를 위해 개방되기 보다는 주로 비밀에 쌓인 행정기관이었다. 연구를 위해 개방되는 것은 예외적이었다. 이렇게 볼 때 실증사학의 도입과 더불어 기록보존소의 기능이 연구를 위한 센터로 크게 바뀌었음을 말한다. 지벨은 그의 제자인 레만(Max Lehman)을 프로이센 비밀기록보존소의 아키비스트로 임명하고 그로 하여금 스승인 랑케의 뜻을 받들어 "본래 있던 그대로(wie es eigentlich gewesen)"를 입체적으로 증거해 줄 수 있도록 기록들의 상호 맥락을 보존할 수 있는 기록관리 방법을 고안하게 했다. 여기에서 나온 것이 1881년에 공포된 출처주의 원칙 (Provenienzprinzip)과 원질서 원칙(Ursprüngliche Ordnung)이었다. 출처주의 원칙은 기록이 산출된 출처가 같은 것끼리 한데 묶어 기록을 정리하는 원칙을 말하며 원질서 원칙이란 이렇게 정리된 원래의 질서가 변하지 않도록 하면서 보존하는 것을 말한다. 이를 통해 역사 연구가들이 연구대상인 과거의 개별 내부의, 개별과 개별 사이의, 개별과 전체 사이의 내적 연관 (inneren Zusammenhang)을 파악할 수 있도록 한다는 것이었다. 즉, 출처주의와 원질서 원칙에 의한 기록관리는 역사주의가 전제한 개체의 상관성과 인과관계를 이해하는데 중요한 수단이 될 수 있었다. 이 시기의 이러한 기록관리 발전의 역사는 또한 랑케와 그의 제자들이 역사주의 신념에 의거하여 실증사학을 얼마나 열정적으로 체계적으로 발전시키고자 하였는지를 보여주는 단면들이라고 하겠다. 이러한 랑케의 역사학 방법론은 근대 역사학의 주류로 자리를 잡았다. 그 결과 민족사, 국가사, 정치사를 주로 하는 역사학의 거대담론이 주류로 정착된 것이다.

## 3. 랑케의 역사주의 실증사학의 문제점과 극복과제

### (1) 역사주의 실증사학이 내포하는 거대담론의 문제

랑케사학은 민족과 국가를 단위로 하는 정치사 중심의 실증사학 거대 담론을 축적해 갔다. 이 거대 담론은 민족주의, 제국주의, 파시즘의 역사를 통해 비극의 물줄기가 흐르게 했다. 개체의 유기체적 생성, 발전, 상관성을 강조하는 역사주의는 사회적 다위니즘, 사회유기체설 등과 결합되어 제국주의와 파시즘 체제를 정당화하는 사상 체계로 작용하였다.

랑케가 크게 심혈을 기울여 공헌을 한 기록보존소들도 실제 역사에서 왜곡된 역사주의의 민족을 단위로 하는 개체의 거대담론을 뒷받침해주기 위해서 민족적 그리고 국가적 차원의 운영에 초점을 맞추었다. 국립기록보존소들이 창립되었던 배경과 그들의 활동이 그러했다. 많은 경우 민족주의를 강화시키기 위하여 동원되었다. 국가의 관료제도가 문서 (기록)를 매개로 강화되었고 기록관리는 이들 문서를 관리·보존하는데 초점이 맞추어졌고 역사연구는 이러한 기록들에 의존했다. 기록보존소는 민족과 국가를 위한 거대 담론의 역사를 만들어 내기 위한 수단으로서 뿐만 아니라 거대 담론의 명분을 가지고 국가가 국민을 통제할 수 있는 정보 원천으로서도 작용했다. 이러한 측면들은 후에 특히 포스트모더니즘의 신랄한 비판의 대상이 되었다.

그런데 여기에서 필자는 민족을 개체 단위로 하는 거대 담론은 앞에서 설명하였듯이 역사주의의 논리적 내생적인 것이 아니라 의도적으로 인위적으로 역사에서 왜곡되어 자리 잡게 되었다는 점을 다시 한번 강조하고자 한다. 역사주의는 본래적으로 개체의 단위, 즉 정체성에 대해서 본질주의 입장을 대표한 것이 아니라 구성주의 입장을 지녔다.

따라서 우리가 역사주의 논리의 본원성이 역사에서 왜곡된 것을 바로 잡는다면 역사주의는 민족 정체성에 본질주의의 거대 담론이 아니라 구성주의의 전형으로서 우리에게 다가올 것이다. 역사주의에 비논리적으로 씌워진 본질주의적 정체성 개념과 거대담론을 제거해야 한다.

그렇게 되면 역사주의 본래의 논리에서 본다면 민족이나 국가는 '상상의 공동체'로서 구성주의 입장에서 파악될 수 있는 것이다. 절대적 존재가 아니다. 역사주의 논리에 따르면 시간과 공간의 변화 속에서 개체가 발전하는가 하면 그 개체를 인식하는 인식자도 변한다. 인식 대상으로서의 개체와 인식자로서의 개체의 관계도 변화한다. 개체의 정체성 단위는 다층적이고 다면적으로 얽혀 있고 지속적으로 변한다. 지속적인 구성이 이루어진다. 민족이나 국가는 상대적 개념이고 존재다. 이러한 측면의 차원을 확실히 할 수 있으면 역사주의가 내포한 거대담론 문제를 극복할 수 있다고 본다. 랑케의 실증사학은 증거, 기억, 정체성, 공동체 형성에 관하여 실질적인 증거에 의거하면서 구성주의 입장을 대표해 줄 수 있다. 이러한 인식을 확실히 할 수 있을 때에는 굳이 국가 역사를 그리고 국립기록보존소를 거대 담론으로 심판하여 해체하려고 할 필요도 없다. 이들도 여러 개체, 정체성 단위 중의 하나로 자연스러운 것이고 필요한 것이다.

## (2) 역사주의 실증사학의 객관성 문제

### 1) 역사가의 주관성 문제

랑케의 실증사학에 대한 비판은 그의 시대에도 이미 있었는데, 특히 역사주의 내부에서도 있었다. "본래 있던 그대로 (wie es eigentlich gewesen)"를 복원하는 것에 대해서 드로이젠은 성기능이 거세되어 중성이 된 환관과 같은 객관성 (eunuchische Objektivität)을 추구하는 것이라고 조소하였다. 역사가들이 객관성을 갖고 작업을 하는 것은 불가능하다는 것이다.

이러한 비판들에 대해서 필자는 다음과 같은 변호를 하고 싶다. 필자는 랑케는 역사가들이 객관성을 가지 못하는 것을 생각하고 이를 보완하기 위하여 기록관리 제도를 발전시키고자 했음을 다시한번 상기시킨다. 랑케는 "본래 있던 그대로 (wie es eigentlich gewesen)"에 대한 답을 얻기 위하여 앞에서 말한 대로 그 과거의 시기에 산출된 기록을 증거로서 수집하고 평가하여 해석하는 작업을 제안하였던 것이다. 여기에서 증거로서 기록이란 그 시대에 그 시대를 증거하기 위하여 인위적으로 쓰여진 것이 아니라, 그 시대의 사건 과정에서 파생한 것이다. 그러나 이 제안은 "본래 있던 그대로 (wie es eigentlich gewesen)"에 대한 답을 위한 최선의 노력을 의미하는 것이지 이렇게 하면 본래 있던 모습을 그대로 복원하거나 재현할 수 있다고 하는 신념을 제시하는 것은 아니다. 이는 역사학의 지향점을 의미한다. 따라서 이러한 역사연구 및 서술 작업은 그 자체로 절대적인 객관성을 보장할 수 없다. 그러나 이러한 노력들이 복수로, 지속적으로 이루어지고 그 작업의 결과들이 상호 비교·검토·토론될 수 있다. 이러한 전체의 시스템을 과학적인 역사학이라고 할 수 있다. 물론 이러한 시스템을 통한다고 해서 과거가 그대로 복원되는 것은 아니다. 그래도 이것은 학문을 가능하게 해주는 최선의 객관적이고 과학적인 방법이다.

필자는 이에 대해 보다 상세한 설명을 위해 증거에 기초한 재판과정을 예로 들겠다. 재판정에서 검사는 증거를 제시하면서 그 증거를 해석하여 논고한다. 변호사 또한 증거를 제시하면서 변호를 한다. 검사와 변호사가 사용하는 증거는 동일한 것일 수도 있고 다른 것일 수도 있다. 그 증거들은 단수의 것일 수도 있고 복수의 것일 수도 있다. 검사와 변호사는 자신이 가지고 있는 증거뿐만 아니라 상대방이 소유하고 있는 증거와 관련해서도 논리를 편다. 검사와 변호사의 변론을 듣고 판사는 판결을 내린다.

그런데 여기에서 첫째 관건은 그 증거가 진실된 것이냐 하는 점이다. 둘째는 검사와 변호사의 해석이 제대로 되었느냐 하는 의문이다. 그 다음에 판사가 이들을 기초로 해서 제대로 판결을 하였는가 하는 점이 중요하다. 이러한 검토 사항들이 수용될 때 사람들은 그 재판을 인정한다. 그러나 사람들이 이 재판을 받아들였다 해서 그 재판이 일어난 사건에 대해서 그 본래의 모습대로 인식하고 거기에 맞는 정확한 판결을 내렸다고 볼 수는 없다. 그래도 이러한 방식의 재판은 사회적으로 중대한 존재 의미를 갖는다. 이 재판과정은 증거를 매개로 해서 이루어지고 있음을 우리는 본다. 랑케의 실증사학이란 바로 이러한 재판과정과 같은 시스템을 의미한다. 그의 역사학 결론은 재판과정처럼 몇 번의 절차로 완결되지 않는다. 끊임없이 지속될 수 있다. 이러한 역사학을 위해 끊임없이 증거로서의 기록을 관리하는 일은 절대적으로 중요하다. 그래서 랑케와 그의 제자들은 앞에서 설명한 바와 같이 기록관리를 위해 그러한 뜨거운 열정을 쏟았다. 기록관리의 양과 질 그리고 방법에 따라 역사학은 큰 영향을 받는다. 기록을 제대로 수집하고 보존하며 누구나 평등하게 그 기록에 접근할 수 있게 해 주어야 한다.

랑케에게 있어서 기록이란 자연과학적 객관성을 실현하는 도구가 아니라, 증거로서 해석과 기억의 매개물이었다. 이 매개물인 증거가 불편부당한 진본성을 갖도록 수집·보존되어야 했다. 이렇게 볼 때 랑케의 실증사학은 과학적 방법을 추구한 것이며 오늘날에도 중대한 의미를 갖는다. 그러나 이것만이 유일한 역사학의 방법이라고 주장하는 것은 옳지 않다. 여러 방법들 중에 하나일 수 있다. 다만 이 방법을 해체하거나 부정할 필요는 없는 것이다.


(2) 기록관리 과정의 주관성 문제


앞 절에서 필자는 랑케가 역사가가 객관적일 수 없는 측면을 기록관리를 통해서 해결하고자 했다고 주장했다. 그런데 기록관리 과정이 또한 객관적이라고 할 수 없다. 증거로서의 기록이 역사가에게 어떻게 공급되는지 보자. 일반적인 경우 기록보존소의 아키비스트들이 기록을 수집하여 평가하고 정리 기술하여 제공한다. 우연적으로 살아남은 기록들도 있다. 이들 모두는 기록유산을 형성한다.

아키비스트들이 과거에 산출된 모든 기록들을 다 수집할 수는 없다. 여기에는 문리적 제약이 작용한다. 모든 기록들이 다 존재하는 것도 아니고 기록들이 다 존재한다 해도 문리적인 환경조건 때문에 다 수집할 수는 없다. 아키비스트는 선택적으로 수집할 수밖에 없다. 이 선택적 수집 과정에서 아키비스트의 관점이 작용할 수 있다. 기록학 및 기록관리 전문가 붐스(Hans Booms)는 인간은 사회적 존재이기에 인간인 아키비스트도 사회경험에서 축적한 관점에 의거하여 선택적 수집활동을 한다는 점을 강조했다. 기록을 수집한 후에 평가와 정리·기술하는 과정에서도 아키비스트의 관점이 작용한다. 그런데 이 기록관리 과정은 복수의 아키비스트들에 의해서 이루어지기 때문에 복수의 관점들 하에서 이루어진다. "아키비스트는 사회적 데이터를 '사료'로 변환하는 구성적 행위 (constructive act)를 수행한다."

이러한 측면에서 볼 때 기록들이 "본래 있던 그대로 (wie es eigentlich gewesen)"를 보여주는 객관적인 증거로서 작용하기에는 큰 문제를 가진다. 그러나 앞 절에서 설명한 재판과정처럼 온전히 객관적으로 증거인 기록들을 습득할 수가 없다. 위와 같은 과정을 통해서만 가장 효율적으로 증거로서의 기록을 획득할 수밖에 없는 현실에 우리는 놓여있다. 그렇다면 이 기록관리 과정을 최선의 방법으로 실현하는데 우리의 노력을 경주해야 할 것이다.

역사가는 이렇게 제공되는 기록을 가지고 해석을 하여 역사서술을 한다. 그렇다면 역사의 해석과 서술은 많은 부분 기록관리의 과정에 의해 영향을 받고 있다고 말할 수 있다. 달리 말해 역사의 연구와 서술 작업의 일부가 이미 기록관리 과정에서 수행되고 있다. 여기에서 우리는 역사가와 아키비스트 사이에 긴밀한 대화와 협력이 필요함을 알 수 있다. 그러나 현실은 그렇지 못하다. 이 부분에서 커다란 개선이 이루어져야 한다. 랑케와 그의 제자 시대에는 많은 경우 역사가들이 직접 아키비스트의 역할을 수행했다. 그러나 시간이 흐르면서 기록관리와 역사연구 작업은 크게 분화되었다. 그 분화 과정에서 상호 유기적으로 기록관리와 역사연구 작업의 이 두 과정을 묶을 수 있는 제도가 개발되지 못하고 둘 사이에는 연속성이 아주 약하게 되었다. 역사가들은 어떠한 기록관리 과정을 거쳐 자신의 기록들이 주어졌는지에 대해서 큰 관심을 기울이지 않는다. 역사가로서의 아키비스트 역할은 점점 희박해 지고 있다. 양자 사이에 유기적인 대화와 협력이 있어야 한다. 이렇게 한다고 해서 기록관리 과정의 주관성 문제와 역사가의 역사연구·서술 과정의 주관성 문제가 해소될 것은 아니나 앞서의 재판과정처럼 역사학 시스템을 만들어 가는 것이다.

## 4. 오늘을 위한 랑케 사학의 의미

역사학계에서 거대담론의 극복 방안으로 미시사, 인류학적 문화사, 구술사, 일상사 등이 활발하게 개척되었다. 기록학에서는 기록보존소가 거대담론을 위한 정당화 역할을 극복하고 주체적인 사회발전의 토대로서 작동할 수 있도록 근본적인 패러다임 변화를 꾀하고 있다. 이제 더 이상 정부기록보존소만이 중요하게 여겨지지 않으며 '문화적으로 민감한 기록보존소 (culturally sensitive archives)' 또는 '공동체 기록보존소 (community archives)' 개척 운동 등이 활발하게 전개되고 있다. 이를 뒷받침하기 위한 학문적 이론화 작업들도 활발히 이루어지고 있다. '문화적으로 민감한 기록보존소'란 문자기록이 아닌 문화인류학적 차원의 기록, 민속기록, 구술기록 등을 관리하고 보존하는 기관을 말한다. '공동체 기록보존소'는 공동체 구성원들이 자신이 속한 공동체에서 적극적으로 주체적으로 기록화 작업에 참여하여 만들어 가는 기록관리와 보존을 위한 센터를 말한다. 이러한 맥락에서 '공동체 기록보존소'는 앞으로 참여민주주의 (Participatory Democracy)를 크게 활성화시킬 수 있는 기관이요 운동으로 평가되고 있다. '문화적으로 민감한 기록보존소' 운동은 문자기록 중심주의를 혁파하고 기록의 개념을 확장하고 있다. 문자외의 커뮤니케이션 그리고 기억의 수단들을 기록의 개념 안으로 편입시킴으로써 문자외의 기록을 가지고 있는 문화권에게 과거에 대한 증거와 기억을 보존할 수 있는 기록보존소를 소유하게 해주고 있다. 유럽의 제국주의 시대에 문자기록이 없는 지역은 증거와 기억과 역사가 존재할 수 없는 야만의 지역으로 취급되었다. 이는 식민지주의를 정당화해주는 논리로도 기능했다. 따라서 '문화적으로 민감한 기록보존소' 운동은 탈식민지주의, 탈유럽 중심주의를 실질적으로 실현하는 기관으로 평가되고 있다. 패러다임 변화시기의 기록보존소들은 기록의 증거를 위한 기능뿐만 아니라 기억을 위한 매개 기능의 역할을 강조하고 있다. 이러한 기록보존소들이 역사학의 패러다임 변화의 결과물들인 미시사, 일상사, 문화사, 구술사 등과 만나게 되면 큰 효율성과 풍부한 업적들을 일구어낼 수 있을 것으로 생각된다.

랑케의 역사주의 실증사학과 민족과 국가 중심의 기록보존소가 만나 거대 담론의 역사를 만들어 낸 것이 문제였다. 이제는 패러다임 변화를 꾀하는 역사학과 기록관리가 만나 역사주의 실증사학이 추구한 개별성 본래의 모습을 그려내는데 한층 더 다가갈 수 있어야 하겠다.

## ▣ 참고문헌

강성호, 「헤르더의 사상에 나타난 '총체적 역사인식-개체성, 발전, 인간성' 사상의 상호관계를 중심으로」, 『사총』, 40, 41 합집, 1992. 06.

김기봉, 「랑케의 'wie es eigentlich gewesen' 본래 의미와 독일 역사주의」, 『호서사학』 제39집.

김기봉외 지음, 『포스트모더니즘과 역사학』, 푸른역사, 2002.

노명환, 「19세기 독일의 역사주의 실증사학과 기록관리 제도의 정립: 랑케, 지벨 그리고 레만의 출처주의/ 원질서 원칙」, 『기록학연구』, 제14호, 2006년 10월.

노명환, 「공론장으로서 기록보존소의 역할: 그 역사와 현황, 패러다임 변화와 미래 발전방향-역사학에 주는 시사점을 중심으로-」, 『서양사론』 110호, 2011년 09월.

노명환, 「역사연구와 기록관리 상호 관계의 패러다임 변화를 통해 본 역사주의와 포스트모더니즘-랑케의 역사주의와 실증사학에 대한 본질주의(Essentialism)와 구성주의(Constructivism) 시각의 검토와 함께」, 『역사문화연구』 제 41집, 2012년 2월.

유광호, 『관료제도론: 이론, 역사, 실제』, 서울 대영문화사, 1995.

이민호, 「마이네케의 역사주의의 세계. 그 형성과정」, 『역사학보』 제48집.

이민호, 『역사주의』, 민음사 1988.

차하순, 「역사주의사관」, 차하순편, 『사관이란무엇인가?』, 도서출판 청람 1980.

최성철, 「드로이젠과 역사주의」, 『한국사학사학회 2011년 전국학술대회 (제99회 발표회) 발표 자료집』.

Bailleu, Paul, "Das Provenienzprinzip und dessen Anwendung im Berliner Geheim Staatsarchive," in: *Korrespondenzblatt des Gesamtvereins des deutschen Geschichts-und Altertumsvereine*, 50: 193~194 (Oktober und November 1902).

Bastian, Jeannette and Alexander, Ben (ed.), *Community Archives: The Shaping of Memory*, London 2009.

Booms, Hans, "society and the formation of a documentary heritage: issues in the appraisal of archival sources", *Archivaria* 24 (1987).

Brandt, Ahasver von, *Werkzeug des Historikers. Eine Einführung in die historischen Hilfswissenschaften*, Stuttgart 1958.

Derrida, Jacques, *Archive Fever: A Freudian Impression*, Chicago: University of Chicago, 1988.

Gilliland, Anne, / White, Kelvin L., Perpetuating and extending the archival paradigm: the historical and contemporary roles of professional education and pedagogy. InterActions: UCLA Journal of Education and Information Studies 5(1), 2009.

Gooch, G.P., *History and Historians in the Nineteenth Century*, 2nd ed., London 1952, chapter V.

Dotterweich, Volker, *Heinrich von Sybel. Geschichtswissenschaft in Politischer Absicht* (1817~1861), Göttingen 1978.

Droysen, Johann Gustav, *Historik. Vorlesungen über Enzyklopädie und Methodologie der Geschichte*, ed. Rudolf Hübner, 5th ed. (München 1967).

Foucault, M., 『지식의 고고학』, 이정우 옮김, 민음사 2000.

Heins, Volker, *Max Weber zur Einführung*, Hamburg 2000.

Herder, J. G. 저, 『인류의 역사철학에 대한 이념』, 강성호 역, 책세상 2002

Huvila, Isto, "Participatory Archive: Towards Decentralized Curation, Radical User Orientation, and Broader Contextualization of Records Management," Archival Science 8.1, 2008.

Iggers, Georg G. 저, 『독일역사주의』, 최호근 역, 박문각, 1992.

Ketelaar, Eric, "Tacit Narratives: The Meanings of Archives", *Archival Science* 1: 2001, pp. 137~139 그리고 Terry Cook, "Archival Science and Postmodernism: new formulation for old concepts", *Archival Science* 1: 2001.

McKemmish, Sue / Gilliland-Swetland, Anne / Ketelaar, Eric, "Communities of Memory': Plualising Archival Research and Education Agendas," *Archives and Manuscripts* 33. 1 (May 2005).

Meinecke, Friedrich, Erlebtes 1862~1901, Leipzig 1941.

Peterson, Trudy, 「민족주의와 국립기록보존소에 관한 불쾌한 진실」, 『기록학연구』 제4호, 이상민 역, 2001.

Regulativ für die Ordnungsarbeiten im Geheimen Staatsarchiv vom 1, Juli 1881, in: *Mitteilungen der Preussischen Archivverwaltung*, Heft 10 (1908).

Schieder, Theodor, *Geschichte als Wissenschaft*, pp. 13~15 ; Klaus Pabst, "Geschichtsforschung," Die *Weltgeschichte* (Freiburg 1971).

White, Hayden, Topics of Discourse, Baltimore 1978.

White, Kelvin L., "Meztizaje and remembering in Afro-Mexican communities of the Costa

Chica: implications for archival education Mexico", Archival Science (2009).

# 드로이젠과 세 층위의 역사주의

최 성 철

## 1. 문제제기와 개념설정

19세기 독일 역사가들 중에서 드로이젠(J. G. Droysen)만큼 외관상 이해하기 쉬워 보여도 파고들수록 해석하기 어려운 인물도 드물 것이다. 일반적으로 그는 그보다 약간 후세대에 속하는 지벨(H. v. Sybel) 과 트라이치케(H. v. Treitschke)로 이어지는 '소독일주의적-정치적 역사학파', 이른바 '프로이센 학파'의 창시자이자, 실제로 학자로서 그리고 정치가로서 프로이센을 중심으로 한 독일 민족통일에 크게 진력했던 현실주의 정치사가로 알려져 있다. 물론 그에 대해 조금 더 많은 관심을 기울인 사람이라면, 그가 알렉산더 대왕과 그 후대의 계승자들을 연구하면서 기원전 4세기에서 기원전 1세기에 이르는 시기와 이 기간 동안 펼쳐진 그리스 문화를 일컫는 '헬레니즘'이라는 용어를 만들어낸 고대사가였다는 사실도 알 수 있을 것이다. 좀 더 특수한 분야로서 역사이론에 관심이 있는 사람이라면, 그가 1857년부터 1883년에 걸쳐 모두 18번 행했던 「역사의 백과사전과 방법론에 대한 강의」의 원고들에 기초해 출판된 『역사학』(Historik)[1]으로써 역사상 최초로 역사이론을 체계적으로 정립한 인물이었다는 점까지 알 수 있을 것이다. 그러나 그 무엇보다도 드로이젠에 대해 가장 많이 알려진 사실은, 그가 랑케(L. v. Ranke)와 함께 묶여 독일의 고전적 역사주의를 완성하는 데 결정적으로 기여한 '역사주의자'로 평가받는다는 점일 것이다.

그러나 드로이젠은 과연 그 이름에 합당한 '전통적'이고 '고전적'인 의미의 역사주의자였을까? 이 질문은 그동안 - 적어도 내가 찾아본 자료에 따르면 - 국내외를 통틀어 그 어떤 학술논저에서도 제기된 적이 없었다. 그도 그럴 것이 그가 독일적 역사주의의 하나의 '전형'을 보여준다는 점에 대해서는 이론이 있을 수 있겠지만, 적어도 그 범주 안에 든다는 사실에 이의를 제기할 사람은 없을 것이기 때문이다. 실제로 드로이젠이 랑케를 필두로 시작된 독일 역사주의의 대표 주자들 중 한 사람이었음은 분명한 사실이다. 따라서 문제는 드로이젠이 과연 '역사주의자였는지 아닌지의 여부'가 아니라, 그가 '어떤 종류의 역사주의자였는지'를 밝히는 일이다. 더 구체적으로는 그가 과연 동시대의 독일적 역사주의의 범주에만 속하는 인물인지, 아니면 그것을 넘어서 이전 시대 '비코적' 의미의 역사주의에도 합당한 인물인지, 또는 오늘날의 '보편적' 의미의 역사주의에도 포함시켜 논의될 수 있는 인물인지, 아니면 그 경향들과 무관한 인물인지, 그도 아니면 그 모두를 한 몸 안에 담아내고 있는 역사가인지를 검토해보는 것이 필요하다. 따라서 이 글은 드로이젠이 얼마나 그 이름에 합당한 '독일적 역사주의자'였는지에 대한 원론적 문제제기에서 출발해 '그의 역사주의의 정체성'을 이전 시대와 동시대 그리고 후세대에 걸쳐 입체적으로 검증해보는 데 근본목적을 둔다. 그런 다음 드로이젠의 역사주의가 오늘날 우리에게 어떤 시사점을 줄 수 있는지 고민하고자 한다.

그런데 이 문제들이 검토되기에 앞서 풀려야 할 더 큰 문제가 있다. 그것은 바로 역사주의의 개념 정의다. 주지하다시피 '역사주의'는 일찍이 호퍼(W. Hofer)가 일종의 '투쟁개념'(Kampfbegriff)이라고 정의했을 만큼 매우 다의적이고 복합적이어서 쉽게 정의하기 어려운 학술 용어다. 그러나 그렇다고 해서 역사주의 개념에 대한 최소한의 합의조차 없는 것은 아니다. 나는 드로이젠의 역사주의가 어떤 종류의 역사주의인지 분석 또는 검증해내기 위한 도구로 이 글에서 3개의 역사주의 개념을 제시하고자 한다.

먼저 가장 일반적이고 보편적인 정의로서, 역사주의는 하나의 사물을 그 기원과 발생, 과정과 변화 등, 한마디로 '역사적인 관점'에서 관찰하려는 태도 및 신념 정도로 이해될 수 있다. 이 말을 뒤집으면, 역사주의란 어떠한 사물이나 현상의 본질, 가치, 의미 등이 그것이 형성되어온 자신의 역사 안에서 비로소 발견된다는 믿음을 말한다. 이 첫 번째 개념을 편의상 오늘날의 '보편적 역사주의'라고 명명하자.

다음은 '독일적 역사주의'다. 시간적 변화에 바탕을 둔 이러한 독특한 가치관 및 세계관은 고대부터 있어왔지만, 그것이 이론적이고 사상적인 형태로 등장하기 시작한 것은 19세기 초반 독일에서였다. 합리주의를 주춧돌 삼아 발전한 18세기 계몽주의 및 자연법사상에 반발하고 대신 자연의 신비 및 개체의 고유한 특성, 그리고 그 특성의 시간적 변화 속에서의 발현 등을 강조하면서 등장한 독일 낭만주의와 과거에 대한 철학적 성찰로서 헤겔의 역사철학은 역사주의 탄생의 중요한 밑거름들이었다. 이렇게 해서 등장한 이 새로운 이념적 경향은 19세기 초 니부어(B. G. Niebuhr)부터 20세기 전반기 마이네케(F. Meinecke)에 이르는 독일 정통사학의 발전과 그 흐름을 함께 한다. 개체이론이나 사료비판 등 역사이론 및 방법론도 역사주의의 성장 속에서 정착되어나갔다. 물론 개체의 고유성을 인정하다 보니 모든 역사 단위의 가치가 상대화되는 이른바 '인식론적 상대주의'라는 한계를 노정하면서 20세기 초 심각한 위기를 겪었고, 양차 세계대전을 경험하면서는 그것의 보수적-민족주의적 성격과 정치사학적 협소화 때문에 심한 비판과 공격을 받기도 했지만, 그것은 오늘날에도 여전히 그 나름의 가치를 되살리고자 하는 움직임이 일 정도로 여러 세대에 걸쳐 서구 역사학계를 풍미했던 역사사상이다.

마지막은 내가 여기서 '비코적 역사주의'라고 부르고자 하는 경향이다. 독일적 역사주의의 탄생에 독일 낭만주의와는 또 다른 지류에서 지대한 영향을 미친 사상가가 바로 18세기 이탈리아 법학자 비코(G. Vico)다. 주지하다시피 그는 '역사인식 가능성'과 관련한 그 자신의 독특한 공리로써 역사주의를 예비한 사상가들 중에서 가장 중요한 인물로 알려져 있다. 그의 역사인식 가능성 테제란, 신이 창조했기 때문에 인간으로서는 인식할 수 없는 자연과 달리, 인간이 살아가는 공동체로서 사회의 형성과정과 본질, 즉 역사는 그것이 인간에 의해 만들어져왔기에 인간 자신에 의해 인식될 수 있다는 것이다. 또 비코는 '진리는 곧 만들어진 것이다'(verum ipsum factum)라는 명제를 기초로 하나의 대상을 올바로 인식하기 위해서는 그것이 탄생한 기원과 원인을 파악할 필요가 있다고 주장했다. 하나의 대상을 정확히 파악하기 위해서는 그것에 대한 역사적 지식을 획득해야 한다는 것이다. 이 점에서 비코적 역사주의는 어쩌면 근대 역사주의적 사고의 원형(原型)이라 할 수 있다.

이 세 개의 역사주의 개념은 앞으로 각 장에서 드로이젠의 역사주의의 성격과 특질을 검증하고 규명하는 데 일종의 시약(試藥) 역할을 하게 될 것이다.

## 2. 드로이젠과 전시대의 '비코적 역사주의'

비코는 그 자신이 활동했던 18세기 전반기에는 거의 주목받지 못하다가, 19세기 초반을 전후해서야 비로소 서유럽에 본격적으로 소개되었던 사상가다. 독일에서는 헤르더에 의해, 프랑스에서는 미슐레에 의해 각각 그의 기념비적인 저작 『새로운 학문』(Scienza Nuova)이 번역 소개되면서 그에 대한 관심이 점증했는데, 이 책에서 그는 마치 다음 세기가 낭만주의와 역사주의에 의해 선도될 것이라는 점을 예견이라도 하듯, 인간 삶에서의 역사와 역사적 감각, 역사의식 등의 중요성을 강조했다.

비코가 역사주의를 예비한 사상가라는 점을 가장 적나라하게 보여주는 증거는 가장 먼저 '인간의 역사인식 가능성' 테제에서 발견된다. 그에 따르면, "우리에게 [⋯] 영원한 빛, 즉 결코 그 누구도 의심할 수 없는 다음과 같은 진리가 반짝인다. 이 정치세계는 분명 인간에 의해 만들어졌다는 점, 그 때문에 정치 세계의 원리는 우리 자신이 가지고 있는 인간 정신의 변형된 모습 안에서 발견될 수 있다는 (어쩌면 발견되어야 한다는) 점이다." 그래서 우리는 "신이 창조했기 때문에 신만이 가질 수 있는 자연계에 대한 지식을 얻고자" 노력할 것이 아니라, "인간 자신이 만들었기 때문에 인간도 그 지식에 도달할 수 있는 이러한 민족들의 세계 또는 정치 세계에 대한 연구"에 매진해야 한다는 것이다.[2]

비코의 이 주장은 드로이젠에게서 '인간의 역사이해 가능성' 테제로 발전해 나타난다. 드로이젠은 『역사학』에서 "인간의 정신과 손길이 만들었고, 새겼으며, 접촉했던 것만이, 즉 인간의 흔적만이 우리에게 밝게 빛난다. 인간은 새기면서, 만들면서, 정리하면서, 모든 외현 (Äußerung) 속에서 자신의 개체적인 본질의, 자신의 자아를 표현한다.

이러한 표현들과 새김들로부터 여전히 어떤 식으로든, 어디에서든 우리에게 남아 있는 것이 바로 우리에게 말을 하고 있으며, 우리에게 이해될 수 있다"고 주장한다.[3]

인식론적 관점에서 보면, 비코의 인식(Erkenntnis)과 드로이젠의 이해(Verständnis) 사이에는 근본적인 차이가 없다. 왜냐하면, 적어도 벌린(I. Berlin)의 해석에 따르면, 비코에게서 '인식한다는 것'은 '인식 대상 자체가 되는 일'이기에 진정한 인식이란 인식 주체와 인식 대상의 합일을 통해서만 이루어질 수 있다는 르네상스 시대의 신플라톤적 교설의 영향의 흔적을 엿볼 수 있는데, 드로이젠에게서도 이해 행위가 '우리에게 동질적인 성질' 또는 '본질적 유사성'을 갖는 이해 대상과 이해 주체 사이의 간격이 해소되기에 가능한 것으로 설명되고 있기 때문이다. 비코와 드로이젠 사이에 놓여 있는 이러한 연속성의 수수께끼는 사실 서양의 오랜 지성사적 전통 속에서 그 열쇠를 쉽게 찾을 수 있다. 비코의 관점은 멀리 고대 그리스 철학자들의 형이상학과 신비주의 학설로부터 출발해 근대에 이르기까지 수많은 주요 사상가들의 영향을 받은 결과다.

가령 파르메니데스는 '인식과 존재는 하나'라고 주장했고, 르네상스기에 피코(G. Pico)도 역시 완전한 인식이란 창조와 같다고 생각했다. 비코의 이러한 생각은 바로 다음 세기 독일의 인문학자들의 해석학과 그들의 '이해'(Verstehen) 또는 '공감'(Einfühlen) 개념들을 예비하며 그 스스로 교량 역할을 담당했다. 해석학의 창시자 슐라이어마허(F. Schleiermacher)와 이해이론을 정립한 딜타이(W. Dilthey)와 더불어 이해의 방법론을 도입한 드로이젠이 바로 비코 인식론의 계승자들이다.

이러한 인식론에 근거해 비코나 드로이젠은 역사를 이제, 인간이 자기를 인식하거나 이해하는 과정으로 간주했다. 비코에게서 역사는 인간의 영속적인 의지의 활동, 즉 처음에는 무의식적이지만 점차 의식적으로 심화되는, 자연에 대한 창조적 재단의 과정이었다. 그에게서 인류의 역사란 인간이 자신의 감정, 의식, 지성 등의 정신작용과 의지 등을 통해 활동하고 또 그런 활동을 통해 이루어낸 조직, 체제, 상태들의 총체를 의미했다. 마찬가지로 드로이젠도 역사를 '인류가 자기 자신에 대해 의식해 가는 과정이며 그 의식 자체'로 정의했다. 그에 따르면, 역사의 시대들은 인류라는 자아의 자기인식의, 세계인식의, 신에 대한 인식의 단계들이다. 역사는 그에게서 보편으로서 인류가 자신을 부단히 의식하고 인식해가는 과정, 즉 인간의 자기 얼굴이자 자기를 비추는 거울이었다. 인간은 역사를 통해 자기 모습을 바라보면서 잘 된 모습은 한껏 부풀리고, 잘못된 모습은 외양을 가다듬어나갈 수 있다. 인간이 무엇인지, 내가 누구인지를 말해주는 것이 바로 그 자신이 지금껏 걸어온 길로서 역사다. 그래서 그는 역사를 '인류의 자신에 관한 지식이며, 자기확신'이라고 규정했다. 이 지점에서 비코적 역사주의와 드로이젠의 역사주의는 한 치의 오차도 없이 완전히 겹쳐서 나타난다.

역사 개념만이 아니라 이제는 역사적 감각과 역사적 지식의 중요성을 강조하는 부분에서도 양자의 동질성은 확인된다. 비코에게서 참된 지식은 '원인에 의한(per causas) 지식'뿐이다. 이 원인적 지식은 인식하려는 대상을 파악하기 위해 그것이 왜, 어떻게 현재의 그것으로 형성되었는가를 살펴봄으로써 궁극적으로 그것의 본질이 무엇인지를 알 수 있게 해주는 지식이다. 그 기원은 나름대로 스콜라 철학에서 찾아볼 수 있지만, 그것을 하나의 '인식 원리'로 승화시켰다는 점에서 그것은 비코에게서만 발견되는 특징이다. 기원, 원천, 발생을 중시하는 이러한 태도는 드로이젠에게서도 나타난다. 그에 따르면, 역사가 다른 학문들 못지않게 중요한 이유는, 그것이 다른 학문들이 제공해주지 못하는 중요한 인식 부분을 제공하기 때문이다. 가령 철학에서 제아무리 순수이성의 원리를 발견했다 하더라도 그것이 시간적 흐름에서 어떤 위치에 있고 그에 따라 역사적으로 어떤 의미와 가치를 갖는지 알 수 없지만, 역사는 '순수이성'에게서는 발견되지 않는 '실천이성의 요구'가 어떻게 해서 발생하게 되었는지 그 기원을 제공해준다. 그 점에서 역사는 일종의 '좌표'(Koordinate)다. 인간이 삶을 살아가는 데서나, 특정 학문이 자신의 연구 방향을 설정하는 데서나, 자신이 걸어온 길을 뒤돌아보고 현재의 위치를 파악하며 앞으로 어떤 길을 향해 어떻게 나아가야 할지 결정하는 데 기준이 되는 점 말이다. 이처럼 비코와 드로이젠은 역사가 원천과 발생에 대한 지식을 제공하기에 매우 중요한 지식 영역이라는 생각을 공유했다.

역사의 이러한 독특성 및 중요성은 자연스레 그것의 학문으로의 승격을 요구한다. 비코는 단지 역사주의 이념만이 아니라 이 부분에서도 남들보다 1세기 정도 앞서 선지자적인 역할을 수행했다. 여기서 문제가 되는 것은 역사서술의 학문화를 위해 필요한 '역사학의 자율성'이다. 비코의 논리에 따르면, 인간이 스스로 만든 사회세계를 인식할 수 있다는 사실을 통해 역사학의 자율성은 보증된다. 즉 역사학은 인간의 자기인식의 한 형식으로 간주되면서 신이 창조했기에 인간이 결코 인식할 수 없는 자연을 탐구대상으로 하는 자연과학과 차별성을 가지며, 동시에 자체의 논리를 갖는 학문성도 지닌다는 것이다. 비코의 이러한 '역사학의 자율성' 이념은 약 150년 뒤 드로이젠에 의해 '역사의 이론적 체계화'를 통해 완벽히 실현된다. 비록 평생을 실증주의, 특히 역사학을 자연과학적 방식으로 구성하려 했던 영국 역사가 버클(H. Th. Buckle)의 실증주의에 맞서 싸우기는 했지만, 드로이젠은 일반적으로 역사연구와 서술의 방법과 이론을 다룬 『역사학』이라는 작품을 통해서 19세기 역사의 학문화에 기여한 최고의 인물로 평가받는다. 화이트(H. White)에 따르면, 이러한 역사의 과학화 시도는 새로운 사조들(실증주의, 마르크스주의, 사회적 다윈주의)의 시대적 요청과 더불어 유사한 분야들(실증과학, 관념철학, 낭만주의 예술)과의 차별성 확보 차원에서 이루어진 것이었다. 드로이젠은 이 작품에서 역사학을, 연구방법을 다룬 '방법론'(Methodik), 고찰하고자 하는 자료의 체계적인 분석을 다룬 '체계론'(Systematik), 서술기법을 다룬 '문장론'(Topik) 등 세 가지 영역으로 구분해서 논의해나가는데, 이 세 범주는 각각 과학, 철학, 예술에 대한 아리스토텔레스의 개념을 차용한 것으로, 역사가의 과학적 임무, 철학적 임무, 예술적 임무에 상응한다. 드로이젠은 이처럼 한편으로는 자연을 다루는 자연과학이나 실증주의와 철저히 거리를 두면서도, 다른 한편으로는 순수한 문학적, 예술적 성격의 한계를 극복하기 위해, 인간들과 삶에 내재하는 고유한 논리와 원리에 따라 역사를 하나의 과학으로 승화시키기 위해 부단히 노력했다.

이제 중간 결론을 내려 보자. '인류는 역사를 통해서 비로소 자신의 본질을 완성한다'는 드로이젠의 생각은 어쩌면 '어떤 사물의 본성은 바로 그것의 역사다'라는 비코의 핵심 사상에 뿌리를 두고 있으며, 그 점에서 드로이젠의 역사주의는 비코적 역사주의와 근본적으로 맥과 궤를 같이한다. 물론 비코에게서 보이는 역사 관찰에서의 섭리적 요소, '이상적인 영원한 역사'(storia ideale eterna)와 같은 신학적 요소들이 드로이젠에게서는 전면에 부각되지 않는다는 점, 비코에게서는 찾아볼 수 없는 주관주의적, 관념철학적 요소가 드로이젠 역사관의 근저에 깔려 있다는 점 등, 양자가 결코 합일될 수 없는 요인들이 상존한다는 점도 간과되어서는 안 될 것이다.

## 3. 드로이젠과 동시대의 '독일적 역사주의'

이 글의 서두에서도 밝혔듯이, 드로이젠이 독일적 역사주의 계열에 속하는 역사가가 아니라고 주장할 간 큰 사람은 아마 없을 것이다. 실제로 그는 독일 역사주의를 창시한 랑케와 언제나 한 묶음으로 묶여 소위 '묻지 마 판매'로 팔려나간다. 그도 그럴 것이, 랑케와 함께 베를린 대학에서 근무했고, 역사주의 이념을 전파한 프로이센 학파를 창건했으며, 역사주의의 확산과 함께 정착한 역사서술의 학문화 과정에 결정적으로 기여한 그를 안 그렇게 볼 하등의 이유가 없기 때문이다. 나도 이러한 전통적 해석에 대해 이견을 제시할 생각은 추호도 없다.

그러나 문제는 그가 어떤 부분에서, 어느 정도로 독일적 역사주의자로 불릴 수 있는 인물이었는가, 하는 것이다. 즉 여기서 나는 종류가 아니라 정도의 문제를 제기하고 싶다. 드로이젠은 과연 랑케 수준의 역사주의 이념에 충실하고 이를 따랐던 인물이었나? 독일 역사주의에서 표방한 주요 이념이나 생각과는 전혀 다른 이념이나 생각 또는 심지어 반역사주의적 진술을 피력한 적은 없는가? 그를 과연 '전형적인' 독일 역사주의자라고 부를 수 있는가?

독일적 역사주의의 가장 핵심적인 구성요소는 무엇보다 '개체'와 그것의 고유한 특성인 '개체성'에 대한 관념이라고 할 수 있다. 19세기 독일에서 만개한 역사주의 사상운동의 핵심이 '역사에서 인간적 힘들을 일반화하는 관찰방식을 개체화하는 관찰과정으로 대체하는' 데 있다고 설파했던 마이네케에 따르면, '개체'는, 가령 자연과학에서 사용되는 '원자'와 구별되는 것으로, 다음 세 가지 특성을 갖는다. 먼저 그것은 '발전'의 개념과 불가분의 관계에 있다. 역사적 개체는 단순히 반복적으로 변화하는 것이 아니라 언제나 역사적으로 발전하며,

오직 발전을 통해서만 그 개체의 고유한 특성은 발현된다. 둘째, 그것은 개인뿐 아니라 국가, 민족, 제도, 문화, 시대 등 역사연구의 대상으로서 모든 개별 단위를 가리킨다. 마지막으로 그것은 그 자신의 고유한 내재적 가치와 의미를 갖는다. 이 원리에 따르면, 역사에서 어떠한 작은 사실이라 해도 그것은 결코 반복되지 않으며 시간의 변화 속에서 독자적인 의미와 가치를 드러낸다. 랑케도 낭만주의 사조로부터 영향을 받은 바로 이 원리에 입각해 '모든 시대는 신에 직결되어 있다'고 천명했다.

물론 드로이젠에게서도 이러한 개체성 사상과 원리의 흔적이 당연히 발견된다. 그는 『역사학』에서 '인간적인 것은 모든 새로운 개체 속에서 그 자신을 향한 하나의 발전을 획득하고, 개별적인 것은 바로 그 때문에 고유한 가치와 개체적 관심을 갖게 되며, 전진하는 발전의 행렬 속에서 본질적이다.'라고 주장했다. 곧 모든 개체는 자신의 완성을 위해 발전해가며, 그 과정에서 자신의 가치와 의미가 드러난다는 것이다. 실제로 그의 역사서술도 이러한 개체성 사상의 원리에 입각해 이루어진 듯한 인상을 준다. 가령 헬레니즘 시대의 출발점이자 그 시대 연구의 서막을 알린 작품 『알렉산더 대왕의 역사』(1833)에서 그는 알렉산더 대왕과 마케도니아 왕국 사람들을 불멸의 명성을 부여받을 사람들로, 즉 독특한 역사적 개체들로 그려내고 있다.

그러나 드로이젠은 개체와 관련해 다른 동시대의 또는 약간 후세대의 독일 역사주의자들과 차별화된 모습을 보였다. 즉 그는, 단지 개체를 눈에 띄게 강조하지 않았다거나, 개체에 대한 언급이 비교적 적었다는 단순 사실을 넘어서, 그들과 상당히 다른 개체관을 갖고 있었다. 가령 랑케는 보편적인 것 또는 일반적인 것과의 연관 속에서 관찰했다고는 해도 언제나 개체적인 것에 방점을 찍었고, 그것의 본질을 규명하는 데 몰두했다. 이 점은 랑케 이전이나 이후 대부분의 독일 역사주의자들이 공유했던 부분이다. 그러나 드로이젠은 개체를 개체 그 자체로만 관찰하는 경우가 드물었다. 그에게서 개체 또는 개별적인 것은 언제나 다른 개념이나 사상을 설명할 때 곁가지로 언급되거나 아니면 '전체'와의 변증법적인 관계 속에서 고찰된다. 그에 의하면, 개별적인 것은 전체적인 것 속에서, 그리고 전체적인 것은 개별적인 것으로부터 이해된다. 이거스(G. G. Iggers)도 이 점을 중시해, 훔볼트와 랑케가 역사연구 과정 속에서 개체를 이해하고자 하는 데 그쳤다면, 드로이젠은 역사가 하나의 전체이기 때문에 모든 개체는 전체로서 이해되어야 한다는 점을 분명히 인식했다고 주장했다.

이보다 어쩌면 더 큰 차이는 드로이젠에게서 역사연구의 단위가 개체 또는 개별적인 것이 아니라 보편적인 함의를 담고 있으며 집합적인 성격을 갖는 '인륜 세계'(sittliche Welt)였다는 점에서 발견된다. 그는 다음과 같이 주장한다. "역사적 방법의 영역은 인륜 세계의 우주다. 인륜 세계는 쉼 없이 운동해온 매 현재 안에서 일, 상태, 관심, 갈등, 열정 등이 끝없이 뒤섞여 있는 어떤 것이다. 이 세계는 기술적, 법률적, 종교적, 정치적 등 다양한 관점에 따라 관찰될 수 있고, 학문적으로 취급될 수 있다. [...] 인륜 세계를 그것의 생성과 성장에 따라, 그 운동의 연쇄에 따라 파악하는 것은 곧 인륜 세계를 역사적으로 파악한다는 뜻이다."[4] 드로이젠에게서 인륜 세계는 단순히 역사학의 연구와 서술 대상으로서의 의미를 훨씬 넘어선다. 인륜적 힘들은 크게 (1) 자연적 공동체들(가족, 이웃, 부족, 민족), (2) 이상적 공동체들(말과 언어, 미와 예술, 진실과 학문, 신성과 종교), (3) 실제적 공동체들(사회, 복지, 법, 권력)로 나뉜다. 이들은 모두 역사연구와 서술의 재료 및 형식에 해당하는데, 한마디로 인간이 삶을 살아가는 데 필요한 공동체 및 구성요소들을 모두 포괄한다. 현대식으로 표현하면, 정치, 사회, 경제, 문화, 종교 등 삶의 필수영역들을 지칭한다.

그렇다면 이처럼 일상적 삶의 요소들을 지칭하는 용어로 드로이젠은 왜 굳이 '윤리 또는 도덕의 요구들에 상응하는'이라는 뜻의 '인륜적'(sittlich)이라는 용어를 사용했을까? 그것은 그가 역사를 자연과 구별하기 위해서였을 것이다. 드로이젠에 따르면, 동식물을 포함해 인간도 자연 상태에서는 그저 생물학적 존재에 지나지 않는다. 그러나 인간은 의지와 원망을 갖고 사회라는 공동체를 구성하며 문화와 문명을 창조하면서, 요컨대 자신에게 부여된 삶을 영위해가면서 '진정한 인간', 즉 '인륜적 존재'로 거듭난다. 반대로 인륜적 세계는 언제나 역사적으로 완성된다. 그 상호작용의 과정이 바로 드로이젠적 의미의 '역사'다. 그 점에서 인간은 역사를 통해서 비로소 여타 생물들과 구별된다. 드로이젠 스스로도 표현하고 있듯이, 여기서 '인륜'과 '역사'는 동의어로 등장한다. 역사 세계가 곧 인륜 세계이고, 그 역도 성립한다.

랑케를 위시한 여타 역사주의자들에게서 정치세계, 민족, 국가, 교회 등이, 부르크하르트(J. Burckhardt)에게서 국가, 종교, 문화가, 마르크스(K. Marx)에게서 정치와 경제활동이 역사 연구와 서술의 대상이었다면, 드로이젠에게서 그것은 - 경제 분야를 제외한 - 국가, 사회, 문화, 종교 등 인간세계의 모든 요소와 영역들을 망라한다. 이는 동시대의 역사주의자들만이 아니라 역사주의와 무관한 동시대의 역사가들이나 사상가들에서도 발견되지 않는 그만의 고유한 특징이다. 물론 프로이센 학파의 보수적 역사가답게 드로이젠 자신도 역사를 정치와 동일시한 발언을 했고, 실제 역사책도 대체로 정치사를 주제로 서술했던 것은 사실이지만, 적어도 『역사학』 안에서 그는 역사 세계가 곧 인륜 세계임을 반복해서 강령적으로 언급했다. 이로부터 우리는 드로이젠의 역사사상을 '인륜적 역사주의' 또는 '인간학적 역사주의'로 명명하고 싶은 충동을 느끼게 된다.

역사를 인륜적 관점에서 바라보았다는 사실보다도 드로이젠을 동시대의 역사주의자들로부터 더 분명하게 구별해주는 요소는 아마도 그가 역사를 과거의 중심축에서가 아니라 과거부터 현재로 이어지는 종합적 관점에서 바라보고자 했다는 점일 것이다. 드로이젠은, 모든 경험적 연구는 자신이 취급하고자 하는 사실들에 따라서 조정되고, 이 연구는 오직 자신에게 직접적으로 감각적인 인지가 가능한 현재적인 사실들만을 지향한다고 주장했다. 이것은 '과거에 본래 어떠했는가'를 보여주는 것만이 역사가의 임무라고 주장했던 랑케식 역사주의에, 그리고 역사주의자들이 취한 역사적 관찰 방법이란 과거로 돌아가 당대에 살았던 사람들의 마음속으로 들어가 느끼는 '감정이입' 또는 '이해'라고 배워온 우리에게 매우 생경한 주장이 아닐 수 없다. 만일 이것이 현재에 남아있지 않은 과거는 이해할 수도, 이해할 필요도 없다는 뜻으로 해석될 수 있다면, 이는 분명 '우리의 정신과 지식에 기여할 수 있는 것이라면 아무리 먼 과거에 속한 것이라도 모든 노력과 경비를 들여서라도 수집되고 연구되어야 한다'고 주장했던 부르크하르트보다도 더 반(反)역사주의적인 사유로 이해될 수 있다.

끝으로 랑케와의 결정적 차이 한 가지가 더 지적되어야 할 것 같다. 그 자신조차 평생 지키지도 못했던 '객관주의'에 대한 랑케의 요청은 드로이젠에 의해 '환관적 객관성'(eunuchische Objektivität)으로 조롱받는다. 과거에 본래 있었던 그대로를 재구성하기 위해서는 역사가가 지닌 특정 입장, 견해, 가치관 등을 제거해야 한다고 주장했던 랑케는 정작 그 자신이 민족주의자로서, 프로이센주의자로서, 정치적 보수주의자로서 스스로의 당파성을 단 한 차례도 버리거나 드러내지 않은 적이 없었다. 그러나 그것이 불가능하다는 사실을 알았건 몰랐건, 랑케 본인은 여러 곳에서 역사가는 자신을 소거해야 한다고 주장했다. 이러한 종류의 객관주의가 전혀 불가능하다는 것을 너무도 잘 알고 있었던 드로이젠은 대신 '이해'에 근거한 주관적 인식이론을 전면에 내세웠다. 그에 따르면, "역사학적 연구 방법은 그 자료의 형태학적 성격을 통해 결정된다. 역사학적 방법의 본질은 연구하면서 이해하는 것(forschend zu verstehen)이다."[5] 해석학적 전통에 서 있는 방법으로서 나중에 딜타이에 가서 더 정교하게 이론화될 이 '이해'는 드로이젠에게서, 적어도 20세기 해석학의 대가 가다머(H.-G. Gadamer)에 따르면, 그것이 갖는 주관적 성격의 한계를 '신학적 관점'으로써 상쇄하고자 했던 만큼 '보편적 방법 이상의 것'을 의미했다. 가다머의 눈에 객관성 유지를 위한 '역사가의 자기소거'라는 랑케식 윤리의식은 '순진하고 성찰 없는 역사주의'에 지나지 않았다. 이거스도 역시 드로이젠이 랑케의 객관주의에 맞서 역사연구를 통해 획득한 주관적이고 '상대적인 진리'를 더 선호하고 높이 평가했음을 지적했다.

이처럼 드로이젠에게서는 랑케를 비롯한 동시대의 역사주의자들과 공유했던 부분뿐 아니라, 그들과 다른 차별화된 모습들, 심지어 차별성을 넘어 그들과 상반되는 주장까지 곳곳에서 발견된다. 물론 이러한 점을 근거로 드로이젠이 독일 역사주의자가 아니었다고 주장한다면, 그것은 분명 과장이자 오류일 것이다. 그러나 그가 '참으로 다른' 독일 역사주의자였던 것은 분명해 보인다. 그럼 이제 그가 어떻게 이처럼 '독특한' 위치에 있는 고전적 역사주의자였는지를 밝혀볼 마지막 단계로 넘어가보자.


## 4. 드로이젠과 오늘날의 '보편적 역사주의'

2세기 이상 걸어온 역사주의의 행보는 한마디로 파란만장했다. 18세기 후반에 준비되어 19세기에 만개했다가 19세기 말과 20세기 전반기에는 엄청난 위기를 겪은 후, 20세기 후반에는 드디어 포기 또는 비판받거나 새롭게 재해석 또는 재수용되는 상반된 모습을 보인 역사주의가 21세기에는 과연 어떤 형상으로 우리에게 다가올까? 적어도 외관상으로는 역사 자체를 허구로 보는 포스트모더니즘의 광풍 속에서 흔적도 없이 사라져버린 것처럼 보인다. 그러나 과연 역사주의는 완전히 소멸했을까?

사물에 대한 역사적 이해와 접근, 달리 표현하면 한 사물을 그것이 탄생한 시점에서부터 성장하고 쇠퇴하며 소멸에 이르는 시간의 변화 속에서 바라보고 이해하고자 하는 모든 시도를 포괄적 의미의 '역사주의'로 정의할 수 있다면, 오늘날에도 역사주의는 여전히 유효하다. 아니 유효한 정도를 넘어 필요하기까지 할지 모른다. 그것이 사물에 대한 정확한 인식에 도달하는 - 유일하지는 않을지 몰라도 - 하나의 적절한 방법인 것만은 분명해 보이기 때문이다. 다만 19세기 독일 역사주의자들이 보여주었던 여러 폐단들을 제거한다는 전제 하에서 말이다. 실제로 적지 않은 학자들이 오늘날에도 역사주의를 표방하거나 비판적으로 수용해왔으며, 아니면 본인은 아니라고 부정할지 몰라도 역사주의자로 해석되는 경우에 이르기까지 다양한 차원과 수준에서 역사주의 담론은 계속 이어지고 있다. 가령 20세기 전반기의 크로체(B. Croce), 콜링우드(R. G. Collingwood), 빈델반트(W. Windelband), 리케르트(H. Rickert), 트뢸치(E. Troeltsch), 오르테가 이 가세트(H. Ortega y Gasset), 그람시(A. Gramsci), 20세기 후반기의 니퍼다이(Th. Nipperdey), 립베(H. Lübbe), 뤼젠(J. Rüsen), 푸코(M. Foucault), 데리다(J. Derrida) 등이 넓은 의미의 역사주의자에 포함된다. 그밖에 언급되지 않은, 역사가 이외의 많은 사상가, 철학자, 사회과학자들도, 본인이 의도하거나 의식하지 않아도, 포괄적 의미의 역사주의 계열에 속해 있을 수 있다. 한마디로 역사주의는 오늘날에도 다양한 진영에서 다양한 인물들에게 스며들어 있는 셈이다.

그렇다면 드로이젠은 어떤 점에서 어느 정도까지 이들 현대적 의미의 역사주의자들과 일치하거나 유사한 점을 보일까? 또 그의 역사사상은 어떤 부분에서 얼마만큼 오늘날 또는 미래의 역사학에 빛을 밝혀줄 수 있을까? 먼저 첫 번째 문제는 20세기의 다양한 역사주의 경향 중 포스트모던 역사학에 한정해 논의를 진행시키자. 물론 심지어 반역사주의적인 경향까지 보이는 포스트모던 역사가나 사상가들을 전통적 의미의 역사주의 범주 안에 포함시키는 데에는 내 자신이 동의하지 않지만, 이들을 편의상 '포스트모던적 역사주의'로 상정하고 논의해보자. 드로이젠에게서 불연속, 차이, 해체, 탈중심, 탈경계 등 포스트모더니즘에서 주장하는 핵심개념이나 이론을 찾는 일은 헛된 짓이다. 다만 한 가지, 역사연구를 통해 얻은 지식의 확실성을 회의하거나 부정했다는 점은 적어도 양자가 공유하는 부분이라고 할 수 있다. 마이네케가 1882/83년 겨울학기에 수강했던 드로이젠의 「역사의 백과사전과 방법론에 대한 강의」의 노트필기 중 드로이젠이 자유롭게 말한 결론부 중에는 다음과 같은 문장이 나온다. "여기까지 서술에 관해 논의되었으며, 이제 방법론, 체계론, 문장론으로의 분류가 보다 더 쉽게 개관될 수 있을 것이다. 이로부터 특히 두 가지 사실이 분명해졌다. 우선, 우리는 자연과학들과는 달리, 실험의 수단을 갖고 있지 않고, 오직 연구할 수 있을 뿐이며 연구 이외의 다른 어떤 것도 할 수 없다는 점이다. 다음으로, 가장 철저한 연구조차도 과거에 관해 단지 하나의 단편적인 모습만을 얻을 수 있을 뿐이고, 역사와 역사에 대한 우리의 지식 사이에는 하늘의 거리만큼이나 차이가 있다는 점이다. 여기에서는 상상의 예술작품들도 별 도움이 되지 않는다. 그리스인들은 자신들의 과거에 관해 대단히 아름답고 조화로운 모습을 그려냈지만, 그것에 관해 실제로 순수하게 포함되어 있는 것과 그 모습은 거의 일치하지 않는다."[6] 물론 우연히 발견된 이러한 몇몇 문장들을 빌미로 드로이젠과 포스트모던 역사가들 사이의 접점을 과장해서 역설할 생각은 추호도 없다. 다만, 랑케나 여타의 역사주의자들에게서는 눈 씻고 찾아봐도 도저히 찾을 길이 없는 이러한 견해가 드로이젠에게서 분명히 발견되었다는 점, 그리고 그가 역사적 사실과 그것의 재현 사이의 불일치에 대해 분명한 의식을 갖고 있었다는 점은 여기서 특별히 강조될 필요가 있다.

반대로 포스트모더니즘의 또는 현대의 다른 사조들의 사상가들이 원조로 삼았던 마르크스, 니체(F. Nietzsche), 프로이트(S. Freud)와 같은 근대성 비판자들은 정확히 말해서 역사를 폄하하거나 반대했던 사람들이라기보다는 당대의 잘못된 또는 과도한 역사주의를 비판했던 인물들이다. 변증법적으로 보았을 때, 그들은 오히려 역사의 중요성을 누구보다도 더 잘 그리고 더 정확히 통찰했던 사람들이다. 이들 19세기 대가들의 사상을 현대적으로 수용한 20세기 사상가들은 한결같이, 기존의 순진하거나 무비판적인 역사학이나 역사사상에 반기를 들고, 객관성에 대한 환상, 과거의 재현 불가능성, 역사의 허구성 등 역사가 안고 있는 수많은 문제점들을 폭로해나갔다. 푸코만 하더라도 그의 방법은 한결같이 - 물론 기존의 제도권 역사학계에서 행하던 것과는 다른 의미에서 - '역사적'이었고, 아감벤(G. Agamben)이나 지젝(S. Zizek)과 같은 현대 사상가들에게서도 역사에 대한 비판적 성찰이 돋보인다. 프랑크푸르트학파도 역시 예외가 아니다. 가령 하버마스의 텍스트는 거의 언제나 전통 사상들을 수용하거나 비판하는 역사적 접근법의 실상을 적나라하게 보여준다. 벤야민(W. Benjamin)이나 아렌트(H. Arendt)도 역시 마찬가지였다. 이렇게 보면, 현대의 중요한 사상가들치고 자신이 연구하는 주제에 대한 역사적 접근으로부터 벗어난 경우가 거의 없었고, 이는 결국 역사주의가 학계에, 그리고 우리가 의식하지 못하는 사이에 우리의 삶 속에 광범위하게 그리고 깊숙이 스며들어와 있음을 뜻한다.

마지막으로 논의되어야 할 주제는 드로이젠의 역사주의가 갖고 있는 현대적 또는 미래적 속성과 그것이 우리와 우리의 후세대에게 가져다 줄 역사적 의의다. 드로이젠의 역사주의 안에 담긴 현대적 속성, 즉 현재를 중시한 면은 이미 앞서 살펴보았으니 생략하고, 여기서는 미래적 특징만을 간략히 짚어보자. 드로이젠은 언젠가 "궁극적인 정신은 오직 현재 그리고 이곳만을 갖는다. 하지만 그 정신은 자신의 존재의 이 초라한 편협함을 자신의 원망과 희망을 갖고서 앞으로, 자신의 충만한 기억들을 갖고서 뒤로 확장한다. 미래와 과거가 자신 안으로 이처럼 이상적으로 합쳐지면서 정신은 영원을 닮아간다."고 주장했다. 마치 역사가라면 과거만이 아니라, 현재에 깨어 있는 눈과 더불어 미래까지도 통찰할 수 있는 궁극적인 정신을 가져야 한다고 충고하는 니체를 연상시키는 진술이다. 이처럼 드로이젠에게서 현재를 중심축으로 과거를 보려는 '현재주의적 역사주의'는 간혹 미래나 영원의 관점에서 과거 또는 역사를 통찰하려는 '초시간적 역사주의'로 도약하기도 한다. 그것이 도를 넘으면, 비록 '이상적인 영원한 역사'로서 '섭리적 역사'를 주창했던 비코보다 더 강하지는 않지만, 결코 랑케보다 더 약하지 않은, 신학적인 방향으로 흐르기도 한다. 실제로 드로이젠의 역사사상에서 나타나는 역사신학적 요소는 『헬레니즘의 역사 II』의 서문의 제목을 스스로 '역사의 신학'(Theologie der Geschichte)으로 택할 만큼 의식적인 것이었지만, 결코 뢰비트(K. Löwith)가 내세웠던 것처럼 신성사(Heilsgeschehen)적 의미, 즉 절대적 의미를 갖는 것으로 간주될 필요는 없다.

그렇다면 드로이젠의 역사사상이 갖는 현대적 및 미래적 의의는 무엇일까? 그가 '역사'를 '개체'와 '보편'의 변증법적 종합의 관점에서 바라보았다는 사실, 그리고 역사를 단순한 개인들, 개체들의 종합이 아니라 다양한 인륜적 힘들의 복합적 외현, 즉 인륜 세계 그 자체로 보았다는 점 등은 20세기 브로델을 필두로 아날학파에 의해 시도된 '전체사'(total history) 콘셉트와 접맥되어 있다는 해석을 가능하게 한다. 또 포스트모더니즘 이후로 역사의 학문성 위상이 많이 흔들리고 있는 요즘 드로이젠이 시도했던 역사 방법론의 방대한 체계화는 이제 현대 또는 미래의 역사학에게 역사의 학문성에 대한 근본적 성찰과 새로운 차원에서의 역사 방법론 모색이라는 숙제를 안겨줄 것으로 기대된다.

## 5. 드로이젠적 역사주의?

지면관계상 본문에서 다루지는 못했지만, 드로이젠은 평생 '세 개의 사조(思潮)'와 맞서 싸우면서 자신의 학문 세계를 구축해나갔다. 이 세 개의 전선(戰線)이란, (1) 18세기 계몽주의 역사학, (2) 헤겔의 역사철학을 비롯한 독일 관념철학, (3) 버클(H. Th. Buckle)로 대표되는 19세기 실증주의 역사학을 말한다. 드로이젠은 평생 그들과 맞서 싸움으로써 그들로부터 각각 새로운 경향의 노선들을 구축해나갔다. 첫 번째 전선으로부터 그는 개체, 발전 및 유기체적 관점에 기반을 둔 '역사에 대한 낭만주의적 견해'를, 두 번째 전선으로부터는 역사 내적 논리와 원리에 입각한 '역사학 방법론'을, 세 번째 전선으로부터는 '해석학적 이해이론'을 각각 완성했다. 이 세 개의 사상적·이론적 토대 위에서 드로이젠은, 본인이 의도했든 안 했든, 결과적으로 동시대의 독일 역사주의 노선과는 차별화된, 그 자신의 이름에 합당한 독특한 위치의 역사주의에 도달할 수 있었다.

이미 이 글에서 본 대로, 드로이젠에게서 역사관찰의 대상은 '인륜 세계'였다. 이 대상에 대한 관찰방식은 자연과학과는 분명히 구별되는 '연구적 이해'라는 자체의 방법을 갖는다. 이 인륜 세계의 영역 안에서는 개인의 작은 애정 문제부터 국가의 큰 행위에 이르기까지 모든 것이 우리의 인식 대상이 된다. 그리고 거기에 존재하는 것을 우리는, 그것이 어떻게 생성되어왔는가에 초점을 맞추어 파악하면서 이해한다. 그것은 '개체'와 '발전'에 바탕을 둔 랑케적 역사주의가 아니라, '기원'이나 '과정'에 근거한 비코적 역사주의의 노선을 따른 것이다.

바로 이 때문에 드로이젠은 동시대의 역사주의와 공유하는 점들만큼이나 많은 차별성을 갖고 있었다. 그는 역사연구의 단위가 되는 '개체'보다도 개체와 전체와의 종합적이고 변증법적인 관계를 더 중시했고, 그러다보니 자연히 '개체의 고유성'만이 아니라 '발전적 연속성'도 함께 강조했으며, 궁극적으로 역사가의 자기소거를 통한 역사연구의 객관성과 보편성을 지향하기보다는 그것의 불가능성을 통찰하고 주관적 자기인식에 기초한 주지주의적 관점을 견지하면서 독일적 역사주의와 다른 길을 걸어 나갔다.

급기야 드로이젠은 현대의 포스트모던 역사학에서 표방하는 태도와 접점을 이루는 사상까지 보유하고 있었음이 확인되었다. 실제의 역사와 그에 대한 기록으로서의 역사 사이에는 엄청난 간극이 존재한다는 생각은, 재구성된 역사가 허구일 수 있음을 인식하지 않고서는 도저히 나올 수 없는 것이다. 그리고 인식에 이르는 방법이 인식 대상의 수만큼이나 다양할 수 있다는 그의 주장 역시 오늘날 세계화 시대의 다원주의적 사고방식의 선취로 해석될 수 있다. 또 역사는 단지 역사를 관찰하는 사람들의 마음속의 이미지와 생각에 불과할지 모른다는 통찰은 더 이상 19세기가 아닌 20세기적 사유에 속한다.

바로 이런 점들은 드로이젠의 역사주의가 시대를 초월해서 통용될 수 있는 보편적 역사주의로 이해되도록 만든다. 비록 말년의 미완성 대작 『프로이센 정치사』(Geschichte der preußischen Politik)가 그의 주저로 손꼽힐 정도로 전체적으로는 소독일주의적, 민족주의적 색깔로 뒤덮여 있지만, 전통적 독일 역사주의 노선보다는 비코적 또는 현대적 역사주의 노선을 더 많이 따르고 있다는 점에서, 드로이젠의 역사주의는 오늘날 우리에게 하나의 빛을 계속 던져줄 수 있는 생명력을 갖는다. 요컨대 드로이젠은 비코에게서 연원하는 기원적 의미의 역사주의를 19세기에 와서 여타의 독일 역사주의자들과는 다른 관점에서 새롭게 리모델링했다는 의미에서 한 차원 격상된 역사주의 이념을 만든 셈인데, 나는 이것을 '드로이젠적 역사주의'라고 부르고자 한다. 드로이젠은 어쩌면 독일적 역사주의의 전형이 아니라, 보편적 역사주의의 전형, 즉 진정한 의미의 역사주의자로 해석되어야 할지 모른다.

# ◼ 주

1) Johann Gustav Droysen, *Historik: Vorlesungen über Enzyklopädie und Methodologie der Geschichte*, ed. Rudolf Hübner (München: R. Oldenbourg, 1960). 편자 루돌프 휘프너(R. Hübner)는 드로이젠의 손자로서 드로이젠의 강의 원고를 묶어 1937년에 처음 책으로 출판했다. 국내에서는 2010년에야 비로소 번역본이 나왔다. Cf. 드로이젠, 『역사학』, 이상신 역 (파주: 나남, 2010).
2) Giambattista Vico, *Prinzipien einer neuen Wissenschaft über die gemeinsame Natur der Völker*, trans. Vittorio Hösle & Christoph Jermann, 2 Vols. (Hamburg: Felix Meiner, 1990), vol. 1, pp. 142~143.
3) Droysen, *Historik*, ed. R. Hübner, p. 328.
4) Droysen, *Historik*, ed. R. Hübner, p. 345.
5) Droysen, *Historik*, ed. R. Hübner, p. 328.
6) Droysen, *Historik*, ed. R. Hübner, pp. 315-316.

# ◼ 참고문헌

Berlin, I., *Vico and Herder: Two Studies in the History of Ideas*, London 1976, 이종흡·강성호 공역, 『비코와 헤르더』, 서울 1997.

Burke, P., *Vico: Philosoph, Historiker, Denker einer neuen Wissenschaft*, Frankfurt a. M. 1990.

Droysen, J. G., *Geschichte Alexanders des Grossen*, Stuttgart 1941.

_____, *Historik: Vorlesungen über Enzyklopädie und Methodologie der Geschichte*, ed. R. Hübner, München 1960.

_____, *Historik. Rekonstruktion der ersten vollständigen Fassung der Vorlesungen (1857), Grundriß der Historik in der handschriftlichen (1857/1858) und in der letzten gedruckten Fassung (1882)*, ed. P. Leyh, Stuttgart-Bad Cannstatt 1977.

_____, *Texte zur Geschichtstheorie*, eds. G. Birtsch & J. Rüsen, Göttingen 1972.

Engel-Janosi, F., *The Growth of German Historicism*, Baltimore 1944.

Gadamer, H.-G., "Wahrheit und Methode," *Gesammelte Werke*, vol. 2, Tübingen 1993.

Hamilton, P., *Historicism*, London; New York 2003.

Iggers, G. G., *The German Conception of History: The National Tradition of Historical*

*Thought from Herder to the Present*, Connecticut 1983.

Jaeger, F. & Rüsen, J., *Geschichte des Historismus: Eine Einführung*, München 1992.

Lee, D. E. & Beck, R. N., "The Meaning of 'Historicism'," *American Historical Review* 59 (1954), pp. 568-577.

Meinecke, F., "Die Entstehung des Historismus," *Werke*, vol. 3, München 1957.

_____, "Johann Gustav Droysen, sein Briefwechsel und seine Geschichtsschreibung," *Werke*, vol. 7, München 1968, pp. 125-167.

Nipperdey, Th., "Historismus und Historismuskritik heute," E. Jäckel & E. Weymar, eds., *Die Funktion der Geschichte in unserer Zeit*, Stuttgart 1975, pp. 82-95.

Oexle, O. G. & Rüsen, J., eds., *Historismus in den Kulturwissenschaften: Geschichtskonzepte, historische Einschätzungen, Grundlagenprobleme*, Köln 1996.

Ranke, L. v., *Aus Werk und Nachlass*, vol. 2: Über die Epochen der neueren Geschichte, München 1971.

_____, "Geschichten der romanischen und germanischen Völker von 1494 bis 1514," *Sämtliche Werke*, vol. 33/34, Leipzig 1874.

Rüsen, J., *Konfigurationen des Historismus*, Frankfurt a. M. 1993.

Scholtz, G., "Historismus, Historizismus," *Historisches Wörterbuch der Philosophie*, Basel 1974, pp. 1141-1147.

_____, *Historismus am Ende des 20. Jahrhunderts: eine internationale Diskussion*, Berlin 1997.

Steenblock, V., *Transformationen des Historismus*, München 1991.

Vico, G., *Prinzipien einer neuen Wissenschaft über die gemeinsame Natur der Völker*, trans. V. Hösle & Ch. Jermann, 2 Vols., Hamburg 1990.

White, H., *Metahistory: The Historical Imagination in Nineteenth-Century Europe*, Baltimore 1979, 천형균 역, 『19세기 유럽의 역사적 상상력』, 서울 1991.

박순영, 「드로이젠의 역사방법론과 이해이론」, 『인문과학』(연세대학교 인문과학연구소) 53 (1985), pp. 241~296.

이민호, 『역사주의: 랑케에서 마이네케』, 서울 1988.

이한구, 『역사주의와 반역사주의』, 서울 2010.

최성철, 「부르크하르트와 역사주의」, 『한국사학사학보』 5 (2002), pp. 173~202.

최호근, 「J. G. 드로이젠의 이해이론 연구」, 『사총』 37 (1990), pp. 185~214.

# 부르크하르트와 역사주의

최 성 철

## 1. 랑케와 부르크하르트

1948년 프리드리히 마이네케(F. Meinecke)의 「랑케와 부르크하르트」
가 발표된 이래 야콥 부르크하르트(J. Burckhardt)와 독일 역사주의 사
이의 긴장관계는 오늘날까지 여러 관점에서 다양하게 해석되어 왔다.
혹자는 그 관계에서 심각한 대립상을 강조하는가 하면, 혹자는 양자
의 친화성을 부각시키기도 했다. 또 혹자는 양 극단적인 해석방식을
지양하고, 대신 타협의 입장에서 부르크하르트를 독일 역사주의의 범
주 안에 속하면서도 그 안에서 하나의 독특한 위치를 차지하는 인물
로 평가했다. 이러한 해석상의 편차는 '역사주의'라는 특수한 현상[1]
뿐 아니라 보다 더 근본적으로는 역사주의와 복합적 관계에 서 있던
부르크하르트와 그의 작품에 대한 해석과 평가의 다양성에 근거한다.
오늘날 부르크하르트의 평자들 사이에서는 대체로 위의 다양한 해석
중 세 번째의 길, 즉 중도적 입장에 대체적인 합의를 보려는 경향이
지배적이다. 하지만 그 양자 사이의 관계는 아직도 확실히 규명될 수
없는 점들 뿐 아니라 해석상의 난점도 상존하고 있어 독일 학계에서

는 여전히 열린 문제로 남아 있다. 그러나 이 문제가 제대로 해결되지 않고는 부르크하르트라는 역사가의 사학사적 위치와 성격의 규명은 물론 심지어 독일 역사주의의 실체에 대한 보다 더 명확한 이해도 기대할 수 없는 실정이다.

이러한 문제의식을 바탕으로 부르크하르트와 역사주의 사이의 관계의 본질을 밝혀보고자 하는 것이 이 글의 목적이다. 글의 구성은 다음과 같은 질문들과 그에 대한 가능한 대답들의 모색과정으로 이루어질 것이다. 즉 양자는 흔히 알려지고 가정되는 것처럼 단순한 대립 관계일 뿐, 거론할 만한 공통점이나 유사점은 전혀 없었는가? 만약 있었다면 그 내용은 무엇이며, 이를 바탕으로 전자가 후자의 범주 안에 포함되거나 후자 안에서의 독특한 현상으로 간주될 수 있는가? 아니면 공통점이나 유사점에도 불구하고 전자가 후자와는 무관한 별도의 현상으로 간주될 수 없는가? 만일 간주될 수 있다면 그 근거는 무엇인가? 그 근거가 양자 사이의 차이들이라면, 그것들은 단순히 관점상의 차이인가 아니면 세계관의 근본적인 대립인가? 이러한 차이와 대립을 통해 전자는 후자를 결국 극복하거나 변형시켰는가? 나는 이러한 문제들에 나름의 답을 내리면서, 19세기 독일어권 역사학계의 대표적인 두 현상으로 '가정되는' 부르크하르트와 역사주의, 나아가 19세기 독일 사학사의 큰 흐름에 대한 개괄적 이해에 기여하고자 한다.


## 2. 공통과 유사: 역사주의 안에서

마이네케의 「랑케와 부르크하르트」는 부르크하르트 해석사의 일대 전환점이었다. 2차 세계대전 발발 이전까지 부르크하르트는 단지 단편적이거나 간헐적으로만 역사주의에 대한 반테제(Antithese) 또는 대안(Alternative)으로서의 상을 인정받았을 뿐, 독일의 제도권 역사학계 안에서는 인정이나 수용은 고사하고 제대로 해석되거나 연구된 경우조차 드물었다. 그 이유는 정치이념적으로 프로이센주의, 국가이성, 권력정치 등을 개인의 자유나 문화적 가치보다 선호하던 역사주의적 세계관이 제2차 세계대전까지는 말할 것도 없고 심지어 종전 이후에도 얼마간 변형된 형태로 독일 학계를 계속 지배했기 때문이다. 이러한 보수적이고 고답적인 분위기 속에서 마이네케의 이 고백적 성격의 강연은 비록 때늦은 감은 있었지만 그래도 독일 사학계에 새로운 자기반성과 신선한 충격을 안겨주기에 충분한 것이었다. 마이네케는 이 강연에서 랑케(L. v. Ranke)와 부르크하르트를 단지 19세기 독일어권의 위대한, 그러면서 대조적인 두 역사가로서만이 아니라 대립적인 두 역사적 사건이자 현상으로 이해하고 있다. 그에 의하면, 두 사람 사이의 차이는 단지 스승과 제자, 정치사가와 문화사가, 프로이센인과 스위스인 등 외형적인 측면을 넘어서 역사에 대한 접근 방법과 심지어 세계관에까지 이른다. 랑케가 "세계사의 규칙적인 향상적 발전"을 주장했다면, 부르크하르트는 "도약과 전락", "세계사의 어두운 측면들"을 바라보았고, 또 랑케가 국가, 종교, 예술 등을 모두 포괄적인 문화 개념 안에 집어넣은 반면, 부르크하르트는 문화를 국가나 종교와 본질적으로 구별되는 것으로 이해했다는 것이다. 그리고 마이네케는 두 역사가가 역사와 인간 사이의 관계를 규정하는 데서 상이한 강조점을 두고 있다고 보았는데, 랑케가 "역사에게서 인간이란 무엇을 의미하는가?"라고 물었다면, 부르크하르트는 "인간에게서 역사란 무엇을 의미하는가?"라고 물었다는 것이다. 마이네케의 이 강연이 논문으로 발표되면서 이후 랑케와 부르크하르트는 대립적 세계관을 대표하는 두 인물로 상징화되었고, 이러한 상은 일반적으로 역사주의와 부르크하르트 사이의 대립적 상으로까지 확대되어 이해되었다.

그러나 부르크하르트와 역사주의 사이의 대립적 관계는 그렇게 선명하지 않고, 양자 사이에는 사상적 접점이 많이 발견된다. 그 이유는 아마도 부르크하르트가 베를린 대학 시절 랑케와 드로이젠(J. G. Droysen)의 제자로서 학문적으로 역사주의적인 지적 풍토와 환경에서 성장했기 때문일 것이다. 비록 대학 졸업 이후 이 모든 학풍으로부터 거리를 두게 되지만, 지적 감수성이 예민한 이 시절에 받은 교육과 관념은 그의 평생을 따라다녔다. 그 구체적 흔적들을 살펴보면, 먼저 부르크하르트가 자기의 스승들처럼 역사학을 여타의 다른 인접학문들로부터 분리하여 이해했다는 점을 들 수 있다. 문헌학, 고전학, 신학, 정치학, 역사철학 등과 같이 그 이전 시기까지 역사학을 지배 또는 구속하거나 그저 보조학문 또는 하위학문으로 취급해오던, 즉 역사학의 독립성을 저해해 오던 모든 학문 분과들로부터 역사학을 해방시키는 데 그도 기꺼이 동참했던 것이다. 특히 헤겔(G. W. F. Hegel)의 역사철학에 대한 반발은 역사주의자들과 부르크하르트가 모두 역사학이라는 거선을 출범시키면서 내세운 공통 모토였다. 먼저 랑케는 역사가 어떠한 필연성을 갖고서 일정한 목표를 향해 나아간다는 가정은 철학적으로 수용될 수도, 역사적으로 입증될 수도 없다고 못 박았고, 부르크하르트 역시 역사철학을 역사도 철학도 아닌 '켄타우로스'이자 '형용모순'이라고 정의하면서 헤겔의 역사철학을 격렬히 비판했다. 부르크하르트나 역사주의자들의 목표는 문헌학이나 정치학 등 인접학문으로부터 역사학을 독립시키는 것이었다.

이와 같이 역사학의 독립성에 대한 인식 외에 부르크하르트와 역사주의자들이 공유했던 또 다른 요소는, 그들이 한결같이 역사에서 어떤 정신적인 것이나 이념적인 것을 얻어내고자 노력했다는 점이다. 독일 역사주의의 개척자 중 한 사람인 훔볼트(W. v. Humboldt)는 역사학의 목적이 인류를 통해 표현될 이념을 그 모든 방향과 모든 형상으로 실현시키는 것이라고 주장했고, 랑케도 역사 세계 안에 개별적 현상으로 발현되는 어떤 영원하고 신적인 이념을 드러내 보이는 것이 세계사 서술의 가장 우선적인 과제라고 강조했다. 드로이젠 역시 과거로부터 현재 안에 이념적으로 풍부하게 채워진 것을 밝혀내는 것이 역사학의 임무라고 천명했다. 심지어 랑케는 모든 역사서술은 정신적인 것을 서술해야 한다고까지 언급했다. 마찬가지로 과거를 '정신의 연속성'이라고 정의한 부르크하르트는 역사학의 과제가 정신적인 면과 물질적인 면의 상호작용을 해명하는 일이라고 주장했다. 또 그에 의하면, 정신은 시간적인 모든 것을 이상적으로 포착할 수 있는 힘이다. 이러한 정신 개념의 강조는 실제로 부르크하르트의 문화사학을 정신사적인 방향으로 몰고 갔거나 아니면 적어도 그렇게 해석할 수 있는 여지를 남겨 놓았다.

부르크하르트와 역사주의자들 사이에서 발견되는 또 다른 중요한 공통점으로 이들이 모두 인류 역사에 대한 보편사적 이념 및 이상을 갖고 있었다는 점을 들 수 있다. 이 점은 물론 계몽주의 시대의 문화사나 문명사적 의미의 보편사 개념과는 구별되는 것으로, 소위 산업혁명과 프랑스혁명을 거치며 '역사의 세기'를 맞이한 19세기에 역사가들이 이제 과거의 각 민족들의 모습을 그들 생활의 전체 영역에서 관찰하기 시작하면서 일종의 '전체사'를 지향하게 되었다는 것을 의미한다. 바로 이러한 맥락에서 랑케는 말년의 미완성 대작 『세계사』를 집필했으며, 역사주의적 세계관을 갖고 있던 철학자 딜타이(W. Dilthey) 역시 세계에 대한 전체적 조망, 객관적 인식, 해석학적 이해를 위해서는 불가피하게 보편사에 대한 학문적 개념을 확립시키는 것이 필요하다고 역설했다. 평생의 강단 생활을 서양 전시대의 역사와 예술에 대한 강의로 헌신하며 보냈던 부르크하르트에게서도 역사란 기본적으로 '하나의 전체로서의 인류의 생활사' 또는 '세계사'를 의미했다. 그러나 부르크하르트나 역사주의자들이 언급했던 보편사, 전체사, 세계사 등은 모두 고전 그리스-로마 시대부터 이어진 서양사, 그나마도 서유럽 중심의 역사를 뜻했다. 심지어 부르크하르트의 유럽 중심사관은 미국인들조차 문명화된 야만인들로 폄하했다는 점에서 프로이센주의를 표방했던 랑케나 드로이젠의 그것보다 더 배타적이고 편협한 것이었다고 할 수 있다.

그 밖에 공감, 직관, 이해 등을 통한 역사 문헌에의 해석학적 접근 방식도 부르크하르트와 역사주의자들을 서로 연결해주는 끈이라고 할 수 있다. 하지만 이 모든 공통점, 유사점들을 통틀어 그들을 하나의 범주로 묶어 생각할 수 있는 가장 핵심적인 근거는 - 비록 그 방법이나 지향점에는 차이가 있었지만 - 그들이 한결같이 역사에 대해 과도한 의미를 부여했다는 점일 것이다. 역사주의자들에게서 역사의 중요성은 새삼 강조될 필요도 없다. 문제는 모든 사물에 대해 상당히 냉소적이고 비판적인 태도를 취했던 부르크하르트에게서도 과연 역사를 '지나치게' 강조했던 흔적을 찾아낼 수 있을까 하는 일인데, 물론 그것이 쉬운 일은 아니지만 그렇다고 전혀 불가능한 일도 아니다. 가령 그는 강의 「역사 연구에 대하여」에서 "최고의 정신적 재산에 속하는 정신적 연속으로서의 과거에 대한 우리의 의무가 매우 중요하다"고 주장하면서, 그 때문에 "아무리 먼 과거의 일이라 하더라도 그 지식에 기여할 수 있는 것이라면 모든 노력과 경비를 들여서라도 지나간 모든 과거의 정신의 지평들을 다 재구성할 수 있을 때까지 수집되어야 한다"고 요청했다. 이러한 생각이야말로 바로 그의 베를린 시절의 스승들에게서 흔히 발견되는 역사에 대한 정신적-관념적 이상화이자, '인생의 스승으로서의 역사'(historia magistra vitae)라는 계몽적 관념의 19세기적 변형, 곧 '역사에 대한 이성적 숭배' 현상이 아닐까? 더

구나 역사주의가 '점증하는 과거의 경험을 바탕으로 한 점증하는 과거로의 지향'을 의미하는 것이라면, 이러한 광의의 역사주의 개념 안에 부르크하르트의 역사 이해가 포함됨은 두 말의 여지가 없다.

## 3. 대립과 차이: 역사주의에 반발하여

지금까지의 논의만을 토대로 성급히 결론을 내리자면, 부르크하르트는 − 마이네케가 주장했던 것과는 달리 − 그의 스승들이었던 랑케나 드로이젠처럼 역사주의의 탄생과 발전에 기여했던 인물, 즉 명백한 역사주의자였다. 그러나 과연 그러한가? 그에게서 반역사주의적인 면모는 없었는가?

젊은 시절 부르크하르트는 한 편지에서 "내가 역사적으로 구성해 나가는 것은 비판과 사변의 결과가 아니라, 관조의 부족함을 메워줄 상상력의 결과다"라고 쓰고 있다. 이 문장을 통해 우리는 부르크하르트가 이미 초기에 역사연구를 위해 역사주의적인 방법과 역사철학적인 방법 둘 다를 지양하고 자기 나름의 길을 찾아나갔음을 알 수 있다. 왜냐하면 여기서 '비판'은 역사주의자들이 확립했던 '역사적-비판적' 연구 방법을, '사변'은 역사철학자들이 즐겨 사용했던 사유 방법을 각각 상징하기 때문이다. 이들 대신에 부르크하르트가 취한 방법은 자신이 천명했듯이 '관조'(Anschauung)인데, 이는 비록 그 자신이 직접 설명하지는 않았지만 미학적 관찰과 더불어 일정한 사색과 성찰, 심지어 경우에 따라서는 비판까지 포함하는, 대상에 대한 매우 포괄적인 접근 방식이다.

그럼 여기서 '비판'으로 대표되는 역사주의자들의 역사에 대한 접근방식과 '관조'로 표현되는 부르크하르트의 그것 사이에 어떠한 차이가 있는지 자세히 살펴보자. 우선 역사주의자들이 연구대상으로 민족, 국가, 종교, 법제 등 초개인적인 역사 단위들을 취했다면, 부르크하르트는 과거에도 현재에도 미래에도 늘 견디고, 노력하고 행동하는 집합단수로서의 '역사적 인간'을 탐구 대상으로 삼았다. 역사주의자들이 중시했던 '개체'라는 개념 안에는 단지 개인이나 개별 사건만이 아니라 역사연구의 기본 단위가 되는 모든 대상들, 가령 개별 집단이나 국민, 심지어 개별 시대까지 모두 포함된다. 1824년에 발표된 랑케의 최초의 역사서가 『라틴 및 게르만 제민족의 역사 1494~1514』라는 사실은 이 점에서 시사하는 바가 매우 크다. 반면 부르크하르트는 자신의 문화사학의 방법론 안에서 개인들이나 개별 사실들의 서술을 피하고 대신 해당 시대의 '영원한 인간'과 '하나의 형상'을 얻도록 노력해야 한다고 주장했다. 그에게서는 더 이상 '개체'가 아니라 그 개체들이 모여 집합적으로 이루어낸 어떠한 '형상'이 중요했던 것이다.

대상의 차이는 당연히 그 대상에 대한 상이한 접근을 초래하기 마련이다. 역사주의자들이 한 개인이나 민족, 국가의 등장과 발전을 강조하면서 그들의 형성과 전개과정을 추적하는 데 역점을 두었다면, 부르크하르트는 역사 세계 안에서 문화상태들, 정신, 예술에서의 아름다움과 같은 반복하는 것이나 전형적인 것을 찾아내고자 노력했다. 개체와 더불어 역사주의를 구성하는 핵심 부분으로서의 '발전' 개념은 당연히 계몽주의에서의 '진보' 개념과는 구별된다. 역사주의의 발전 사상은 하나의 개체가 시간의 흐름 안에서 자기의 고유한 특성을 발현시켜나간다는 의미를 담고 있다. 그래서 가령 드로이젠은 개체는 오직 전진하는 발전 단계 안에서만 본질적이라고 주장했고, 만하임 (K. Mannheim)도 발전 사상을 역사주의가 가장 분명하게 이해될 수 있는 출발점으로 간주했다. 그러나 이러한 '발전' 사상의 흔적을 찾아볼 수 없는 부르크하르트에게서는 기껏해야 어떤 '변화'에 대한 관념만 발견될 뿐이다. 그래서 그는 역사의 본질을 '발전'이나 '진보'가 아닌 '변화'(Wandlung)로 규정했다. 심지어 그에게서는 간간이 진보나 발전과는 정반대되는 현상까지도 목도되는데, 그의 근대사 강의 노트 안에는 "17세기가 16세기보다도 후퇴하여, 하나의 역행으로 명명될 수 있다"는 표현이 등장한다. 이러한 현상이 나타날 수 있었던 이유는, 그가 역사에서 '개체'나 '발전'이 아니라 바로 '반복'과 '전형'을 주목했기 때문이다.

부르크하르트의 역사학 안에 등장하는 또 다른 중심 개념이 바로 불변하는 인간 본성에 근거하는 '역사적 연속성'이다. 이 개념은 가령 드로이젠에게서도 발견되는데, 양자 사이에는 분명한 차이가 존재한다. 먼저 드로이젠에게서 '연속성'은 대부분 인류 역사의 변화와 발전에 연결되어 있다. 그에 반해 부르크하르트의 '연속성'은 시간적 전후 질서나 발전 및 변화의 동기에 구애받지 않고 반복되는 인간 정신의 연속을 의미한다. 물론 여기서 인간 정신이란 고전 그리스 시대부터 당대에 이른 서유럽 민족들의 정신을 뜻하지만 말이다. 한마디로 전자가 '스스로를 발현시키는' 역동적인 연속성이라면, 후자는 '스스로를 안정적으로 만드는' 정태적인 연속성이라고 할 수 있다.

이와 같이 대상, 역사에 대한 접근, 그에 동반된 핵심 용어 및 중심 개념들의 차이는 결국 부르크하르트와 역사주의자들의 사학을 각각 상이한 방향으로 나아가도록 만들었다. 연구 대상의 성격상 독일 역사주의자들이 사건사, 정치사, 법제사, 종교사에 몰두했다면, 부르크하르트는 문화사와 예술사를 추구했다. 부르크하르트가 문화사와 예술사를 연구했던 것은 우선적으로 그의 개인적 성향에 부합하는 것이었겠지만, 그 저변에는 당시 주도적이었던 역사주의자들의 정치사 연구에 대한 대항과 반발의 의도도 다분히 깔려 있었다.

이 모든 것은 결국 서로의 연구 방법과 서술 방식의 차이를 낳는다. 독일 역사주의자들은 자신들의 연구에서 '해석학적', '역사적-비판적', '개별화' 방법을 사용했지만, 부르크하르트는 이 방법들 외에 특정 민족이나 시대의 문화 상태들의 전체 서술을 위해 필요한 '분석적' 방법, 다양한 시대들, 문화위기들, 문화영역들 사이의 비교에 근거하는 '비교-전형화' 방법, 관조에 의존하는 '미학적' 방법 등을 많이 이용했다. 이처럼 양자의 다른 방법들을 통해 발견되는 가장 두드러진 차이는, '연구하며 이해하는 것'(forschend zu verstehen)을 역사적 방법의 본질이라고 천명한 드로이젠에게서 나타나는 것처럼 역사주의자들에게서 그 방법들이 강령적 성격을 띠며 의식적으로 나타나는 데 반해, 부르크하르트에게서는 그러한 모습이 거의 나타나지 않는다는 점이다. 더구나 '역사적-비판적' 방법을 대하는 양자의 입장은 첨예하게 갈린다. 부르크하르트 역시 이 방법을 원칙적으로 거부하지도 않았고, 어느 점에서는 사료 자체와 그에 대한 비판과 해석의 중요성을 다른 역사가들보다 더 강조한 측면도 있다. 그러나 문제는 그에 임하는 정신적 태도다. 부르크하르트는 역사주의자들이 너무 지나치게 사료와 사실에 얽매임으로써 이 비판적 방법을 단지 규범화하는 것을 넘어서 거의 절대시하거나 신성시하는 경향이 있다고 비판했다. 그러나 이 모든 것들을 상쇄하고도 남을 결정적 차이는 역시 역사주의의 '개별화 방법'(individualisierende Methode)과 부르크하르트의 '전형화 방법'(typisierende Methode)이다. 가령 랑케는 "모든 시대는 신에 직접 연결되어 있다. 그 가치는 그 시대에 만들어진 것에 근거하는 것이 아니라, 그 시대 자체에, 그 자신 안에 내재되어 있는 것에 근거한다. [...] 인류의 모든 세대들은 신의 눈앞에서 동등하게 정당화되며, 역사가는 이러한 방식으로 사물을 관찰해야 한다."고 주장하면서 개별화 방법을 강조했다. 더 나아가 마이네케는 역사주의의 본질을 "역사적, 인간적 힘들에 대한 일반적 관찰 방식을 개별적 관찰 방식으로 대체시키는 것"에 있다고 규정했다. 반면 인간 본성의 변함없는 본질과 그 연속성을 믿었던 부르크하르트는 개별적 접근 방식이 아니라 오히려 역사 안에서 반복되거나 전형적인 것을 관찰하려고 했다. 이러한 문화 현상들에 대한 관조적 분석과 상태들의 비교, 유형화 방법은 1860년에 발표된 대표작 『이탈리아 르네상스의 문화』를 비롯한 그의 주요 저작들 안에서 쉽게 발견된다.

역사주의자들과 부르크하르트는 서술 방식에서도 서로 분명한 차이를 보여준다. 전자가 역사서술에서 주로 이야기체의 '서사적'(narrative) 방식을 더 선호했다면, 부르크하르트에게서는 그보다도 '묘사적'(descriptive), 심지어 '설명적'(explanatory) 서술 방식이 더 많이 눈에 띈다. 물론 이 점은 그 사안의 성질상 다른 차이들만큼 그렇게 확연히 두드러지지도 않고 입증되지도 않는다. 왜냐하면 1940~1950년대 신실증주의자들로부터 촉발된 역사서술에서의 '설명' 문제와 관련한 격렬한 논쟁 이후 "이야기체 서술은 그 본질에서 이미 하나의 설명 형식"이라는 단토(A. Danto)의 타협적 테제가 보편화된 오늘날 더 이상 어떤 하나의 역사서술을 서사적 서술, 묘사적 서술, 설명적 서술로 구분하는 것이 무의미해졌기 때문이다. 그럼에도 불구하고 한 가지 분명한 사실은 역사주의자들과 부르크하르트 사이의 서술 방식상의 차이가 분명히 있었고, 또 그 차이는 필연적일 수밖에 없었다는 점이다. 왜냐하면 이미 여러 학자들이 주장해온 것처럼, 그 경향상 정치사나 사건사 서술에는 서사적 방식이, 문화사나 구조사 서술에는 묘사적 또는 설명적 방식이 주로 이용되기 때문이다.

역사학이나 학문 전반에 대한 이해에서도 양자는 구별된다. 주지하다시피, 19세기의 독일 역사주의자들은 역사서술의 학문화, 제도화, 전문화 과정에서 주도적 역할을 했다. 역사연구와 역사서술의 분리, 역사적-비판적 방법의 확립과 개선, 문헌학·고전학·신학 등으로부터 역사학의 분리, 독일 내 모든 대학들에서 독립 분과로서 역사학과의 설립, 역사 방법의 이론적 체계화로서의 '역사이론'의 확립 등은 그 과정에서 핵심 내용들이었다. 그 결과 독일 역사주의자들은 역사서술을 철저히 학문으로 규정했고, 사료나 사료비판을 역사서술의 학문성을 보증해 주는 토대로 인식했다. 가령 랑케에게서 역사서술은 분명 철학에 종속되지 않으면서 철학을 포함한 제 학문에 대등한 입장에 당당히 서 있는 하나의 "과학", 그것도 "실증과학"(positive Wissenschaft)이었다.[2] 드로이젠도 역시 역사연구의 정당성에 대한 확고한 믿음을 토대로 「역사의 백과사전과 방법론」을 강의했고, 그 강의 노트를 대학 교재용으로 쓰일 것을 염두에 두고 책(『역사학』(Historik))으로 출판했다. 학문, 즉 역사연구에 임하는 그들의 자세도 자연스레 철저히 실증적이고 객관적이며 사실적인 것의 해명에 최고의 가치가 부여된다. "본래 있었던 그대로"(wie es eigentlich gewesen)를 보여주는 것이 역사가의 임무라고 주장한 랑케의 관념은 – 적어도 이념상으로는 – 근대 서구 실증사학의 출발점이었다고 해도 과언이 아니다. 그에 반해 부르크하르트에게서는 역사주의자들이 보여주었던 이러한 모습들을 거의 찾아볼 수 없다. 오히려 그는 "모든 학문들 중에서도 가장 비학문적인 학문"으로서의 역사서술의 학문성에 의문을 제기했고,[3] 부정확하고 자의적인 역사학의 방법에 대해서도 회의적이었으며, 그 스스로는 언제나 전문 역사가들에 대해 비전문가인 양 처신했다. 부르크하르트는 현대로 올수록 모든 학문들에서 개별적인 전문 연구가 성행하는 것을 몹시 개탄했다. 그의 소박하지만 이상적인 바람은 사람들이 역사연구나 경험들로부터 세계사에 대한 조망과 더불어 삶에 대한 진정한 '인식'과 영원한 '지혜'를 얻는 것이었다. 왜냐하면 그에게서 역사연구는 수단이었지 결코 그 자체로 목적이 되거나 신성시되지 않았고, 그 때문에 그에게서 역사학은 다음 학문을 더 발전시키기 위한 하나의 '기초학문' 또는 '예비학과'에 불과했기 때문이다.

역사를 바라보는 입장과 태도에서도 양자는 차이를 보여준다. 독일 역사주의자들이 인류의 과거, 현재, 미래에 대해 대체로 '낙관적인' 태도를 취한 반면, 부르크하르트는 역사를 자기 시대의 위기 현상들에 비추어 대체로 '비관적으로' 바라보았다. 역사주의자들은 역사 과정, 특히 서유럽 여러 민족들의 형성 과정을 마르크스(K. Marx)가 했던 것처럼 어떠한 갈등구조로 해석하기보다는 진보와 발전으로 점철된 낙관적 세계관에 기초하여 바라보았다. 그래서 랑케의 눈에는 현재의 어떠한 복잡한 사건이라도 그것은 궁극적으로 미래에의 희망을 품도록 만드는 과거의 특정 사건들과 연결된 것으로 비쳐졌다. 이에 반해 부르크하르트는 자신의 '병리적'(pathologisch) 역사관에 기초해 유럽인들이 머지않은 장래에 강제 권력국가, 대중 독재주의, 중앙 통제사회 등을 경험하고, 곧 민족들 간의 대 전쟁으로 인해 커다란 파국을 겪게 될 것이라고 예견했다.

1871년의 독일 제국 건설은 이 양자에게 그들의 상이한 세계관과 정치이념들을 결정적으로 갈라서도록 만들어준 커다란 사건이었다. 독일 역사주의자들의 '소독일적'(kleindeutsch), 즉 '프로이센주의적'이고 '민족·자유주의적인'(national-liberal) 입장은 그들을 이 사건에 거의 광적으로 환호하도록 만들었다. 이 점은 가령 하인리히 폰 지벨(H. v. Sybel)이 독일 통일 직후인 1871년 1월에 "이만큼 위대하고 엄청난 일을 체험할 수 있도록 해 준 신의 은총은 도대체 무엇을 통해서 얻어졌을까?"라고 토한 열변에서 잘 드러난다.[4] 그 반면 부르크하르트는 '엘리트지향적'이고 '보수·자유주의적인' 태도로 일찍부터 근대 권력국가나 대규모의 민족국가, 대중들의 지속적인 정치화 경향, 자기 시대의 급진적인 정치 현상들을 신랄하게 비판했다. 그는 이 모든 현상들이 '독일 승리'(siegesdeutsch)의 사건으로서 독일 제국 건설에서 그 정점을 이룬다고 보았다.

역사주의와 부르크하르트를 구별짓는 이 모든 요소들, 즉 역사학의 출발점, 강조점, 핵심개념, 연구의 초점, 역사 방법론, 학문 이해, 역사관, 세계관과 정치이념 등에서의 차이들은 양자에게 각각 다른 결과들을 초래했다. 먼저 독일 역사주의적 사상체계의 종착점은 역사적 또는 인식론적 '상대주의'였다. 왜냐하면 역사주의의 '개체성' 원리에 의하면, 유일한 보편적 진리나 규범은 있을 수 없고 모든 사물은 단지 상대적인 진실만을 가질 뿐이기 때문이다. 반면 부르크하르트에게서는 횡단면적, 공시적, 비교-유형화적 접근방식의 결과 '탈역사화' 또는 '탈시간화' 현상이 두드러지게 나타난다. 그에게서 중요했던 것은 역사 속에서 인간의 보편적 가치와 이상을 추적하고 발견해내는 일이었다기보다, 반대로 이러한 가치와 이상이 역사 속에서 실제로 나타나고 있으며, 그것이 또한 오늘날에도 실현되고 있다는 놀라운 사실을 확인하고 정리하는 일이었다. 문화사가로서 부르크하르트는 동형적 상태들의 공시화(共時化)를 통해 연대기의 본래 의미를 폄하하기도 했다.


## 4. 극복과 변형: 역사주의를 넘어서

동시대 역사가들과 동일한 지적 풍토에서 출발한 부르크하르트는 전혀 다른 길을 밟아 나갔으며, 그 결과 새로운 역사 인식에 도달할 수 있었다. 요컨대 그는 기존의 역사주의적 관점을 변형시킴으로써 전혀 '새로운' 형태의 역사주의의 기초를 세웠던 것이다. 부르크하르트의 역사사상에 왜, 어느 점에서 '새롭다'는 수식어가 붙을 수 있는지, 또 실제로 그의 '새로운' 역사주의가 동시대의 역사주의와 어느 점에서 근본적인 차이를 보이는지의 근거는 무엇보다 그의 역사관에서의 세 구성요소, 즉 인간학적, 미학적, 변증법적 요소들에서 발견된다.

부르크하르트의 인간중심적 사고는 그의 역사연구의 제1원리를 구성한다. 그는 「역사 연구에 대하여」 안에서 "우리의 출발점은 유일하고 항구적이며, 우리에게서 가능한 중심, 즉 현재도 그렇고, 과거에도 언제나 그랬으며, 미래에도 그럴, 견디면서, 노력하고, 행동하는 인간이다."[5]라고 천명했다. 이에 따라 그는 모든 역사 현상을 인간학적 원리에 맞추어 연구하고 서술해 나갔다. 사후(死後)에 모두 네 권으로 출판된 그의 『그리스 문화사』 중 "시간적 발전 안에서의 그리스 인간"(Der hellenische Mensch in seiner zeitlichen Entwicklung)이라는 제목을 달고 있는 제4권은 그의 인간 중심적 사관을 전형적으로 보여주는 걸작이라고 할 수 있다. 그는 이 작품 안에서 그 자신이 특별히 체계화하지는 않았지만, 그리스적 인간 유형을 (1) 정치적 인간상, (2) 경제적 인간상, (3) 문화적 인간상, (4) 적대적 인간상, (5) 비극적 인간상, (6) 이상적 인간상 등으로 분류했다. 이 여섯 가지 '역사적' 인간상은, 역시 그가 특별히 언급하지는 않았지만, 결국 모든 시대의 인간들에게도 적용될 수 있는 '규범적' 인간상으로 확대 해석될 수 있다. 물론 이러한 인간중심적 원리가 부르크하르트에게서 처음 도입되었던 것은 아니다. 투키디데스(Thucydides) 이래로 역사서술에서의 인간 본성에 대한 탐구는 늘 있어왔고, 심지어 드로이젠과 같은 역사주의자들에게서조차 그 점은 반복해서 강조되고 있다. 그러나 부르크하르트가 이들과 구별되는 점은, 그가 역사 안에서 어떤 인간적 본성을 찾으려고 했던 것이 아니라, 반대로 인간적 본성을 역사 안에서 확인하려고 했다는 점이다. 그 점에서 그의 역사 인식은 초역사적 성격을 갖고 있으며, 그의 '역사적 인간학'도 '철학적 인간학'으로 해석될 소지를 다분히 안고 있다.

부르크하르트는 이 밖에도 역사를 어떠한 구체적인 연관 관계없이 파악하고 서술하려는 모든 시도를 철저히 거부했다. 대신 그는 일찍부터 역사관찰에서의 '관조'(Anschauung)의 중요성을 특별히 강조했다. 그에게서 관조는 가령 '연구하며 이해하는' 드로이젠의 해석학적-문헌학적 방법이나 '비판하고 분석하는' 역사적-철학적 방법, 더 나아가 사물을 탐미적으로 또는 심미적으로 감상하며 자기만족에 빠져버리고 마는 부정적 의미의 미학적 관찰 방식과도 구별된다. 그것은 어떠한 대상을 '사유하며 감상한다'는 점에서 예술적이면서도 동시에 철학적인 성격을 갖는다. 그의 관조적 방법이 이러한 양면성을 갖고 있지 않았던들, 그의 사후 자신의 조카에 의해『세계사적 고찰』로 편집, 출판된 강의 「역사 연구에 대하여」에서 보인 그의 수많은 역사철학적 사색은 아마 이루어지지 못했을 것이고, 그 자신은 그저 단순한 예술사가로 머물고 말았을 것이다.

더 나아가 부르크하르트는 헤라클레이토스(Herakleitos) 이래 유럽 정신사를 지속적으로 이끌어온 변증법적인 사고체계를 가지고 역사에 접근했다. 부르크하르트의 근대사 강의를 위한 노트 서문에는, "서양은 삶의 가장 진정한 표식을 지니며 발전해 왔다. 즉 그들 사이의 대립과 투쟁으로부터 진정 새로운 것이 발전해 왔으며, 새로운 대립들은 또한 과거의 것들을 밀쳐내 왔다. [...] 서양의 삶은 바로 투쟁이다."[6]라는 구절이 적혀 있다. 역사를 바라보는 부르크하르트의 이러한 변증법적 관점은 물론 동시대의 헤겔이나 마르크스의 그것과 기원, 형성, 작용, 역할, 기능, 성격 등 모든 부분에서 근본적으로 구별된다. 헤겔이나 마르크스의 변증법적 역사관은 의식적이고 이론적으로 체계화되었던 반면, 부르크하르트의 변증법적 관점은 무의식적으로 그의 사고 안에 내재해 있다가 필요할 때마다 그의 역사서술 전반에 걸쳐 나타나던 하나의 정신적 태도였다. 이 태도가 하나의 역사관으로까지 자리매김될 수 있었던 이유는 위의 인용문에서도 보이듯이 그것이 부르크하르트의 역사 관찰의 방향을 결정짓는 데까지 영향을 줄 때가 종종 있었기 때문이다. 물론 서구 정신 역사의 한 맥을 이어 온 이러한 변증법적 사고 경향은 독일 역사주의자들에게서도 일부 발견된다. 실제로 드로이젠은 『역사학』의 여러 곳에서 '역사의 변증법'이니 '역사적 사고의 변증법'이라는 표현을 사용했다. 그러나 이때의 변증법은 그 스스로 명시하고 있듯이 헤겔의 변증법을 의미하는 것이었고, 정작 그 자신은 역사에 대한 어떠한 종류의 변증법적 접근도 거부했다.[7] 결국 변증법적 관점은 개체의 고유한 특성과 그것의 시간적 발현으로서의 발전을 강조하는 역사주의자들에게서보다, 오히려 역사에서 반복과 전형, 여러 요소들의 조건지움과 조건지어짐, 위기와 긴장 등의 본질을 포착하고자 했던 부르크하르트에게서 두드러지게 발견되는 특징이다. 그의 변증법적 역사관을 구성하는 여러 요소들을 좀 더 세분화해 보면, (1) 다양(복합), (2) 조건(상대), (3) 이중(양극), (4) 대립(모순), (5) 변화(역동), (6) 갱신(지양), (7) 조화(종합) 등을 들 수 있다. 이들 요소들은 비록 의식화되고 이론화된 '학문적 방법'으로 승화되지는 못했지만, 부르크하르트의 역사서술 도처에서 논리성 및 설득력을 강화시킬 필요가 있거나, 과거와 현재를 대비시킬 때, 혹은 반대 관점들을 예증할 때 등 여러 경우에 사용되었다.

## 5. 부르크하르트적 역사주의?

독일 역사주의의 지적, 정신적 배경에서 성장한 부르크하르트는 이미 학창시절부터 역사주의적 풍토 안에 있던 당시의 독일어권 역사학의 학문적 이념과 실제로부터 거리를 두었을 뿐 아니라, 그것을 넘어서 독일 역사주의 자체와 심각한 대립관계를 유지했고, 나중에는 이를 뛰어 넘어 자기 나름의 길을 모색해 나가는 과정에서 독일 역사주의를 '자기 방식으로' 극복하고 변형시켰다. 이같이 부르크하르트가 역사주의에 대해 이미 학창시절부터 거리를 두었던 점을 감안하면, 본문에서 추적된, 부르크하르트가 역사주의에 대해 갖던 세 관계 구조, 즉 공통, 대립, 극복이 그의 정신적인 발달과정에서 나타난 시간적이거나 단계적인 틀로 이해되어서는 곤란하다. 특히 독립 분과로서의 역사학에 대한 이해, 역사에서의 이념이나 정신의 강조, 보편사 추구, 역사에 대한 과도한 의미의 부여 등 양자 사이를 묶어주는 공통과 유사 부분은 그들 사이의 관계를 특징짓는 본질적 요소들이라기보다 차라리 19세기 독일어권 역사학자들이 공유하던 일반적 특징들로, 또는 역사가라면 어느 시대를 막론하고 누구나 다소간 보일 수밖에 없는 요소들로 간주된다. 반면 양자 사이의 대립과 차이는, 이미 본문에서 자세히 보았던 대로, 여러 분야에서 너무도 선명한 것으로 밝혀졌다. 연구 대상에서 출발해 세계관에 이르기까지 거의 모든 부분에서 보인 양자 사이의 차이는 도저히 메워지지 않을 간극을 노정(露呈)시켰다. 그 점에서 부르크하르트는 주변이나 경계에라도 독일 역사주의의 범주에 끼워 넣을 수 없는 인물로 규정된다. 양자는 한마디로 역사주의적-낙관주의적 세계관과 인간중심적-현재비판적 세계관 사이의 차이로 요약되고, 그런 점에서 19세기 독일어권 역사학계 안에서의 대립적인 독특한 두 현상으로 이해되어야 한다.

부르크하르트는 역사연구를 결코 그 자체로 정당화하거나 목적화하지 않았다. 그것은 단지 보존될 만한 가치를 지닌 모든 인간적인 현상들을 발견하고 기록하는 수단에 지나지 않았다. 이는 곧 그가 개별 연구를 우선시하며 특별한 반성적 사유 없이 과거에 대한 학문적 연구에 최상의 가치를 부여하던 당대 역사학의 조류에 정면으로 맞서 있었다는 사실을 의미한다. 그럼에도 불구하고 한 가지 분명한 사실은 부르크하르트가 역사를 인간 존재의 기본 터전으로 인식했다는 사실이다. 만일 국가나 사회가 인간 삶의 '실제적' 공간이라면, 역사나 문화는 그것의 '정신적' 공간을 구성한다. 그 때문에 부르크하르트는 과거에 속한 것 중 인간의 인식 지평을 넓혀주는 것이라면 그 어떤 것이라도 모든 경비를 들여서라도 오늘날 반드시 복원되어야 한다고 주장했다. 그의 눈에 내세울 만한 역사를 갖지 못한 민족들은 야만인들이며 또 야만인들은 바로 그러한 역사를 갖지 못한 민족들로 비쳐졌다. 그래서 그는 "경험을 통해 (어느 한 순간만을 위해) 영리해지기보다는 (영원히) 지혜로워지기"를 갈망했다.[8]

부르크하르트의 이러한 사고의 전개과정을 통해 우리가 알 수 있는 사실은 독일 역사주의가 아닌, 일반적 의미의 '역사중심주의'에 대한 그의 양면적 태도다. 그는 결코 역사를 절대시하거나 그 자체의 목적으로 정당화하지 않으면서도, 다른 한편으로 역사에 중요한 의미를 부여하곤 했다. 동시대의 역사주의자들이 학문으로서의 역사학이라는 제도적 틀과 역사 발전에 대한 낙관적 전망 안에서 개체와 발전을 중시하면서 전문적인 개별 연구에 몰두하고 있을 때, 부르크하르트는 그들과는 전혀 다른 시각과 방향에서, 다시 말해 인간으로 하여금 사사로운 모든 이해관계에서 벗어나 진정 '객관적 인식'에 이르게 하고 또 과거의 경험을 통해 인간에게 '영원한 지혜'를 안겨 줄 인간 삶의 정신적 토대로서의 역사의 중요성을 역설했다. 나는 이것을 '부르크하르트적 역사주의'라고 정의하고자 한다.

# ◼ 주

1) 이 글에서는 '역사주의(historicism; Historismus)'가 그 여러 의미들 중에서도 19세기 초 니부어(B. G. Niebuhr)나 훔볼트(W. v. Humboldt) 등에 의해 준비되어 랑케(L. v. Ranke), 드로이젠(J. G. Droysen) 등에 의해 완성되었으며 트라이치케(H. v. Treitschke), 딜타이(W. Dilthey) 등을 거쳐 20세기 마이네케에까지 이르는 19세기 독일어권 역사학 분야에서 번성했던 학문 경향을 지칭하는 것으로 한다.

2) Leopold von Ranke, *Aus Werk und Nachlass*, vol. IV (München 1975), pp. 72, 102.

3) Jacob Burckhardt, *Über das Studium der Geschichte*, ed. Peter Ganz (München 1982), p. 293.

4) Heinrich von Sybel, *Vorträge und Abhandlungen*, mit biographischer Einleitung von Conrad Varrentrapp (München 1897), p. 132.

5) Burckhardt, *Über das Studium der Geschichte*, p. 226.

6) Jacob Burckhardt, *Gesamtausgabe*, eds. Emil Dürr, et. al., 14 Vols. (Stuttgart; Berlin; Leipzig 1929~1934), vol. 7, pp. 369, 374.

7) Johann Gustav Droysen, *Historik: Vorlesungen über Enzyklopädie und Methodologie der Geschichte*, ed. Rudolf Hübner (München 1960), p. 355.

8) Burckhardt, *Über das Studium der Geschichte*, pp. 229~230.


# ◼ 참고문헌

Angermeier, H., "Ranke und Burckhardt," *Archiv für Kulturgeschichte* 69 (1987), pp. 407~452.

Boehm, G., "Genese und Geltung: Jacob Burckhardts Kritik des Historismus," *Merkur* 45 (1991), pp. 928~933.

Burckhardt, J., *Briefe*, Vollständige und kritisch bearbeitete Ausgabe. Mit Benützung des handschriftlichen Nachlasses, hergestellt von Max Burckhardt, 10 Vols., Basel 1949~1986.

_____, *Gesamtausgabe*, eds. Emil Dürr, Werner Kaegi, Samuel Merian, Albert Oeri, Hans Trog, Felix Stähelin, Heinrich Wölfflin, 14 Vols, Stuttgart; Berlin; Leipzig 1929~1934.

_____, *Über das Studium der Geschichte*. Der Text der "Weltgeschichtlichen

Betrachtungen" auf Grund der Vorarbeiten von Ernst Ziegler nach den Handschriften, ed. P. Ganz, München 1982.

Droysen, J. G., *Historik: Vorlesungen über Enzyklopädie und Methodologie der Geschichte*, ed. Rudolf Hübner, München 1960.

Flaig, E., "Ästhetischer Historismus? Zur Ästhetisierung der Historie bei Humboldt und Burckhardt," *Philosophisches Jahrbuch* 94 (1987), pp. 79~95.

Fuhrmann, H., "Jacob Burckhardt und die Zunft der Historiker," Martin Kintzinger et. al., eds., *Das andere Wahrnehmen: Beiträge zur europäischen Geschichte. Festschrift für August Nitschke zum 65. Geburtstag* (Köln 1991), pp. 23~38.

Gilbert, F., *History: Politics or Culture? Reflections on Ranke and Burckhardt*, Princeton 1990.

Herkless, J. L., "Meinecke and the Ranke - Burckhardt Problem," *History and Theory* 9 (1970), pp. 290~321.

Humboldt, W. v., "Über die Aufgabe des Geschichtsschreibers," W. v. Humboldt, *Gesammelte Schriften*, ed. by die Königliche Preussische Akademie der Wissenschaften, Berlin 1903 ff., vol. 4, pp. 35~56.

Iggers, G. G., "Historicism: The History and Meaning of the Term," *Journal of the History of Ideas* 56 (1995), pp. 129~152.

Jaeger, F. & Rüsen, J., *Geschichte des Historismus*, München 1992.

Meinecke, F., "Ranke und Burckhardt," *Werke*, vol. 7, München 1968.

_____, "Die Entstehung des Historismus," *Werke*, vol. 3, München 1965.

Ranke, L. v., "Geschichten der romanischen und germanischen Völker von 1494 bis 1514," L. v. Ranke, *Sämtliche Werke*, vol. 33/34, Leipzig 1874.

_____, *Aus Werk und Nachlass*, vol. 2: Über die Epochen der neueren Geschichte, München 1971.

_____, *Aus Werk und Nachlass*, vol. 4: Vorlesungseinleitungen, München 1975.

Scholtz, G., ed., *Historismus am Ende des 20. Jahrhundets: Eine internationale Diskussion*, Berlin 1997.

_____, "Historismus, Historizismus," *Historisches Wörterbuch der Philosophie*, Vol. 3 (Darmstadt 1974), pp. 1141~1147.

Sybel, H. v., *Vorträge und Abhandlungen*, mit biographischer Einleitung von Conrad Varrentrapp, München 1897.

Wittkau, A., *Historismus: Zur Geschichte des Begriffs und des Problems*, Göttingen 1992.

이민호, 『역사주의: 랑케에서 마이네케』, 서울 1988.
이한구, 『역사주의와 반역사주의』, 서울 2010.
최성철, 「드로이젠과 역사주의」, 『한국사학사학보』 24 (2011), pp. 127~163.

# 역사주의 건축과 심미적 역사주의

전 진 성

## 1. 심미적 역사주의와 건축

"과거로 침잠해 들어가는 다음과 같은 방식, 즉 거기서 존재의 내적 의미를 찾고, 사멸한 것을 학문을 통해 불러내고, 사라진 것을 예술의 힘으로 재생시키고 현재를 모든 과거의 수호자이자 공감자인 기억의 여신(Mnemosyne)으로 고양시키는 것, 이것이야말로 (…) 우리 시대의 생기 넘치는 노년기 작업이다."[1]

헤겔의 유작 『미학 강의』의 편집자로 알려진 19세기 독일의 미학자 겸 미술사가 호토(Heinrich Gustav Hotho)의 이러한 언급은 역사주의를 정의하는데 유용하다. 모든 과거의 유산이 와해되어가던 19세기 유럽에서 과거로 침잠하는 작업은 단순히 복고(復古)만은 아니었다. 이른바 '역사'의 이름으로 과거 전체의 의미를 해석하여 거기서 현재의 의의를 찾는 생동감 있는 작업을 호토는 자기 생애를 관조하는 노인에 비유했다. 헤겔이 언급한 바 있던 미네르바의 올빼미처럼, 낡은 세계가 무너지는 황혼녘에 날아올라 정신적 주도권을 획득한 역사주의는 철학과 학문, 예술을 포함하여 19세기 서구문화 전반에 걸쳐 지대한 영향력을 행사했다.

호토 식의 이해와는 달리, 역사학 분과에서는 역사주의의 의미가 협소화되어, 곧 극복되어야할, 혹은 이미 극복된 낡은 역사학의 경향을 지칭했다: 현재와 과거의 관계를 단순한 연속선상에서 보고, 엄밀한 자연자연과학적 '분석'보다는 직관에 의존하는 해석학적 '이해'의 방법을 통해 역사를 객관적이고 중립적으로 인식할 수 있다는 논리는 필연적으로 개별적 사실의 탐구에 매몰된 역사학을 창출했다. 개개 사실들을 일정한 방향으로 엮어낼 수 있는 연결고리의 부재는 결국 상대주의를 조장하고 현재의 가치정향을 제공하는 역사학 본연의 역할을 포기하게끔 만든다.

역사학 분과 외부에서 행해진, 역사주의에 대한 또 다른 하나의 정의는 근대세계가 낳은 보편적 '문제'와 연관된다: 객관성을 강조하는 역사학이 등장하게 된 기저에는 과거와 현재가 유리되는 새로운 체험의 양상이 깔려있다. 과거가 더 이상 반복되지 않고 변화된 현재가 도래하자 과거는 새로운 '재현'을 통해 '역사화(歷史化)'된다. 다시 말해 역사는 근대 특유의 역동적 변화 및 이로 말미암은 우리 존재의 특수화, 탈중심화, 주변부화, 고립화, 파편화, 불연속성을 '보상'하려는 이념적 시도라고 할 수 있다. 역사는 인간사회의 문화적 전체성을 회복시킴으로써 새로운 집단정체성과 가치정향을 제공한다. 그러나 모든 존재하는 것의 '역사화'는 영구불변의 가치를 와해시킴으로써 필연적으로 가치의 무정부 상태를 초래하지 않을 수 없다. 이는 극복이 아예 불가능하고 여태껏 극복된 적이 없는 지속적 문제이다.

역사주의에 대한 이와 같은 두 가지 정의, 특정한 분과학문의 경향으로 보는 것과 근대의 일반적 '문제'로 보는 것은 너무 협소하거나 너무 포괄적이다. 이와는 달리 역사주의를 특정 시대, 특정 계층이 근대의 일반적 문제에 대응하는 특정한 방식으로, 보다 정확히 말하자면, 19세기 급격한 변화의 흐름 속에서 자신들의 정치적, 사회적, 문화적 입지를 구축해가던 유럽 부르주아들의 자기재현의 양식, 또는 집단기억으로 보는 관점이 설득력을 얻고 있다.

역사주의에 대한 여러 정의들 중 앞서 언급한 호토의 견해와 가장 가까운 것은 세 번째 정의이다. 이 정의에 따를 때 역사주의는 역사적 탐구의 정당한 대상으로 자리매김 되는바, 이때 단지 학문적·지성적 차원뿐만 아니라 현실정치적 차원, 그리고 심미적 차원이 함께 고려되어야한다. 본고는 역사주의의 다양한 차원들 중 이른바 '심미적 역사주의(aesthetic historicism)'에 논의를 집중시키고자한다.

역사주의는 미적 규범마저도 역사화함으로써 예술 영역에 큰 영향을 끼쳤다. 18세기 중엽에 이르러 '미술(fine arts)'이 고유한 목적과 의미, 역사를 지닌 독립적 가치 영역으로 정착되면서 고래의 미적 규범은 절대적 가치를 상실하고 각각의 역사적 양식들로 상대화되었다. 이제 미술은 특정한 양식적 전범을 '모방'하는 대신 모든 선행 시대의 양식들을 총체적으로 마주하여 필요에 따라 자유롭게 취사선택 -'인용'- 할 수 있게 되었다. 미술은 이제 그 자체로 미술사 탐구가 되었다. 이와 같은 이른바 미술의 '역사화'는 미술의 자립화를 이끌어내는 동시에 미술의 새로운 문화적 사명을 창출하였다. 모든 존재하는 것이 변화하는 근대의 현실 속에서 미술은 일시적인 개별 존재를 시대 전체의 제유(提喩)로 형상화함으로써 잃어버린 문화적 전체성을 회복하는 역할을 부여받았다.

본고는 미술의 일부분에 속하는 건축 부문에 집중하여 19세기 독일의 심미적 역사주의를 탐구하고자한다. 건축사에서 '역사주의 건축'은 비더마이어(Biedermeier)와 아르누보(arts nouveau) 사이의 특정한 양식을 가리킨다. 시기적으로는 부르주아들의 정치·사회적 헤게모니가 관철되는 1840년대에서 제1차 세계대전이 발발하는 1910년대까지를 아우른다. 과거의 양식을 자유롭게 '인용'한다는 점에서 심미적 역사주의의 기본 성격을 공유하는 역사주의 건축은 역사주의가 역사학에 국한되지 않고 19세기 유럽 부르주아 문화를 지배한 포괄적 흐름이었음을 논증하는 근거로 유효하다.

본고는 역사주의 건축의 발흥과 근대적 도시공간의 구축을 시기별 성격의 차이에 따라 구분하여 이해하기위하여 다음의 세 가지 유형을 도입해보고자 한다. 그것은 낭만주의적, 객관주의적 그리고 절충주의적 역사주의이다.[2] 본고는 우선적으로 역사주의의 전환적 성격을 부각시키기 위해 신고전주의 건축을 역사주의 건축으로 가는 시발점이자 그 대립자로 조명할 것이다.

## 2. 신고전주의에서 역사주의로

### (1) 역사주의 건축의 근본성격과 신고전주의

문학과 사상, 공연과 음악 등 19세기 유럽의 제반 문화영역들에 고루 영향을 끼친 심미적 역사주의는 미술 부문에도 이어졌는데, 특히 부르주아 계층의 미적 감수성과 밀접한 회화와 건축에 큰 자취를 남겼다.

회화 부문에서는 과거의 기념비적인 사건이나 인물을 주제로 삼는 역사화(historical painting)가 맹위를 떨쳤는데, 전통적인 종교화의 알레고리가 지속적으로 활용되었으나 당대 역사학의 발전에 힘입은 거의 포토리얼리즘적인 사실의 재현이 우세했다. 어떠한 경우든 역사화는 일시적인 사건에 '기념비적'인 역사적 후광을 부여했다. 당대 아카데미 화단을 지배했던 역사화는 비록 고착된 미적 규범성을 해체했지만, 옛 양식들을 적극 수용하는 가운데 당대 미술의 독창성을 억압하는 모순을 빚게 되었고, 결국 반(反)역사주의를 표방하는 모더니즘 운동을 촉발시켰다.

건축 영역에서 역사주의는 보다 뚜렷한 자취를 남겼다. 역사주의가 회화 부문에서는 특정한 양식의 전개보다는 역사적 사건의 주제화에 치중했던 반면, 건축 부문에서는 독자적인 양식을 창출했다. 역사주의 건축 본연의 특징은 한 건물에도 여러 양식이 혼재하는 다원성에 있다. 이는 현재가 과거의 결과라고 인정하면서도 현재의 특수성을 인정하는 역사주의 특유의 발상에서 비롯된 결과이다. 다시 말해, 현재의 새로운 용도에 맞는 건물을 역사적 양식들을 환기시키는 형태로 짓는 것이 역사주의 건축이었다. 심화되는 역사연구에 힘입어 세밀히 고증된 역사적 양식들이 역사적 선례가 없는 새로운 용도의 건물들, 예컨대 기차역이나 통신소의 건축에까지 관철되었다. 새로운 재료와 기법을 유서 깊은 형식언어와 결합함으로써 이루어지는 건축적 가능성은 끝이 없어보였다.

역사주의 건축은 1851년 런던 만국박람회에 선보이기 위해 오로지 주철과 유리로만으로 지은 수정궁(Crystal Palace)이 그 대표 격으로 널리 알려져 있지만, 실은 낭만주의의 모국인 독일에서 가장 활기를 띠었는데, 쾰른 대성당(Kölner Dom), 고슬라(Goslar) 소재의 황궁(Kaiserpfalz), 그리고 헤힝엔(Hechingen) 소재 호엔촐레른 성(Burg Hohenzollern) 등 기념비적 건축물들뿐만 아니라 다양한 공공건물 및 사유건물이 이에 가세했다. 공간적 위상과 성격상 각기 차이가 크지만, 역사주의 건축에서 일반적으로 엿보이는 특징은 역사적 전범에 따른 '예술적' 형태와 삶에서의 '실제적' 기능 간의 불일치이다. 19세기를 거치며 건축의 이론과 실제는 분화되어갔다.

역사주의 건축은 불변의 자연법을 따르는 건축이 좋으며 고전고대의 건축에서 그 전범을 발견할 수 있다는 고전주의의 원리를 거부했다는 점에서 대단히 19세기적이었다. 자연법을 대체한 것은 역사의 이념이었으며 영속적 법칙을 기원, 생성, 발전의 원리가, 규범성을 목적론이 대신했다. 당대의 역사가들에 의해 흔히 "혁명의 시대"로 규정되던 19세기는 유럽에서 모든 과거의 유산이 와해되어가는 시대였으며 역사는 과거 전체의 의미를 통해 현재의 의의를 찾는 이념적 기제로 작동했다. 따라서 역사주의 건축이 특정한 양식적 전범에 머물기보다 이들을 현재의 요구에 맞게 활용함으로써 절충주의적 성향을 노정했던 것은 매우 자연스런 일이었다.

과거의 형식과 현재적 기능을 조화시키려했다는 점에서는 신고전주의(neoclassicism)도 본질적으로 다르지 않았다. 비록 역사주의적 상대성이 아니라 고전고대의 규범성을, 미술사가 빙켈만(Johann Winckelmann)이 그리스 미술에서 발견한 바 있는 "고귀한 단순성과 고요한 장대함"을 원리로 삼았지만, 신고전주의는 현재와 과거의 다름을 기꺼이 인정하고, 단순히 고대를 모방하는 것이 아니라 고대의 '고전성'을 현재의 모습으로 부활시키고자했다. 이른바 '프랑스 혁명의 건축'으로 출발한 신고전주의 건축은 수플로(Jacques-Germain Soufflot)와 롱들레(Jean-Baptiste Rondelet)의 공동작 팡테옹(Panthéon)처럼 부분과 전체의 완전무결한 조화를 추구했던 고대 로마의 미적 이상을 '모방'하여 새로운 혁명 국가의 국민주의 이념을 표현하였다. 신고전주의 건축은 역사주의 건축의 시발점인 동시에 그 대립자였다. 과거의 형식에 현재적 내용을 담았다는 점에서는 역사주의적이었으나 과거의 형식을 개별 시대를 뛰어넘어 영원히 새로움을 잃지 않는 '고전'으로 절대화함으로써 이후 형식과 기능의 괴리에 보다 적극적으로 대응했던 역사주의 건축과 대립하게 되었다.

## (2) 프로이센 고전주의의 역사주의적 성격

현재와 과거의 차이보다는 연속성을 부각시킨 신고전주의 건축의 본질적 특성은 혁명적인 프랑스보다는 보수주의적인 독일에서 보다 완연히 드러났다. 특히 신흥 군사강국으로 발돋움하던 프로이센 왕국에서는 '단순하며 장대한' 고대 그리스 건축이 고전적 전범의 지위를 차지하였다. 이는 새로운 로마제국을 사칭하며 과장된 위용을 내세우던 나폴레옹식 신고전주의, 소위 '제국 양식(empire style)'에 대한 반발의 소치였다.

프로이센 판 신고전주의, 즉 '프로이센 고전주의'의 대표자는 단연 궁정 건축가 프리드리히 슁켈(Friedrich Schinkel)이었다. 프로이센 국왕 빌헬름(Wilhelm) 3세로부터 설계를 위촉받은 그의 초기 작품 신위병소(Neue Wache)는 프로이센 고전주의 건축의 출발을 알리는 건물이다. 1818년에 문을 연 이 건물은 일차적으로는 프로이센 수도 베를린의 황태자궁(Kronprinzenpalais) 주변에서 교대 근무하는 보초병들을 위한 용도로 지어졌지만, 이와 동시에 나폴레옹에 대한 프로이센의 해방전쟁을 기리기 위한 국가적 기념물의 성격을 지녔다. 신위병소는 실용적 기능과 상징적 기능을 고전적 형태 속에 조화롭게 결합시켰다. 사방으로 노출되어 있는 건물의 형태는 분명 고대 로마시대의 병영(castrum)을 연상시키지만 강직하고 장대한 도리아 양식의 원주들과 박공이 돋보이는 파사드(façade)는 고대 그리스 사원과 닮은꼴이다. 원주들 위에는 6개의 자그마한 승리의 여신상을 떠받치는 엔타블러처(entablature)가 놓여 있는데, 그 위의 박공에는 해방전쟁기의 프로이센의 활약상이 선명하게 부조되어있다. 프로이센 고전주의의 정신을 담은 이 건물은 본래의 실용적 목적에 맞게 불필요한 장식을 최대한 절제한 나머지 지극히 단순한 구성을 보여주면서도 국가기념물로서

〈그림 1〉 신위병소(Neue Wache)

손색이 없게 건물의 모든 구성요소들을 통일적으로 결합시켜 프로이
센의 위대함을 아름답게 형상화해냈다.

  슁켈의 신위병소는 고대 그리스의 절제된 미를 전범으로 삼은 프
로이센 고전주의의 기본적 특징을 보여주지만, 고대 로마와 그리스의
건축적 모티프를 적절히 변주하며 현재적 기능을 만족시키려했다는
점에서 이미 역사주의적 성격도 보여준다. 슁켈의 1821년 작품인 '왕
립극장(Königliches Schauspielhaus)'은 로마식 아치(arch)를 그리스 건축
특유의 수평의 아키트레이브(architrave)로 대체한 프로이센 고전주의
건축의 형태적 특징을 잘 보여주는 건축물로, 고대 그리스 건축의 형
식언어를 현재적 기능에 맞게 창조적으로 수용했다는 점에서 역사주
의적 신고전주의라고 평가할 수 있는 건축물이다.

  수평의 아키트레이브와 더불어 사각형의 거대한 주춧돌로 인해
건물 전체가 비례에 어긋남 없이 넓게 펼쳐진 느낌을 주는데, 중앙
건물은 2층으로 이루어져있고 윗 층은 관람석 및 무대공간이 돌출해
있다. 건물의 중심축을 이루는 것은 여섯 개의 이오니아식 원주기둥
으로 이루어진 포르티코(portico)로, 같은 폭의 웅장한 옥외계단이 앞

〈그림 2〉 왕립극장(Königliches Schauspielhaus)

에 펼쳐져있다. 계단을 지나면 바로 극장으로 통한다. 중앙건물의 양
날개에는 같은 높이의 건물이 결합되어있는데, 전체를 관통하는 돌림
띠에 의해 하나의 건물로 통일되고 있다. 돌출된 무대공간과 빛을 머
금은 큰 창문이 축제적인 분위기를 연출하는 왕립극장은 아테네의 아
크로폴리스 남단에 소재한 트라질루스(Thrasyllus) 기념물을 전범으로
삼은 것으로 알려져 있다. 극장이 위치한 곳은 아크로폴리스와 비교될
수 있는 베를린 중심부의 광장인 '장다르멘마르크트(Gendarmenmarkt)'
로, 건물 옆에서 서로 마주보고 있는 두 개의 교회, 즉 '프랑스 돔
(Französischer Dom)'과 '독일 돔(Deutscher Dom)'과 함께 삼각형을 이루
고 있으며, 이는 프랑스식의 혁명 건축과는 판이하게 시민의 공공적
삶과 역사적 전통의 조화를 추구한 독일 신고전주의 건축의 이상을
구현한 것으로 볼 수 있다.

숭켈의 신위병소와 왕립극장의 사례는 프로이센 고전주의 건축이 고
대적 전범에 의존하면서도 19세기 특유의 역사주의적인 요소를 지니
고 있었음을 웅변해준다. 고대로부터 유래한 미적 형식은 현재적 기
능을 위해 '인용'되었다. 그러나 고대의 전범이 보다 자유로이 '인용'

되는 것은 본격적인 '역사주의 건축'이 등장함으로써 비로소 가능했다. 이를 위해서는 새로운 발상과 실천이 요구되었다.

## 3. 건축사의 재현으로서 역사주의 건축

### (1) 낭만주의적 역사주의: 네오고딕

신고전주의자 쉰켈은 본래 고딕 건축의 옹호자였다. 나폴레옹의 속박으로부터 해방을 염원한 젊은 예술가 쉰켈은 고딕을 독일의 민족적 양식으로 여겼다. 18세기 고전주의가 추구하던 기하학적 비례의 비개성적 원리와는 대조적으로 고딕이야말로 삶의 한계를 초월하는 무한한 자유와 더불어 분열된 민족구성원들의 유기적인 통일을 가능하게 할 근본원리임을 확신했다. 이러한 쉰켈이 1815년을 거치며 이전의 고딕 취향을 버리고 신고전주의자로 거듭난 것은 사실상 정치권력과의 타협의 소산이었다. 프로이센 왕정은 민족주의가 불러일으키는 혁명적 정열을 달가워하지 않았으며 보다 질서 잡힌 고전주의 취향을 선호했다.

쉰켈이 대변한 프로이센 고전주의 건축은 분명 프랑스식 혁명 건축과는 대립적인 세계관에 근거해 있었다. 고딕에서 고전주의로 전향하기는 했으나 쉰켈의 '전향'은, 로마식 아치 대신 수평적인 그리스식 아키트레이브를 선호했던 사실에서 드러나듯이, 반(反)프랑스적 기조를 유지하였으며, 고대 그리스 건축의 이상화에도 불구하고 '고전'의 규범성이 와해되어가던 당대의 문화적 상황에 대한 분명한 인식에 기초한 것이었다.

전통적 규범에 대한 계몽사상가들의 혁명적 비판은 프로이센을 포함한 독일 전역에 계몽사상에 대항하는 낭만주의(romanticism) 물결을 촉발시켰다. 낭만주의는 계몽사상이 내세운 자연과 이성이라는 비판적 원리를 역사라는 새로운 종교적 원리에 의해 대체했다. 역사야말로 기존의 종교처럼 모든 현존재를 질서지우는 선험적 근거가 되었다. 역사란 혁명적 진보의 역정이 아니라 언어, 의례, 신화, 예술 등 문화적 형식을 통해 개성적으로 전개되는 인륜적 공동체에 참여하여 자신의 가치와 정체성을 얻어가는 인간들의 이야기라는 생각이야말로 낭만주의의 요체였다. 이와 같은 발상에 근거할 때, 예술가의 과제는 역사의 깊고 넓은 심연으로 침잠하여 옛 양식들에서 숨은 가능성을 발굴하고 이를 새로운 역사의 전개에 부응시키는 일이었다. 이제 개개 형태의 차용이 아니라 도상학적 질서 전체의 재편이 요청되었다.

역사에 대한 새로운 신앙을 불러일으킨 낭만주의는 역사주의 건축을 위한 이념적 기초를 제공했다. 성켈의 젊은 영혼을 사로잡았던 고딕 열풍이야말로 낭만주의 정신의 발로였다. 고딕은 단지 하나의 양식이 아니라 민족의 혼을 일깨우는 복음과 같았다. 대문호 괴테(Johann Wolfgang von Goethe)의 찬탄을 받은 슈트라스부르크의 뮌스터 대성당(Straßburger Münster)이나 성켈의 스승인 질리(Friedrich Gilly)가 1794년 재건을 구상한 후 1815년에 이르러 건설이 개시된 동프로이센의 마리엔부르크(Marienburg) 성곽 등 고딕 건축은 공약불가능한 민족문화의 개성을 표현하는 것으로 받아들여졌다. 19세기에 화려하게 부활한 고딕은 중세 고딕의 복귀라기보다는 전혀 새로운 시대의 고딕, 소위 '네오고딕(Neo-Gothic)'이라 불려진다.

네오고딕은 주로 영국의 건축물들을 통해 국제적으로 널리 알려졌는데, 런던의 웨스트민스터 궁(Palace of Westminster)이 그 대표적 예이다. 웨스트민스터 궁보다는 덜 알려졌지만 훨씬 시사하는 바가 큰 건물이 성켈이 베를린 도심에 지은 프리드리히스베르더 교회(Friedrichswerdersche

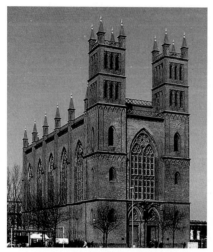

〈그림 3〉 프리드리히스베르더 교회
(Friedrichswerdersche Kirche)

Kirche)이다. 슁켈이 신고전주의로 '전향'한 이후인 1824년에 오히려 국왕의 의지에 따라 고딕 양식으로 지은 이 건물은 낭만주의가 지향한 역사의 세속화와 신성화의 변증법을 특유의 형태언어를 통해 시각적으로 구현했다. 프리드리히스베르더 교회는 단순한 직사각형의 평면성이 나지막하지만 뚜렷한 탑들에 의해 수직의 각을 이루며 분할되는 전형적인 북독일식 적색 벽돌건물이다. 외형상으로는 매우 초기 중세적인 느낌을 주는 이 건물은 지척에서 베를린의 상징적 중심인 '놀이공원(Lustgarten)'의 '구 박물관(Altes Museum)'을 굽어볼 수 있게 배치되었다. 슁켈의 또 다른 작품인 구 박물관은 시민들의 교육을 위한 장소로 신고전주의 양식이었고 프리드리히스베르더 교회와는 여러모로 대칭되는 건물이었다. 양 건축물은 각기 종교와 세속문화를 대변했고 길항관계를 통해 신교 국가인 프로이센의 근본이념을 표현했다. 자족적, 자연적, 정태적인 고전주의와는 대조적으로 첨탑으로 빛나는 고딕 건축은 역동적이고, 자기초월적이고, 그리스도교적 정신성으로 충만해 보였다. 이처럼 네오고딕은 새로운 공간적 배치를 통해 민족의 해방과 신성한 전통, 시민적 자유와 국가권력의 조화를 현시하는 도상으로 거듭날 수 있었다.

낭만주의 정신의 발현이었던 네오고딕은 프리드리히스베르더 교회의 경우처럼 국가권력의 신성불가침을 표현하기도 했으나, 본래는 부르주아 계층의 정치적, 문화적 열망을 표현했다. 신고전주의는 근대국가의 최고주권자가 전일적인 방식으로 국민을 통치한다는 군주제의 이상을 대변했으며 이는 자기결정과 변화에의 열망으로 고무된 부르주아의 의식과는 동떨어진 것이었다. 네오고딕은 종교적 정체성을 군주제로부터 분리시켜 '민족'이라는 새로운 공동체적 이상과 결합시켰다. 이른바 "기념비 교회(Denkmalskirche)"라 불리는 쾰른 대성당(Kölner Dom)의 사례는 종교-예술-조국의 삼위일체를 가장 극적으로 보여준다. 가톨릭 민족주의자 괴레스(Joseph Görres)가 1814년 자신이 창간한 『라인신문(Rheinischer Merkur)』의 지면을 통해 옛 신성로마제국의 영광을 상기시키며 제국 이념을 구현하기위한 고딕식 대성당을 쾰른에 건립하자고 주창한 이래 쾰른 대성당 건립은 자유주의와 민족주의, 해방의 이념과 역사적 전통이 교감하는 공론장이 되었다. 슁켈도 1816년 쾰른대성당의 제단실을 짓자는 의견서를 제출했다. 개신교가 우세한 독일에서 구교의 고딕 식 성당을 짓는 일이 전 민족적인 사안이 된 것이야말로 고딕 양식이 이제 더 이상 종교적 도상이 아니라 민족통일을 상징하는 정치적 도상이 되었음을 알려준다.

네오고딕은 유구한 역사적 양식에 근대의 정치적 의미를 부여했다. 19세기를 거치며 네오고딕 양식은 교회당에 국한되지 않고 관공서에도 널리 활용되었는데, 이는 근대 세계에서 국가가 교회의 권한을 대체하고 스스로 주민의 삶과 죽음을 통제하는 대리 교회로 자리잡은 현실을 고스란히 반영한 것이었다. 이처럼 과거와 현재의 연속성에 착안했다는 점에서 네오고딕은 신고전주의로부터 그리 멀리 서 있지 않았다. 신고전주의와 고딕 사이를 오갔던 건축가 슁켈의 사례가 이를 입증한다. 역사주의 건축 중에서 과거와 현재의 차이에 가장 덜 민감했던 네오고딕 건축은 그럼에도 호고적인 관심을 넘어 역사의 권능에 대한 가히 종교적인 믿음을 견지했다는 점에서 낭만주의적 역사주의의 총아라고 평가할 수 있다.

## (2) 객관주의적 역사주의: 네오르네상스

19세기를 거치며 역사적 양식의 수용은 서구 건축사의 모든 시기로 확대되었다. 낭만주의에 힘입어 역사적 미술양식들에 대한 주체적인 평가와 해석이 심화되면서 1840년대를 전후로 새로운 건축적 흐름이 등장했다. 이른바 신(neo-) 이라는 접두어를 동반하는 사조들이 한데 뒤섞여 자웅을 겨루게 된 것이다. 역사적 양식들은 본래의 도상학적 의미에 대한 이해를 바탕으로 각각의 상이한 용도를 위해 자유로이 '인용'되었다. 교회가 주로 네오고딕 양식을 채택한 반면, 관공서나 역, 은행, 또는 상류 부르주아지의 주택은 주로 네오르네상스(Neo-Renaissance) 양식, 그리고 귀족 전용의 궁전이나 극장은 네오바로크(Neo-Baroque) 양식, 그리고 공장의 메인홀은 대부분 영국 조지안 풍(Georgian style)으로 지어졌다.

역사주의 건축의 호황에는 떠오르는 부르주아들의 '자기 재현' 욕구가 큰 역할을 수행했다. 1840년대부터 빈에서 대규모 주가폭락이 발생한 1873년까지 서부와 중부 유럽은 비록 불완전했지만 자유주의적인 시민혁명을 경험했을 뿐 아니라 본격적인 산업화 단계로 접어들면서 경제적 번영도 이룩했다. 독일사에서 이른바 '창업시대(Gründerzeit)'로 불리는 이 기간에는 부르주아들의 주택 건설이 활발했다. 정치적으로는 부분적인 성공만을 거둔 부르주아 계층은 문화 영역에서만큼은 주도권을 쟁취하기를 원했다. '역사'야말로 역동적 변화를 추구하는 그들에게는 최상의 문화적 이념이었다. 역사는 절대왕정의 정통성을 뒷받침하던 신학적이거나 자연법적인 사고를 대체할 새로운 세계관을 그들에게 제공해주었다. 따라서 그들이 기능적 효율성을 제쳐두고 넓은 정원이 딸린 고색창연한 빌라를, 여력이 안된다면 최소한 궁전처럼 화려한 장식의 파사드로 돋보이는 복층의 주택을 선호한 것은 전혀 놀랄 일이 아니었다. 부르주아 계층의 호고적 취미가 가장 여실히 표현된 곳은 다름 아닌 주택의 실내공간으로, 옛 귀족층의 미술양식과 장식, 혹은 가구를 모방했다. 이 같은 경향은 분명 부르주아들이 귀족층에 동화되어가는 사회적 상황을 반영하는 것이었다. 그러나 부르주아 계층은 호고적 취미로는 만족하지 않을 만큼 충분히 진취적이었다. 산업화를 추동해낸 근대 기술을 역사적 양식의 건축물에 도입하는 일에 그들은 전혀 주저하지 않았다. 예컨대, 철 제련 기술이 진보함에 따라 건물에 낭만적인 형태의 철탑을 올리는 것이 가능해졌으며 런던의 수정궁이 웅변해주듯, 유리가 양식적 건축물 전체의 주된 재료로 쓰이기 시작했다.

역사주의 건축이 낭만주의적인 네오고딕을 거치며 점차로 고전주의적 요소를 탈각해가는 과정에서 과도기적으로 등장한 것이 이른바 독일식 '반구형아치양식(Rundbogenstil)'이었다. 일종의 고전주의의 변용이라 할 수 있는 이 양식은 주로 독일 서부의 라인연맹 국가들에서 유행하였는데, 고대 로마건축의 전범을 일부 수용하면서도, 지나친 기념비적 요소를 탈각시키고 근대 시민생활에 부응하는 기능적 요소들을 적극 도입했다는 점에서 나폴레옹의 혁명적 프랑스와 반혁명적 프로이센 사이에 낀 라인연맹의 정치적 위상을 건축적으로 반영했다. '반구형아치양식'을 이론화한 건축가 휩시(Heinrich Hübsch)는 이 양식의 특징을 "융통성(Schmiegsamkeit)"에서 찾았는데, 이는 과거의 특정한 양식적 전범에 집착하지 않고 실제적 기능을 위주로 여러 양식을 항시 "교체가능"한 방식으로 활용한 점을 지적한 것이었다. 양식 활용의 '융통성'은 기계로 값싸게 생산된 벽돌을 자재로 삼아 기성품 장식으로 꾸민 "병영과도 같은 임대주택(Mietkaserne)"이 늘어가는 근대 도시의 한가운데에서 건축의 예술성을 수호하려는 고민에서 비롯되었다. 아무리 주택의 안쪽은 허름하더라도 적어도 밖으로 드러난 파사드만큼은 역사적 양식에 따라 지음으로써 도시의 격을 높여야한다는 것이 휩시의 생각이었다.

역사적으로 전승된 형태와 실제적 기능 간의 괴리는 소위 '네오르네상스' 양식의 건축에 이르러 보다 첨예해졌다. 독일 네오르네상스를 대표하는 건축가인 젬퍼(Gottfried Semper)는 1851년 자신의 저서『과학, 산업 그리고 예술』에서 당대의 예술이 부르주아의 상업적 이익에 종속되거나 공공장소의 장식품으로 전락하는 경향을 통렬히 비판하며 예술은 도시적 삶의 유기적 통일성을 진작시키는데 기여해야한다고 역설했다. 이를 위해서 도시국가의 예술적 풍모와 도시민의 실제적 삶이 혼연일체를 이루는데 기여했던 옛 이탈리아 르네상스 건축이야말로 최상의 전범이 된다고 보았다. 그러나 이는 고래의 미적 규범성에 의존하는 고전주의나 과거를 신비화하는 낭만주의와는 달리 성기 르네상스(cinquecento)의 건축 언어를 '역사학적'으로 탐구하여 '원래 그대로' 재현하려는 경향을 선취한 것이었다. 물론 형태와 기능 간의 괴리는 이를 통해 해소되었다기보다 오히려 더욱 첨예해졌다.『공예술 및 건축예술 양식론』(1860~1863)에서 젬퍼는 자연과학을 모델로 삼아 건축양식사를 탐구했는데, 경험과학적 접근은 이론과 실제를 결합시켜주기는커녕 양식의 다원주의를 부각시킴으로써 양식이 실제기능과 유리된 채 항상 교체 가능한 장식으로 축소되는 이율배반적 결과를 낳았다. 젬퍼는 자신의 논리를 변호하기위해 건축에서 양식이란 알몸에 "의복(Bekleidung)"을 입히는 것과 같이 합목적성을 지닌다는 소위 '의복 이론'을 제시했으나 이는 파사드를 강조하는 휩시의 견해를 넘어서지는 못했다.

네오고딕이 낭만주의적 역사주의의 건축적 총아였다면 네오르네상스는 보다 객관주의적인 역사주의의 결실이었다. 1870/71년 보불전쟁과 곧 이은 독일 통일을 전후로 역사주의는 감성적인 열기를 그만 가라앉히고 대신 학문적 엄격성을 지향하기 시작했다. 옛 양식들을 세심한 역사적 고증을 통해 보다 객관적으로 재현하려는 태도, 과거의 전승을 주어진 채로 받아들이지 않고 총체적으로 재검토하는 태도가 일반화됨에 따라 이제 건축은 그 자체가 '건축사의 재현'으로 새롭게 자리매김되었다.

이러한 태도를 통해 원주기둥, 벽기둥, 코니스, 난간, 프리즈, 조각상, 탑 등 고전주의 건축의 기본 요소와 모티프들이 이탈리아 특유의 분위기를 띠며 되살아났다. 역사주의 건축의 근본 원리에 가장 충실했던 이 양식은 본래 세련된 이탈리아 풍을 진정한 상류문화로 선호하던 1830년대 입헌왕정의 양식으로 도입되었으나 1848년 혁명을 거치며 상승욕을 불태우던 부르주아 계층에게로 점차 양도되기 시작했으며 1870년대에 이르러 비로소 부르주아의 자기재현 양식으로 정착되었다. 네오르네상스가 지향한 것은 잃어버린 과거의 회복이 아니라 자유로운 개성의 부활이었으며 엄격한 고증을 통해 재현된 르네상스 건축의 다양한 양식적 요소들은 결국 부르주아의 자기재현과 상업적 이윤 획득에 동원되었다. 스위스 역사가 부르크하르트의 유명한 여행안내서 『치체로네』(1855)와 문화사서술의 걸작 『르네상스 이탈리아 문화』(1860)는 저자 특유의 귀족적 염세주의에도 불구하고 당대 부르주아 계층의 르네상스 애호를 반영했다.

네오르네상스 양식은 예컨대 부르주아의 주도권이 두드러졌던 박물관 건축의 주된 양식이었다. 박물관은 일반 관공서와는 구별되는 시민적 공공기관이었으며 또한 일종의 교육기관, 즉 역사를 혁명의 이념으로 보다는 오히려 '기원'과 '생성' '발전' 등과 유사한 관념으로 이해시킴으로써 현재가 과거의 논리적이며 불가피한 귀결임을 설파

〈그림 4〉 회화관(Gemldegalerie)

하는 곳이었다. 이는 당시 문화적 헤게모니를 추구하며 급격히 보수화되어가던 부르주아의 요구에 이상적으로 부응했다.

1855년에 문을 연, 작센(Sachsen) 공국의 수도 드레스덴의 '회회관(Gemäldegalerie)'은 비록 젬퍼가 완성한 것은 아니지만 그의 기본설계를 바탕으로 지어졌다는 이유로 흔히 "젬퍼 미술관(Sempergalerie)"이라 불린다. 당시 젬퍼는 회회관과 왕립극장을 포함하는 대규모 "문화광장(Kulturforum)"을 설계 중이었는데, 재정상의 문제로 설계변경이 이루어져 회화관은 문화광장에 속하지 못하고 본래부터 있던 유명한 바로크 건축물인 '쌍둥이 궁(Zwinger)'의 북동쪽 측면에 세워졌다. 젬퍼는 신고전주의나 네오고딕과는 거리를 두면서 현재의 기능적인 요구와 과거의 양식적 자산을 조화시키고자했다. 전체적으로 네오르네상스 특유의 수평적인 형태를 취하고 있는 회화관은 거칠게 마감된 일층과 장식화된 돌림띠, 그리고 난간을 지닌 코니스가 파사드를 지배하고 있다. 건물은 중앙의, 마치 로마시대 승리의 아치처럼 보이는 분절부(pavilion)의 좌우로 뚜렷이 나뉜다. 문간을 넘어서는 관람객은 두 개의 긴 프리즈 위의 양각작품을 만나게 되는데, 한 면은 중세에

〈그림 5〉 신 궁정극장(Neues Hoftheater)

서 18세기까지 이탈리아 회화의 역사를 묘사하고, 다른 한 면은 독일과 북유럽의 화가와 후원자들을 묘사한다. 천장의 회화는 고대 폐허로부터 기독교 미술의 탄생을 보여주고 여타 종교적 주제들을 다루고 있다. 관람객은 각 전시실에 발을 들이며 한 양식에서 다른 양식으로 이어지는 기나긴 미술사를 탐사하게 된다.

젬퍼의 회화관은 르네상스를 주축으로 한 서구 미술사를 건축적으로 재현한 건물이다. 파사드와 조상들만이 아니라, 양식들이 연쇄되는 전시공간의 배열에서도 역사주의적 관념이 이상적으로 표현되어있다. 이후 젬퍼의 건축은 건축사의 재현에 머물지 않고 기능적인 효율성을 만족시키는 방향으로 나아갔다. 젬퍼의 대표작 중의 하나로 꼽히는, 흔히 "젬퍼 오페라(Semperoper)"라 불리는 독일 드레스덴의 신 궁정극장(Neues Hoftheater)은 젬퍼가 기본설계를 한 후 1878년 젬퍼의 아들 만프레트 젬퍼(Manfred Semper)가 완성시켰는데, 미적 형식뿐만 아니라 최상의 음향효과를 내기 위한 합리적인 공간 구성으로 인해 두드러진다. 기능성의 강화로 인해 양식상으로는 절충주의적 요소가 강화되었는바, 아치와 원주기둥의 결합은 신고전주의는 물론, 네오고딕, 심지어는 독일식 '반구형아치양식'에도 없는 젬퍼 건축 특유의 형태언어였다.

상승하는 부르주아 계층의 문화적 요구가 증대될수록 과거의 양식을 엄격하게 재현하는 객관주의적 역사주의는 한계에 봉착했으며 보다 기능에 적합한 절충주의적인 양식의 구사가 필요해졌다. 젬퍼의 '의복 이론' 등을 통해 과거와 현재, 형태와 기능 간의 모순적인 통일을 애써 이루어내었던 네오르네상스 양식이 해체되어감에 따라 역사주의 건축은 새로운 단계로 접어들었다.

## (3) 절충주의적 역사주의: 네오바로크

네오르네상스 양식은 과거의 전통에 대한 진지한 관심과 기능적 합리성의 추구라는 부르주아의 모순적인 요구를 모두 다 만족시키고자 했다. 그러나 산업기술의 발전이 증대될수록 전통과 기능성이 조화되기는 점점 어려워졌다. 장식성이 강한 파사드와 실용적인 실내공간, 부르주아가 사는 밝은 앞채와 서민층이 사는 그늘진 뒤채는 상호 대립적이었다. 변화는 필연적이었다.

역사주의는 불꽃이 꺼져가기 직전에 마지막으로 더욱 과열된 모습을 띠었다. 1890년을 전후해서 역사에 대한 객관주의적 태도는 제국주의 팽창의 여파로 과열된 민족주의에 의해 잠식당하고 말았다. 이제 역사주의는 제국의 문화적 우월성을 선전하는 도구가 되었다. 경제적으로도 불황의 장기지속으로 인해 자본의 흐름이 사적인 영역으로부터 공공영역으로 이동되자 건축은 규모도 커지고 역사적 소재나 양식을 활용하여 실용성보다는 '순수한' 과시용의 스펙터클을 지향하게 되었다.

새로운 역사주의는 한편으로는 과거의 영광을 찬미하면서도 다른 한편으로는 현대 문명의 기술적, 문화적 위업을 극도로 과시했는바, 이는 서로 이질적인 건축적 모티프들이 '혼성적'으로 결합되는 양상을 빚었다. 알레고리들은 본래의 의미와는 무관하게 도용되고 심지어는 고대 이집트나 메소포타미아의 유적들을 연상시키는 거창하고 추상적인 형태가 등장했다. 이제 역사는 정확히 인용할 수 있는 구체적인 시대가 아니라 어렴풋한 신화의 세계로 후퇴했다. 이는 역사주의의 자기해체로 볼 수 있다. 역사주의 건축의 새로운 흐름은 궁형의 돌출창, 궁륭, 돔, 쭉 펼쳐진 발코니 등의 장려한 바로크적 요소들을 도입함과 더불어, 극적인 곡선을 포함하는 역동적인 선들을 통해 다양한 양식적 요소들을 총체적인 시각적 효과로 묶어내고자 했다는 점에서 통상 네오바로크 양식이라고 일컬어지지만, 독일 황제 빌헬름 2세의 전제군주적인 통치 스타일과 허례허식 그리고 자기과시를 조롱하는 의미에서 "빌헬름주의(Wilhelminism)"라고도 불린다. 영국에서는 "네오팔라디오주의(Neo-Palladianism)"가 이에 해당되는데, 바로크의 전신(前身)인 마니에리즘(mannerism)의 비대칭적 역동성을 수학적 비율로 묶어내려 한 이 양식은 파사드의 각 부분을 분리시키는 거친 질감의 벽기둥과 높이를 달리하는 코니스가 그 특징으로, 수학적 통일성에도 불구하고 건물의 각 부분이 조각적 요소들로 해체된다. 그것은 5대륙 6대주에 걸쳐 널리 퍼져있던 대영제국의 도상이었다.

네오바로크는 과장된 전통과 과장된 기능성이 불안한 제휴를 이룬 건축 양식이었다. 통상 '형식주의자'로 알려진 미술사가 뷜플린(Heinrich Wölfflin)은 1888년 저작 『르네상스와 바로크』에서 기본적으로 조각적 성격을 지니는 르네상스와 진정으로 회화적인 바로크를 대비시키면서 후자에서 두드러지는 깊은 내면성이야말로 진정한 북유럽 정신의 발로라고 역설했다. 네오바로크 양식은 이처럼 민족정신의 부활이라는 역사적 사명을 부여받고 등장했다. 그것은 건축물과 도시공

〈그림 6〉 독일 제국의사당(Reichstag)

간을 단순한 기술적 업적이 아닌 민족의 거대한 '기념비'로 자리매김하고자했다.

　네오바로크 건축 중 대표적인 사례의 하나는 독일 제국의사당(Reichstag)이다. 공모를 통해 당선된 발롯(Paul Wallot)의 설계안을 일부 수정한 형태로 1894년에 완공된 이 건축물은 독일의 민족적 건축 양식이 무엇인가에 대한 지리한 논쟁의 결과로 탄생했다. 일반적인 고딕은 너무 구교적이었고 북독일형 벽돌 고딕은 너무 개신교 색채가 짙었으며 르네상스는 너무 부르주아적이었고 바로크는 너무 귀족적이었다. 고육책으로 서구 고전주의 건축의 여러 요소들을 혼재시킨 이 작품은 보는 이에 따라 네오르네상스 혹은 네오로마네스크(Neo-Romanesque) 양식으로도 분류될 수 있는데, 그 양식적 혼성성으로 인해 당대의 비평가들로부터 혹독한 평가를 받았다. 의회의 존재

자체를 탐탁치 않게 여기던 빌헬름 2세는 이 건물을 "제국의 원숭이 집"이라 불렀다. 비록 논란은 많았지만, 제국의사당은 독일제국의 심장부 베를린의 브란덴부르크 문(Brandenburger Tor) 곁에 당당히 자리잡았다. 무엇보다 철과 유리로 이루어진 육중한 돔은 독일 제국의 강력함을 과시했다.

시각적 효과로는 기념비적이면서 양식상으로는 절충주의적이었던 후기 역사주의는 공공적 성격을 띰으로써 개개의 건물을 넘어 도시 전체의 구성과 경관에 보다 뚜렷한 영향을 끼쳤다. 초기의 역사주의는 개개 건축물의 양식적 형태와 그것에 바탕을 둔 도시의 경관이야말로 시민 정신과 선현들의 역사적 성취를 보여주므로 세대에 걸쳐 보존되어야한다고 믿었던 반면, 후기 역사주의는 기념비적인 공공건축물을 산업 활동과 국가적 교통망의 결절점인 대도시의 이정표이자 선전장으로 삼고자했다. 1830년대부터 기차역과 부대시설이 도시에 건설되면서 기존의 도시구조는 점차 와해되고 새로운 도시핵들이 도처에 생겨나게 되었는데, 전통적인 도시 중심부의 외곽에 펼쳐진 드넓은 공간에 대한 지배권을 확보하려는 부르주아들의 분투의 일환으로 역사 정체성이 새삼 중요하게 되었다. 많은 사람들이 모이는 공공장소인 기차역이 기술적, 산업적 진보와 부르주아의 문화적 업적을 선전하는 전시공간으로 자리잡게 된 것은 결코 우연이 아니었다. 변화의 가속화로 말미암아 현재와 과거가 점점 더 괴리되어갈수록 과거의 문화전통을 과시적으로 복원하여 상실감을 '보상'하려는 욕구는 더욱 커져갔다.

합스부르크 제국의 수도 빈의 환상도로인 '링슈트라세(Ringstraße)'는 후기 역사주의 건축의 결정판이었다. 1860년대에 시작되어 총 5.2km로 길게 이어지는 도로 위에 개개의 독립적인 아파트나 관공서, 대학 등을 주로 부르주아적 취향의 네오르네상스 양식으로 지었으나

1900년경에 빈의 하천을 정비하면서 독일 판 아르누보, 즉 '청년양식(Jugendstil)'이 대거 도입되면서 보다 절충주의적 색채가 강해졌다. 링슈트라세는 나폴레옹 3세 치하에서 오스만(Georges-Eugène Haussmann) 남작이 재건한 파리의 가로에 비해 훨씬 덜 중앙집중적이었다. 전체적으로 하나의 중심이 아니라 수평적인 연결을 강조하는 링슈트라세는, 빈의 도시문화를 연구한 쇼르스케(Karl Schorske)의 인상적인 표현에 따르면, "상승기에 있는 오스트리아 자유주의 정신의 도상학적 목록"을 보여주었다. 링슈트라세에서는 역사주의와 모더니즘이 병존했다. 파리처럼 철도와 도로를 도심부에서 방사상으로 뻗어나가도록 설계했고, 균일한 크기의 현대식 모듈 건물이 네오고딕 양식의 시청사나 젬퍼가 기획한 네오바로크 양식의 "황제광장(Kaiserforum)"과 병존했다. 젬퍼는 빈의 '광장'에 대한 자신의 이론적 구상을 강연록『건축양식에 관하여』에 담았는데, 여기서 젬퍼는 "극히 다양한 규모와 위상을 갖는 많은 수의 공간 개체들을 최대의 중앙공간을 중심으로 … 질서 잡는다"는 가히 역사주의적인 원칙을 천명했다.

후기의 절충주의적 역사주의는 개별 '공간 개체'를 넘어 도시 전체의 경관에 개입하면서, 기능적 용도에 따라 '청년양식' 등과 같은 모더니즘 경향과도 뒤섞이게 되었다. 기능과 형식, 개체와 전체, 현재와 과거를 조화시키려는 역사주의 고유의 이상은 절충주의의 심화로 인해 무색해졌다. 마치 전지구적으로 팽창된 서구 제국주의의 모습이 그러하듯이, 역사주의 건축은 이제 모든 건축적 흐름에 개방됨으로써 스스로 소멸되는 길을 겪게 되었다.

# 4. 결론

"전혀 다른 것을 지을 수 있다면 실로 다른 기쁨이 될 것이다. 옛 미술품
의 미라들을 모아놓은 아름다운 묘지가 아니라 근사한 공공의 민중(Volk)
전당을 짓는다면, 존속되어온 종교적 형태의 교회가 아니라 더 나은 미래에
민중의 윤리적 자성(自省)에 순수하게 복무하는 새로운 전당을 짓는다면, 호
기심어린 민중들이 은혜를 입어 한 주에 그저 몇 번 둘러보는 궁전이 아니라
민중들 자신의 도시주택을 짓는다면 말이다."[3]

19세기 중엽 독일의 대표적 미학자 피셔(Friedrich Theodor Vischer)는
건축이 '민중'의 일상적 삶에 이바지해야한다고 생각했다. 이는 1848
년 혁명이 일어나기 단 몇 년 전의 발언임을 생각하면 사뭇 의미심장
하지만, 피셔 자신의 성향 상 급진적인 발상과는 거리가 멀었다. 그가
지향하는 '공공의 민중 전당'은 새로운 형태의 '교회'였다. 그것은 과
거가 아니라 미래에, 단지 민중의 유복한 삶을 위해서가 아니라 보다
고도의 정신적 목적에 '순수하게 복무'하여야했다. 심지어 '민중들 자
신의 도시주택'도 제왕의 궁전과 하등 다를 바 없이 건축 본연의 정신
적 목적에 부응해야 마땅했다.

피셔가 희구한 '민중 전당'은 역사주의 건축의 제반 특징을 두루
포함하고 있다. 묘지나 교회, 혹은 궁전의 전통미에 견줄 수 있어야하
고 현실적 기능에 부합하여야하고 그러면서도 미래를 여는 순수한
정신적 가치를 구현해야했다. 역사주의 건축은 새로이 도래한 산업기
술 시대의 현실 속에서 과거의 형식을 현재의 용도에 맞게 '인용'한
건축적 흐름이었다. 그것은 과거와 현재의 관계를 인위적으로 재설정
하여 문화적인 일체성을 이룩함으로써 거센 변화의 흐름에 대처하려
는 노력의 일환이었다.

19세기를 거치며 역사적 양식의 수용은 서구 건축사의 모든 시기로 확대되었다. 신고전주의 건축이 현재와 과거의 차이보다는 영원히 새로움을 잃지 않는 고전적 전범의 연속성을 부각시킨데 반해, 낭만주의의 영향을 받은 네오고딕 건축은 호고적 관심을 넘어 역사의 권능에 대한 가히 종교적인 믿음을 견지했으며, 네오르네상스 건축은 성기 르네상스에 대한 객관적 인식을 건축적으로 재현했다. 산업기술의 발전이 증대될수록 과거의 전통에 대한 진지한 관심과 기능적 합리성의 추구라는 부르주아의 모순적인 요구를 모두 만족시키기는 힘들어졌기에, 과장된 전통과 과장된 기능성이 불안한 제휴를 이룬 네오바로크가 출현했다. 네오바로크 건축은 개별 건축물을 넘어 도시전체의 경관에 개입하면서 극도의 절충주의적인 색채를 띠면서 역사주의의 마지막 불꽃을 작열시켰다.

역사주의 건축은 기능과 형식, 개체와 전체, 현재와 과거를 조화시키려는 역사주의의 근본이념을 다양한 건축적 형태언어를 통해 변주했던 '심미적 역사주의'의 백미로서, 역사주의가 단지 특정 분과에 국한된 흐름이 아니라 19세기 부르주아 계층의 집단기억과 자기재현의 양식이었음을 웅변해준다.

# ◼ 주

1) Heinrich Gustav Hotho, *Geschichte der deutschen und niederländischen Malerei*, 2 vols. (Berlin, 1842/1843), p. 235. Monika Wagner, *Allegorie und Geschichte* (Tübingen, 1989), p. 34에서 재인용

2) 이러한 유형론은 다음 저작에서 착상을 얻었음. Renate Wagner-Rieger, Johanna Fiegl, *Die Wiener Ringstrasse. Das Kunstwerk im Bild: 2 vols.* (Wien, 1969).

3) Friedrich Theodor Vischer, "Die Münchner Kunst. Eine Ergänzung der kritischen Gedanken in den Jahrbüchern der Gegenwart" (1845), Monika Wagner, *Allegorie und Geschichte*, p.39에서 재인용.

# ◼ 참고문헌

스즈키 히로유키 지음, 『서양 근현대 건축의 역사: 산업혁명기에서 현재까지』, 우동선 옮김, 시공아트, 2009.

Hannelore Schaffler, Heinz Schlaffer, *Studien zum ästhetischen Historismus* (Frankfurt a. M.: Suhrkamp, 1975).

Dieter Dolgner, *Historismus. Deutsche Baukunst 1815~1900* (Leipzig: E. A. Seemann, 1993).

M. Brix and M. Steinhauser, *Geschichte allein ist zeitgemäß: Historismus in Deutschland* (Lahn-Giessen: Anabas-Verlag, 1978).

Wolfgang Hardtwig, *Geschichtskultur* (München: dtv, 1992).

Monika Wagner, *Allegorie und Geschichte,* (Tübingen: Ernst Wasmuth Verlag, 1988).

Maiken Umbach, "Memory and Historicism: Reading Between the Lines of the Built Environment, Germany c. 1900," *Representation*, vol.88, Fall(2005), pp.26~54.

John Edward Toews, *Becoming Historical. Cultural Reformation and Public Memory in Early Nineteenth-Century Berlin,* (Cambridge University Press, 2008).

# 제3부
## 20세기의 역사주의

# 역사주의의 위기:
# 에른스트 트뢸취의 상대주의적 역사주의

임 상 우

## 1. 19세기말의 사상적 위기와 트뢸취의 역사주의

19세기 말까지의 인문학은 과학적 이상보다는 문화적 이상을 추구하는 것이 목표였다. 그러나 20세기에 들어와 인문학이 그러한 문화 이상에 대한 추구를 멈춘 채 하나의 학문(Wissenschaft), 나아가서는 하나의 과학(science)으로서 자기 정당성을 찾게 되었다. 그러나 과학적 이상을 주장하면 할수록 인문학은 자신의 입지가 흔들리게 되는 역설에 봉착하게 되었고, 이렇게 볼 때 현대 인문학의 위기는 그 내부에서부터 필연적으로 발생했다고 볼 수 있다. 인문학의 한 분야임을 고수하고 있는 현대의 역사학 역시 위와 같은 위기 현상을 보여주고 있는데서 예외가 아니다. 근대 역사학은 그 성립 이래 자신의 최고의 덕목을 엄정한 사실의 확정이라는 데 두었고, 19세기 말경 역사학이 '학문의 왕좌'에 오르게 된 것은 바로 가치를 배제한 사실 추구라는 미덕 때문이었다. 그러나 가치와 사실의 이분법적 세계에서는 사실을 추구하면 할수록 가치의 세계는 멀어져 가는 것이고, 이에 따라 학문 세계에서는 의미의 문제를 추구하는 일이 무의미하게 된 것이다. 본고는 이러한 괴리의 양상을 20세기 초 독일의 종교사학자 에른스트 트뢸취(Ernst Troeltsch, 1865~1923)가 봉착했던 '역사주의의 위기'라는 현상을 통해 검토하고자 한다.

현대의 역사학이 다른 인문학과 마찬가지로 그 존립의 위기에 처해 있다면, 그 주요한 원인 중 하나는 19세기 역사주의의 성립 이래 전통적으로 믿어져 온 바, 역사학은 의미 추구의 학문이라는 신념이 흔들리고 있다는 점일 것이다. 즉 독일의 관념주의적 전통에서 비롯한 문화이상(Kulturideal)이 추구하는 역사학의 목표가 흔들리고 있는 것이다. 19세기에 있어 이와 같은 관념론이 역사학에 자리 잡을 수 있었던 것은 역사의 사실 확인을 통해서("wie es eigentlich gewesen") 의미와 가치의 세계(Bildungswelt)에 대한 궁극적 이해에 도달할 수 있다는 가정이 있었기 때문이었다. 그러나 19세기 후반 이래 역사학이 가치관의 형성(Bildung)을 목표로 하기 보다는 과학적 학문으로 자리 잡기 위해 연구(Forschung)로서의 학문으로 전문화라는 과정을 겪으면서 역사학은 계속적으로 사실 확정을 위한 새로운 방법론을 추구하게 되었고, 그 결과 역사학은 창백한 사실만을 전달하는 전문적 기술로 전락하고 말았다. 20세기 말에 이르러 가치관의 추구라는 전통적 이상을 포기한 것 같은 역사학은 이제 바야흐로 가치의 극단적 다원주의와 상대성을 표방하는 포스트모더니즘의 도전에 당황하고 있다.[1]

19세기초 이래 근대 역사학의 발전은 역사주의의 발전과 맥을 같이 했다. 랑케(Leopold von Ranke)의 이름과 함께 성립된 독일의 역사학파는 상호 관련된 두 가지 의미의 역사주의를 정의했다. 역사주의는 하나의 세계관을 의미함과 동시에, 전문화된 학문으로서의 역사학을 정의한 것이다. 그들의 인식론적 가정은 현상세계의 이면에 존재하는 하나의 관념적인 정합적(整合的) 세계를 전제했다는 점에서 헤겔의 관념적 세계관과 맥을 같이 하는 것이었다. 이에 따라 랑케와 그 후계자들은 개별 사실의 확인을 통해서 그 사실들의 이면에서 역사를 움직이는 어떠한 커다란 힘을 확인하려 하였고 그 힘이란 바로 가치와 직결된 것이었다. 다시 말해, 본래 역사주의적 세계관 아래서는 사실의 파악이 가치의 인식과 대립되는 것이 아니었다. 사실의 세계를 제대로 파악하여 기술하기만 한다면 그것은 자동적으로 가치의 세계를 드러내는 것이라고 가정했기 때문이었다.

역사주의의 핵심은 역사가 비합리적이고 즉발적인 계기로 가득 차 있다는 것을 인정했다는 점에서 애초부터 자연주의적 실증주의(positivistic) 과학관과는 거리가 먼 것이었다. 그러나 독일 역사학파에 의해 역사학이 전문적 학문 분과로 정립되어가는 가운데서 역사주의의 모순이 드러나기 시작했다. 그 모순은 역사학 연구에 과학적 방법론을 적용하려는 데서 비롯되었다. 기본적으로 관념적 가치를 다루는 역사 세계의 이해를 위해 실증주의적 과학의 논리를 적용해야만 했기 때문이었다. 따라서 역사학은 사실의 확인을 통해 가치를 직관적으로 인식하는 종합적 인문학(Bildung)을 추구할 수밖에 없었다. 결국 역사주의자들은 관념론적 세계관에 확고히 근거하고 있었으면서도, 객관성 유지에 대한 낙관적 태도를 견지하려는 데서 실증주의나 마르크스주의가 보여주는 순진한 객관주의를 드러낼 수밖에 없었다. 그러나 사실 탐구에 있어서 진보가 이루어지면 질수록 명확해지는 것은 가치의 상대성뿐이라는 근본적인 모순이 제기되었다.

역사주의자들은 19세기에 이룩된 과학적 진보와 짝하는 문화적 진보에 관해서 모호한 입장을 취할 수밖에 없었다. 사실의 연쇄가 하나의 방향으로 전진한다는 진보의 관념은 개별적 사실의 독특성을 신봉하는 역사주의 안에서는 자리 잡을 수 없기 때문이었다. 랑케가 파악한 대로 모든 사실과 시대는 "신과 직결되어"있는 것이었다. 이러한 모순으로 말미암아 19세기 후반 랑케의 계승자들은 문화적 상대주의를 안정해야만 했다. 그들은 자연히 서구문화의 가치를 절대적인 것으로 인정할 수 없다는 태도를 취할 수밖에 없었는데, 이는 그 시기의 진보적 이상과 연결된 서구 문화의 우위론과는 정면으로 배치되는 태도였다. 그렇지만 실증주의적 과학주의가 만연한 이 시기에 있어 정밀과학으로서의 역사학은 절대적 기준을 가지고 문화적 실재를 규명해야만 그 존립의 정당성을 인정받을 수 있는 처지에 있었다. 바로 여기에 "역사주의의 위기"가 도래할 수밖에 없는 사정이 있었다.

에른스트 트뢸취는 당대의 이러한 역사주의의 위기를 가장 심각하게 인식한 학자였다. 종교사학자로서 그의 기독교 연구는 서구문화의 특수성과 개성적 가치를 파악하려는 노력이었다는 점에서 전형적인 역사주의적 가정에 근거하여 출발한 것이었다. 그러나 그러한 탐구의 결과는 기독교의 유일 절대성을 부정하는 것이었고, 각 문화권이 가지고 있는 신념체계의 복수성을 인정해야만 했기에 서구문화의 상대성을 인정하고 마는 아이러니에 봉착하고 만 것이었다. 트뢸취는 자신의 학문(사실의 세계)을 신앙(가치의 세계)에 종속시킴으로써 자신의 상대주의를 극복하려 노력했지만, 19세기 후반의 역사주의가 봉착한 사실과 가치의 양립 불가능성이라는 딜레마의 해결에서는 실패할 수밖에 없었다. 급기야 그는 19세기 내내 승승장구하던 역사주의가 전면적인 위기에 봉착하게 된 것을 선언할 수밖에 없었던 것이다.

## 2. 트뢸취의 종교역사학과 역사주의의 위기

19세기말로부터 20세기초에 이르는 시기는 서구 지성사의 입장에서 볼 때 하나의 심대한 전환기였다. '유럽 사상의 위기' 혹은 "우리 시대의 새로운 가정들이 형성된 지적 혁명의 시기"[2]로 표현되는 이 시기에 있어 가장 첨예하게 떠오른 주제는 무엇보다도 '사실세계의 붕괴'였다. 19세기를 통해 계속되어 왔던 진보에 관한 낙관적 태도는 이제 그 확고한 기반을 잃게 되고 남은 것은 비관적 환멸과 팽배한 위기감이었다. 전통적으로 믿어져왔던 제 가치들이 부정되기 시작하면서 실재에 대한 확실성에 근거했던 모든 학문은 그 존립 기반을 잠식당하고 있었다.

트뢸취는 이 시기에 활동한 사상가들 중에서 누구보다도 첨예하게 이러한 위기를 감지하고 있었고, 또한 그의 활발했던 학문 활동의 필생의 목표는 다름 아닌 '유럽적 가치의 재평가'였다. 동시대인이었던 르위스(Leister Lewis)는 이미 트뢸취를 세기의 전환기에 도래한 '확실성 붕괴의 시대'를 대변하는 인물로 보고 있었다.

> 우리는 하나의 새로운 시대에 살고 있는 것이다 … 이 변화는 새로운 세계관과 새로운 철학을 초래할 것이고 … 하나의 새로운 신학적 기운을 포괄하고 있다 … 오늘의 세계의 거의 모든 형태의 지적 활동은 80년대 이전의 세계의 그것과는 판이하다 … 트뢸취는 이러한 새로운 세계의 예언자인 것이다.[3]

이와 같은 심원한 문명적 위기감은 트뢸취에게 있어 절실한 것이었다. 1923년 그가 죽기 직전 발표한 글에서 "이른바 근대적 사고는 하나의 동질적인 세계관을 제시할 수 없게 되었다"고 언명한 트뢸취는 근대 세계를 규정하면서, "우리 시대는 그 기저부터 흔들리고 있으며 모든 방향으로부터 변화를 겪고 있는" 것으로 파악하였다. 모든 방면에서 그는 '가치와 정신의 무정부 상태'를 감지하였으며, 이에 따라 영원할 것 같았던 전통적인 진리들이 명백히 근거를 잃고 있다고 보았다.[4] 이에 따라 '모든 것이 비틀거리고 있다'는 명제가 트뢸취의 전 작품에 걸친 화두가 되었고, '인간 지식의 근본적인 변전'에 대한 논의들이 교회사, 정치논저, 철학, 역사철학에 관한 그의 논고들의 중심 과제를 이루고 있다.

기독교의 가치를 누구보다도 옹호하고 싶었던 트뢸취는 무엇보다도 역사적 사고야말로 전통적인 종교적 가치를 위협하는 것으로 여겼다. 자연 과학의 발달이 종교를 침식했다는 당시의 일반적 견해를 부정하고, 오히려 역사주의적 사고가 기독교의 절대성을 상대화하고 있다고 보고 있었다. 18세기 계몽주의 이래 문화의 상대성에 대한 인식은 이신론(deism), 여러가지 여행기, 아시아의 종교와 철학에 대한 새로운 지식, 언어학(Philologie)의 발달, 민족학(ethnology)의 발달 등으로 인하여 증대되고 있었다. 이는 결국 종교 자체를 역사적으로 관찰하도록 이끌었으며, 19세기의 역사주의는 점차 보편적인 인간의 가치를 부정하는 데로 나아가는 경향을 보였다. 이와 같은 배경에서 트뢸취는 급기야 종교에 대한 논의는 하나의 거대한 새로운 학문에 의해 좌우될 수밖에 없다고 판단하였다.[5] 그러한 새로운 학문을 일컬어 트뢸취는 '종교역사학(Relionsgechichte)'이라고 명명하였다.

결국 트뢸취의 종교역사학은 종교의 초자연적 기반을 전면적으로 부정하고 역사적 발전이라는 시각에서만 종교현상을 연구하는 것으로 귀결된 것이고, 바로 이 점에서 트뢸취의 학문적 노력은 애초부터 사실과 가치 사이의 딜레마에 봉착할 운명에 놓여 있었던 것이다. 즉 전통적인 역사주의적 입장에서 하나의 독특하고도 절대적인 기독교라는 현상을 연구하면 할수록, 기독교 문화의 여타 종교문화에 대한 상대성이 역설적으로 드러나는 것이었다. 그리고 이는 역사주의의 총체적 위기를 반영하는 대표적인 예로 볼 수 있겠다

트뢸취는 모호하게 쓰이던 '역사주의'(Historismus)라는 용어를 본격적으로 정의한 최초의 인물이다. 그는 역사주의를 "19세기를 통하여 발전된 하나의 사고 형태(Denkform)로서 인간 정신세계의 모든 지식과 경험을 역사화(Historisierung)하려는 경향"[6]이라 정의했다. 그와 동시대를 살았던 본격적인 역사학자 마이네케는 보다 적극적으로 역사주의는 "서구 사상이 경험한 가장 커다란 정신적 혁명"이라고까지 칭하기도 했다. 이들 두 학자는 역사주의를 하나의 세계관으로 간주했던 것이 분명하다. 그의 저작들에서 역사주의적 사고 형태를 표현하는 말로 그들은 Denkweise, Denkart, Betrachtungsweise, Behandlungsweise 등을 혼용해서 썼던 것을 볼 때 그러하다.

역사주의라는 용어는 19세기 내내 사용되어 왔으나 이것이 하나의 확고한 개념으로 자리잡은 것은 트뢸취가 1922년에 "역사주의와 그 문제들(Der Historismus seine Probleme)"을 발간하고 나서부터였다. 이렇게 역사적으로 형성된 역사주의의 개념을 한마디로 정의하기는 어려운 일이지만, 트뢸취 자신의 정의가 이해를 돕는다.

> 19세기를 통하여 자리 잡게 된 '역사주의'란 말은 정신세계에 대한 우리의 전반적인 이해와 경험을 역사화하는 것을 의미한다. 이제 우리는 모든 사물을 변화라는 강 속에서, 끊임없이 언제나 새로운 개별화 과정에서 알 수 없는 미래를 향해가는 과거 사실들 속에서 파악하고 있다. 국가, 법률, 도덕, 종교, 예술은 역사적 생성이라는 흐름 속에 녹아들어 있으며, 그것들은 오직 역사발전의 요소일 뿐이라는 점에서만 이해될 수 있다.[7]

트뢸취의 역사주의는 어떠한 사물이든 영속성을 전제한 정태적 파악을 허용하지 않고 있었고, 진리와 가치 및 사회적 제도들까지도 특정한 역사적 시간과 공간 속에서만 파악되는 것이었다.

반면에 트뢸취는 자신의 역사주의를 가치상대주의와 동일시하는 것 또한 부정했다는 점도 강조 되어야 한다. 그가 역사주의를 '역사에 대한 상대주의적 태도'로 규정하면서 역사 속에서 절대적인 것이란 없다고 끝까지 믿었었지만, 그렇다고 해서 "가치의 상대성이 상대주의를 의미하는 것을 아니다"[8]라는 믿음을 끝내 저버린 적은 없었다. 오히려 그는 역사주의가 가치상대주의의 함정에 빠지는 것을 경계했던 것이다. 그에게 있어 허무한 상대주의는 역사주의가 건너야 할 함정이었다. 다만 그는 "회의주의와 상대주의는 현대의 지적 여건 즉 역사주의에서 비롯된 필수적인 하나의 명백한 결과"일 뿐이라고 믿었던 것이다.[9]

종교의 상대주의적 성격과 관련하여 그는 진실된 가치는 역사 가운데서 자기를 드러내고야 만다는 전제에서 출발하였다. 따라서 신학자들이 종교의 역사에 관심을 갖게 되는 것은, 다양한 종교적 경험을 관찰하기 위해서가 아니라, 그러한 다양성을 통해서만 종교적 규범들을 이해할 수 있기 때문이라는 것이었다. 그는 또한 역사는 혼돈상태가 아닌 것이기 때문에 주요 종교들은 모두가 다 서로 유사한 점을 보이면서, 각각 하나의 핵심적인 진리를 반영하고 있는 것으로 보았다. 따라서 역사학이 규범들의 발생적 기원을 설명하는 것에 그친다면 종국에 가서는 상대주의의 함정에 빠지게 될 것이었기 때문에, 트뢸취는 역사학의 가장 중요한 과제는 역사상 나타나는 규범들을 정확하고 분명하게 드러내는데 있다고 보았던 것이다. 다만 그는 이 규범들은 역사세계 내에서 개체적이고 제한적인 형식으로 나타나고 있으므로, 이 규범들에 관한 역사가의 지식도 언제나 어느 정도는 주관적인 동시에 상대적일 수밖에 없다는 점을 인정하기는 했었다.

# 3. 트뢸취의 상대주의적 역사주의

트뢸취가 의미하는바 역사주의는 그가 지닌 자연주의(naturalism)의 개념에 대비시킬 때 훨씬 명확해진다. 역사주의와 자연주의는 "근대 학문 세계에 있어 가장 위대한 두 가지의 창안물"이라고 생각한 그는 "자연주의는 공간 속에 순수하게 주어져 있는 채 궁극적으로 설명할 수 없는 실체들과 관련되어 있는 반면, 역사주의는 역사 속에서 스스로 상반되는 정신들에 관한 자기 이해인 것"이라고 말했다. '자연은 역사가 아니다'라는 명제는 트뢸취가 자연주의가 역사주의에 침입하는 것을 거부하는 근거가 되었다. 따라서 그의 역사주의적 사고에는 자연 대 역사라는 대립항이 설정된다. 그가 자연과 구별한 역사는 기록으로서의 역사(Historie)라기보다는 실존적인 의미에서 사건으로서의 역사(Geschichte)였다. 바로 이러한 자연과 역사 사이의 실존적인 차이점 때문에, 서로 상이한 영역에 기초한 세계관들은 서로 화해될 수 없는 것이었다. 이렇게 볼 때 그는 당대의 신칸트학파가 주장하고 있던 정신과학과 자연과학의 구별을 대체로 받아들였다고 할 수 있다. 그 역시 역사는 독특한 대상을 다룰 뿐 아니라 바로 그 이유 때문에 독특한 방법론이나 논리를 사용한다고 보았기 때문이다.

트뢸취가 자연보다는 역사를 중시했다고 해서 역사를 우상화했다고 보기는 어렵다. 그는 역사에 대해 대단히 소박하고도 겸허한 태도를 견지하고 있었기 때문이다. 자연의 무변광대한 시간과 공간에 대비할 때, 역사 세계는(선사 시대를 포함한다 하더라도) 지극히 미미한 것이고, "차가운 거울의 표면 위에 훅하고 한번 불어 놓은 입김"같은 찰라에 불과한 것이었다. 또한 수억년에 걸친 지구의 자연사적 발전에 비하더라도 인간 역사의 영역은 극미한 것이었다. "우리가 명백히 보는 것은 어떤 위대한 문화라 할지라도 한정된 시한을 갖고 있고 언젠가는 소멸된다는 점이다"면서 "마지막 석탄덩이로 마지막 감자를 굽고 있는 최후의 인간"을 내다 볼 수 있었다. 따라서 그는 "인간 역사와 인간 정신은 전체 세계 안에서 볼 때 놀라울 정도로 비정상적인 것"[10]으로 파악했던 것이다. 트뢸취의 이러한 인간 역사의 미미함에 대한 겸허한 태도야말로 그가 역사주의를 하나의 세계관(eine Weltanschauung)으로 생각했던 징표라고 할 수 있겠다. 다른 한편으로는 바로 이러한 태도로 말미암아 그의 역사주의가 가치의 상대성을 과도하게 옹호했다는 비판을 받을 수밖에 없었던 여지를 마련한 것이라 볼 수 있다고도 하겠다.

요약적으로 말하자면, 역사종교학파(religionsgeschichtliche Schule)의 대표자로서 트뢸취는 기독교를 역사화하는 작업의 과정 속에서 자연스럽게 역사주의의 일반적 문제로 관심을 이동시켰다고 볼 수 있다. 이전까지 그토록 강고했던 신학적 진리들이 상대화되는 가운데 트뢸취는 그의 역사적 통찰력을 인간 역사 전역으로 확대하고 있었던 것이다. 그가 정치적, 사회적, 윤리적, 미학적, 과학적 발전에 관하여 연구를 확대시켜 나갈수록 위와 같은 확실성의 붕괴라는 어려움을 비단 종교 분야에서 뿐만 아니라 이외의 각 분야에서도 직면해야만 했다. 그때까지 절대적으로 여겨졌던 기독교의 이상을 상대화하는데서 발생한 문제들은 하나의 전체로서의 문명사를 연구하는데 있어서도 똑같이 제기되었던 것이다.

이렇게 볼 때 트뢸취의 "잠재적인 역사주의의 신학"[11]은 역사를 신학적으로 접근하는 대신에 신학을 역사적으로 접근하도록 했음을 알 수 있다. 그리고 이러한 태도에서 비롯하여 그는 근대 세계를 전체적으로 조망하는 하나의 세계관으로서의 역사주의를 규정하고 추구하도록 했다고 볼 수 있겠다.[12] 요약컨대, 트뢸취의 학문적 여정은 기독교 가치의 절대적 타당성을 주장하는 데서 시작하여, 기독교 역시 해당 시대의 환경에 묶여있다는 점을 밝힌 이후, 결국은 종교 뿐 아니라 서구 문명의 모든 가치들이 역사라는 물결 속에 흘러가고 있다는 결론에 다다른 것이었다. 다시 말하면 그는 문화적 상대주의를 향해 먼 우회로를 돌아 왔다고도 할 수 있겠다.

이에 따라 트뢸취는 역사 서술에 관한 하나의 특별한 인식론적 기반을 제시하였다. 비록 실제적인 역사 사건들 그 자체는 변치 않는 것이지만, 그에 관한 기록과 해석은 변하는 것이고 또한 변해야만 한다는 것이 그의 역사 인식론이었다. 다시 말하면, 과거 사실(Geschichte)은 변치 않는 것이지만, 그에 관한 역사 서술(Historie)은 항구적이거나 절대적으로 결정적일 수 없는 것이다. 왜냐하면 적절한 역사학적 제도와 역사학의 형식논리적 범주에 의거하여 적절히 역사 서술이 구성되어 있기만 하다면, 각기의 역사 서술은 진리에 관한 진정한 타당성을 서로 주장할 수 있다는 사실 때문이었다.

트뢸취는 평생동안 기독교에 대한 자신의 신앙을 결코 포기하지 않았다. 안토니(Carlo Antoni)의 지적대로 트뢸취는 아마도 "오래된 신들, 즉 기독교적 삶의 질서와 문화, 자유주의적 진보, 역사와 문명에 대한 확고한 신념을 지녔던 최후의 독일 지식인"이었을 것이다. 따라서 그는 "개신교회 전체의 신학적 능력을 신뢰했던 마지막 인물"이었다.[13] 그렇지만 끝없는 역사의 흐름 속에서 종교의 확실성을 찾기 위해 시작된 그의 지적 여정은 점차 어떤 확고한 윤리적 가치를 발견하기 위한 모색으로 바뀌어져 가지 않을 수 없었다. 확고한 윤리적 가치를 발견하기 위한 시도로서 그는 역사주의적 세계관의 확립에 진력했다. 그러나 모든 지식과 가치는 역사 속에서 인식되어야 한다는 그의 역사주의적 사고가 깊어갈수록 종교적 가치의 상대성을 인정해야만 되는 해결할 수 없는 딜레마에 빠져들 수밖에 없었다.

# 4. 역사주의의 위기와 트뢸취의 딜레마

트뢸취의 역사사상의 단초는 독일 관념론의 발전개념에서 찾아볼 수 있다. 그는 역사현상의 배후에는 역사의 유의미한 성장을 보장해 줄 수 있는 절대적 가치가 존재한다고 굳게 믿고 있었다. 역사 속에 담겨 있는 다양한 가치, 이념, 개체성은 역사의 배후에 존재하고 있는 절대적이고 무시간적인 가치를 향해 발전해 나가는 어떤 사슬과 연계되어 있다는 믿음이었다. "어떤 일시적인 요인에 의해서도 조건이 지어지지 않는 절대적이고 불변적인 가치들"이 역사 바깥에 존재하는 것은 사실이지만, 그 가치들은 역사 내에서만 자기를 드러낼 수도 있고 또 알려질 수 있다. 그러나 이 규범들은 역사세계 내에서는 개체적이고 제한적인 형식을 언제나 전제하고 있으므로, 이 규범들에 관한 우리의 지식은 언제나 어느 정도는 주관적인 동시에 상대적일 수밖에 없다고 그는 주장했다.[14]

따라서 그는 역사란 리케르트(Heinrich Rickert) 등 신칸트학파의 주장처럼 단순한 정신의 구성물이 아니라 하나의 현실적 과정이며, 역사 속에 나타나는 구체적 가치들과 역사의 발전 사이에는 현실적인 연관이 존재한다고 믿었다. 이러한 전제에서 개별적인 가치 판단은 독단적이고 주관적이기 때문에 상호 모순적인 것이 될 수 있다고 볼 수 있지만, 그것이 거대한 역사적 연관의 일부로 파악된다면 그때에 비로소 정당성을 가질 수 있는 것이었다. 모든 다양한 가치들은 그 자체로서 의미를 가질 수 있게 되고, 그것들은 고유한 내적 법칙을 소유하고 있는 발전 과정 속에서 한 가지 역할을 담당하고 있다는 생각이었다.[15] 이렇게 될 때, 신칸트학파가 그토록 확연히 구분했던 주관과 객관은 다시 결합될 수 있게 되었고, 사실(Tatsache)의 세계와 이념(Idee)의 세계를 새롭게 종합될 수 있었다. 이러한 통합의 과정에서

"종교적인 신앙의 요소"는 핵심적인 역할을 하는 것이며, 그에 대한 믿음이 없다면 가치와 역사에 대한 모든 사고는 의미 없게 되어버릴 것이었다.

트뢸취는 1912년 "기독교회의 사회교리"[16]를 발간할 때까지 그의 초기저작에서 발견되는 위와 같은 신념을 지속적으로 유지하고 있었다. 그러나 "사회교리"에서는 초기저작에서 그랬던 것 같이 역사이론에 관한 자신의 입장을 표명하거나 어떠한 체계적인 철학을 제시하고 있지 않았다. 이 저작에서부터 트뢸취는 근본적인 전제에 있어 명백한 입장변화를 보여주고 있는 것이다. 이 변화는 초기 신학저작에서 보이는 것보다 훨씬 더 비관적`인 인간상과 역사상이라 할 수 있다. 앞의 장에서 본 바와 같이 트뢸취에게 있어서 기독교는 이제 인간의 종교적 발전에 있어서 중심점이 되거나 미래의 발전을 위한 출발점으로 여겨질 수 없게 되었다. 대신에 기독교는 서구세계에 존재해 왔던 하나의 역사적 종교에 불과하며, 그 시대의 전체 문화 가운데 한 부분을 차지하고 있을 뿐이라고 파악된 것이다.[17]

19세기는 모든 형태의 문화생활과 지적 생활에 대해 '발생학적 이해(genetische Verständis)'가 추구되던 시대였고, 역사주의적 사고는 이러한 태도를 대표적으로 반영하고 있었다. 그런데 이러한 역사주의적 연구태도는 세계에 대한 이해를 가능하게 했던 대신에, "인간 존재에 대한 모든 확실한 규범과 이상들"[18]을 훼손시킬 뿐이었다. 정치, 법, 도덕, 종교, 예술은 모두 역사의 흐름 속에 용해되어, 그 자율성을 상실하고 전체적인 역사발전의 일부로만 이해될 수 있게 된 것이다. 이제 역사 혹은 역사주의는, 즉 모든 현실은 역사적이라는 믿음 때문에 결국 "스스로를 내적 모순으로 내몰아"[19]가지 않을 수 없게 되었다. 이로써 역사주의 정신은 낡은 기독교적, 왕조적 개념들을 대체했던 이성의 자율성과 인간의 진보에 대한 믿음의 근거인 우리의 윤리체계들을 산산이 조각내었을 뿐 아니라, 자신의 학문방법까지도 훼손시켜 버리는 결과를 초래하게 된 것이다.[20]

트뢸취는 이러한 난점들을 "역사주의의 문제들"[21]이라 규정하면서 이를 논리적으로 해결하는 것은 불가능하다고 했다. 왜냐하면 인간의 이념은 언제나 그 문화에 구속되어 있고, 역사의 흐름과 변화 그 이상을 볼 수 없었기 때문이었다. 이제 유일한 해결책은 서구문명의 역사 속에서 초월적인 진리와 가치의 반영을 찾아내는 것뿐이었다. 트뢸취는 말하자면 양수겹장을 원했던 것인데, 지식과 가치의 유일한 열쇠를 역사 속에서 찾으려 하면서도, 절대적이고 초월적인 가치를 확신하려 했다. 그러나 이것은 학문을 통해서가 아니라 오직 신앙에 의지할 때만 가능한 일이었던 것이다.

트뢸취는 이러한 딜레마가 더욱 분명해질 것이라고 확신하였다. 이 딜레마는 이성과 추상적인 규범들을 동일시하는 잘못된 사고에서 비롯하는 것이었고, 역사와 사회 속에 있는 구체적인 가치들도 진리를 반영하고 있다는 점과, 일견 비합리적이고 자연발생적인 것처럼 보이는 것도 합리성의 표현일 수 있다는 사실을 인정하지 않은데서 비롯한 것으로 보았다. 그는 가치와 기준들이 인간에게는 없어서는 안 될 것이라는 점은 인정하고 있었지만, 그렇다고 해서 그것이 꼭 특별하고 독특한 역사적 성격과 언제나 조화를 이룰 수 없는 무시간적, 절대적, 추상적 가치들일 필요는 없다고 생각했던 것이다.[22]

요약하자면, 트뢸취는 하나의 문화권 속에 살고 있는 사람들이 표출하고 있는 다양한 가치이념 속에는 그 문화에 적합할 뿐 아니라 그 문화의 근본적인 이상들을 반영하고 있는 특정한 가치들이 존재한다고 본 것이다. 그러나 하나의 문화가 이처럼 중심적인 이상을 구현하고 있다는 것을 입증할만한 경험적 증거는 거의 없다는 것이 문제였다. 트뢸취의 딜레마는 한 문화권은 논리적으로 본다면 결코 화합될 수 없는 대립적인 세력, 신념, 이상들이 한데 응집되어 있음에도 불구하고, 과학적 수단으로 그 문화의 본질을 이해할 수 있다는 것을 부정하지 않으려 하는데 있었다.

> 종교, 예술, 과학, 정치, 법률, 경제적 영역 사이에 존재하고 있는 긴장들은 논리적인 모순이 아니며, 그것들의 통일은 논리적인 통일이라기보다는 오히려 개체적이고 시간구속적인 통합에 의한 초논리적 통일인 것이다.[23]

그렇기 때문에 문화 속에는 일견 모순적인 것처럼 보이는 요소들이 존재한다 하더라도, 그러한 통일의 작업은 가능하다고 믿었던 것이다.

이로써 트뢸취는 인간의 현실에 역사학적 분석을 적용하는데서 야기된 모순과 딜레마를 극복하려 하였다. 이는 인류는 다양한 모습으로 존재하고 있지만, 그 이면에는 하나의 목적이 존재하고 있다고 믿었기 때문에 가능한 일이었다.

> 우리는 풍요로운 문화생활의 통일성 속에 존재하면서, 그것 자체가 전혀 합리적 개념이 아니기 때문에 이성적으로는 파악될 수 없는 절대자를 향해 지속적으로 나아가는 운동 가운데 살고 있다.[24]

트뢸취에게 있어서 어떠한 과학도 "생의 흐름 전체"를 파악할 수 없음에도 불구하고 생의 흐름 속에는 "통일성과 연관성의 의미"가 담겨있는 것이었다. 이에 따라 모든 것의 배후에는 모든 이념과 이해를 위한 필수조건으로서 신이 존재하는 것이고, 이것이 없다면 객관적인 기준이나 가치의 설정은 불가능할 것이었다.

이렇게 볼 때 트뢸취의 역사학의 방법론은 논리적 공식을 필요로

하지 않는 것이었고, 합리적인 분석보다는 감정이입적 이해 (nachfühlend Verstehen)와 사유가 아닌 관조(Schauen, nicht Erdenken)가 담겨 있는 것이었다. 즉 역사 속의 개체 속에 담겨 있는 의미는 인과적 설명을 통해 파악될 수 없고, 다만 "이해"될 수 있을 뿐이었다. 그 개체들은 각각 의미의 중심들을 소유하고 있기 때문인데, 인간의 정신은 역사현실에 몰입함으로써, 그 현실을 자연스럽게 이해할 수 있는 것이었다.

이리하여 트뢸취의 개체의 독특성을 강조하는 역사주의적 사고는 두 개의 상반되는 결론에 도달한 것이었다. 한편으로는 "전체로서의 인류는 문화적, 정신적 통일성을 가지고 있지 못한 이유로 통일적인 발전을 이룩할 수 없기 때문에" 하나의 인류역사란 존재할 수 없다고 보았다. 그러나 각각의 문명은 의미의 통일체이기 때문에, 그 속에서 적절한 가치를 발견하는 것이 가능하리라고 또한 생각한 것이었다. 트뢸취에 있어서 자연과학적 방법론을 따르는 근대 역사학은 기원상의 특성을 추구함으로써 서구의 전통적 가치들을 파괴해 온 것이었다. 따라서 오직 역사주의적 이해만이 하나의 "문화적 종합"(Kultursynthese)을 이룰 수 있는 것이며, 이 문화적 종합만이 유럽세계의 미래를 향한 행동에 있어서 하나의 지침역할을 할 수 있을 것이라 기대했다.[25]

이와 같이 트뢸취는 자신의 예리하고 진지한 지성으로 인해 자신의 신앙 가운데 문제가 생겼을 때에도 확고부동한 자세로 서구의 가치를 옹호하는 인물로 남으려 노력했다. 그렇지만 역사주의는 이제껏 걸어 왔던 길의 마지막에 도달하게 되었다. 궁극적이며 영속적인 가치와 의미는 해소되어 버렸다. 남아있는 것은 모두가 다 역사적이고 일시적이며 상대적인 것이었다. 신은 죽었고, 역사는 시간을 결코 초월할 수 없다는, 인간의 기본조건인 역사성에 굴복할 수밖에 없게 되었다. 시간의 흐름 속에는 불변하는 것이란 인간존재의 조건 밖에 없으며, 이 조건들은 더 이상 어떤 내용도 가질 수 없고 다만 구조나 형태를 가지고 있을 뿐이었던 것이다.

## 5. 인문학의 변전(變轉) - 가치 추구에서 사실 추구로

위에서 살펴본 대로 19세기초 랑케(Leopold von Ranke)에 의한 근대적 역사학 방법론의 성립은 기본적으로 역사주의적 가정 위에서 이루어진 것이다. 그러나 그것은 단순한 방법론을 넘어서서 하나의 세계관을 표명하는 것이었다. 이 세계관은 19세기 동안은 전통적인 인문학의 제 측면을 그대로 간직하고 있었기 때문에 이러한 가정에 기반한 역사학은 가치관의 함양(Bildung)을 추구하고 있었지만, 이는 결국 사실 탐구(Forschung)의 역사학 방법론으로 귀착될 수밖에 없었던 것이다.

20세기 초에 들어와 역사주의의 위와 같이 역사주위가 가지고 있는 양면성을 가장 첨예하게 인식하고 이 문제를 해결하고자 진력했던 학자가 트뢸취였다. 따라서 그의 역사주의 관념을 살펴봄으로써 역사학의 성격이 근본적으로 바뀌는 한 계기를 추적할 수 있다. 트뢸취는 기독교 문명에 대한 역사적 연구를 통해 서구 문명의 독특한 실체를 부각시키려 했으나, 그 결과는 기독교 문명 역시 제 종교에 기반한 여타 문명과 마찬가지로 상대화되고 마는 딜레마에 이르고 말았다. 다시 말하면 역사 사건 각각은 개별적 목적과 가치를 갖는다는 역사주의의 원칙에 충실하면 할수록 하나의 전체적 가치관을 담지한 절대적 세계관은 붕괴할 수밖에 없다는 딜레마에 봉착한 것이다.

트뢸취의 역사주의는 독일적 전통의 윤리학과 인식론이 갖고 있는 상대주의적 의미를 기본적으로 인식하고 있었다. 따라서 그는 독일 관념론에 함축되어 있는 낙관적인 역사관을 고수함으로써, 자신의 입장 속에 담겨있는 논리적 귀결을 회피하려 했다. 일차대전을 겪으면서 급속히 무너져가는 독일적 가치의 폐허 속에서 트뢸취는 역사주의적 신념 속에서 살려낼 수 있는 것이라면 무엇이든지 구출해 내고자 했다. 그러나 그러한 노력을 경주하면 할수록 인간세계의 역사성은 곧 가치의 무정부 상태를 뜻하는 것이었고, 이제 남은 것은 가치추구가 배제된 창백한 사실세계에 대한 탐구뿐이었다. 독일의 고전적 관념론 전통이 완전하게 탈피해 나오지 못했던 인문학적 가치추구라는 전통과의 절연은 이제 역설적으로 역사주의의 완성과 함께 달성되었던 것이다. 따라서 역사주의는 그 완성의 시점에서 최대의 위기에 봉착한 셈이었다

방법론으로서의 역사주의라 할 때, 여기서 방법론이라 함은 사료를 다루는 구체적 방법론이라기보다는 대상에 접근하는 포괄적 방법으로서 철학적, 인류학적 접근을 포함하는 일종의 이론적 범주라고 할 수 있다. 그러나 역사주의적 방법론이 하나의 체계적 철학이라던가 아니면 역사 법칙에 대한 하나의 이론 체계라고 여겨져서는 안 된다. 랑케와 딜타이에 의해 추구된 역사주의는 개별 사실에 대한 기술을 목적으로 하며 법칙 정립을 목적으로 하지는 않았다. 일찍이 헤르더는 식물학에서 어떤 식물을 관찰할 때 그 씨앗으로부터 발전되어 나가는 과정을 보아야 한다며 이른바 "발생학적 이해"를 촉구했다. 즉 개체는 그 자체의 고유한 내적 의미와 내적 인과를 통해 발전한다고 본 것이다. 그러나 트뢸취는 한편으로는 역사학과 자연과학 사이에 방법론적 간극이 있다는 것을 지적하면서도, "역사적 인식에는 인과론의 부분이 모호한 채 남아 있다"고 함으로써 역사 인식이 방법론의

차원을 넘어선 다른 무엇에 의해 영향 받는다는 점을 인정했다.

트뢸취는 역사가의 세계관에 기반한 감정 이입(Einfühlung)이야 말로 역사가의 상상력과 통찰력을 담보하는 것으로 보았다. 딜타이 역시 "모든 역사적 현상의 고유 가치에 대한 감성적 이해(Gefühl)"를 중시한 바 있다. 따라서 고전적 역사주의자들에게는 역사가란 미학자와 같이 대상의 고유한 가치를 그들의 세계관의 전체성 속에서 파악하는 것이었다. 이러한 역사주의의 지적 태도는 19세기를 풍미하던 또 다른 지적 전통들, 즉 합리주의와 실증주의를 정면으로 거부한 것으로 볼 수 있다. 달리 말하면 가치 체계의 통합적 함양(Bildung)을 목표로 한 종래의 인문학적 전통에 충실했던 것이 바로 19세기 역사주의였다.

트뢸취의 기독교 연구는 서구문화의 특수성과 개성적 가치를 파악하려는 노력이었다는 점에서 전형적인 역사주의적 가정에 근거하여 출발한 것이다. 그러나 그러한 탐구의 결과는 기독교의 유일 절대성을 부정하는 것이었고, 문화권마다 가지고 있는 신념체계의 복수성을 인정해야만 했기에 필경 서구문화의 상대성을 인정하고 마는 아이러니에 봉착하고 만 것이었다. 트뢸취는 자신의 사상(사실의 세계)을 신앙(가치의 세계)에 종속시킴으로써 자신의 상대주의를 극복하려 노력했지만, 19세기 후반의 역사주의가 봉착한 사실과 가치의 양립 불가능성이라는 딜레마의 해결에서는 성공할 수 없었다. 이에 따라 19세기적 맥락에서의 역사주의의 전면적인 위기에 봉착하게 된 것이었다.

트뢸취는 일단 자연과학과 사회과학적 접근을 거부하고 인문학적 전통 속에서 역사주의를 파악하려 노력했다. 역사주의의 가정에서 볼 때, 역사는 어떠한 최종 목적을 가질 수 없으며, 역사 사건 각각은 개별적 목적과 가치를 갖는다는 것이었다. 그러나 그러한 개별적 가치들은 다름 아닌 한 역사가가 이 세계에 대해 가지고 있는 종합적 세계관을 전제로 한 것이었다. 따라서 인간 세계에 대한 이해는 결국 역사에 대한 이해로 귀착될 수밖에 없었다. 하지만 이러한 역사주의적 연구가 충분히 발전된 19세기 말경에 이르면 역사주의는 자가당착적 모순에 직면하게 된다. 개별 사실의 고유성을 강조하다 보면 그 사실 각각의 고유한 가치를 인정하지 않을 수 없고 그에 따라 가치의 상대주의는 물론 심지어는 가치의 해체에 까지 이르게 되는 것이었다. 이 점이 바로 트뢸취가 그의 서구 기독교 문명에 대한 연구에서 봉착한 딜레마였고, 1920년대의 입장에서 그가 판단한 역사주의는 서구 문명의 분산적 경향만을 지적한 채 전면적 위기에 직면한 것이었다.

하나의 가치 체계로서 확고한 세계관을 제공해 주었던 역사주의가 더 이상 자리 잡을 수 없게 되자, 이제 역사학은 객관적 사실 인식만을 목표로 하는 학문(과학)으로 그 성격이 변화된 것은 당연한 귀결이었다. 사실 20세기에 들어와 역사학을 포함한 거의 모든 인문학은 가치 판단을 배제한 사실에 대한 역사적 서술만을 추구하게 된 것이다. 고전적 역사주의가 아직도 전통적인 인문학적 이상을 견지하고 있었다면 20세기의 인문학은 객관적 사실에 대한 역사화만을 학문의 목표로 하고 있는 실정이다. 결국 이와 같은 역사주의의 위기 속에서 우리는 인문학의 변전이라는 계기를 발견하게 되는 것이고, 그것이 가장 첨예하게 표출된 예를 에른스트 트뢸취의 역사주의적 세계관의 추구에서 발견할 수 있는 것이다.

# ■ 주

1) 임상우, "포스트모더니즘의 도전과 당혹스런 역사학,"『서양사론』제71 호, 2001.12., pp. 195~213.
2) H. Stuart Hughes, *Consciousness and Society* (New York, 1961), p. 33.
3) Leister C. Lewis, "Troeltsch vs. Ritschl," *Anglican Theological Review*, 1 (1918), pp. 42ff,
4) Ernst Troeltsch, "The Morality of Personality and of the Conscience," *Christian Thought: Its History and Application* (New York, 1957), p. 68, p. 129.
5) E. Troeltsch, "Christentum und Religionsgeschichte," (1897), *Gesammelte Schriften*, II, ed. by Hans Baron (Tübingen, 1925), pp. 331~335.
6) E. Troeltsch, *Der Historismus und seine Probleme, Gesammelte Schriften*, III (Tübingen, 1922), p. 42.
7) E. Troeltsch, "Die Krisis des Historismus," *Die Neue Rundschau*, 33 (1922), pp. 572~590.
8) E. Troeltsch, *Gesammelte Schriften*, III, p. 211.
9) E. Troeltsch, "The Common Spirit," *Christian Thought*, p. 126.
10) E.Troeltsch, *Gesammelte Schriften*, III, pp. 59~104.
11) E. Troeltsch, "Geschichte und Metaphysik, *Zeitschrift für Theologie und Kirche*, 8(1898), p. 69.
12) Page Smith, *The Historian and History* (New York, 1966), p. 103.
13) Carlo Antoni, *From History to Sociology* (Detroit, 1960), pp. 41~42.
14) E. Troeltsch, *The Absoluteness of Christianity*, p. 54.
15) E. Troeltsch, "Die moderne Geschichtsphilosophie," *Gesammelte Schriften*, II, pp. 676~678.
16) E. Troeltsch, *The Social Teachings of the Christian Churches* (London, 1931), 2 vols.
17) *Ibid.*, pp. 967ff
18) E. Troeltsch, "Das neunzehnte Jahrhundert," *Gesammelte Schriften*, IV, p. 628.
19) E.Troeltsch, "Die Krisis des Historismus," *Die Neue Rundschau*, 33 (1922), p. 584.
20) *Ibid.*, pp. 577~582.
21) E. Troeltsch, *Der Historismus und seine Probleme.*
22) *Ibid.*, pp. 26~27.
23) *Ibid.*, p. 33.
24) *Ibid.*, p. 39.
25) E. Troeltsch, *Gesammelte Schriften*, III, pp. 688~706

# ▣ 참고문헌

Antoni, Carlo, *From History to Sociology*, Detroit, 1960.

Carr, E. H., *What is History*, New York, 1961.

Hughes, H. Stuart, *Consciousness and Society*, New York, 1961.

Iggers, Georg G., *The German Conception of History*, Middletown, CT, 1968.

_____, "The Idea of Progress," American Historical Review 71, 1965.

Leister C. Lewis, "Troeltsch vs. Ritschl," Anglican Theological Review 1, 1918, in: R. J. Rubanowice, Crisis in Consciousness, Tallahassee, 1982.

Niethammer, Lutz, Posthistoire, London, 1992.

Smith, Page, *The Historian and History*, New York, 1966.

# 발터 벤야민이 바라본 역사주의:
## 박물의 세계와 역사주의의 세속화

고 지 현

## 1. 벤야민(Walter Benjamin)의 역사주의 비판과 19세기 역사문화

벤야민의 사상에서 역사주의는 존중과 보존의 가치가 있는 이념이 아니라 비판의 대상으로 나타난다. 이는 두 가지 사실을 함축하고 있다. 하나는 벤야민의 역사주의에 대한 성찰이 자신의 독자적인 철학적 비판 프로그램이라는 범위 내에서 이루어지고 있다는 점이며, 또 다른 하나는 모든 이념사적 고찰이 그러하듯이 역사주의에 대해서도 역사적 고찰방식을 채택하고 있다는 사실이다. 달리 말해 19세기에 독일의 지적 풍토를 배경으로 본격적으로 관철되기 시작한 역사주의가 어떠한 파장을 일으키고, 그러한 영향력 속에서 어떠한 변형을 겪게 되는지, 그 역사적 전개과정에 대한 인식이 벤야민에게는 중요했다. 따라서 그의 비판 프로그램은 역사성을 기본 원리로 하는 역사적 인식론이다. 여기서 말하는 비판 프로그램이란 벤야민의 후반기 사상을 집약하고 있는 『파사주』 프로젝트를 가리킨다.

역사주의에 대한 벤야민의 비판적 시각은 자연과학과 인식유형을 달리하는 정신과학으로서 19세기에 역사적 학문의 정립에 초석을 마련한 랑케(Leopold von Ranke)와 딜타이(Wilhelm Dilthey)를 중심으로 추적해볼 수 있다.[1] 그러나 이러한 고찰은 역사주의의 시대적 전개과정을 해명하는데 있어 중요한 실마리를 제공하지만, 벤야민의 문제의식을 심층적으로 드러내는 데에는 일정한 한계를 노출한다. 벤야민은 역사주의의 현상을 분석하는데 있어 학문체계를 둘러싼 사상사적 담론에 머물지 않고 예술과 문화, 더 나아가 의식의 영역으로까지 폭넓게 확장하고 있다. 『파사주』 프로젝트에서 19세기 역사문화의 다양한 현상이 포착되고 있는 것은 이러한 연구관심의 연장선상에 놓여 있는 것이다. 이를 추적해보면 벤야민의 문화예술론에 나타나는 역사주의 비판의 면모가 모습을 드러낼 것이다.

19세기만큼이나 과거에 대한 열망이 강렬했던 시대도 없을 것이다. 이 시기에는 역사라는 이름으로 발굴되는 흘러간 시간과 지리적으로 멀리 떨어진 공간의 지층들이 끊임없이 확장되어 나갔다. 인류의 문화는 과학적 연구의 개척을 통해 미지의 베일을 벗어던졌으며, 과학의 시선은 이미 오래전 지상에서 사라져버린 민족이나 공동체의 흔적까지도 포착해내었다. 18세기 말에 세계사라는 기간이 불과 수천 년에 한정되어 있었다면, 19세기에 이르러서는 어림잡아 20배의 기간으로 늘어났다. 이와 유사하게 과거의 시공간을 채운 문화의 숫자도 역시 기하급수적으로 증가했다.

이러한 현상은 당대 새로운 연구 분야로 부상한 역사적 학문의 발생과 긴밀한 연관이 있다. 이 분야는 대량의 역사적 지식을 양산하는 가운데 점차적으로 공신력을 확보해나갔다. 그러나 역사주의의 영향 속에서 정착하기 시작한 역사 학문은 비단 공공 문화에서 차지하는 역사와 전통의 비중을 강화하는 역할만 했던 것이 아니라, 현실적 문화 창출의 감각과 기대치 또한 바꾸어 놓았다. 새로운 역사적 지식의 양산은 동시대 예술적 문화 창출에 새로운 척도를 제공했다. 학문의 역사화는 예술의 역사화와 제휴하기 시작했으며, 그것은 박물관과 기념비와 같은 다양한 형태의 역사문화 형성으로 이어졌다. 이와 같은 파장력은 예술·문화적 실천을 포괄하는 것으로서, 동시대 건축을 비롯해 조형예술, 미술, 또 문학에까지도 뚜렷한 흔적을 남기고 있다.

19세기의 역사문화 형성은 과학과 예술의 새로운 결합 없이는 사실상 불가능한 일이었다. 요컨대 박물관과 기념비는 역사와 관련된 대상을 상징화와 심미성을 매개로 재현한다. 거대한 역사적 사건과 위대한 인물의 재현이 그 대표적인 사례이다. 이때 과거의 시공간을 보다 실감나게 연출해야할 필요성이 제기된다. 이에 부응한 것이 바로 다름 아닌 역사적 지식이다. 박물관과 기념비에서 이루어지는 과거의 재현에는 연출되고 전시되는 개별 대상에 대한 객관적 정보와 실증적 지식이 필수적이다. 문학에서도 사정은 별반 다르지 않았다. 19세기에 역사드라마, 역사담시(譚詩, Balladendichtungen), 역사소설과 같은 새로운 장르가 출현하면서 폭발적인 인기를 끌게 되는데, 이 장르의 작가들은 소재의 신빙성을 확보하기위해 사료들을 뒤졌으며, 개별 대상과 사건에 대한 객관적 묘사를 위해 박물관과 기념비의 기록들을 차용했다. 물론 이러한 단편적인 지식을 바탕으로 과거를 총괄적으로 재구성하는 일은 서사의 몫이다.

흥미로운 점은 역사를 소재로 한 이 장르가 차지하는 애매모호한 위상이다. 이 문학 장르는 역사기술을 본연의 임무로 삼는 역사학과 시학적 묘사 사이에서 요동하는 중간입지에 놓여 있었다. 역사드라마나 소설이 과거의 재구성을 지향하는 한 이 장르에 역사서술을 정당화해야할 부담이 갈수록 증대하면서도, 그것이 역사학과 경쟁을 하는 듯한 미묘한 양상이 펼쳐졌다. 더군다나 과거를 재현하는 역사소설의 서사라는 것이 이야기학문으로서의 역사학을 주창한 전통 역사주의의 역사서술을 하등 모순 없이 수렴하는 것처럼 보였다. 랑케는 역사가 동시에 예술이라는 점에서 여타 학문과 구별된다고 주장한 바 있다. 과학이 수집하고, 찾아내고, 간파하는 것이라면, 예술은 찾아낸 것, 인식된 것을 다시 형상화하는 일, 곧 이야기형식으로 풀어 서술하는 일이다. 이 두 가지가 결합하여 이야기학문으로서의 역사학이 성립한다. 역사학을 예술과 동격으로 취급하는 랑케의 진술은 마치 새로운 문학 장르의 애매한 위상을 오히려 정당화해주는 것처럼 보인다. 문제는 역사의 시학적 내러티브가 애초 역사주의가 정언명령으로 내세웠던 역사적 객관성과 사실성을 점차적으로 잠식해 들어간다는 점이다.[2] 역사주의 자체가 불러일으키는 위기의 징후중의 하나인 셈이다.

그러나 이러한 징후를 반영론이나 리얼리즘의 잣대를 들이대 평가하려 한다면, 19세기의 역사주의 현상을 제대로 이해하기 어렵다. 역사문화는 과거의 단순한 모사가 아니라, 사라진 시공간의 지층을 동시대와 연결하는 문화적 창출의 표현이며, 그러한 점에서 예술·문화적 실천으로서 과거를 전유하는 양식이다. 역사의 전유양식은 역사 자체나 그 새로운 가치를 창출하지는 않지만, 역사를 이전하고 전승하는 역할을 한다. 바로 여기에 벤야민이 역사의 고찰방식으로 '수용의 역사'를 강조하는 이유가 있다. 전통 마르크스주의가 생산중심주의적 패러다임 안에 갇혀 있었다면, 벤야민은 이를 벗어나 수용사에 시선을 돌림으로써 역사 유물론적 문화·예술론에 새로운 지평을 열고 있다. 문화와 예술의 역사를 고찰하는데 있어 그 산물 또는 작품의 역사성이 문제가 될 때, 그 역사성은 작품이 만들어진 의도나 시점에 한정되는 것이 아니라, 그것이 오래 살아남을 수 있는 가능성으로 동시대인과 후대가 부단히 전유하는 수용의 영향력까지를 포괄한다. 수용은 작품이 오늘날 우리에게 미치고 있는 영향의 한 구성요소이며, 그 영향력은 비단 우리가 직접 작품과 조우하는 계기에만 근거를 둔 것이 아니라, 작품을 오늘날 우리에게 전승시켜준 역사와의 만남에도 기인하는 것이다. 이렇게 보면 우리와 작품과의 관계는 새롭게 설정될 수밖에 없다. 작품과의 조우에서 비롯되는 수용의 방식은 우리가 의도하든 의도하지 않던 간에 역사를 전유하는 방식에 다름없으며, 따라서 역사를 이전하고 전승하는 역할이 함께 부여된다. 유물론적 역사가에게는 보다 의식적인 차원에서 이러한 기능에 적극 개입할 것이 요청된다. 벤야민은 '새롭고 비판적인 수용관'을 무기로 '낡고 독단적이며 어리석은 수용관'을 대변하는 역사주의에 맞서 역사의 전유방식을 둘러싼 진지전을 펼치고 있다.[3]

## 2. 박물관과 가면의 시대

### (1) 박물관과 기억의 문화

벤야민은 20세기 구성주의를 대변한 건축사가 기디온(Siegfried Giedion)의 진술을 통해 19세기 건축에서 '과거에 대한 갈망'이 강력하게 분출되고 있음을 인식해낸다. 각 시대마다 특정 건축 분야가 발달하는데, 고딕시대에는 대성당이, 바로크시대에는 궁전이 문제였다면, 19세기에는 박물관이 전면에 들어섰다는 것이다. 박물관의 커다란 위상은 과거에 흠뻑 빠진 시대의 '회고적 성향'과 긴밀한 연관이 있다.[4] 벤야민이 보기에, 이러한 회고적 성향을 드러내는 것으로 기념비도 빼놓을 수 없는 건축물이다. 어찌됐든 우리는 이 간략한 코멘트에서 과거에 몰입된 역사주의 현상의 한 단면을 보게 됨과 동시에, 박물관의 사회·문화적 기능도 또한 엿볼 수 있다. 벤야민의 역사철학에서 중요한 역할을 하는 기억의 문제가 바로 그것이다.

박물관과 기념비의 사회문화적 의미는 역사를 전유하는 양식으로서 기억의 기능을 수행한다는 점에 있다. 이 제도적 장치는 보존의 가치가 있는 대상이나 사건을 과거의 복원이라는 형식으로 동시대인에게 전시·연출한다. 그러한 점에서 박물관과 기념비는 과거의 유산을 보관하는 물질적 형태의 기억저장소인 셈이다. 기억과 역사의 상관관계는 최근 커다란 주목을 받고 있는 '문화적 기억'의 연구에서 충분히 입증되고 있다. 문화적 기억은 역사를 문화의 차원으로 확장하여 새롭게 조명하려는 시도로서 바르부르크(Aby Warburg)와 알브바슈(Maurice Halbwachs)의 이론과 접목시켜 발전시킨 개념이다. 이들 이론에 따르면, 과거의 전유는 오로지 기억이 문화적인 침투로 형성되는 가운데 이루어지며, 현재의 문화적 실천은 집단적 기억이 역사와 재접속하는 가운데 형태를 갖추게 된다. 이로 미루어볼 때, 문화적 기억이 특정 집단의 정체성 형성에 핵심적 역할을 한다는 점은 분명하다. 정치적 변혁이 일어날 때마다 박물관이나 기념비의 구축이 변혁의 정당화를 위한 수단으로 활용되는 것은 우연이라 할 수 없다.

프랑스 혁명은 기억문화의 시대적 전환점을 이룬다. 혁명이후 왕권과 교권을 상기시키는 교회와 묘비, 조형물 등이 곳곳에서 파괴되었으며, 교회가 소유한 예술작품들도 또한 혁명정부에 의해 압류되었다. 그리고 파괴된 자리에 프랑스의 위대한 역사를 상징하는 박물관과 기념비들이 새로 들어섰다. 전래된 유물들, 무엇보다 묘비와 조형물은 이제 낡은 유산, 즉 봉건제의 유물이라는 시각에서 재해석되기에 이른다. 이와 같은 변형을 통해 프랑스 공화국은 봉건제의 유산을 자기 것으로 만들었다. 그것은 한 시대를 지배했던 기억의 파괴이자,

기억의 재편을 통한 새로운 기억문화, 즉 현대적 기억문화의 창출이었다.

그런데 기억문화에서 나타나는 역사의 전유방식은 현대적 시간관념과 전혀 다른 양상을 보인다. 일반적으로 역사주의는 세계의 변화 가능성을 근본원리로 삼으며, 바로 그렇기 때문에 역사의 연속성으로 정치·사회적인 정당성을 확보했던 전통주의가 설득력을 잃게 된다. 이와 같은 관념의 변화는 이미 18세기 초부터 등장하며, 프랑스 혁명이 전통의 와해에 결정적인 계기로 작용했다는 점은 익히 널리 알려진 사실이다. 흥미로운 것은 바로 프랑스 혁명을 시발점으로 탄생한 현대 기억문화가 역사적 발전모델과 배치되는 비역사성을 재현의 방식에서 구조화한다는 사실이다. 박물관과 기념비에서 연출되는 재현의 양상에는 끊임없이 변화하는 세계에서도 한결같이 유지되는 어떤 것, 영구적으로 불변하는 그 어떤 것을 고착화하려는 경향이 뚜렷하게 나타난다. 불변의 것은 역사적 사건과 인물을 매개로 상징화되고 또 심미화되며, 그것은 영웅숭배와 순교문화로 이어진다. 역사는 이제 신화가 된다.

프랑스 혁명에서 비롯된 기억문화의 변혁과정을 추적하고 있는 벤야민의 시각을 따라가 보면, 영구불변의 상징으로 구현된 것은 단연 프랑스 국민임을 알 수 있다. 민족기념비의 건립은 말할 것도 없고, 미술박물관과 역사박물관에는 '프랑스의 영원한 영광'을 재현하는 사건과 인물들로 넘쳐났다. 민족의 상징성은 하나의 프랑스라는 이념과 결합하여 국민의 정체성을 형성하는 데 지대한 영향력을 발휘함으로써, 18세기 말에서 19세기까지 이어지는 기억문화를 지배했다.

한편 새로운 기억문화의 형성은 과거의 소환을 통한 역사의 재편성을 의미하는 것이기도 하다. 프랑스 근대인의 기억문화가 어떤 방식으로 창출되는가를 살펴보면, 그것이 봉건성을 단순하게 대체하는 단선적인 구도가 아님을 알 수 있다. 혁명 초기에는 고대 그리스와 로마를 모방하는 분위기가 어찌나 강렬했던지 프랑스인들을 단번에 고대인으로 바꾸려한다는 원성이 드높았다. 하지만 역사의 무대에서 사라진 폼페이와 헤르쿨라네움의 발굴은 은밀하게 대혁명에 대한 상기와 결합되어 있기도 했다. 왜냐하면 앙시앵레짐 양식에 종지부를 찍자 사람들은 땅 속에서 파낸 것을 서둘러 영광스러운 공화국의 양식으로 삼았기 때문이다.[5] 프랑스 현대는 어떤 특정 문화나 전통만을 자기 것으로 만든 것이 아니었다. 단일한 프랑스의 국민이라는 중심을 축으로 이에 호소할 수 있는 것이라면 무엇이든 과거로부터 불러들여 자신의 이미지대로 기억의 문화를 창출해나갔다. 만약 우리가 기억저장소를 들여다 볼 수 있다면, 프랑스의 국민의식이라는 채로 걸러진 찌꺼기는 매우 이질적이고 혼성적인 과거 시공간의 성격을 띨 것이다.

### (2) 가면의 시대

기억문화에 대한 벤야민의 관심은 국가주도로 제도화된 공공 도시공간에 한정되어 있지 않다. 그는 과거에 흠뻑 빠진 시대의 분위기가 점차적으로 시민사회까지 지배했음을 감지해낸다. 박물관의 내부는 부르주아의 내밀한 사적 공간인 실내로 확장되는 한편, 그 전시양식은 박람회로 확대된다. 19세기는 산업이든 건축이든 전 사회영역에서 제작되는 온갖 창작물에 '역사화하는 가면'을 들씌웠다. 모든 것을 역사적인 것으로 만들어 버리는 이러한 가면은 19세기의 이미지와 불가분하게 연결되어 있다.

역사화하는 가면이란 과거의 것을 차용해 일종의 모방형식으로 재생산해내는 당대 예술의 처리기법을 은유적으로 표현한 것이다. 과

거의 것을 무차별하게 모방하는 현상은 건축의 공간과 표면을 시각
효과를 목적으로 치장하는 장식예술에서 가장 첨예한 양상을 보인다.
제1제정기의 개선문과 기념건축물은 혁명기의 프로젝트를 그대로 차
용해 고전주의 양식을 모방했다. 이로써 등장한 것이 유사 고전주의
이다. "개선문은 루이 14세 문의 반복에 지나지 않으며, 방돔의 기둥
은 로마를 흉내 낸 것이고, 마들렌 성당, 증권거래소와 팔레 부르봉은
고대 사원을 흉내 낸 것이다." 그런 다음 고전주의 이전 시대의 양식
을 빌리기 시작했다. 제2제정은 르네상스 양식이나 고딕 양식, 폼페
이 양식 등, 온갖 양식을 끌어들였다.[6] 이로부터 전례를 찾기 어려운
양식의 혼합주의가 등장한다. 결코 양립할 수 없다고 믿었던 양식의
조합은 건축양식사에서 양식의 다원주의라는 이름으로 역사주의를
특징짓고 있는 실상을 가리킨다.

예술의 이와 같은 무분별한 모방을 두고 휩쉬(Heinrich Hübsch)는
냉소와 조소의 시선을 담아 '건축의 카니발'이라 부른바 있으며,[7] 슈
테른베르거(Dolf Sternberger)는 '역사적 의상의 병기고'라 칭했다.[8] 니
체(Friedrich Nietzsche)의 비판에서는 역사주의가 일종의 가면극을 연출
하는 것으로 나타난다. '유럽의 잡탕인간은 전적으로 의상을 필요로
하고 있다. 이들에게 역사란 의상보관실로 필요하다. 물론 그 어떤 것
도 몸에 맞지 않다는 사실을 알아차리며, 그래서 갈아입고 또 갈아입
는다.'[9] 프루스트(Marcel Proust)가 양식의 순수함에 신뢰를 보내지 않
은 것도 이러한 시대적 분위기와 맞닿아 있다.

시선을 주거공간의 실내로 돌려보면, 공공 도시공간에서 연출된
가면극의 축소판과 다름없음을 알 수 있다. 마치 역사의 연극무대가
부르주아의 사적 공간으로 이동한 듯한 양상이 펼쳐지고 있다. 실내
의 벽에 걸린 그림이나 장식용의 도구들은 칼 대제의 대관식 혹은 앙
리 4세의 암살, 베르됭 조약의 체결, 오토와 테오파노 결혼식 등을 연

출하고 있다. "공간은 변장하며, 마치 유혹자처럼 여러 분위기의 의상을 갈아입는다." 다만 부르주아적 안락함 속에서 사물은 단지 마네킹에 불과하고, 세계사의 위대한 순간들조차 그저 의상일 뿐, 그러한 의상 아래로 무가치한 것들과 하찮은 것들 그리고 통속적인 것과 공모의 눈길을 주고받는다. 과도한 장식으로 뒤덮인 이러한 공간에서 생활한다는 것은 "거미집 속에 자신을 고립시키는 것"과 다를 바 없지만, 어느 누구도 그러한 고립으로부터 벗어나고 싶어 하지 않는다.[10]

여기서 우리는 역사가 가치중립적인 학문의 인식대상이 아니라, 취미와 심미적 관조의 대상으로 변모되었음을 알 수 있다. 이러한 현상을 두고 벤야민은 역사주의를 '가면중독증'으로 규정하고 있으며, 그 중독증에 빠진 19세기를 '악취미의 꿈결 같은 시대'라 명명하고 있다.[11] 이는 역사주의가 일으킨 파장력이 의식과 지각의 방식에까지 영향을 미치고 있음을 시사하는 것이다. 가면은 모방대상에 대한 감정이입을 요구하고, 그 중독성은 자아의 상실로 이어진다. 과거에 취한 19세기의 인간은 심미적 관조의 대상에 몰입함으로써 스스로 과거에 매몰되는 한편, 역사의식은 깊은 수면에 빠져들어 간다. 19세기 가면의 시대는 꿈꾸는 상태와 다름없다는 것이 벤야민의 견해이다. 박물관을 꿈의 집으로 특징짓는 것도 이러한 맥락 속에 있다. 벤야민의 역사주의 비판은 궁극적으로 역사 인식론적 차원에서 꿈의 상태로부터 벗어날 수 있는 각성의 모색으로 이어진다.


## 3. 박물의 세계와 수집광

지금까지 살펴본 바에 따르면, 19세기의 예술과 문화에서 나타나는 역사주의는 역사적인 것의 과잉으로 특징지을 수 있다. 과거에 매몰된 역사문화는 지식의 형태로, 또 사물의 범람으로 현재의 실존을 짓누른다. 역사에 대한 과도한 집착을 니체는 '역사 속에서의 시간의 포화' 상태로 진단한바 있다.[12] 과거에 대한 관심이 그 자체로 자기목적이 됨으로써 인간의 삶과 유리되고 주체의식의 상실로 이어진다고 본 그는 역사주의에 대해 거의 탄핵에 가까운 비판을 가한다. 당대 역사연구란 대량의 지식을 생산하는 공장에 불과하며, 무한대로 축적되는 실증적 지식의 범람은 근대 인간의 기억력을 수동적인 수신기관으로 전락시킨다. 니체의 이러한 비판을 배경으로 벤야민이 포착한 실내공간을 다시 들여다보면, 우리는 그곳에서 과거를 모방한 사물로 가득한 박물의 세계를 보게 된다. 마치 귀중한 문화유산을 보존한 양 공간을 가득 메운 박물의 과잉은 그토록 강력했던 과거에 대한 열망을 일시에 현기증으로 바꾸어 놓는다. 이로부터 알 수 있는 것은 역사주의가 일상영역 전반에 걸쳐 세속화되어 나갔다는 사실이다. 이것이 바로 벤야민이 최종적으로 역사주의를 파악한 지점이다.

박물화 현상은 수집의 행위와 떼어놓고 생각할 수 없다. 수집은 18세기 말 경부터 자료를 정돈하는 행위로서 역사가의 관심사로 자리잡기 시작했다. 미셀 푸코(Michel Foucault)는 자연사적 에피스테메 공간이 변이되는 과정에서 수집이 새로운 의미를 획득하게 됨을 지적한바 있다. 자연사적 에피스테메 공간이란 사물을 수집하여 눈으로 직접 볼 수 있도록 배치한 공간을 말한다. 예컨대 식물 표본실이나, 박물 표본실, 또는 화원이 그러하다. 중요한 것은 이 공간의 배치에서 차지하는 방법론적 의미이다. 사물은 일정한 분류체계에 따라 선별되고 배열되며 재조직된다.[13] 그러한 점에서 수집은 사물의 질서를 잡는 사유유형과 결합된다. 수집은 인간의 지식을 조직할 수 있는 형식으로 이해되었고, 그 성과에 대한 인정은 익히 알려져 있듯이 박물학의 정착으로 제도화되기에 이른다. 여기에서 수집에 대한 관심은 물론 학문적 연구에서 비롯된 것이다.

그러나 역사주의의 세속화에 따라 수집행위도 역시 일상 공간 안에 깊이 침투하는 세속화의 과정을 겪는다. "실내는 예술의 피난처이다. 수집가는 이 실내의 진정한 거주자이다." 루이 필립 치세 때 생활 공간이 노동 장소와 전격 분리되는 것과 때를 같이하여 사적 개인은 자신의 안락함을 보장하는 거주지 안에서 먼 곳에서 온 것과 과거를 수집하는 일에 몰두하기 시작했다. 실내장식은 사적 개인에게 일종의 우주를 형성한다. 그의 살롱은 세계극장 속의 특별석이다.[14] 여기서 나타나는 박물화는 주거에 필요한 물건과 일상용품에서 비롯된 것이다. 하지만 그 성격은 필수품의 용도를 뛰어넘는다. 고급 가구의 제조에서 그 품격을 높이기 위해 활용된 디자인에는 낭만주의가 영향을 미쳤으며, 가구에는 중세의 성채가 기사풍의 대형 장롱에 새겨졌다. 사람들은 이러한 세간과 집기들을 열광적으로 모아들였다. 꿈꾸는 듯한 황홀한 악취미의 시대는 완전히 그 꿈에 맞춰 세간을 꾸미고 가구를 만들었다.

가히 수집광의 시대라 할 만큼 19세기를 지배했던 수집의 열기는 마법의 지팡이처럼 한번 휘두르기만 하면 안락의자를 고대 로마 의자로 변신시켰던 유행과 긴밀하게 연결되어 있었다. 그것을 뒷받침한 것은 대량생산기술이었다. 수집품들 자체가 공장에서 생산되었던 것이다. 이제 역사는 관조와 심미적 대상으로서 대량상품의 형태로 유통된다. 예술이 앤티미즘을 추구한 것과 산업의 발달은 사실상 동전의 양면에 불과한 것이었다.

수집품이 대량상품으로 유통된다는 것은 예술과 문화가 자본주의 체제에 본격적으로 포섭되기 시작했음을 의미한다. 하지만 벤야민의 문화예술론은 이러한 포섭과정을 경제논리로 환원하는 것이 아니라, 인간의 지각방식의 역사적 변화로 해명하고 있다. 이는 전통 마르크스주의의 상부구조론을 예술과 문화의 영역으로 확장하여, 상품을 생산하는 사회에서 살고 있는 인간의 내면성, 곧 의식구조의 변화 및 정체성 형성을 분석할 수 있는 개념적 도구의 개척에 벤야민이 목표를 두고 있었음을 의미한다. 『기술복제시대의 예술작품』에서 예술작품의 역사를 제의가치와 전시가치라는 구성요소를 통해 고찰하고 있는 것도 같은 맥락이다. 제의가치와 전시가치라는 양극은 상품의 구성요소인 사용가치와 교환가치의 변증법적 구조에 상응한다. 양극의 발달과정에서 전시가치가 우위를 차지하는 것이 현대성을 특징짓는 중요한 국면이다.

수집에서도 제의적 성격과 전시적 성격이라는 양극이 내재해 있다. 수집가는 수집의 가치가 있는 대상에 강한 열망을 품는다. 그것은 사물을 손안에 넣으려는 소유욕으로 표출된다. 수집가에게는 언제나 물신숭배자의 면모가 있으며, 또 예술작품의 소유를 통해 그 작품이 지닌 제의적 마력에 참여한다. "수집가는 사물의 미화를 본업으로 삼는다. 그에게는 사물을 소유함으로써 사물에서 상품적 성격을 벗겨내는 시시포스의 과제가 주어진다. 그러나 그는 사물에 사용가치가 아니라 애호가적 가치를 부여할 뿐이다."[15] 아울러 박물관에 진열된 예술작품에서 명확하게 볼 수 있는 것처럼, 우리는 일정 공간 안에 배치된 박물의 풍경에서 시선을 붙잡아 두는 전시효과를 보게 된다. 박물관의 내부가 박람회로 확장되는 이유도 바로 이 전시효과 때문이다. 학문적 연구에서 사물을 배치하고 질서를 잡는 사유는 세속적 수집의 욕망에서 과시욕으로 대체된다. 실내 공간에 전시된 사물들은 예술애호가로서의 자기의식과 문화적 취향의 우월감을 표현하는 과시효과를 발휘하는 것이다.

# 4. 유물론적 역사가로서의 수집가: 파괴와 구성의 변증법

이로써 알 수 있듯이, 『파사주』 프로젝트는 19세기의 역사주의가 예술과 문화가 자본주의에 편입되어가는 과정과 무관하지 않음을 보여주고 있다. 그것은 무엇보다도 역사주의의 세속화라는 거대한 시대적 물결 속에서 표면화된다. 여기서 우리가 주목해야할 것은 이러한 세속화에 맞서 일종의 진지전을 펼치고 있는 벤야민의 비판적 역사이론의 면모이다. 이는 수집가를 역사가로 바라보면서 유물론적 역사인식의 가능성을 타진하고 있는 곳에서 잘 드러난다. 역사주의의 세속화와 더불어 역사가 일종의 상품으로 전락하였다면, 우리는 역사와의 만남을 상품유통을 통해 접하게 될 것이다. 바로 이 지점, 곧 역사와 조우하는 순간에 역사를 어떻게 전유할 것인가라는 진지한 고민이 시작된다. 역사의 전유방식에 비판적 성격을 부여하려는 것이 역사주의에 맞서 방어의 거점을 확고히 구축하려는 문화진지전이다. 그런데 역사의 전유방식 또한 상품교환의 논리와 그 물신성으로부터 자유로울 수 없다면, 어떻게 역사에 대한 비판성을 확보할 수 있을까?

이 문제를 수집을 통해 구체적으로 살펴보기로 하자. 수집에는 사물의 소유를 자본의 증식수단으로만 삼지 않는 지점이 있다. 소유 자체가 수집가에게 목적이 되는 경우가 그러하다. 마르크스(Karl Marx)의 자본론에 비추어보자면, 이른바 '수전노(Schatzbildner)'가 이러한 수집가에 근접한다. 수전노는 합리적인 자본가와는 달리 자본을 유통과정에 투자하지 않고 재산창고에 쌓아 놓는다. 경제논리에 따르자면, 절약과 저축, 금욕을 덕목으로 삼는 자가 바로 수전노이다. 상품 또는 화폐의 유통과정과 관련하여 우리의 흥미를 끄는 것은 '구제'(Rettung)'의 모티브이다. 달리 말해, 수전노와 수집가에는 공통적으로 상품교환과 유통에서 사물을 구제하려는 동기가 함축되어 있다. 수전노는 '유통에서 화폐'를, 수집가는 '사물을 구해낸다(retten)'. 마르크스는 그리스어의 '구하다'(Σώζειν)라는 말이 수전노를 의미하는 것이며, 영어의 to save처럼 '구조하다'와 '저축하다'하라는 이중적인 뜻을 지니고 있음을 상기시키고 있다.[16]

이제 마르크스의 경제논리에서 벗어나 벤야민의 문화이론적 논리로 이동해보자. 수전노와 수집가에게서 공통적으로 발견되는 구제의 모티브는 자본주의적 상품교환을 수용이론적 관점에서 적극적으로 해석할 수 있는 발판을 제공한다. 소유 자체가 목적이 되어 소유물을 자본의 증식수단으로 삼지 않는 수집가의 행위는 상품이 상품이기를 그만두고 사물 그 자체로 남을 수 있는 여건을 마련한다. 이 지점에서 유물론적 역사가는 자본주의적 문화질서를 뛰어넘는 도약을 시도할 수 있다. 물론 여기서 전제되어야 할 것은 예술애호가의 태도를 떨쳐버리는 것이다. 애호가적 가치를 부여하는 사물의 미화가 아니라, 역사가로서 비판적인 태도를 확보하는 것이다. 헤겔의 변증법적 논리에 따르자면, 이 순간이 바로 부정의 계기이다. 부정의 계기를 발판으로 삼아 그곳에서 건설적인, 벤야민의 표현을 빌리자면 구성의 원리를 도입하여 비판적 역사인식을 구축하는 것이다. 사물의 구제는 상품유통에 바탕을 둔 자본주의적 이데올로기 및 지배문화로부터 분리하는 행위가 된다. 이렇게 분리된 사물에서 우리는 거대한 자본주의적 질서와 그 작동의 기제, 그것을 떠받치고 있는 연관고리들로부터 떨어져나간 역사의 조각들을 손에 넣게 된다. 그것은 역사의 파편, 아니 자본주의적 질서에 흡수·동화되었다가 곧이어 효용성을 상실한 쓰레기 또는 폐기물들로 나타난다. 넝마주이가 폐품을 주워 올리듯, 우리는 지배질서의 이면 조각들을 대면하게 되며, 이러한 역사와의 조우를 기반으로 하나의 비판적인 역사인식을 확보할 수 있다.[17]

벤야민은 에두아르트 푹스를 수집가이자 역사가로 규정했다. 수집가의 유형으로도 푹스는 '개척자'이다. 이러한 규정의 배경에는 당대 마르크스주의에 경제이론과는 달리 아직 역사적 유물론에 기반을 둔 예술·문화론이 부재했다는 상황이 있다. 벤야민은 푹스의 수집가적 면모에서 유물론적 예술문화이론을 정립해야할 역사가의 모습을 본다.[18] 수집을 통해 새로운 역사를 개척한다는 것은 벤야민이 자신에게 부여한 과제이기도 했다. 그 자신이 짊어진 임무는 박물의 과잉속에 잠들어 있는 세계에 일종의 '자명종을 설치'하는 것으로 표현된다. 여기서 우리는 벤야민의 독특한 역사인식론, 곧 꿈에서 깨어나기라는 역사이론의 모티브[19]를 보게 된다. 이 이론이 시사하는 바는 역사를 기억의 패러다임으로 보면서 기억의 문제를 다루는데 있어 역사에 무의식의 차원이 존재한다는 것이다. 벤야민이 프로이트(Sigmund Freud)의 정신분석학을 도입하고 있는 것도 이러한 맥락 속에서 이해할 수 있다. 이렇게 보면 역사가는 꿈의 해석자이기도 하다.

애초부터 벤야민은 열정적인 수집가였다. 골동품상에서 사들인 중고서적들이 그의 서재 한쪽을 차지했으며, 아이들의 꿈의 세계를 보여주는 아동도서와 장난감을 수집하는데 열성이었고, 또 정신병자의 책에도 관심을 보였다. 사실 파리 국립 도서관에 비치된 방대한 자료에서 유래하는 『파사주』 프로젝트도 수집으로 이루어진 기록물이라 할 수 있다. 박물의 꿈꾸는 듯한 세계에서 벤야민이 역사의 해석자를 자처할 수 있는 이유는 꿈의 작업의 도식을 정신이 아니라 사물들에서 발견할 수 있기 때문이다. 수집이 역사탐구와 그 정립에 강력한 도구가 될 수 있는 것은 무엇보다도 사물의 현시에 있다. 이것이 바로 역사고찰의 유물론적 성격을 강력하게 뒷받침한다.

수집된 사물은 과거와 현재를 잇는 매개물과도 같다. 시대에 뒤떨어져 폐기된 사물들은 그것이 제 아무리 진부하고 키치의 껍질을 둘러싸고 있을지언정, 지나간 시간의 흔적을 물질적 형태로 보존하고 있으며, 또 바로 지금 실재함, 더군다나 '아주 가까운' 형식으로 오늘날 우리에게 다가온다. 여기에서 "기억된 모든 것, 생각된 모든 것, 의식된 모든 것"이 수집가 소유물의 "주춧돌, 틀, 받침, 자물쇠가 된다." 동시에 수집은 "실천적 상기의 한 형식"이다.[20] 지금까지 알려진 바 없는 역사의 지층을 명료하게 보여주기 위해 수집가는 원시림에 파묻힌 과거의 흔적을 찾아 마치 지푸라기 하나라도 붙잡으려는 심정으로 사물을 손에 움켜쥔다. 물론 그는 자신이 무엇을 찾고 있는가를 명확하게 알아야만 한다. 역사가로서 수집가는 세속적인 소유자의 시선과는 다른 방식으로 사물을 바라본다. 탐구의 대상에 하나의 체계를 부여하기 위해서는 발굴된 개별 사물들이 질서정연하게 구축될 필요가 있다. 수집된 개별 사물들은 각각 지나간 시간의 조각들이다. 이로부터 일종의 '백과사전식의 지식'을 확보할 수 있다.[21] 과거의 조각들에서 얻어진 지식의 단편들은 의식적인 선별을 통해 독자적이고 정밀하게 고안된 역사적 체계 안에 배치되어, 신기원을 여는 새로운 질서를 구축한다.

수집가의 사물과의 만남은 그가 꿈결 같은 박물의 세계에 존재하는 한, 꿈의 지각방식을 따른다. 꿈속에서는 이성과 의식의 중심이 탈각하고 자아를 상실한 탓에 사물이 나에게 말을 걸고 엄습하는 전도의 경험을 한다. 마치 '사물이 나를 불시에 습격하는' 듯한 양상이다. 이 순간에 '사물의 공간 속에서 우리를 떠올릴 것이 아니라, 우리의 공간 속에 사물을 떠올리는' 이른바 '코페르니쿠스적 전환'이 필요하다. 이러한 전환에서 예술애호가의 물신숭배나 감정이입이 개입할 여지는 전혀 없다. 그 대신 잠에서 깨어나는 순간부터 겪어야할 역사의 경험을 구성할 수 있어야만 한다. 구성의 원리는 과거를 현재화하는 방식임과 동시에 실천적 상기의 기술이기도 하다. 여기에서는 느긋한 신경을 유지할 수 있는 관조가 들어설 수 없으며, 오히려 불안할 정도의 긴박하고 예민한 감각상태에 놓이게 된다. 왜냐하면 '정치'의 의미가 우위를 차지하기 때문이다.[22]

그런데 견고한 구성 원리의 확보에는 기존의 질서를 붕괴시키는 파괴의 작업이 선행한다. 이는 지배문화에 구축된 기억의 질서에 대한 강한 불신감에서 비롯된 것이다. 수집과 관련하여 벤야민은 기억과의 상관관계에 대한 이론적 성찰을 도모하고 있는데, 전체적인 연관들로부터 떼어내는 수집의 파괴적인 충동이 무질서의 상태로까지 치닫고 있다. 그것을 따라가 보면, 우리는 무의식의 영역에 도달하게 된다. 벤야민은 이러한 무질서의 상태를 생산적인 것으로 보고 있으며, 더군다나 자명종을 그곳에서 설치할 것을 요청하고 있다. 일종의 생산적인 무질서는 비자발적 기억의 규준인데, 이것은 수집가의 규준이기도 하다. 여기서 벤야민이 비판적 역사인식론의 한 요소로서 의무화하고 있는 것은 『보들레르』 연구서에서 프루스트에 의존해 발전시키고 있는 비자발적 기억이다.

물론 프루스트에 나타나는 것처럼 일종의 사적인 자산처럼 취급되는 개인의 기억이 아니라, 집단적 기억으로서의 성격을 확보하는 것이 관건이다. 그것은 동시에 '한때 그러했다(Es war einmal)'라는 역사주의의 실증주의에 대항한 논리이기도하다. 벤야민은 역사주의의 실증주의를 문화기억론의 차원에서 자발적 기억에 귀속시킨다. 자발적 기억은 사물에 분류번호를 매기는 기록 관리실처럼, 소환하는 즉시 언제든지 불러들일 수 있는 기억저장소에 의존한다. 비자발적 기억이 의무화하고 있는 것은 역사적 무대의 영웅과 명성에 가려진 무명인의 기념비이다. 이 기념비의 구축이 유물론적 역사가 벤야민의 진정한 관심사였다. 그것은 억압되고 망각되어 역사적 무대로 사라져버린 피지배의 경험 장소이다. 지배의 기억문화가 파괴됨이 없이 이

지점에 도달할 수는 없다. 이로써 파괴와 구성의 변증법이 유물론적 기억론을 특징짓고 있음을 알 수 있다.

# ■ 주

1) 고지현, 「발터 벤야민의 역사주의 비판」, 『독일연구』 제10호, 한국독일사학회, 2005, pp. 25~50.
2) 최근 역사이론은 '언어적 전환'이라는 기치 하에 역사의 내러티브적 재현에 커다란 관심을 보이고 있다. 이로부터 불거지는 논쟁, 곧 '사실인가/ 허구인가', '역사서술인가/ 소설인가'라는 공방은 19세기 역사주의의 파장범위에서 그 원형을 발견할 수 있다.
3) 발터 벤야민, 「수집가이자 역사가 에두아르트 푹스」 최성만 옮김, 발터 벤야민 선집 5 『역사의 개념에 대하여, 폭력비판을 위하여, 초현실주의 외』, 도서출판 길, 2008, pp. 258~261, p. 262.
4) 발터 벤야민, 『아케이트 프로젝트 I/2』, 조형준 옮김, 새물결 2005, pp. 942~943 [L 1a, 2].
5) 발터 벤야민, 『아케이트 프로젝트 I/2』, 조형준 옮김, pp. 940 [L 1, 1], p. 940 [L 1, 2].
6) 발터 벤야민, 『아케이트 프로젝트 I /1』, 조형준 옮김, pp. 335~336 [D 3, 1], [D 3, 2].
7) Heinrich Hübsch: *Die Architectur und ihr Verhältniß zur heutigen Malerei und Sculptur*, Stuttgart 1847, p. 130.
8) Dolf Sternberger: *Panorama oder Ansichten vom 19. Jahrhundert* [1938]. Frankfurt a. M. 1974, p. 67.
9) Friedrich Nietzsche: *Jenseits von Gut und Böse. Zur Genealogie der Moral, Kritische Studienausgabe*(KSA) in 15 Einzelbänden, Bd. 5, München 1988, p. 157.
10) 발터 벤야민, 『아케이트 프로젝트 I/2』, 조형준 옮김, p. 558 [I 2, 6].
11) 발터 벤야민, 『아케이트 프로젝트 I/2』, 조형준 옮김, p. 910 [K 1a, 6], p. 942 [L 1a, 2].
12) Friedrich Nietzsche: *Unzeitgemäßen Betrachtungen. Vom Nutzen und Nachteil der Historie für das Leben*, in: Friedrich Nietzsche, *Die Geburt der Tragödie, Unzeitgemäßen Betrachtungen I-IV, Nachgelassene Schriften 1870~873, Kritische Studienausgabe*(KSA) Bd. 1, München 1988, p. 246.
13) Michel Foucault: *Die Ordnung der Dinge*, Suhrkamp, Frankfurt a. M. 1974, pp. 171~173.
14) 발터 벤야민, 『아케이트 프로젝트 I/1』, 조형준 옮김, p. 102, 103, .
15) 발터 벤야민, 『아케이트 프로젝트 I/1』, 조형준 옮김, pp. 103~104.
16) Karl Marx: *Das Kapital. Kritik der politischen Ökonomie*, Marx Engels Werke Bd. 23, Dietz Verlag, Berlin 1988, p. 168.

17) 역사의 쓰레기로 비판적 역사인식을 구축하려는 시도가 바로 벤야민의 부정
    의 변증법이 아도르노(Theodor W. Adorno)의 그것과 차별성을 갖는 점이다.
    아도르노는 부정의 계기를 사회 총체적 과정으로 수렴시키면서 역사의 폐품
    이나 넝마주이 모티브를 변증법이 결여된 사유로 비난한 바 있다. 실제 벤야
    민은 부정의 작은 계기에서 사회 총체성이라는 거대한 흐름을 폭파할 수 있
    는 거점을 마련하고자 했다.
18) 물론 푹스가 이러한 과제를 성공리에 해결했는가는 별개의 문제이다.
19) 이에 대한 상세한 논의로는 고지현, 『꿈과 깨어나기. 발터 벤야민 파사주 프
    로젝트의 역사이론』, 유로서적 2007을 참조할 것.
20) 발터 벤야민, 『아케이트 프로젝트 I/2』, 조형준 옮김, p. 533 [H 1a, 2].
21) 발터 벤야민, 『아케이트 프로젝트 I/2』, 조형준 옮김, p. 538 [H 2, 7 ; H 2a,
    1].
22) 발터 벤야민, 『아케이트 프로젝트 I/2』, 조형준 옮김, p. 535 [H 1a, 5], p. 536
    [H 2, 3], pp. 906 [K 1, 2].


## ▣ 참고문헌

고지현, 「발터 벤야민의 역사주의 비판」, 『독일연구』 제10호, 한국독일사학회,
    2005.
고지현, 『꿈과 깨어나기. 발터 벤야민 파사주 프로젝트의 역사이론』, 유로서적,
    2007.
발터 벤야민, 「수집가이자 역사가 에두아르트 푹스」, 최성만 옮김, 발터 벤야민
    선집 5, 『역사의 개념에 대하여, 폭력비판을 위하여, 초현실주의 외』, 도
    서출판 길, 2008.
발터 벤야민, 『아케이트 프로젝트 I/1, I/2』, 조형준 옮김, 새물결, 2005.
Foucault, Michel: *Die Ordnung der Dinge*, Suhrkamp, Frankfurt a. M. 1974.
Hübsch, Heinrich: *Die Architectur und ihr Verhältniß zur heutigen Malerei und Sculptur*,
    Stuttgart 1847.
Marx, Karl: *Das Kapital. Kritik der politischen Ökonomie*, Marx Engels Werke Bd. 23,
    Dietz Verlag, Berlin 1988.
Nietzsche, Friedrich: *Jenseits von Gut und Böse. Zur Genealogie der Moral*, Kritische
    *Studienausgabe*(KSA) in 15 Einzelbänden, Bd. 5, München 1988.
Nietzsche, Friedrich: *Unzeitgemäßen Betrachtungen. Vom Nutzen und Nachteil der*

*Historie für das Leben*, in: Friedrich Nietzsche, *Die Geburt der Tragödie, Unzeitgemäßen Betrachtungen I-IV, Nachgelassene Schriften 1870~1873, Kritische Studienausgabe*(KSA) *Bd. 1*, München 1988.

Sternberger, Dolf: *Panorama oder Ansichten vom 19. Jahrhundert* [1938]. Frankfurt a. M. 1974.

# 1945년 이후 독일 역사가들의 역사주의 논의

나 인 호

## 1. 어째서 역사주의가 문제인가?

역사가들은 종종 본질적 문제에 부딪힌다. 어째서 역사학이 필요한가?, 역사학은 무엇을 할 수 있으며, 또 무엇을 해야 하는가?, 무엇이 바람직한 역사학인가? 특별히 TV 사극과 역사 영화, 더 나아가 역사적 사실과 허구를 결합시킨 팩션(faction)이란 새로운 서사 장르가 범람하는 오늘날, 역사 및 역사학의 정체성과 기능에 대한 이러한 질문들은 중요한 시사성을 갖는다.

역사주의라는 용어 속에는 근대 역사학의 출현 이후 제기된 역사학의 정체성과 기능에 대한 모든 고민의 흔적이 쌓여있다. 이 용어는 현재의 문화 발전과 관련하여, 혹은 현실의 인간 삶과 관련하여 역사적 인식 및 역사학의 역할을 주제로 한 여러 논쟁에서 때로는 역사학을 비난하기위해, 때로는 역사학을 칭송하기 위해 사용되어왔기 때문이다. 이에 상응하여 이 용어는 매우 다의적이고 모호하게, 더 나아가 서로 모순된 의미로 정의되고 사용되어왔다. 따라서 합의를 도출하기보다는 오히려 논란을 불러일으키는 역할을 수행하였다. 이를 테면,

역사주의는 어떤 이에게는 학문이론 내지 방법론을 의미한다. 그러나 다른 이에게는 정치적 함의를 지닌 형이상학적인 세계관을 뜻한다. 또, 어떤 이는 역사주의는 과거를 합리화하고 전통을 강조함으로써 현상유지적이라고 비난하지만, 다른 이는 인간 세계를 역사화하고 '세계는 변화한다'는 근대적 세계상을 확립함으로써 인간 세계를 탈자연화시키고, 탈신학화시킨 혁명적인 것으로 칭송한다. 또, 어떤 이에게는 역사주의가 비합리적이고 주관주의적이지만, 다른 이에게는 객관주의적이다.[1]

이런 점에서 이미 1932년 『역사주의의 위기』를 쓴 호이씨(Karl Heussi)는 역사주의에는 다양한 의미의 스펙트럼이 있음을 지적하면서, 어떤 의미로 이 개념을 사용하는가를 밝히지 않고서는 이 개념을 사용해서는 안 된다는 것을 강조한 바 있다. 그럼에도 불구하고 역사주의는 넓은 의미에서 인간과 세계를 '역사적'으로 이해할 수 있다는 신념, 다시 말해 인간사를 그 기원에서부터 추적하고 시간을 통해 그 발전 과정을 묘사할 수 있다는 신념을 가리킨다. 그리고 이러한 신념은 자연법과 자연과학적 이성에 준거하여 시공을 초월한 보편타당한 진리가 있다고 믿는 계몽주의의 합리적 사고방식과 구별되는 역사적 사고를 뜻한다.

특별히 독일은 19세기 초반 이후 20세기 초반에 이르기까지 역사주의가 가장 급진적으로 표현되었고, 이와 상응하여 역사주의를 둘러싼 논쟁이 치열했던 나라였다. 그렇다면 1945년 이후 오늘에 이르기까지 독일 역사학계에서는 역사주의에 대한 논의가 어떻게 전개되었는가?

## 2. 역사주의 저편의 역사학

1971년 몸젠(Wolfgang Mommsen)은 『역사주의 저편의 역사학』이라는 책을 썼다. 이 책의 제목인 '역사주의 저편의 역사학'은 1945년 이후 독일 역사가들 사이에서 정형화된 역사주의에 대한 이해를 대변하는 슬로건이다. 이에 의하면 역사주의란 19세기의 역사서술 및 역사학에서 우세했던 역사에 대한 관찰 방식, 즉 19세기 역사학을 특징짓는 역사적 사고 형태이며, 이제는 더 이상 타당하지 않은 지나간 것, 낡은 유물이라는 것이다. 이러한 생각은 이미 1958년 비트람(Reinhard Wittram)의 역사주의는 "만료되었다"는 선언에서 시작되어, 1965년 쉬더(Theodor Schieder)의 "역사주의는 그 낡은 형태 속에서 몰락했다"는 단언을 거쳐, 1982년 골비처(Heinz Gollwitzer)의 역사주의란 "완결된 단위"이며 단지 "역사에 속할 뿐" "현실적인 도전의 힘"을 잃었다는 진단에 이르기까지 독일 역사가 사이에서 끊임없이 이어졌다.

역사주의를 19세기 역사학이 남긴 낡은 유산으로 간주하는 관행에 상응하여 독일 역사가들은 그것을 사학사 서술의 시대 구분 개념으로서 새롭게 정의하였다. 이에 의하면, 근대 역사학의 학문적 발전 단계는 세 시대로 구분되는데, 그것이 계몽주의, 역사주의, 그리고 포스트역사주의적 역사학의 시대이다. 뤼젠(Jörn Rüsen)은 사학사적 시대 개념으로서의 역사주의가 오늘날 독일 역사학계의 지배적인 역사주의 이해임을 강조하면서, "역사주의란 역사학의 학문적 발전과 이에 상응한 역사 서술 발전의 두 번째 위대한 시대, 즉 계몽주의의 시대와 (좁은 의미의) 현대 역사학 시대 사이의 중간 시대에 지배적이었던 특정한 역사적 사고 형태"를 의미하며, 이 시대는 대략 19세기에 해당한다고 하였다.

역사주의를 시대 개념으로 간주하면서 역사주의를 역사적 유산으로 만들려는 시도는 이거스(George G. Iggers)에게서도 명료하게 들어 난다. 그는 (독일의) 역사주의를 훔볼트와 랑케로부터 1960년대에 이 르기까지 역사서술, 문화과학과 정치이론을 지배했던 독일 역사학과 역사사상의 주된 전통으로 파악하면서, 역사주의를 계몽주의와 포스 트역사주의 시대의 중간에 자리매김하고 있다. 특별히 그는 포스트역 사주의의 시대의 특징을 독일 역사학의 "역사주의를 넘어선 발전"으 로 규정한다. 그리고 이러한 발전은 무엇보다 역사에 대한 구조사적 인 관찰 방식에 입각한 "새로운 역사학"인 사회사의 승리에 의해 특 징져진다.

이거스의 서술은 독일 사학사의 마스터 내러티브(master narrative)로 작용하였다. 예를 들어 블랑케(Horst Walter Blanke)는 자신의 사학사 서 술에서 뤼젠이 명명한 계몽주의와 역사주의라는 역사학의 "위대한 시 대"를 시간적으로 더욱 정확하게 규정할 것을 제안하면서, 이거스의 선례를 따라 계몽주의에 이어 등장한 역사주의는 랑케로부터 1960년 대까지 지속되었고, 비로소 벨러(Hans U. Wehler)와 코카(Jürgen Kocka) 가 대표하는 현대 역사학, 즉 빌레펠트 학파의 '역사적 사회과학'에 의해 종식되었다는 것을 강조하였다.

역사주의란 이미 극복된 낡은 유산에 불과하다는 생각은 역사주 의에 대한 매우 부정적인 평가와 비난으로 이어졌다. 이에 의하면 역 사주의는 독일 역사학의 바람직한 발전에 기여했다기보다는 해악을 끼쳤다는 것이다.

물론 이와는 다른 견해도 있다. 앞서 언급한 뤼젠은 역사주의의 역사적 의미를 긍정적으로 파악하였다. 그는 계몽주의, 역사주의, 그 리고 현대 역사학 사이의 연속성을 언급하면서, 역사주의가 근대 역 사학의 발전 과정에서 계몽주의와 현대 역사학으로 이어지는 교량 역할을 하였음을 강조하였다. 그에 의하면, 역사주의 시대를 지배한 사고 형식의 본질적 요소는 이미 18세기 계몽주의에서 이미 형성되었다는 것이다. 또한 역사주의는 사회·경제적 발전과정의 고유한 역동성을 무시하고 국가의 우위를 강조함으로써 인간 행위를 조건 지은 구조적 요소를 보지 못했다는 한계에도 불구하고, 인류의 과거를 역사로 파악할 수 있는 결정적인 범주와 연구 방법의 법칙화, 역사교육을 통해 "역사주의의 한계를 넘어서고자 하는 역사이론에 길을 제시하였다"는 것이다.

그러나 독일 사학사의 마스터 내러티브를 만들어냄으로써 지대한 영향력을 발휘한 이거스는 뤼젠과는 달리 역사주의를 계몽주의 및 사회사와는 대립되는 부정적 전통으로 파악하였다. 이거스에 의하면 반계몽주의적인 역사주의는 다음 세 가지에 기반 한다.

1. 국가를 역사적인 힘의 산물로 인식하여 이상화하는 국가 이념,

2. 모든 가치 판단은 구체적인 역사적 상황 속에서 이뤄져야함을 강조하고, 어떤 것이 역사 속에서 발생한 것이라면 그 자체로 가치 있는 것으로 간주하면서 보편적인 합리적 가치 기준을 거부하는 반규범적 가치철학,

3. 개별 역사적 실체들을 인식하기 위해서는 그것들을 추상적 개념으로 일반화시켜서는 안 되고, 자기고유의 생생한 특성을 갖고 있는 그것들 각자의 특성 속으로 몰입하여 행해지는 '이해'만이 유일한 방법이라는 반개념적 인식론이 그것이다.

역사주의는 이러한 신념에 기초하여 역사서술을 국가에 중심적 역할을 부여하고 외교문서를 강조하는 정치사에 한정시켰다. 반면 사회경제사와 사회학적 방법은 등한시 하였다. 그 결과 역사주의는 정치적으로 권위주의 체제의 대두를 촉진시키는데 일조하였고, 학문적으로 독일 역사학을 낙후시켰다. 타 지역과 달리 독일에서는 문화의 비교연구나 사회의 지속적인 구조적 특성에 대한 분석이 이뤄질 수

없었고, 역사의 변화나 발전 경향을 총체적으로 조망하려는 시도도 나타날 수 없었다. 그러나 역사주의의 해악은 비로소 사회사에 의해 종식되었다. 사회사의 등장은 독일 역사학계에 민주주의적 가치가 도입되었으며, 계몽주의가 부활되고, 역사학의 학문적 발전이 서구와 유사한 방향으로 이뤄지기 시작했음을 의미한다.

이상과 같이 이거스는 역사주의를 부정적으로 평가한다. 그러나 이러한 평가는 다분히 당파적이다. 그는 독일 사회사가들의 반역사주의적 시각을 대변한다. 벨러와 코카로 대변되는 사회사가들은 이른바 독일사의 '특수경로(Sonderweg)' 테제를 내세웠다. 이에 의하면 19세기 독일사는 이른바 산업 발전과 경제 성장은 이뤘으나, 정치적으로는 근대화를 이루지 못하고 권위주의 체제가 지속된 암흑시대이며, 그 끝은 나치 독일로 이어진다는 것이다. 이들은 역사주의가 "오늘날의 이론적 관점을 통해 얻을 수 있는 의미"를 무시하고, 이른바 "사건의 역사에 대한 연대기적 보고서"(필자: 정치사 서술을 비하하는 표현)를 통해 "역사행위자가 그가 살았던 시대의 경험 지평에서 얻어진 의미"만을 서술함으로써, 독일사를 비판적으로 분석하지 못하게 했을 뿐만 아니라, 더 나아가 정당화시켰다고 비난하였다.

최근 코카는 그간의 사회사의 공과를 회상하면서 다시 한 번 독일 사회사의 과제를 상기하고 있다. 그에 의하면 사회사는 지체된 근대화 과정에 대한 역사적 설명, 비판적 합리성과 결단력을 상실한 무기력한 개인들로 구성되어있는 현실 사회에 대한 비판, 그리고 그와 같은 전통을 정당화하고 정치적 무감각을 키워온 역사주의적 역사학에 대한 학문 내적 비판이라는 서로 연관된 세 가지의 과제를 수행해왔다는 것이다.

코카의 두 번째와 세 번째 과제에 대한 진술은 지난 19세기와 20세기 초반에 걸쳐 −물론 부정적 의미에서− '역사주의'의 이름으로 가해진 당시 역사학에 대한 비난을 상기시킨다. 이에 의하면 과거에 대한 학문적 인식에 몰두함으로써 역사학은 현재의 실제적인 행위에 대한 관심을 배제시키고, 더 나아가 가치에 대한 확신을 상대화시키는 역사적 인식을 심어줌으로써 행위 자체를 불가능하게 하여, 현재의 삶을 무기력하게 만들고 있다는 것이었다. 따라서 중요한 것은 "(그것이)무엇이었는가?"라는 질문 대신에 "우리는 어떻게 행동해야하는가?"라는 질문이라는 것이었다.

그러나 사회사가들은 자신들의 역사학이 이러한 비난으로부터 해방되었음을 선언하고 있다. 사회사는 역사주의적 역사학과는 달리 역사학을 "자유롭고 비판적인 사회의식을 첨예화시키고", "이데올로기 비판적"으로 탐구하며, 현재의 우리, 즉 "민주적 시민"의 "삶의 실천을 위해 합리적 방향 설정의 기회를 증대시키는" "역사학의 해방적 과제"를 갖는 "비판적 사회과학"으로 변화시켰다는 것이다.

이와 같이 사회사가들은 자신들이 역사주의를 총체적으로 극복했다는 자의식 속에서 종래의 역사주의적 역사학을 거침없이 비판했다. 여기서 그 비판점을 다시 한 번 정리하자면, 역사주의적 역사학은 과거를 무비판적으로 관조함으로써 현재의 삶에 아무런 유익함을 주지 못하며, 단지 보수적인 현실유지 이데올로기로 기능할 뿐이고, 과거의 고유한 현실과 당시의 상황에 준거하는 주관주의적 역사 인식 태도, 합리적 설명 대신에 역사행위자에 대한 이해를 강조하는 비합리적인 방법론, 그리고 역사서술에 있어서 분석과 이론적 개념이 결여된 단순한 묘사를 특징으로 하는 낙후된 역사학이라는 것이다.

더 나아가 사회사가들은 전통적인 역사주의 비판을 넘어서서, 역사주의를 자신과 다른 역사학 개념을 가진 모든 역사가를 비난하는 명칭으로 사용하였다. 이른바 '신역사주의'라는 표현이 그것인데, 이로써 역사주의는 적을 지칭하는 개념, 더 나아가 역사학계의 헤게모니 쟁취를 위한 투쟁개념으로 변모하였다. '신역사주의'라는 비난은 전통적 역사학을 추종하는 보수적 역사가에게 뿐만 아니라, 사회사 이후 출현한 일상사, 더 나아가 미시사 및 신문화사 등의 새로운 역사학을 추구하는 역사가들에게도 해당되었다.

이상과 같이 독일 역사가들의 역사주의 담론은 '역사주의의 죽음'에 대한 선언의 연속이라고 할 수 있다. 이런 맥락에서 '신역사주의'라는 비난은 '당신은 역사주의의 유령이거나 좀비'라고 규정짓는 것이 될 것이다.


## 3. 역사주의는 극복되었는가?

이러한 역사주의 담론은 확실히 일방적이고, 천박하다. 니퍼다이(Thomas Nipperdey)는 1945년 이후의 역사주의 담론은 지적 불쾌감을 불러일으킨다고 비판하였다. 역사주의에 대한 비판만 난무하고, 역사주의에 대한 그 어떤 반박이나 옹호도 공식적으로 제기되지 않는 상황에서, 역사주의에 대한 논의는 "감정적이고 도덕적인 것"으로 변질되었다는 것이다. 그리하여 역사주의는 "근대적이지 못하고, 비학문적이며, 이데올로기적이고, 반동적"인 것이 되었다는 것이다. 더욱이 역사주의는 단순히 그것이 모호하게 쓰이고 있을 뿐만 아니라, 더 나아가 사회사와 같이 전통을 좋아하지 않는 역사학의 한 분파에 의해 "거의 분석적 의미"를 지니지 않은 채 적을 호명하며, 배제하는 논쟁적 개념으로 변질되었다는 것이다.

여기서 역사학의 정체성과 기능에 대한 철학적·이론적 성찰의 빈곤이라는 1945년 이후 독일 역사학계의 역사주의 담론의 특징이자 한계가 드러난다. 니퍼다이의 표현을 빌리자면 이 시기 독일 역사학계의 역사주의 논의 속에는 "역사학의 학문이론적 근본문제"를 해결하려는 진지함이 결여되어있다.

이 점은 19세기와 20세기 초반에 이뤄진 역사주의 담론의 특징과 비교해보면 명확해진다. 당시의 역사주의 담론은 인문사회과학 전반에 걸친 치열한 논쟁의 성격을 띠고 있었고, 역사학 및 역사학적인 인식(학문적인 역사인식)이 현재의 인간 삶에 끼친 영향과 문제점에 초점이 맞춰졌다. 니체가 촉발한 삶을 위해 역사학이 행한 공과에 대한 비판적 성찰은 1870년대 후반 여러 문화과학 내의 역사학파에 가해진 공격들로 이어졌고, 1880년대 국민경제학자들의 논쟁, 법학자들의 논쟁을 거쳐 1890년대 신학자들의 논쟁으로 이어졌으며, 20세기 초반에는 논쟁이 철학과 사회학으로 확대되었다. 물론 이러한 일련의 논쟁에 역사가들도 깊이 참여하여 역사학을 위한 변명을 시도했다. 또한 역사주의를 지나간 시대의 한물 간 역사학 패러다임으로 치부하는 1945년 이후 독일 역사가들과는 달리, 19세기와 20세기 초반의 논쟁에서 쓰인 역사주의는 모든 것을 역사화시킨 역사학이 야기한 여러 철학적·이론적 문제 -이를테면 모든 가치의 상대화, 즉 가치 상대주의의 문제-를 지칭하기 위한 개념이었다. 한마디로 말해, 오늘날 독일역사가들이 말하는 역사주의란 19세기 역사학의 불명예스러운 이름에 불과하지만, 1900년 전후의 역사주의 논쟁에서 말해진 역사주의란 철학적·이론적 성찰을 통해 인문사회과학 전반이 해결해야할 근본적인 근대적 문제들이었다.

역사주의를 역사학이 초래한 근대 세계의 문제로 시각은 오늘날의 철학 등의 문화학 담론에서는 오늘날에 이르기까지 계속되고 있다. 예를 들어 철학자 숄츠(Gunter Scholz)는 트뢸치의 역사주의 진단에 의거하여, 역사주의를 과거의 객관적 지식에 몰입하는 역사적 실증주의와 가치 상대주의로 정의하고, 이 두 가지 문제가 여전히 해결되지 않은 현재의 문제로 남아있음을 강조한다. 역사적 실증주의는 가치 상대주의를 강화하고, 역으로 가치의 상대주의는 역사적 실증주의를 강화하면서 깊은 상호 관계를 맺고 있다. 과거에 대한 지식이 많아질 수록 상대주의는 강화되며, 가치의 상대성이 초래한 불확실함은 또 다시 가능한 모든 확실한 과거 지식을 필요로 한다는 것이다. 이어 그는 이와 같은 역사주의의 문제를 해결하기 위한 그간의 온갖 노력이 있었음에도 불구하고, 오늘날 이 문제가 또다시 규범 다원주의라는 이름으로 논쟁거리가 되고 있음을 강조하고 있다.

이런 맥락에서 최근 일부 역사가들은 문제로서의 역사주의는 과거의 낡은 유산도 아니고, 극복된 것도 아니다. 그것은 근대 세계에 숙명처럼 내재되어 있으며, 따라서 끊임없이 그 해결책을 고민해야할 난제라는 것을 강조한다. 동시에 그들은 오늘날 역사학계와는 달리 철학·신학 등 여타의 문화학에서의 역사주의 담론은 역사주의를 근대세계의 근본적 문제로 다루고 있는 반면, 역사학계의 담론은 이와는 달리 잘못된 방향으로 진행되었다고 비판하고 있다.

욀슬레(Otto Oexle)는 오늘날 독일 역사학계의 역사주의 담론이 잘못된 방향으로 진행된 것은 무엇보다 마이네케가 정의한 역사주의 개념이 1945년 이후의 독일 역사학계에 결정적인 영향을 끼쳤기 때문이라고 단언하였다. 마이네케가 각인시킨 역사주의는 보편적 법칙이 아닌 개인, 국가, 민족, 종교 등의 고유성을 강조하는 개별성의 원리와 발전의 원리, 직관적 이해의 강조, 그리고 무엇보다 독일 정신의 위대한 근대적 혁명운동으로서의 역사주의이다. 1945년 이후 독일 역사가들은 마이네케의 역사주의 정의가 곧 역사주의라는 잘못된 이해에 입각하여 역사주의를 비판하거나, 혹은 옹호했다는 것이다.

비슷한 관점에서 비트카우(Annette Wittkau)도 1945년 이후의 역사주의 담론이 마이네케에 의존한 반면, 트뢸치나 막스 베버 그리고 이전의 역사주의 담론과 연계되지 않았다는 것을 강조하였다. 비트카우에 의하면 마이네케는 역사주의가 독일의 위대한 정신적·혁명적 성취임을 강조한 반면, 1900년 전후의 역사주의 논쟁에서 제기되었던 중요한 문제, 특히 당시 역사주의 논쟁의 핵심이었던 가치상대주의의 문제를 다루지 않아 역사주의의 본질적인 차원을 제외시켰고, 그 결과 1945년 이후로 역사주의가 현재적 의미를 잃어버리고 이미 극복된 것으로 간주되는데 결정적 역할을 하였다는 것이다.

더 나아가 1945년 이후 독일 역사학계를 지배해온 역사주의 담론에는 또 다른 문제점이 있다. 그것은 역사주의적 역사학과 포스트 역사주의적 사회사 간의 차이와 단절을 지나치게 강조한다는 점이다. 그러나 과연 새로운 역사학인 사회사는 역사주의를 극복했는가? 과연 양자 사이에 비슷한 점은 없는가?

이 문제는 사회사의 역사주의 비판에 대한 반비판을 통해 해결의 실마리가 풀릴 수 있다. 앞서 언급한 니퍼다이는 사회사가들이 주도한 현재의 비판적 역사주의 논의가 "역사학의 학문이론적 근본문제들"을 명료하게 하기 위한 것이 되기 위해서는, 그것이 다음과 같이 수정되어야 한다고 지적한다. 그 중 가장 중요한 지적 몇 가지를 언급하면,

1. 탈전통화: 1900년경의 역사주의 논쟁에서 사용된 언어와 개념들이 현대어로 번역되어 당시의 논쟁 당사자들의 의도가 우리에게 이해되어야 한다.

2. 탈이론화: 랑케나 드로이젠과 같은 "역사주의의 아버지들"의 이론적 주장이 아니라, 그들이 실제로 어떻게 서술했는가를 살펴보는 것이 중요하다.

3. 탈민족화: 역사주의를 마이네케 식으로 독일의 위대한 정신적 전통과 결부시키거나, 이거스 식으로 독일의 오류를 강조하는

데서 벗어나, 탈독일화시켜 초국가적 관점에서 관찰해야 한다. 이를 통해 역사주의가 현상유지적·보수적 이데올로기라는 주장이 타당한지 시험될 수 있다.

4. 탈신화화(탈관념론화): 방법과 전통으로서의 역사주의를 형성시킨 세계상, 용어, 존재론은 관념론적이었다. 이러한 낡은 관념론적 세계관에 입각한 역사주의를 우리가 이해할 수 있도록 번역해야한다. 여기서 무엇이 역사주의가 형성될 당시 역사학적 방법론이 당면한 문제였는가를 현재의 역사학 방법론과 관련시켜 파악하는 것이 중요하다.

이와 같은 수정 제안에 기초하여 니퍼다이는 역사주의의 정당성과 부당성을 명확히 하기 위해 이른바 "역사주의적인 것의 범주"를 여섯 가지 쟁점으로 나누어 새롭게 해석하면서, 그것들 중 다수가 낡은 것이 아니라, 오늘날의 역사학에도 여전히 타당하고 중요한 범주임을 밝힌다. 그 중 일부를 소개하자면,

■ 초기역사주의에서 자주 쓰인 '정신'이라는 역사주의의 범주는 하나의 역사적 현상이나 상황 속에 연루된 수많은 요소와 사실들의 상호관련, 맥락을 지칭하고 파악하기 위한 것이었다. 이 범주는 세계를 개별 분야로 특수화하거나 일방적인 인과관계를 주장하는 것에 반대하여 상호관련성을 강조하는 기능을 수행하였다. 또한 이 범주는 방법론적으로 사회와 개인의 관계처럼 밀접하게 상호 관련을 맺는 사실관계를 지칭하는데 쓰였다. 이 범주는 오늘날의 변증법 개념과 유사하다.

■ '개체성'이란 범주는 보편적인 것을 위해 개별적인 것의 권리를 박탈하는 것과, 인간을 합리적이고 공리주의적인 인간들로 한정시킨 계몽주의의 개체(개인) 개념이 개체 개념을 축소시키는 것을 반박하

기 위해 쓰였다. 여기서 특히 중요한 것은 후자의 경우로서, 초기역사 주의자들은 계몽주의자들이 인간을 원자로 보는 것을 반대하여, 개체 성 개념을 가지고 인간들의 보편성과 총체성을 주장하였다. 이런 가 운데 개체성 개념은 개인을 넘어 각각의 시대, 각각의 사회 등을 지 칭하는 것으로 확대되었다. 따라서 초기역사주의자들에 의해 확대된 '개체성' 범주는 오늘날 우리가 '구조'라고 부르는 것과 같다. 예를 들 어 그들의 텍스트에 나타난 '민족(Volk)' 개념은 오늘날의 '사회'라는 용어, 더 나아가 '구조'로 바꿀 수 있다. 초기역사주의에 한정시키자 면, 개체성 범주는 개별적인 것이 아니라, 구조적인 것이다.

■ 역사주의와 인과성의 관계도 재해석 할 수 있다. 즉, '개체성'과 '발전'은 단순명료한 인과관계 설명에 반대하여, 사실들의 상호연관 성과 여러 인과관계, 제도, 역사행위자가 의식하지 못한 것들, 사회구 조의 알려지지 않은 모든 복합적인 것들을 주장하기 위한 암호라고 할 수 있다.

■ 역사주의의 '이해' 이론은 역사를 도덕적으로 해석하는 것에 반 대하여 과거를 그 자체의 고유한 전제들 속에서 파악하려는 규칙을 뜻한다. 따라서 텍스트에 진술된 것들의 의미를 물어보는 것, 즉 텍스 트 해석이 방법론적으로 가장 중요하다. 또한 이해의 방법에는 과거 의 행위(및 행위자들이 만든 제도)를 파악하는데 있어서, 행위자들의 해석 지평이 우리에게 납득되는 것이 문제가 된다. 과거의 낯선 것을 파악하는 것은 상식적인 과제이다. 어째서 돼지 가격이 폭락했을 때 20세기의 농민들을 반정부 시위를 벌이는가?, 반면 유사한 상황에서 중세의 농민들은 성지 순례를 하는가? 원래의 역사주의에서는 단순 히 행위자의 주관적인 의미 표출만이 아니라, 전통과 사회 제도 속에 저장되어 객관화된, 무의식적인 의미도 중요했다. 텍스트 해석이라는 이러한 방법론적인 관련 속에서 이해의 범주는 오늘날에도 유효하다.

니퍼다이의 진술은 역사주의를 위한 변명처럼 들릴 수도 있다. 그러나 그는 최소한 역사주의가 낡은 유물 이상의 의미가 있으며, 더 나아가 역사주의적 역사학과 사회사 간에는 유사성도 적지 않다는 것을 설득력 있게 보여주고 있다.

## 4. 역사주의를 극복하려는 새로운 시도

현재 독일 역사학계의 정형화된 역사주의 이해에 대해 가장 급진적인 반대 입장을 갖고 있는 역사가는 휠셔(Lucian Hölscher)이다. 그에 의하면 사회사 역시 일종의 역사주의적 역사학에 불과하다.

> (양자 간의) 유사성은 매우커서, '현대적인 사회사(moderne Sozial geschichte)' 속에서 통용되고 있는 '역사(Geschichte)' 또한 '역사주의적'이라고 부를 수 있다.[2]

물론 휠셔는 역사주의적 역사학과 사회사와의 차이점에 대해서도 지적한다. 그 차이점은 주로 사료를 선별하고 처리하기 위한 방법론적 접근과 역사적 사실을 설명하기 위해 새로운 이론 모델을 사용한다는 데서 찾을 수 있다. 그러나 역사이론 영역, 즉 그것들이 준거하는 '역사' 개념 자체에 있어서는 거의 차이가 없다는 것이다. 그의 메타포에 의하면, 양자의 차이란 역사연구의 초점이 '실제로 어떠하였는가?'에서 '실제로 어떻게 변화였는가?' 정도의 차이일 뿐이다. 이를 따르자면, 사회사는 정치사건사를 탈피하여 구조주의적 관찰 방식에 입각해서 '이해'의 방법 대신 분석을, 개체성의 원리 대신에 사회과학 이론을 사용한다는 흔히 알려진 차별성에도 불구하고, 역사주의적 역사학이 준거해온 근대적 대문자 역사(The History) 개념을 계속해서 사용하고 있기 때문에 역사주의적이다. 따라서 휠셔는 역사학이 역사주의를 극복하려면, 다시 말해 진정한 포스트역사주의적 역사학이 되기 위해서는 근대적 역사 개념을 버려야 한다는 것을 주장한다.

이어서 휠셔는 탈역사주의적 역사학의 대안으로 역사적 사건과 역사적 변화를 새롭게 개념화시킨 "새로운 연대기학"이라는 역사학을 대안으로 제시한다. 그가 제시한 역사학은 이 세계 속에는 이러한 '역사'란 존재한 적도 없고, 존재하지도 않으며, 앞으로도 존재하지 않을 것이고, 역사적인 사고라는 것은 단지 세계를 이해하는 여러 가능성 중의 하나라는 가정에 입각해있다. 구체적으로 그는 자신의 역사학 모델이 준거하는 새로운 역사 이론이 근대적 역사 개념에 준거하는 역사주의적 역사 이론과 어떻게 다른가를 다음과 같이 상론한다.

1. 역사주의의 역사이론의 특징은 역사를 형이상학적인 통일체로 취급한 데 있다. 역사주의 속에서 그러한 형이상학적 통일체는 다양하게 구상되었다. 즉, 신학적으로 "신의 작품", 사회학적으로 "변화하는 사회", 혹은 단순히 실증적으로 사건, 사실, 개별 증거들로 이뤄진 "세계"로 구상된다. 반면 "새로운 연대기학"적 관점에서는 역사란 무수히 많은 실의 가닥으로 엮여진 일종의 직물로 간주된다. 실의 가닥들이 서로 뭉쳐져 만나는 지점이 역사적 사건이고, 직물을 구성하는 실들이 (사건과 사건을 연결시키는)시간적 구조 혹은 연대기적 질서이다. 연대기학은 모든 사건이나 사실이 다른 사건이나 사실과 모두 관련되어 있다고 보지 않는다. 단지 누군가에 의해 실제로 관련지어질 때만이 그것들은 관련되어있다고 본다. (이것만을 역사라고 할 수 있다.) 따라서 연대기학자에게 세계 속에는 근대적 의미의 역사란 없고, 단지 시간의 구조만 존재하는 것으로 상상된다.

2. 역사주의의 역사이론은 역사적 시간 또한 형이상학적 통일체로

취급한다. 즉, 역사적 시간을 그 속에서 모든 역사적 사건이나 관계들이 정확하게 규정되는 추상적이고 동질적이며, 끝없이 이어지는 시간으로 설정한다. 그러나 과거의 연대기들에 대한 모든 분석을 통해 알 수 있는 것은 역사가 대단히 많은 서로 다른 시간 질서들로 이뤄져있다는 것이다. 즉, 빠른 변화나 완만한 변화, 순환적 혹은 직선적 질서, 이야기의 과정에 초점을 맞추거나 혹은 전환점에 초점을 맞추는 구조, 현재지향적, 미래지향적, 과거지향적 구조 등이 그 것이다. 연대기학적 관점에서 볼 때, 역사적 시간은 이미 존재하고 있다고 가정된 역사의 추상적이고 메타이론적 질서를 재현하는 것이 아니다. 그것은 역사가 실제로 만들어질 때만이 전체적으로 응집되는 서로 다른 여러 시간적 질서와 시간관의 일시적이거나 주기적인 상호 작용을 재현하는 것이다.

3. 역사주의적 역사 관찰은 언제나 현재 지향적이다. 역사주의자는 사료에 있는 개념의 의미를 자신의 살고 있는 시대(현재)의 언어로의 번역을 통해서만이 이해할 수 있다고 한다. 이와 마찬가지로 과거 사건들의 역사적 의미 또한 그가 자신의 시대(현재)를 인지하는 것에 비추어서만이 이해할 수 있다고 한다. 이와는 대조적으로, 연대기학적 역사 관찰은 두 가지 차원에서 진행된다. 역사관찰자의 현재와 관찰된 과거의 시점이 그 것이다. 연대기학적 역사 관찰 속에서는 그 당시의 과거, 현재, 미래(지나간 과거, 지나간 현재, 지나간 미래)에 관한 과거의 역사적 관점과 현재의 역사적 관점(현재의 과거, 현재의 현재, 현재의 미래)이 대면된다. 이를 통해 양자 간의 차이로부터 역사적 변화의 특별한 질을 읽을 수 있게 된다.

역사주의자는 어떤 특정한 맥락을 상정하여, 역사적 사건이 그 맥락 속에서 어떤 역사적 진행과정의 내부에 존재하는 것처럼 한다. 그리고 그는 그러한 사건의 의미를 이 맥락 속에서 충분히 정의할 수 있다고 생각한다. 그러나 연대기학자는 역사적 사건은 단순히 역사적 진행과정의 요소가 아니라, 그 자체가 역사적 구성단위이며, 따라서 그 사건의 의미는 (개별적인) 구체적인 역사적 맥락에 의해서 충분히 설명될 수 없다고 생각한다. 그는 역사적 사건의 존재를 역사적 우연으로 보며, 역사적 우연으로서의 역사적 사건이 역사의 진행을 설명한다고 본다. 즉 지나간 미래의 관점(즉, 관찰된 사건의 시점에 관계된 미래)과 현재화된 과거(즉, 오늘날의 관찰자와 관련된 과거)의 차이에 기초하여 역사의 진행을 설명한다고 본다. 예를 들어 제1차 세계대전 발발 전야의 당대인들의 여러 관점 및 이것에 기초한 내러티브들과 오늘날의 이 전쟁에 대한 여러 관점 및 이에 기초한 내러티브들을 비교하면서, 이 전쟁에 대한 관점과 내러티브의 변화를 통해 20세기 역사의 진행을 설명할 수 있다.

이상에서 살펴본 바와 같이 사회사까지 포함한 역사주의적 역사학의 한계는 역사 및 역사적 시간을 이미 주어진 객관적 실체로서 보는 형이상학적 인식 태도와 현재 지향적 관점에서 과거를 재현한다는 데 있다. 보편적 메타 개념으로서의 근대 역사 개념에 속박되어 나타난 이러한 한계를 뛰어넘으려는 휠셔의 탈역사주의적, 더 나아가 탈근대주의적 역사학 모델은 다양한 역사들, 다양한 시간들, 다양한 관점과 내러티브들의 다원주의적 조합에 기초한다. 비록 그의 시도가 아직 구체적 역사연구와 서술로 이어지지 않고, 단지 이론적 설계단계에 머물러있긴 하지만, 철학적·이론적으로 낙후된 독일 역사학계의 역사주의 담론에 결정적으로 도전하고 있다는 점에서 그 의의를 찾을 수 있다.

# 5. 맺음말

서양의 역사 서술은 전통적으로 시간의 동질적 흐름에 기초하여 과거를 심판하고 도덕적 교훈을 주기 위한 것이었다. 그러나 프랑스 혁명과 산업혁명을 겪으면서 서양인들은 급격한 변화와 단절을 경험하였다. 새로운 경험의 연속 속에서 시간이 흐를수록 과거에 대한 이질감이 더욱 커져만 갔다. 바로 이 지점에서, 다시 말해 전통이 단절되고 과거와 미래가 질적으로 갈리었을 때 근대 역사학이 탄생했다. 이후로 과거가 얼마나 다른가를 가르치는 방법이 필요했고, 역사의 진실은 변화하는 시간과 더불어 변한다는, 즉 역사적 진실은 매번 낡은 것이 된다는 역사적 상대주의가 나타났다. 이제 역사로부터는 아무런 교훈을 얻을 수 없게 되었다. 이런 맥락에서 코젤렉(Reinhart Koselleck)은 역사주의가 '역사들로부터는 더 이상 배울 수는 없지만, 동시에 역사학은 가르침을 준다'는 난제를 남겨놓았다고 했다.

현재의 독일 역사학은 이러한 역사주의의 난제를 해결했을까? 대답은 부정적이다. 앞에서 살핀 것처럼, 1945년 이후 독일 역사가들의 역사주의 담론은 역사주의의 문제를 역사학의 정체성과 기능에 관한 근본적인 문제와 연계시켜 파악하려는 철학적·이론적 성찰의 빈곤에 의해 특징지어진다. 상당수의 역사가에게 역사주의는 단순히 19세기 역사학이 남긴 부정적 전통으로 인식되고 있으며, 학문 내적으로나 정치적으로 현재적 타당성을 상실한 낡은 것, 이미 극복된 것으로 간주되고 있다.

이러한 역사학계의 역사주의 담론은 1900년경 논쟁의 형식으로 전개된 역사주의 담론이나, 현재의 철학 등 다른 분야의 인문사회과학자들의 역사주의 담론과는 큰 차이를 보인다. 후자의 담론에서는 역사학이 근대 세계와 인간 삶에 끼친 영향과 그로 인해 발생한 문제가 쟁점이 되었고, 지금도 계속되고 있다. 이러한 담론에서는 역사주의라는 용어 자체가 상대주의와 같이 역사학이 야기한 문제를 지칭한다.

그러나 근래에 들어와 일부 역사가들은 역사학계의 역사주의 담론을 비판하고 있다. 그 비판점을 요약하면,

1. 역사주의라는 문제는 과거의 낡은 유산도 아니고, 극복된 것도 아니다. 따라서 역사학의 정체성과 기능의 문제와 연관시켜 끊임없이 그 해결책을 고민해야할 난제이다.

2. 사회사를 19세기 식의 역사주의적 역사학과는 구별되는 새로운 역사학으로 간주하는 지배적 시각은 수정되어야 한다. 둘 사이에는 단절 못지않게 유사성도 크다.

더 나아가 최근에는 사회사 또한 본질적으로 역사주의적 역사학이라는 전제하에, 근대 대문자 역사 개념을 해체하면서, 역사주의를 극복하려는 시도도 생겨났다. 이러한 시도는 역사학의 위기가 심화되고 역사가 다양하고 파편화된 기억으로 변화된 오늘날의 상황을 반영하고 있다. 앞서 언급한 역사주의가 남긴 난제는 이제야 해결의 조짐이 보이고 있다.

## ▣ 주

1) 역사주의가 서로 모순된 의미로 정의된 가장 단적인 예는 '과거의 사건과 상황은 유일무이하며 반복되지 않으므로, 보편적 견지에서가 아니라, 그것의 특수한 맥락 속에서 이해될 수 있다'는 가정에 입각한 개체주의적 원리라는 마이네케(Friedrich Meinecke)식의 정의와 '역사 연구를 통해 미래 사건을 예견하는데 사용될 수 있는 사회 발전의 일반 법칙을 발견할 수 있다는 견해'라는 포퍼(Karl Popper)의 정의이다. 물론 전자는 Historismus (Historism)으로 표기되고, 후자는 Historizismus(Historicism)로 표기된다. 그러나 독일어권에서는 전자를 Historizismus로 표기해 사용한 사람도 많으며, 영어권에서는 Historicism이 전자까지 포괄한 의미로 사용된다.

2) *Neue Annalistik*, p. 81.

## ▣ 참고문헌

Hölscher, Lucian, "The New Annalistic: A sketch of A Theory of History", *History & Theory*, 36, (1997), pp. 317~335[자세하게는: *Neue Annalistik. Umrisse einer Theorie der Geschichte*, (Göttingen: Wallstein, 2003)]

Iggers, George G., 『20세기 사학사』, 임상우·김기봉 역, 푸른역사, 1998.

Iggers, George G., *Neue Geschichtswissenschaft. Vom Historismus zur historischen Sozialwissenschaft. Ein internationaler Vergleich*, (München: Deutscher Taschenbuch Verlag, 1978)

Iggers, George G., 『독일역사주의』, 최호근 역, 박문당, 1992.

Kocka, Jürgen, "Geschichtswissenschaft und Sozialwissenschaft", Konrad Jarausch et. al. (eds.), *Geschichtswissenschaft vor 2000*, (Hagen: Margit Rottmann Medienverlag 1991)

Kocka, Jürgen, "Historische Sozialwissenschaft heute", Paul Nolte et. al. (eds.), *Perspektiven der Gesellschaftsgeschichte*, (München: C.H.Beck, 2000), pp. 19~22.

Meinecke. Friedrich, *Die Entstehung des Historismus*, (München: Oldenbourg, 1936).

Mommsen, Wolfgang, *Die Geschichtswissenschaft jenseits des Historismus*, (Düsseldorf: Droste, 1971).

Nipperdey, Thomas, "Historismus und Historismuskritik heute", idem, *Gesellschft, Kultur, Theorie*, (Göttingen: Vanhoeck & Ruprecht, 1976), pp. 59~73.

Oexle, Otto Gerhard, "Meineckes Historismus", idem/Jörn Rüsen (eds.), *Historismus in den kulturwissenschaften*, (Köln et. al.: Böhlau, 1996), pp. 191~192.

Oexle, Otto Gerhard, *Krise des Historismus – Krise der Wirklichkeit. Wissenschaft, Kunst und Literatur 1880~1932*, (Göttingen: Vandenhoeck&Ruprecht, 2007).

Rüsen, Jörn, *Konfigurationen des Historismus*, (Frankfurt a. M: Suhrkamp, 1993).

Scholtz, Gunter (ed.), *Historismus am Ende des 20. Jahrhunderts. Eine internationale Diskussion* (Berlin: Akademie Verlag, 1997).

Wehler, Hans U., "Neoromantik u. Pseudorealismus in der neuen 'Alltagsgeschichte'", idem, *Politik in der Geschichte*, (München: C.H.Beck, 1998), pp. 188~194.

Wehler, Hans U., *Das Deutsche Kaiserreich 1871~1918*, (Göttingen: Vandenhoeck & Ruprecht, 1973).

Wittkau, Annette, *Historismus. Zur Geschichte des Begriffs und des Problems* (Göttingen: Vandenhoeck & Ruprecht, 1994).

"Historicism, Historism", ed. by Harry Ritter, *Dictionary of Concepts in History*, (New York: Greenwood Press, 1986), pp. 183~188.

"Historismus, Historizismus", *Historisches Wörterbuch der Philosophie*, vol. 3, (Basel: Schwabe, 1974), pp. 1141~1147.

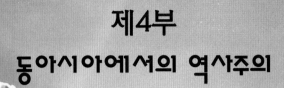

# 제4부
## 동아시아에서의 역사주의

# 이기백의 역사주의 수용과 보편성 지향

노 용 필

## 1. 머리말

최근 2006년에 대한민국학술원에서 해방 후 한국사학사를 종합·정리하여 『한국의 학술연구 : 역사학』이라는 책을 간행해낸 바가 있는데, 이를 주관한 차하순(車河淳)은 '한국 역사학의 역사'라는 용어를 구사하면서 "역사학의 출발이 역사인식의 각성이나 역사서적의 간행에 있다고 본다면 한국의 역사학은 삼국시대나 신라로 소급하는 것이 당연하다"고 하였고, 또한 "진정한 근대적인 역사학은 비판적 방법론에 대한 자각과 함께 시작되었다고 간주하는 것이 타당할 것이다"고 논하였다(「서문」 iii-iv). 그러면서 곧이어 한국 역사학의 근대성에 대해 상론하여, 다음과 같이 언급하고 있음이 주목된다.

근대적인 역사학은 랑케(Leopold von Ranke, 1795~1886)가 시도한 엄격한 사료비판에 의한 방법론에서 비롯되었다. 랑케의 근대사학의 방법론은 19세기의 독일 역사학계를 풍미했을 뿐 아니라 미국이나 일본을 비롯해 전 세계적으로 대학 강단을 중심으로 직업적이며 전문적인 역사학 연구 및 서술의 모델이 되었다. 그러므로 한국 역사학의 근대성은 랑케사학의 수용에 기원했다고 보아 무방하다. 특이한 것은 랑케사학의 수용방식이었다. 한국 역사학계가 받아들인 랑케 사학은 일본을 통해 수용된 것이며 구체적으로는 1920~1930년대에 한국인 학생이 일본 대학에 유학하여 배운 독일 역사학 방법론이었다. (「서문」, iv)

한마디로, 엄격한 사료비판에 입각한 랑케의 사학방법론을 1920~30년대 일본에 유학 중이던 한국인 학생들이 수용하게 됨에 한국 역사학의 근대성이 기원한다는 사실을 지적하고 있는 것이라 할 수 있겠다. 그렇다면 이러한 경우에 해당하는 역사학자로서는 구체적으로 누구누구를 손꼽을 수 있는 것일까?

당시, 즉 1920~30년대에 일본에 유학하면서 랑케의 근대사학을 공부하였음직한 인물들로서 훗날 한국의 대표적인 역사학자로 부각된 경우로 쉬이 떠오르는 것은 이병도(李丙燾, 1896~1989)·손진태(孫晋泰, 1890~?) 그리고 백남운(白南雲, 1895~1974) 등이지만, 이들의 경우 일본 유학 시절에 구체적으로 어떤 공부를 어떻게 했는지를 아직은 세세히 잘 알기 어려운 실정에 있다. 하지만 1940년대 초반에 일본 유학을 하였던 이기백(李基白, 1924~2004)의 경우는, 이들과는 달리 노년에 직접 자신의 유학 시절 수강 과목이라든가, 읽어서 영향을 받은 서적들에 대해 조목조목 기록을 남겨두었으므로, 이를 통해 랑케를 위시한 여러 서양의 역사학자들에게서 어떤 영향을 받았는지를 비교적 상세히 알 수 있다. 그러므로 이 글에서는 이기백의 경우를 집중적으로 분석하여, 서양의 근대 사학방법론, 특히 역사주의의 수용 문제에 대해 깊이 있게 다루어 보고자 한다.

## 2. 이기백의 역사주의 수용 :
## 사론·사학사 연구의 초석

이기백(李基白)은 1941년 일본 유학 중이던 당시에 그 자신이 어떤 책들을 읽고 무슨 생각을 했었는지를, 2003년 타계하기 바로 1년 전에 「한국사의 진실을 찾아서」라는 글을 써서 구두로 그것도 한일 역사가대회(韓日歷史家大會)에서 처음 발표하여 기록으로 남겼는데, 다음이 그 일부이다. 이렇게 이러한 기록들을 남긴 것은, 일본유학 시절 처음으로 접한 이후 줄곧 이들 역사이론에 관한 책들을 지니고 지내면서 때때로 되새김하고 또 확인하곤 했었음을 내비친 것이라 새겨진다.

> 나는 1941년에 일본의 와세다(早稻田)대학에 입학했는데, 그때에 읽은 랑케(L. Ranke)의 『강국론(强國論)』이 나의 민족주의적인 사고를 더욱 굳게 했다. 랑케는 세계사에서의 민족의 역할을 강조하고, 독자적인 문화적 성격을 지닌 민족 단위의 국가를 강국으로 규정했다. 그러는 한편으로 헤겔(G.W.F. Hegel)의 『역사철학서론(歷史哲學緖論)』과 마이네케(F. Meinecke)의 『역사주의의 입장』(원래 제목은 『역사적 감각과 역사의 의미』)도 퍽 흥미 있게 읽었다. 헤겔은 세계 역사를 자유를 향한 이성의 자기발전으로 보았으며, 마이네케는 역사적 사실들을 상대적으로 보려는 것이었다. 그러니까 이때 나는 내 나름대로 이들을 정리해서 세계역사란 자유라는 목표를 향하여 발전하는 것이며, 그 발전과정에서 일어나는 역사적 사실들은 시대적인 상황 속에서 상대적인 평가를 받아야 한다고 생각했던 셈이 된다. (「한국사의 진실을 찾아서」, p.105)

이렇듯이 이기백은 일본 유학 당시에 그 자신이 랑케의 『강국론』,

헤겔의『역사철학서론』, 마이네케의『역사주의의 입장』등을 퍽 흥미있게 읽었음을 밝히고 있는데, 이는 이즈음 그 자신이 본격적으로 랑케·헤겔·마이네케의 역사이론을 공부하기 시작하여 자연히 그들의 영향을 깊숙이 받았음을 일러줌에 다름 아니다. 그만큼 랑케를 위시한 헤겔·마이네케의 역사이론이 그의 한국사학 연구에 있어서 평생 영향을 끼쳤음을 엿보게 한다.

우선 이기백은 랑케의『강국론』을 접함으로써 이때에 이르러 세계사 속에서의 민족과 국가의 역할에 대해 다시금 깊은 숙고를 하면서 "민족주의적인 사고를 더욱 굳게" 지니게 됨으로써 '민족 단위의 국가'를 역사적으로 인식하게 되었으며 그래서 역사를 민족주의적 입장에 입각해서 논하는 즉 민족주의 사관을 확립하게 되었던 것으로 판단된다. 그리고 이로부터 이기백은 근대사에 있어서 '민족국가'의 개념 설정을 염두에 두게 되었음은 물론『한국사신론』서술에 있어서도 '독자적인 문화'를 부각시켜야겠다는 구상을 구체적으로 갖게 되었던 것 같다.

또한 이기백은 헤겔의『역사철학서론』이해를 통해 한마디로 역사는 발전한다는 발전 사관을 확립하는 계기를 맞게 되었다고 할 수 있겠다. 그리고 헤겔의 주장 가운데 특히 '자유를 향한 이성의 자기발전'이라는 개념을 숙지함으로써, 역사에 대한 해석에 있어서 이성의 작용을 중시함으로써 그래서 합리적인 측면을 강조하는 성향을 몸에 익히게 되었으며, 또한 역사 인식에 있어서도 그 자체가 '주체적'이어야 함을 깨치게 되었던 게 아닌가 여겨진다.

뿐더러 위의 발언 속에서, 이기백이 마이네케를 통해 역사적 사실들을 상대적으로 보려는 사관을 비로소 지니게 되었으며, 이를 통해 "역사적 사실들은 시대적인 상황 속에서 상대적인 평가를 받아야 한다고 생각"하기에 도달했음도 깨치게 된다. 한마디로 이 점이 바로

이기백이 마이네케의 『역사주의의 입장』 통독(通讀)을 통해 얻은 바의 요체였다고 하겠다.

한편으로는 이상과 같은 랑케·헤겔·마이네케의 저서들을 숙독함으로써 역사이론에 대한 공부를 심화시켜 가던 이기백은, 또 다른 한편으로는 사학사 공부에도 역시 힘을 크게 기울이고 있었다. 이 점은 아래의 글에 밝혀두었다.

> 당시 베른하임의 『역사학입문』이 일본어로 『역사란 무엇인가』로 번역되어 이와나미문고(岩波文庫)로 나와 널리 읽혔습니다. 해방 뒤, 조기준(趙璣濬) 선생이 번역하여 6·25 후에 『사학개론』이란 이름으로 출판했고, 정음문고에서 『역사학입문』이라는 제목으로 재판이 나와 있는데, 오늘의 대학생들은 별로 읽지 않는 것 같고, 또 교수님들도 추천하지 않는 것 같습니다만, 저는 개인적으로 누가 물으면 아직도 그 책을 추천하고 있습니다. 그만큼 호감을 가지고 있습니다. 그 책의 맨 처음은 사학사로 시작합니다. 사학사를 크게 설화적 역사, 교훈적 역사, 발전적(발생적) 역사라는 3단계로 나누고 있습니다. 그렇게 역사학 입문이라는 것이 사학사에 대한 고찰로 시작됩니다. 현재 우리나라 사학과 강의에 사학개론이 있을 것이라고 생각합니다만, 학생들도 기술적인 것이라 싫어하는 것 같은데, 어떻게 좀 더 사학사적인 서술을 확장시켜서 필수과목으로 했으면 합니다. 일제시대에 베른하임과 마찬가지로 유명하게 읽힌 책이 크로체의 『역사서술의 이론과 역사』인데, 역사서술의 역사란 사학사입니다. 그 부분이 책의 절반입니다. (「한국사학사 연구의 방향」, p.211)

이 글을 통해서 이기백은 베른하임의 『역사학입문』에 관해 일본과 한국에서 출판된 번역본들을 구체적으로 소개한 후, 혹 누가 물으면 자신은 이 책을 추천할 정도로 호감을 지니고 있음을 드러내고 있는 것이다. 그러면서 이어서 이 책이 역사학 입문을 사학사에 대한 고찰로 시작하였음을 설명하는 것으로 보아, 깊은 호감을 가지게 된 게 바로 이러한『역사학입문』의 내용 구성 때문이었음을 밝힌 것이라 판단되는데, 특히 사학사를 크게 설화적 역사, 교훈적 역사, 발전적 역사라는 3단계로 나누고 있는 것에 대해 특기하고 있음이 주목된다. 요컨대 베른하임의『역사학입문』에서 사학사를 단계별로 나누어 특징을 설정한 것에 대해 자신의 관심이 깊었음을 말하고 있는 것이라 하겠다.

아울러 크로체의『역사서술의 이론과 역사』역시 사학사를 다루고 있었으므로 크게 관심을 기울였다. 특히 "역사서술의 역사란 사학사입니다. 그 부분이 책의 절반입니다"라고 구체적으로 언급한 것은, 다름이 아니라 이 책의 전반부「역사서술의 이론」부분도 그러했지만 후반부「역사서술의 역사」부분에서 시대별로 역사서술의 흐름을 정리하면서 그 특징을 파악하고 있음에 그러했던 것이라 여겨진다. 바꾸어 말하자면, 이기백이 크로체의『역사서술의 이론과 역사』에 애정을 지녔던 것은, 이 책이야말로 시대별 특징 파악을 중점적으로 시도한 사학사였기 때문이었으며, 따라서 이 책을 통해 이기백은 시대별 특징 파악의 사학사에 관한 심층적인 고찰을 하게 되었던 것이라 하겠다.

결국 이기백은, 첫째 시대별 혹은 단계별 특징을 설정함으로써 시대구분을 통해 역사의 큰 흐름을 체계화하는 사학사 분석에 관해서는 베른하임과 크로체, 그 중에서도 특히 베른하임의 영향을 크게 받았다고 할 수 있다. 둘째 이기백은 신채호와 랑케의 민족주의 사학을 비교하면서, 신채호가 오직 민족과 민족과의 투쟁만을 부르짖었을 뿐 랑케처럼 민족과 민족의 마치 교향악과 같은 조화를 전혀 상정하지 못했음을 비판하고 있는데, 비교 기준의 설정이 어디까지나 랑케의

『강국론』에 나타난 그것이었다는 점에서도 그렇고, 그 비교 결과의 내용에 있어서도 그러하므로, 그 자신의 민족주의사관 정립이 랑케의 그것에 영향을 크게 받은 것임이 분명하다. 셋째 개별성과 보편성을 강조하는 연구 태도 역시 역사주의의 수용에 따른 것으로, 이는 랑케의 영향인 동시에 마이네케의 영향이라 여겨지는데, 마이네케에게서는 특히 자신이 직접 읽은 『역사주의의 입장』을 통해 영향을 받았음이 분명하다. 그리고 넷째 한국사학의 발전을 강조하는 그의 한국사학 발전 사관 자체도 역사주의의 영향이라고 할 수 있겠는데, 그 가운데서도 헤겔의 역사철학에 나타난 발전 사관과 마이네케의 상대적 평가 사관의 영향을 빼놓을 수 없다고 본다.

다만 여기에서 한 가지 분명히 짚고 넘어가야 할 점은 다름이 아니라 이기백이 '역사주의'라는 용어를 사용한 경우가 전혀 찾아지지 않는다는 사실이다. 이는 그 자신이 그토록 중시했던 베른하임의 『역사학입문』 속에서 "근래에는 역사의 사고방식이나 파악에 대해 '역사주의'라는 말이 아주 가지각색으로 사용되고 있으므로, 완전히 그 사용을 피하는 게 가장 좋다(박광순 옮김, p.69)"고 한 지적을 이기백은 숙지하고 있었고, 그래서 '역사주의'라는 용어를 한 번도 사용하지 않았던 게 아니었을까 한다. 말하자면 이기백은 역사주의의 이론은 수용해서 극력 연구함으로써 한국사학을 발전시켰으되, 학자들에 의해 가지각색으로 쓰이고 있으므로 사용을 피하는 게 좋겠다는 의견을 경청하여 학술용어로서는 '역사주의'를 전혀 사용하지 않았던 것이라 하겠다.

## 3. 이기백의 보편성 지향 :
## 세계사 연구에 대한 공헌 강조

일본에서의 유학 생활을 통해 서양의 여러 역사이론을 충실히 습득하였던 이기백은, 그러므로 한국사 연구가 세계사의 조류와 동떨어진 폐쇄적인 것이 되어서는 안 된다는 생각을 지니게 되었으며, 따라서 세계사 속의 한국사를 강조하게 되었다. 그래서 서양사에 대한 연구가 제대로 닦여야 그것을 기반으로 한국사도 더욱 발전할 수 있다고 설파하였던 것이다.

> 최근 우리나라에서는 한국사의 중요성을 강조하는 나머지 이를 세계사와
> 떼어 놓으려는 경향이 농후한데, 이것은 결코 환영될 성질의 것이 아니다.
> 서양사의 연구수준이야 어떻든 한국사의 연구만은 발전할 수 있다고 생각하
> 는 것은 분명히 어리석은 잘못된 생각이다. (「한국사의 보편성과 특수성」,
> p.141)

서양사의 연구 수준이 높아져야 궁극적으로는 한국사 역시 그렇게 될 수 있다고 힘주어 말하였던 것이다. 이러한 그의 지론은 일본 유학 시절에 공부하기 시작하여 지니게 된 역사주의를 위시한 여러 역사이론에 대한 지식과, 그 자신이 간단없이 역사를 연구하면서 지속적으로 해온 깊은 통찰의 산물임이 명료하다. 그렇기 때문에 다음과 같이 역사이론의 수용에 대한 적극적인 평가도 토로하고 있었던 것이라 하겠다.

> 한국의 사학사 연구에서 한 가지 문제가 되는 것은, 우리나라 사학사에서
> 동양사학과 서양사학의 위치를 어떻게 설정하느냐 하는 것입니다. … 만일

한국사학사를 '한국에서의 사학의 역사'라고 하면, 동양사와 서양사도 들어가야 한다고 생각합니다. 장차 공동으로 생각할 문제라고 생각합니다. 우선 이론적인 점에서, 헤겔의 이성적인 사관이라든가 마르크스의 유물사관이라든가, 아날학파 이론이라든가 등등 우리 역사학에 끼친 영향이 큽니다. 많은 역사가들이 그런 영향을 받고 자랐고, 지금도 그런 영향을 받으면서 성장하고 있습니다. (「한국사학사 연구의 방향」, pp.214~215)

여기에서 이기백이 강조하고 있는 점은, 한국사학이 발전하기 위해서는 동양사든 서양사든 가릴 것 없이 세계사에 관한 지식을 필수적으로 갖추고, 지금까지 그래왔듯이 어떠한 역사이론일지라도 적극 수용하여 그 토대를 마련해야 한다는 것이다. 이러한 견지에서, 이기백은 역사주의의 개별성과 보편성을 강조한 연구 태도를 존중하였으며, 그러면서도 개별성을 특수성 혹은 고유성으로 여기는 경향에 대해 본격적인 문제 제기를 하면서 경계하였다. 그래서 노년에 이르러서는 그는 '특수성'이라는 표현을 '개별성'으로 대체시켜 구체적인 역사적 사례를 들어가며 점차 이에 대해 명확히 설명하였다.

역사는 다원적인 여러 법칙에 의해서 지배를 받는다고 생각합니다. 그런데 그 여러 법칙이 결합하는 양상이 민족마다 다르기 때문에 그것이 자연히 각 민족의 개별성을 나타내게 된다고 생각합니다. 제가 특수성이란 말을 쓰지 않고 개별성이라고 했는데, 한국의 역사에서 세종대왕이나 한글 창제 같은 것은 다 개별적인 것이 아닙니까? 중국의 진시황이나 만리장성, 서양에서는 나폴레옹이나 프랑스혁명, 다 개별적인 겁니다.

그런데 우리가 개별적인 인물이나 사건들의 성격을 규정할 때에는 자연히 보편적인 개념을 가지고 하여야 되지 않겠느냐, 이런 얘깁니다. 개인을 얘기하게 되면 좀 납득이 안 가겠습니다만, 예컨대 골품제사회를 들 수 있습니다. 신라는 골품제사회입니다. 그것을 손진태 선생이 귀족사회라 했는데 귀족사회는 보편적인 개념입니다. 그러니까 일단 우리나라 것은 우리나라의 개별적인 것을 존중하고, 그 성격 규정을 할 때 세계사적인 보편적 성격을 띤 개념을 가지고 설명하자는 것입니다. (「나의 한국사 연구」, pp.300~301)

요약하자면, 자신이 '특수성'이란 말을 쓰지 않고 '개별성'이라 하겠음을 강조하면서, "우리나라 것은 우리나라의 개별적인 것을 존중하고, 그 성격 규정을 할 때 세계사적인 보편적 성격을 띤 개념을 가지고 설명하자"는 의견을 개진하고 있는 것이다. 따라서 이기백은 개별성을 존중하되 구체적인 성격 규정을 할 때는 보편성에 입각하여야 한다는 점을 명확히 하였던 것이라 하겠다.

이렇듯이 이기백이 스스로 '특수성'이란 용어를 더 이상 쓰지 않고 앞으로는 '개별성'이란 용어를 쓰겠다는 용어의 취사선택 선언 자체가, 그가 최후까지 서양사학의 이론에 대한 숙고를 거듭하고 있었다는 사실을 입증해주는 것임과 동시에 그에 따라 그의 한국사학 연구가 세계사를 향해 진일보한 것임을 자연히 드러내주는 바라 여겨지는데, 무엇보다도 주목해 마땅하다 싶은 것은 애초부터도 '특수성' 혹은 '개별성' 보다는 '보편성'을 중시하였다는 점이라 생각한다. 보편성을 중시하는 이러한 그의 생각이 사론에 있어서 초기부터 일관되게 투영되어 있었음은 다음의 글에서도 잘 드러난다.

위의 두 사론집은 모두 우리 민족의 역사를 인류의 보편성을 토대로 하여 이해하려고 했다는 점에서는 그 기본 입장이 같았다. 다만 그 보편성은 일원적인 법칙에 근거를 둔 것이 아니라 다원적인 법칙에 근거를 둔 것이며, 민족마다 그 역사가 보편성과 동시에 특수성을 지니게 되는 까닭이 여기에 있다고 생각했던 것이다. (「학문적 고투의 연속」, p.245)

여기에서 '위의 두 사론집'이라고 함은 자신의 『민족과 역사』 그리고 『한국사학의 방향』을 이름인데, 이 책들에서 견지한 기본 입장이 인류의 보편성을 토대로 한 것이었음을 밝히고 있는 것이다. 물론 이 책들을 통해 그가 강조하여 마지않았던 것은, 그 보편성이라는 게 일원적인 법칙에 근거를 둔 게 아니라 다원적인 데에 둔 것이라는 점이었다. 이 일원적인 법칙이란 바로 유물사관 자체를 가리키는 것이므로, 결국 유물사관 공식의 적용만이 한국사 연구의 유일한 과학적 방법이라고 하는 작금의 연구 경향에 대한 우회적인 비판이었으며, 그럼으로써 보편성을 지닌 다원적인 법칙을 연구해내야 한다는 게 신념이 되었던 것이다. 이와 같은 보편성을 지닌 다원적인 법칙은, 따라서 한국사에만 적용되는 게 아니라 세계 모든 나라의 역사에 적용될 수 있는 것이라야 한다는 생각이 그에게는 강했는데, 이는 아래의 글에서도 확연하다.

> 결국 한국사라 하더라도 그것은 한국사만을 움직이는 어떤 고유한 특수성에 의해서 지배된 것은 아니다. 그것은 세계 모든 나라의 역사에 한결같이 적용될 수 있는 보편적인 법칙 밑에 놓여 있는 것이다. 따라서 한국사와 세계사와는 서로 뗄 수 없는 긴밀한 관계에 있다. 서로가 도움을 받고 도움을 주어야 하는 것이다. … 이렇게 함으로 해서 한국사로 하여금 세계사에서 올바른 위치를 차지할 수 있게 할 것이며, 나아가서는 한국사가 세계사에 공헌할 수 있게도 할 것이다. (「한국사의 보편성과 특수성」, pp.141~142)

한국사와 세계사는 불가분의 긴밀한 관계에 있어 서로 도움을 주어야 하므로, 장차 한국사에서 찾아지는 법칙이라 할지라도 세계의 모든 나라 역사에 적용될 수 있는 보편적인 것이어야 한다고 강조하고, 그럼으로써 한국사가 세계사 속에서 위치를 올바로 차지할 수 있게 되고 나아가 한국사가 세계사에 공헌하게 될 것이라는 점을 펼쳐 보이고 있는 것이다. 정리하여 말하자면, 서양사학의 여러 역사 이론을 충실히 습득하고 깊은 연구를 통해 한국사뿐만 아니라 세계사에도 적용되는 보편성을 지닌 다원적인 법칙을 찾아냄으로 해서, 한국사와 아울러 세계사 연구에도 공헌할 수 있어야겠다는 게 이기백의 지론이었다고 하겠다.

# 4. 맺는말

지금까지 살폈듯이 이기백은 한국사 연구에 있어서 보편성을 지향함으로써 궁극적으로는 세계사 연구에도 공헌해야 한다는 신념을 강조하였는데, 하지만 그는 여기에 그친 게 아니었다. 단지 그 보편성을 한국사 자체에만 국한시키지 않고 연구 수준을 높여서 한국학 전체로 확산시켜 결실을 맺어야 한다는 점 역시 힘주어 말하였던 것이다. 즉 보편성 지향이 역사 연구에만 머물지 않고 우리의 학문 전반에 걸쳐서 이루어짐으로써 한국학 전체가 모름지기 수준 높게 발전해서 세계의 학문 자체에 기여할 수 있었으면 하는 소망을 늘 지니고 있었던 것이다. 다음의 대목에서 여실하다.

기본적으로 보편적 진리가 결여된 학문이란 것은 있을 수도 없고 또 가치도 없는 것입니다. 다만 그 보편성이라는 것이 다른 지역의 역사나 문화에 의해서 우리 역사를 일방적으로 이해하는 그런 성질의 것이 되어서는 안 될 것입니다. 그리고 우리 자신의 역사를, 혹은 문화에 대한 연구를 통해서도 세계사나 세계문화를 이해하는 데 기여할 수 있는 데까지 우리의 연구수준이 향상될 때에 비로소 한국학이 세계의 문화, 세계의 학문에 공헌할 수 있는 수준에 도달하게 되지 않나 하는 생각이 듭니다. 그런 의미에서 우리의 선학들이 일구어 놓은 귀중한 전통을 지키고 키워 가야 할 것이라고 생각합니다. (「한국학의 전통과 계승」, p.251)

설령 보편적 진리에 입각하였더라도 다른 지역의 역사나 문화에 대한 것으로 일방적으로 우리의 역사와 문화를 이해하려는 게 되어서는 안 된다는 점을 명확히 지적하면서, 그러므로 우리의 연구 수준이 향상되어서 우리의 것을 통해 세계의 것을 이해하는 데에 다다라야 한다는 것을 재삼 강조하였던 것이다. 이렇게 할 수 있게끔 하는 관건은 결국 우리의 연구 수준이고, 그렇기 때문에 그것을 향상시킴으로써 비로소 한국학이 세계의 학문에 공헌하는 바가 있게 되는데, 이미 우리에게는 선학들이 다져놓은 귀중한 전통이 있으므로, 이를 키워나가자고 제안하였다. 그러기 위해서는 우리에 관한 서술이 특히 영문으로 소개되는 경우에 있어서 세계 학계에서 공감할 수 있도록 하는 자세가 무엇보다도 필요하다고 하는 점을 아래와 같이 상기시켰다.

한국민족에 대한 편애가 아니라 인간으로서의 공감적 이해를 구하는 것은 떳떳한 인간의 권리인 것이다. 그리고 이러한 공감적인 이해는 객관적인 서술태도와 세계사적인 관찰을 통하여 비로소 가능한 것이다. 이 고차원의 입장에 서게 된다면 독자를 국내외로 구분해서 생각하는 낮은 경지도 벗어날 수 있을 것이라고 믿는다. 넓은 세계학계와 더불어 나아가야 할 한국학자들의 올바른 자세는 이러한 가시덤불을 헤쳐 가는듯한 괴로움 속에서 이루어지는 것이 아닐까 한다. (「영문 한국사의 문제」, p.68)

한국 민족에 대한 편애가 아닌 '공감적 이해'를 구하기 위해서는,

'객관적인 서술태도'와 '세계사적 관찰'이 무엇보다도 필요하다고 강조하면서, 영문 한국사의 경우를 구체적인 예로 들고 있다. 그러면서 이기백은, 결코 국내용의 낮은 수준에 안주하지 말고, 국제적으로도 수준이 결코 뒤떨어지지 않는 고차원의 학문 수준을 갖추고, 넓은 세계 학계의 동향에 발맞추어 나가야 할 한국학자들로서는 '가시덤불을 헤쳐 가는듯한 괴로움'을 이겨내야 한다는 고언을 서슴지 않았다.

결론 삼아 종합적으로 정리하자면, 이기백은 한편으로는 서양사의 역사주의를 위시한 여러 역사이론에 대한 지식을 충실히 섭취함으로써 '세계사적 관찰'을 통해 얻어진 보편적인 법칙을 찾아내 한국사뿐만 아니라 한국학 자체 나아가 세계사는 물론이고 세계의 학문 연구에도 공헌할 수 있어야 함을 강조하였던 것이다. 그는 아울러 또 다른 한편으로는 고차원의 학문 수준을 갖추고, 넓은 세계 학계의 동향에 발맞추어 나가야 할 한국학자들로서는 외국어로 된 한국사 및 한국학 관련 서적을 출판함에 있어서 '객관적인 서술태도'를 견지함으로써 세계 학계에서 '공감적 이해'를 구할 수 있게 해야 함을 누누이 다짐하였던 것이라 하겠다.

# ▣ 참고문헌

베른하임, 박광순 옮김, 『역사학 입문』, 범우사, 1985.

차하순, 「서문」, 『한국의 학술연구』 역사학, 대한민국학술원, 2006.

이기백, 「영문 한국사의 문제」, 1970; 『민족과 역사』 신판, 일조각, 1994.

＿＿＿, 「한국사의 보편성과 특수성」, 1973; 『한국사학의 방향』, 일조각, 1978.

＿＿＿, 「학문적 고투의 연속」, 1989; 『연사수록』, 일조각, 1994.

＿＿＿, 「한국학의 전통과 계승」, 1994; 『한국전통문화론』, 일조각, 2002.

＿＿＿, 「한국사학사 연구의 방향」, 2000; 앞의 『한국전통문화론』, 2002.

＿＿＿, 「나의 한국사 연구」, 2000; 같은 『한국전통문화론』, 2002.

＿＿＿, 「한국사의 진실을 찾아서」, 2003, 『한국사산고』, 일조각, 2005.

노용필, 「한국에서의 역사주의 수용 : 이기백 한국사학연구의 초석」, 『한국사학
　　　사학보』 23, 2011.

# 현대 중국에서 담론 지형의 구조와 역사주의

김 수 영

    역사주의는 매우 광범위한 의미를 포괄하고 있다. 이를 사용하는 사람들의 관심과 목적에 따라 그 정의가 계속해서 달라져 온 역사주의의 역사를 갖고 있기 때문이다. 중국의 역사주의는 서구의 것보다 더욱 복잡할 것임은 쉽게 짐작가능하다. 서구적 어휘인 역사주의가 중국화를 거치는 과정에서 더욱 다양하고 포괄적으로 변해 갔을 것이기 때문이다. 따라서 현대 중국의 역사주의를 연구하고자 할 때 두 가지의 선택이 앞에 놓여 있게 된다. 하나는 역사주의가 사용되어온 다양한 의미를 몇 개의 범주로 나누어 역사주의의 의미를 대략적으로 정의하는 것이다. 그리고 그 중의 하나를 택해 중국의 역사주의를 설명해 나가는 방식이다. 또 다른 하나는 역사주의를 '역사주의적'으로 접근하는 것이다. 다시 말해 역사주의의 '본질적' 의미에 천착하기보다는 역사주의의 '역사적' 기능에 주목한다는 것이다. 이 글은 후자의 방식을 택한다.

    중국의 역사주의를 분석함에 있어 이 글은 현대 중국의 담론 속에서 차지하는 역사주의의 기능에 초점을 맞추어 나갈 것이다. 현대 중국의 담론지형 속에서 역사주의는 어떠한 위치를 차지하며 어떠한 기능을 수행하고 있는가? 이를 위해 본 논문은 세 범주-인민일보, 학술담론, 대표적 논문-으로 나누어 접근하고자 한다. 1949년 이래 인민일보 기사에 역사주의 어휘의 사용빈도는 어떻게 나타나는가? 현대 중국의 학술담론 지형은 어떠한 모습으로 형성되어 있으며 어떠한 특징을 지니는가? 중국의 학술담론 지형에서 인문학은 어떠한 영역에서 어느 정도의 영향력을 행사하고 있는가? 역사주의는 이러한 중국의 전체학술담론 지형과 인문학 내부의 담론 지형 속에서 각각 어떠한 위치를 차지하는가? 그리고 마지막으로 두 편의 역사주의 관련 논문들 속에서 역사주의가 시간차를 두고 어떻게 다르게 논의되고 있는지를 살펴보고자 한다.[1]

## 1. 인민일보를 통해 본 역사주의의 역사

역사주의가 현대 중국사회에서 가장 영향력을 행사하고 있었던 시기는 언제일까? 1949년 중화인민공화국의 성립 이래 인민일보의 기사 속에 역사주의 어휘가 얼마나 사용되고 있었는가를 기준으로 한다면 1950년대 초기와 1960년대 중반이 가장 영향력이 있었던 시기로 나타난다. 〈표 1-1〉은 1949년부터 2010년까지 인민일보에서 역사주의 용어가 제목으로 나타나는 기사의 숫자를 보여준다. 이에 의하면 1951년과 1964년에 가장 높은 수치를 기록하고 있고 1965년 이후부터 2010년에 이르기까지 역사주의는 신문지면의 기사제목으로 전혀 등장하고 있지 않음을 볼 수 있다. 〈표 1-2〉는 역사주의 어휘가 본문 내용에 포함되어 있는 기사의 숫자를 보여주는 것으로서 이 역시 문화대혁명을 기점으로 이전의 시기가 이후의 시기보다 역사주의 어휘를 훨씬 활발하게 사용하고 있었던 것으로 나타난다. 다시 말해 인민일보를 통해 볼 경우 역사주의 어휘는 개혁개방 이전의 사회주의시기에, 더 나아가 건국초기(1951~52년)와 대약진 실패이후 문화대혁명이 일어나기 직전까지(1964~66년)의 두 기간에 가장 많이 사용된 '역사주의의 역사'를 가지고 있다.

〈표 1-1〉 인민일보 기사 제목에 역사주의 어휘가 포함된 기사의 수

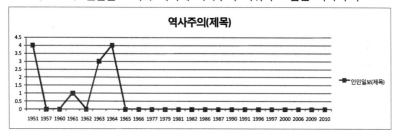

〈표 1-2〉 인민일보 기사 본문에 역사주의 어휘가 포함된 기사의 수

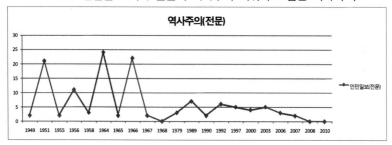

1951년 중국 공산주의자들이 영토적 통일을 거의 완성한 시점에서 가장 시급하게 시행했던 국가정책의 하나는 전면적인 교과개편이었다. 교과개편은 건국초기 국가건설 과정에서 새로운 사회주의 정권이 자신의 정당성을 확립하기 위한 사상적 개혁의 중심을 차지하고 있었기 때문이었다. 이 시기 마르크스주의 유물론적 역사관을 중국사회에 뿌리내리게 하기 위한 중국정부의 노력은 역사주의와 같은 철학적 용어들이 학술계를 넘어 교육계, 문화계로 확산되어 나가는 배경

이 되고 있었다. 건국초기에 상대적으로 많이 사용되고 있었던 역사주의 용어는 이후 제1차 5개년계획기간에는 그다지 사용되지 않다가 1964년을 전후하여 다시 인민일보 상에 등장하는 횟수가 늘고 있다. 이는 대약진운동의 실패이후 수반되었던 정치권력의 변화와 긴밀한 관계를 맺는다. 1962년 2월 '7000인 대회'에서 마오쩌둥이 대약진 운동에 대한 자아비판을 한 이후 정부의 정책은 덩샤오핑과 류사오치의 주도하에 진행되고 있었다. 이러한 정치적 변화를 배경으로 당시 문학예술계에서는 마오쩌둥을 비판하는 풍자물이 다량으로 쏟아져 나왔고 역사학계에서는 '역사주의 대 계급관점 논쟁(歷史主義與階級觀點論戰)'이 일어났다. 문화대혁명 과정에서 가혹한 탄압을 받게 될 류제(劉杰), 저우구청(周谷城), 우한(吳晗), 보잔(翦伯贊)과 같은 주요 역사가들이 당시 역사해석에 있어서 역사주의적 방법론을 도입할 것을 주장하면서 천편일률적인 계급관점에 의한 역사해석을 비판하기 시작한 것이다. 인민일보에 1964년을 전후로 역사주의 어휘의 사용이 갑자기 늘고 있었던 것은 바로 이러한 시대적 배경을 갖고 있었다.

개혁개방이후 인민일보에서 역사주의 어휘의 사용빈도수가 저조한 이유, 특히 2008년 이후 기사의 본문에서조차 전혀 언급되지 않고 있는 이유는 무엇일까? 개혁개방 이전의 사회주의 역사 속에서 역사주의가 마오쩌둥의 급진정책에 반대하고 덩샤오핑과 류사오치의 온건한 정책을 지지하는 기능을 하였다면 개혁개방이후 문화대혁명의 급진정책에 반대하는 덩샤오핑의 정책 역시 역사주의 개념에 의해 지지를 받을 수 있는 것이 아닌가? 역사주의 용어의 사용 빈도수가 1964년에 정점에 이르렀듯이 개혁개방이후의 중국사회에서도 다시한번 정점에 이르러야 하는 것이 논리적으로 맞지 않을까? 그런데 이러한 논리적 추론과 정반대로 개혁개방이후 역사주의 어휘의 사용이 인민일보 지면에 오히려 더욱 저조하게 나타나는 이유는 무엇일까?

이에 대한 답은 다양한 각도에서 찾아볼 수 있다. 오늘의 중국정부의 국가이념을 분석하면서 이와 역사주의 사이의 이념적 연결성을 살펴보는 것이 방법의 하나라면 또 다른 방법은 역사주의 이외의 이념적 용어들, 즉 자본주의, 민족주의, 자유주의, 보수주의가 인민일보에 나타나는 빈도수를 동시에 살펴봄으로서 역사주의의 역사를 기타 이념적 어휘들의 역사 속에 상대화시켜보는 것이다. 본 논문은 두 번째의 방법을 채택한다.

〈표 3〉은 1949년 이래 민족주의, 자유주의, 보수주의, 자본주의, 역사주의 어휘들이 인민일보에서 본문내용에 등장하는 기사의 숫자를 표시한 것이다. 〈표 3-1〉을 보면 가장 압도적인 숫자를 차지하는 어휘가 자본주의이며 그 다음으로 민족주의가 뒤따르고 있다. 사용빈도수에 있어서는 두 어휘 모두 개혁개방 이전의 시기에 집중적으로 몰려 있음을 알 수 있다. 특히 민족주의 어휘의 사용빈도수(〈표 3-2〉)는 대약진운동과 사회주의교육운동이 활발하게 일어나던 시기에 정점에 오르고 문화대혁명 이후부터 급격히 빈도수가 떨어지면서 2010년에 이르기까지 줄곧 저조한 현상을 유지하고 있다. 〈표 3-3〉은 자본주의와 민족주의보다 훨씬 사용 빈도수가 낮은 자유주의, 역사주의, 보수주의를 따로 떼어내어 비교하고 있다. 이들 어휘들도 개혁개방 이전의 사회주의시기에 더욱 활발하게 인민일보에 등장하고 있음을 알 수 있다.

인민일보로 그 범위를 한정시켜 놓고 보았을 때 중국사회에서 대부분의 이념적 용어들이 개혁개방 이후보다 이전에 더욱 높은 사용도를 보이고 있다. 결국 역사주의 어휘의 사용이 개혁개방 이전의 사회주의시기에 편중되어 있었던 현상은 '역사주의의 역사'의 특징이 아니라 현대 중국의 '이념적 어휘의 역사'가 보이는 일반적인 특징이라고 할 수 있는 것이다.

<〈표 3-1〉 인민일보에 각 어휘들을 본문에 포함하는 기사의 수>

〈표 3-1〉 인민일보에 각 어휘들을 본문에 포함하는 기사의 수

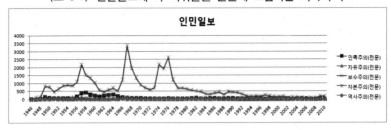

〈표 3-2〉 인민일보에 각 어휘들을 본문에 포함하는 기사의 수

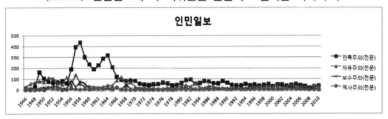

〈표 3-3〉 인민일보에 각 어휘들을 본문에 포함하는 기사의 수

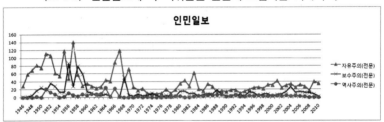

다시 말해, 역사주의가 개혁개방이후 인민일보의 지면에 거의 등장하고 있지 않는 것은 중국정부의 이데올로기와 역사주의 사이의 독특한 관계에 기인한다기보다는 이념(ism) 전반에 대한 중국정부의 태도와 더욱 깊은 관련이 있을 것이라는 결론에 도달하게 한다. 즉 덩샤오핑의 '흑묘백묘론'에서 나타나듯이 중국정부가 실용주의 노선을 추구하면서 정책에 대한 이념적 논쟁을 거부하고 있다는 점이 개

혁개방이후 인민일보 지면에서 역사주의에 대한 직접적 언급이 상대적으로 저조하게 나타나는 근본적인 원인이 될 것이라는 것이다.

그렇다면 정부정책을 대변하는 인민일보가 아니라 개혁개방이후 어느 정도 일반학자들의 자율성이 인정되는 학술잡지의 담론 속에서 역사주의는 어떠한 위치를 차지할까? 이념적 어휘의 과잉이 불러온 사회적 폐단이 극에 달했던 대약진과 문화대혁명 시기를 경험한 중국 지식인들이 중국정부와 마찬가지로 이념적 어휘들의 사용에 대한 거부감을 가지고 있다면 인민일보가 아닌 학술잡지에서도 이념적 어휘들의 사용이 극히 제한되게 나타나는 것이 아닐까? 개혁개방이전 사회주의시기의 담론을 지배했던 이들 이념적 어휘들이 아니라면 개혁개방 이후 중국 학술계의 담론 지형을 지배하는 어휘들은 무엇인가? 개혁개방 이후의 학술담론의 지형적 특징은 무엇이며 역사주의는 그 속에서 어떠한 기능을 수행하는가?

## 2. 학술잡지를 통해본 중국의 담론 지형과 역사주의

### (1) 전체 학술담론의 지형

80년대 이래 중국의 학술담론에서 주요한 주제로 나타났던 어휘들-인문정신, 전지구화, 사회주의정신문명, 중국적특색사회주의, 시민사회, 중국모델, 현대성, 보편가치-와 중화인민공화국의 성립 이래 학술담론의 주요한 이념(ism)들로 사용되었던 어휘들-자유주의, 보수주의, 급진주의, 후현대주의, 민족주의, 민주주의, 역사주의, 민족주의- 15개를 관건사로 포함하는 논문의 출판량을 비교하면 〈표 4-1〉과 같이 나타난다.

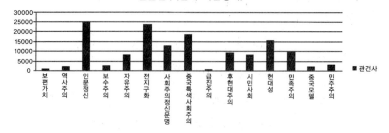

〈표 4-1〉 관건사를 중심으로 살펴본 논문편수 (CNKI, 2011.05)

논문편수(전체 학문영역)

〈표 4-1〉에 의하면 중국의 전체 학술영역를 통해 가장 많은 논문을 산출하고 있는 담론은 인문정신(24614편)이다. 그 뒤를 이어 전지구화 (全求化)(23633편), 중국특색사회주의(18154편), 현대성(15235편) 담론의 순으로 논문이 출판되고 있음을 알 수 있다. 위의 도표를 20,000편 이상(범주 1), 10,000편 이상(범주 2), 5,000~0,000편(범주 3), 5,000편 이하 (범주 4)의 네 범주로 나누어 살펴보면 〈표 4-2〉와 같다.

〈표 4-2〉

| 범주 1(2만편이상) | 33% | 인문정신, 전지구화 |
|---|---|---|
| 범주 2(1만편이상) | 33% | 중국특색사회주의, 현대성, 사회주의정신문명 |
| 범주 3(5000~만편) | 25% | 민족주의, 후현대주의, 자유주의, 시민사회 |
| 범주 4(5000편이하) | 8% | 민주주의, 중국모델, 역사주의, 보편가치 |

〈표 4-2〉를 보면 개혁개방이후 인민일보에 저조하게 등장하던 이념적 어휘들이 학술담론의 지형에서도 범주 1과 2 모두에서 제외되어 있음을 알 수 있다. 다시 말해 개혁개방이후 중국 학술담론의 지형은 이념적 어휘의 사용이 극히 저조하다는 특징을 갖고 있다는 것이다. 중국의 학술담론의 지형에서 새롭게 영향력을 행사하고 있는 개념들은 -인문정신, 전지구화, 중국특색사회주의, 현대성, 사회주의정신문

명-은 모두 80년대 이후 조성된 어휘들이다. 그렇다면 개혁개방이후 학술담론에서 중요한 영역을 차지하고 있는 이들 새로운 어휘들이 인민일보에서는 어떠한 위치를 점하고 있을까? 이들 어휘들이 인민일보의 기사 본문에 나타나는 빈도수를 살펴보면 표 4-3)과 같이 나타난다.

〈표 4-3〉 각 어휘가 인민일보에서 본문에 포함된 기사의 수

이를 보면 인민일보 기사에 가장 압도적인 숫자로 언급되었던 담론은 중국특색사회주의이며 그 뒤로 전지구화와 사회주의정신문명이 따르고 있다. 중국특색사회주의, 전지구화, 사회주의정신문명은 모두 학술 담론의 지형에서도 2순위, 3순위, 5순위를 기록했던 어휘들로서 학술담론의 지형과 인민일보의 어휘지형이 상당부분 일치하고 있음을 알 수 있다. 즉 중국의 학술담론이 중국국가정책과 상당부분 중첩되고 있다는 것이다. 그러나 학술담론의 지형에서 1순위와 4순위를 차지했던 인문정신과 현대성은 인민일보에서 극히 저조한 비율로 나타나는 어휘들이다. 이는 인문정신과 현대성 개념이 국가의 영향력으로부터 상대적으로 독립된 학술 담론이었다는 가설을 가능하게 하며 이 가설이 설득력을 얻기 위해서는 이들 담론에 가담한 학자들의 학문영역과 소속 기관에 대한 분석이 덧 붙여져야만 할 것이다. 여기에

서는 인문정신과 현대성 담론을 주목하면서 이를 인문학 영역의 담론지형과 연결시켜 고찰하는데 만족하고자 한다.

## (2) 인문학 영역의 담론지형

인문학 자체의 담론지형을 전체 학술계의 담론지형과 비교하면 어떠한 결과가 나올 것인가? 〈표 5-1〉은 인문학 분야에서 산출된 논문들을 각 관건사별로 분류한 것이다.

〈표 5-1〉 인문학분야에서 산출된 각 관건사별 논문편수(CNKI, 2011.05)

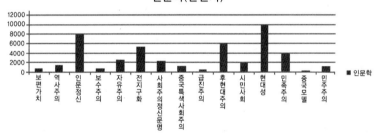

인문학의 담론지형에서 가장 큰 영향력을 발휘하는 어휘는 위의 15개 관건사중에서 현대성, 인문정신, 후현대주의, 전지구화, 민족주의의 순으로 나타나고 있다. 이 다섯 개의 주요 관건사 중에서 인민일보에서 높은 빈도수로 나타났던 어휘는 전지구화만이 유일하다. 인민일보에서 가장 압도적인 사용 빈도수를 차지했던 중국특색사회주의는 인문학 담론 지형에서 역사주의보다도 더 낮은 10번째의 순위에 머물고 있다.[2] 인문학 담론지형과 전체 학술담론지형, 그리고 인민일보의 지형을 모두 종합해 보면 정부정책과 긴밀히 연결된 인민일보에서는 극히 저조했지만 전체 학술담론의 지형에서 중요한 위치를

차지했던 인문정신과 현대성이 사실상 인문학 담론지형에서 가장 큰 관심을 받고 있는 담론임을 알 수 있다.

〈표 5-1〉이 각 관건사를 중심으로 한 인문학내의 논문 출판량을 살펴보았다면 각 관건사를 중심으로 한 논문들 내부에서의 인문학의 비율, 즉 각 담론내에서의 인문학 비율은 어떻게 나타날까? 표 5-2)는 이를 보여준다.

〈표 5-2〉 각 관건사를 포함한 논문들(표 5-1) 속에서 인문학이 차지하는 비율[1]

인문학비율(관건사)

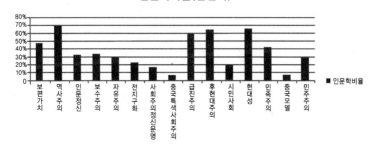

〈표 5-2〉에 의하면, 인문학 비율이 가장 높은 담론 영역은 역사주의(68%)이며 그 뒤를 현대성(65%), 후현대주의(63%), 급진주의(58%)가 따르고 있다. 보편가치(普世價値)는 인문학 비율이 46%로서 50%를 넘지 않았지만 타학문대비 인문학이 가장 높은 비율을 지니고 있다. 인문학 담론지형에서 높은 영역을 차지했던 인문정신과 전지구화는 인문학 비율이 각각 32%(사회과학 43%)와 20%(사회과학 30%)의 담론구조를 보이고 있다. 전체 학문담론 지형에서 높은 비율을 점했던 중국특색사회주의와 사회주의정신문명은 인문학 비율이 각각 6%와 16%로 저조하게 나타난다.

전체 학술담론 지형(표 4-1)과 각 담론의 인문학 비율(표 5-2), 그리고 인문학 내부의 담론지형(표 5-1)의 세 변수 모두를 종합하면 이들 세 범주에서 모두 공통으로 최고 5순위 안에 들어가고 있는 어휘는 '현대성'이 유일하다. 결과적으로 현대 중국의 전체 학술담론 지형에 커다란 영향력을 미치면서 인문학이 압도적으로 주도하였던 담론은 현대성 어휘를 둘러싸고 전개되었다는 말이다.

## (3) 학술담론의 지형과 역사주의

역사주의는 현대 중국의 학술담론 지형에서 인문학 비율이 가장 높은 담론 영역이지만 인문학내 담론지형에서조차도 영향력이 있는 위치를 차지하고 있지 못하다. 따라서 현대 중국의 역사주의를 연구하고자 할 때 역사주의를 관건사(또는 제목)로 하는 학계의 논문만을 중심으로 접근한다면 사실상 중국의 전반적인 지식담론의 흐름과는 직접적 관련이 없는 학술적 논의에만 그치기 쉽다. 현대 중국의 담론 지형에서 역사주의의 기능을 더욱 의미있게 설명하기 위해서는 역사주의와 중국의 전체 지식담론과의 내적 관련성을 찾아낼 수 있는 방법이 필요하다. 이를 위해서 본 논문은 역사주의를 관건사로 한정짓지 않고 좀 더 폭넓게 역사주의 용어가 본문의 내용에 포함되어있는 논문을 찾아 학술 담론의 지형을 그려보았다.

〈표 6-1〉은 역사주의 어휘가 본문내용에 포함된 논문들을 담론별로 분류한 것이고 〈표 6-2〉는 역사주의 용어가 포함된 논문들이 각 담론에서 차지하는 비율을 보여준다.

〈표 6-1〉에 의하면 역사주의 용어를 사용하는 논문들 중에 가장 많은 수가 현대성 담론과 연관되어 있음을 알 수 있다. 그 뒤를 이어 후현대주의, 자유주의 개념들이 역사주의와 연결되어 자주 사용되고 있는 것으로 나타난다. 논문의 출판량이 아니라 각 담론 내에서 역사주

의가 논의되는 집중도, 즉 담론내의 역사주의 용어 사용의 비율을 살펴본다면 〈표 6-2〉와 같이 나타난다.

〈표 6-1〉 역사주의 용어가 본문에 포함된 논문편수(CNKI, 2011.05)

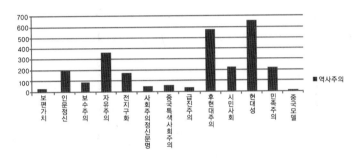

〈표 6-2〉 역사주의 용어가 포함된 논문들이 각 담론에서 차지하는 비율

역사주의(전문)

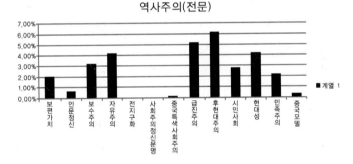

〈표 6-1〉과 〈6-2〉를 종합해보면 중국의 담론지형에서 역사주의와 연결되어 논의를 전개시키는 담론 중 가장 많은 지형을 차지하는 것은 현대성이지만 역사주의와 논리적 관련성이 가장 높은 담론은 후현대주의라고 할 수 있다. 현대성 담론이 중국전체 담론지형에서 제4순위를, 인문학내 담론지형에서는 제1순위를 차지하고 있다는 사실, 그리고 역사주의 용어가 현대성 담론에서 가장 많이 사용되고 있음

을 고려할 때 현대 중국의 역사주의를 분석함에 있어 현대성 담론과 연결하여 살펴보는 것이 현대 중국 담론지형에서의 역사주의의 위상을 가장 잘 설명해 줄 수 있는 하나의 방법이 될 것이다.

## 3. 역사주의와 '현대성'

현대성은 청말 이후 오늘의 중국에 이르기까지 200년이 넘는 기간 동안 중국 지식인 사회의 담론을 지속적으로 지배해온 개념이었다. 중국의 현대성 구현을 위한 지난한 역사과정은 신해혁명, 신문화혁명, 사회주의혁명, 문화대혁명, 개혁개방을 거쳐 오늘의 중국에 이르기까지 수많은 논쟁들을 수반해 왔다. 현대성의 구현 문제는 개혁개방이후에만 해도 인문정신, 시민사회, 전지구화, 중국특색사회주의, 사회주의정신문명, 중국모델이라는 다양한 이름아래 계속 진행되고 있다. 그러나 200여년에 걸친 중국지식계의 핵심논점이었음에도 불구하고 현대성이라는 '어휘'가 근현대 중국의 담론지형에 직접적으로 등장하는 것은 1997년부터이다. 이는 1997년 왕후이(汪暉)의 〈오늘날 중국의 사상현황과 현대성 문제(當代中國的思想狀況與現代性問題)〉가 출판되면서 현대성 문제가 신좌파와 자유주의자들 간의 격렬한 논쟁으로 번져 나갔던 데서 연유한다. 당시 신좌파와 자유주의자들 간의 논쟁은 시장경제를 포함한 중국사회의 제도적 변혁이 주된 대상이었기 때문에 현대성 담론 역시 제도적 측면에 집중되어 나타났다. 이어 인문정신, 전지구화, 시민사회와 같은 담론 속에서 현대성은 제도적 차원을 넘어 가치체계와 문화전반을 포괄하는 내용으로 확대되어 나갔다.

이렇게 확대되어나간 현대성 개념 속에서 역사주의가 어떠한 기능을 수행하여 왔는가를 살펴보기 위해서 본 논문은 두 편의 논문을 분석대상으로 선택하고자 한다. 2000년에 출판된 장루룬(張汝倫)의 〈역사주의와 현대성(歷史主義與現代性)〉과 2010년에 출판된 쉬지린(許紀霖)의 〈보편문명인가 중국적 가치인가- 최근 10년간 중국 역사주의 사조(普世文明, 還是中國價値?- 近十年中國的歷史主義思潮)〉가 그것이다.[3] 중국의 학술계에서 역사주의와 현대성을 직접적으로 연결하여 논의하는 논문의 양은 상당히 적다. 앞에서 언급한대로 광범위한 범위를 포괄하는 현대성 담론 속에서 역사주의가 직접적으로 논의되기 보다는 대부분의 경우 논쟁의 내면에 잠재된 인식론적 차원에서 기능하고 있기 때문이다. 이러한 인식론적 차원을 표면 밖으로 끌어내어 역사주의 어휘를 직접 논의의 중심에 놓고 현대성을 논하는 글은 사실상 전체 학계에서 아직까지 5편 내외에 불과하다. 이러한 글 중에서 주제의 상관도와 저자의 영향력이라는 점을 고려하여 장루룬과 쉬지린의 두 논문을 선택한 것이다. 또한 이 두 편의 글은 각각 2000년과 2010년에 출판됨으로서 중국사회와 담론지형을 크게 바꾸어나갔던 1990년대와 2000년대의 역사적 상황이 어떻게 역사주의 논의에 영향을 미치는지를 보여줄 수 있다는 점에서도 장점이 크다.

## (1) 장루룬의 〈역사주의와 현대성〉

장루룬의 〈역사주의와 현대성〉에서 논의되는 역사주의의 의미를 좀 더 깊이 이해하기 위해서는 이 글이 작성된 시점에 주목할 필요성이 있다. 이 글은 2000년에 출판됨으로서 사실상 1990년대를 마감하는 시점에서 쓰인 글이다. 1990년대 중국의 사상계가 어떠하였는지, 그리고 장루룬이 그 속에서 어떠한 입장에 서 있었는지를 이해하는 것은

〈역사주의와 현대성〉의 논의를 심도있게 이해하는 첫걸음이 될 것이다. 1992년 덩샤오핑의 남순강화이후 중국사회에 시장경제가 급속히 확산되어 나가면서 중국사회는 그 변화의 불예측성과 급격성을 앞에 놓고 격렬한 사상적 논쟁을 펼쳐나갔다. 그 중에서도 인문정신 논쟁은 참여한 학자들의 수에 있어서나, 포괄된 학문영역, 그리고 발표된 논문의 수에 있어서 그 어떠한 담론을 능가한다.(중국 담론지형 표 4-1 참조) 장루룬은 이 논쟁의 중요한 논객의 하나이었다.

인문정신 논쟁은 본질적으로 '중국의 현대성은 어떠한 가치체계에 기반하여야 하는가'라는 문제를 둘러싸고 전개된 논쟁이라고 할 수 있다. 그러나 이 가치체계 논쟁은 사실상 각 논자들의 정치적 이해관계와 긴밀히 연결되어 진행되고 있었다. 가치의 공리성은 시장경제와 현대화에 도움이 되는 것이라면 그 가치는 정당한 것이라는 왕멍(王蒙)과 같은 학자들의 주장 속에서 강하게 제기되었다.[4] 또한 가치의 공리성은 당시 시장경제의 확산을 주도하고 있었던 중국정부의 이데올로기 속에도 가장 적나라하게 나타나고 있는 것이기도 했다. 어쨌든 왕멍의 주장, 즉 모든 존재는 "각기 존재가치를 가진다"는 주장에서 보이는 것처럼 가치의 공리성은 가치의 상대성과 결합되어 서로를 강화시켜 나갔다.

당시 가치의 공리성과 상대성에 강하게 반대한 대표적인 학자가 바로 장루룬이었다. 장루룬은 동서양의 전통시대에는 보편적 가치체계가 문화의 중심을 이루고 있었다고 강조한다. 그러나 전통시대를 지탱했던 보편적 가치체계는 19세기의 역사주의와 20세기의 문화인류학이 등장하면서 와해되기 시작했다는 것이다.[5] 근대 인류 역사의 전개와 함께 보편적 가치체계가 와해되어 나갔음에도 불구하고 장루룬은 여전히 스스로를 보편주의자로 규정하며 "보편주의 입장은 여전히 포기할 수 없음"을 선언한다. 왜냐하면 "[보편주의가 존재하지 않는다면] 인류사회는 정의와 진리가 존재하지 못할 것이고," 결국에는 "간디와 히틀러도 구별할 수 없게" 될 것이기 때문이라는 것이다. 근대에 들어와 "보편주의 신화가 근본적으로 동요되었음을"을 인정하면서도 동시에 인류 사회에서 정의와 진리가 숨쉬기 위해서는 보편주의를 포기할 수 없다고 장루룬은 믿고 있었던 것이다.[6]

이와 같이 1990년대 인문정신 논쟁에서 장루룬은 역사주의를 가치의 상대성과 다원성에 근거하여 보편주의를 와해시키는 힘이라고 인식했다. 그리고 이러한 역사주의는 공리주의적 가치개념과 구조적으로 연결되고 있으며 이는 다시 중국의 현대화를 이끌어가는 국가이데올로기의 이념적 기반이 되고 있었음을 그는 알고 있었다. 그러나 장루룬은 역사주의를 완전히 배척할 것을 주장하지 않는다. 오히려 역사주의가 가져다 준 이점, 즉 가치의 다원성을 보편주의 개념 속으로 흡수시키려는 노력을 보인다. 결과적으로 '내용이 아닌 규범과 명제의 보편화'가 중국의 현대적 가치체계의 기반이 되어야 한다는 결론에 그는 도달한다.[7]

1990년대를 마감하고 21세기를 시작하는 시점에서 장루룬이 논하는 역사주의는 사뭇 다르게 나타난다. 2000년에 쓰인 그의 글 〈역사주의와 현대성〉에서 장루룬은 Karl Popper의 정의에 따라 역사주의를 두 가지로 분류한다. 첫째, 역사주의는 "이미 발견된 역사 법칙"이며 사람들은 이로서 "역사의 발전과정을 예언할 수 있다"는 믿음이다. 둘째, 역사주의는 "역사 상대주의" 또는 "모든 사상은 역사적으로 결정된다"는 사상이다.[8] 사실상 1990년대 인문정신 논쟁에서 장루룬은 역사주의를 후자의 정의로 인식하고 이러한 역사 상대주의에 대해 경계하고 있었다. 그러나 〈역사주의와 현대성〉에서 장루룬은 Karl Popper의 두 가지 정의를 병렬시키면서 "현재 중국에서 중요한 것은 이 양자의 역사주의 개념 중 전자"라고 말하기 시작한다. 즉 필연적인 역사법칙에 대한 인식이 현재 중국사회에서 더욱 주목(또는 경계)해야 할 대상이라는 것이다. 장루룬은 오늘의 중국 역사주의자들에 대해 이렇게 말한다.

오늘날 중국의 역사주의자들은 어떻게 보면 모두 과학주의자들이라고 할 수 있다. 그들은 '역사법칙'을 '과학법칙'으로 칭하고 역사법칙을 기계적 인과법칙으로 설명하고 증명할 수 있다고 여긴다. 이들은 역사법칙을 인과법칙으로 이해하기 때문에 종종 역사환원론자가 되어 역사발전이 하나의 요인에 의해 귀결된다고 여긴다. 따라서 이들은 역사발전의 근본적 요인을 찾아 이성적 계획아래 사회에 대하여 전면적 개조를 할 수 있다고 믿는다.

"역사법칙은 중국인들에게 하나의 사상이나 학설을 넘어서 일종의 신앙과 같다"고 장루룬은 말한다. 역사의 법칙성 및 필연성은 중국인들이 자신과 민족 그리고 더 나아가 인류의 희망을 기탁하고 있는 강렬한 신앙과 같다는 것이다. "중국인들은 현재 또는 과거가 얼마나 참혹하고 어두웠던지 간에 미래는 반드시 좋아질 것을, 즉 인류는 종국적으로 진보와 광명을 향해 나아갈 것"을 믿으며 이러한 믿음을 "과학적으로 보증"하는 역사법칙의 객관성과 필연성을 열렬히 환영한다는 것이다. 따라서 역사의 보편적 법칙을 주장하는 '역사주의'가 다른 어느 사상보다도 중국인들에게 더욱 흡인력있게 다가가고 있다고 장루룬은 주장한다.

장루룬에 의하면, 역사 법칙주의와 역사 상대주의는 서로 대립되는 개념이기 때문에 이를 동시에 받아들일 수 없다. 전자의 역사주의는 진리의 유일성과 절대적인 필연성을 주장하면서 보편적일 것을 요구하는 반면에 후자의 역사주의는 그 정반대로 상대성과 다원성, 우연성과 특수성을 주장하고 있기 때문이다. 즉 전자의 역사주의는 계몽의 산물이며 후자의 역사주의는 계몽사조에 대한 비판에 기반하고 있다는 것이다. 이 양자 중에서 오늘날 "중국인은 후자의 역사주의를 받아들일 수 없다. 후자를 받아들이면 무슨 희망이 있겠는가? 서방이 발전한 길이 인류발전의 보편적이고 유일한 길임을 인정해야 우리에게도 마침내 그러한 '휘황찬란한 피안'에 최종적으로 도달할 것이 아닌가. 물론 얼마나 늦게 도착할 것인지에 대한 두려움은 있지만 말이다." 역사의 법칙성, 즉 현대화의 필연성, 시장화의 필연성, 사회주의 이전단계로서 자본주의적 생산력의 완성에 대한 필연성이 1990년대의 중국인들에게 여전히 신앙과 같이 자리 잡고 있다고 장루룬은 판단하고 있다.

장루룬에게 있어 역사법칙으로서의 역사주의는 중국의 현대성을 창출함에 있어 가장 경계(주목)되어야 할 사유방식이다. 왜냐하면 이러한 종류의 역사주의는 종종 쉽게 개인의 권리를 무시하고 전제권력과 손을 잡는 결과를 가져오기 때문이라는 것이다.

> 역사적 법칙의 필연성은 근본적으로 개개의 생명이 겪는 고난과 희생에 관심을 두지 않으며 오로지 자기목적의 실현에만 관심을 가진다. 역사는 결국 진보의 방향으로 나가기 때문에 역사적 법칙의 필연성이 실현되는데 도움을 주는 행위는 정당한 것이다 … 역사의 웅대한 목표에 비해서 어떠한 개인의 희생과 고난도 모두 중요하지 않게 된다 …
>
> 진보사상에 기반한 역사적 법칙의 필연성은 극단적인 배타성을 함유하고 있다. 이것이 권력과 결합되면 다른 생활방식을 제한하고 억압하기에 이를 것이며 이는 이미 20세기 피비린내 나는 역사 속에서 증명된 바이다.

생산력의 발전이 사회주의 사회의 도래를 위한 필수적인 조건이라는 경제결정론적 마르크시즘이 중국의 현대화를 이끌어가는 국가

이데올로기이었으며 이것이 바로 중국의 시장화를 확산시키고 있는 사고방식이라는 점에서 장루룬이 전제권력과 손을 잡을 수 있는 역사법칙주의를 크게 경계하고 있음은 쉽게 이해가 간다. 그렇다면 장루룬은 왜 굳이 Karl Popper의 또 다른 역사주의, 즉 역사 상대주의를 동시에 언급하고 있는가? Karl Popper의 두 가지의 역사주의 정의가 서로 논리적으로 모순된다고 하면서도 이들을 병렬시켜 논의를 전개시키고 있는 이유는 무엇인가? 이에 대한 답은 다음에 오는 장루룬의 헤겔 해석 속에서 가늠해 볼 수 있다. 장루룬은 많은 "진화·역사주의자"들이 역사법칙 개념의 근원을 헤겔로부터 구하고 있음을 지적하면서 이는 헤겔을 잘못 이해함으로서 낳은 결과라고 주장한다.

역사과정은 물리적 과정이 아니며 근대 경험물리학과 같이 과거의 경험을 귀납적인 법칙으로 만들어 미래를 예언할 방법이 없다. 역사적 필연성이 있다면 이는 인과적 필연성이 아니다. 이점은 헤겔이 시종일관 명확히 밝히고 있는 것이다 … **인과적 필연성을 부정하고 있다는 점에서 헤겔은 오히려 진정한 역사주의자이며 오늘날의 진화-역사주의자는 진정한 역사주의자가 아니다.**

이쯤되면 장루룬이 역사주의를 어떻게 인식하고 있었는지가 명확하다. 장루룬은 Karl Popper의 두 가지 역사주의 정의 중에 후자의 역사주의, 즉 역사 상대주의를 "진정한 역사주의"로 인식하고 있으며 전자의 역사주의는 잘못 명명된 것이라는 것이다. 그리고 그는 '진정한 역사주의'야 말로 (역사의 필연성에 도전함으로서) 중국사회의 왜곡된 현대화를 수정할 수 있는 이념이라고 여기고 있는 듯하다.

장루룬이 "진화·역사주의"에 반대하는 또 하나의 이유는 그것이 도덕과 가치를 역사법칙의 실현을 위한 도구로서 인식하게 하고 있다는 것이다. 다시 말해 90년대에 강력하게 나탔던 공리주의적 가치관에 대한 장루룬의 반대가 2000년에 이르러 역사의 필연성에 대한 반대와 함께 계속 이어지고 있는 것이다. "역사의 필연성을 전제한다면 도덕과 가치는 기껏해야 그 다음의 중요성을 차지할 수밖에 없다." 결국 20세기 인류역사에 자행된 "전대미문의 죄악이 종종 역사의 이름으로 행해질" 수 있었던 것도 바로 그 이유 때문이라는 것이다. 이어서 장루룬은 이들 역사주의자(역사결정론자)이 자신들의 논거를 헤겔에게서 구하고 있음은 헤겔을 완전히 오독한 것이라고 주장한다.

> 헤겔이 세계역사가 도덕적 제약과 평가를 초월한다고 했다는 것은 헤겔을 완전히 오독한 것이다 … 헤겔에 의하면 세계역사의 발전은 목적론적 과정이며 그것의 최고 최종목적은 자유이다. 헤겔에 의하면 세계역사는 도덕보다 더 높은 층위에서 활동하는데 그것과 도덕은 같지 않으며 도덕이 포괄하는 것은 개인의 주관적 영역이며 세계역사는 보편적 윤리와 자유의 실현을 포괄한다. **헤겔은 사실상 역사 상대주의를 피하기 위해서 도덕을 역사의 바깥에 놓았던 것이다.**

장루룬이 역사발전의 보편주의를 비판하고 있다고 해서 역사 상대주의를 옹호하는 것이 아님을 알 수 있다. 역사 상대주의는 1990년대 장루룬이 그토록 경계했던 것으로서 여전히 경계의 대상이 되고 있는 것이다. 역사 상대주의를 피하려 했던 헤겔의 노력을 재삼 강조하면서 장루룬은 다시 한번 이른바 중국의 역사주의자들이 어떻게 가치의 공리성을 부추기고 있는 지를 비판한다.

> 우리[중국]의 역사주의자들은 근본적으로 헤겔의 변증법적 사고능력을 갖고 있지 않다. 오히려 이들은 필연적인 역사법칙을 파악할 수 있다고 여기

며 이러한 역사를 인식함에 있어 자신들과 다른 모든 사람들은 "반혁명" "보수주의자" "세계조류에 역류하는 행동"이라고 지칭한다. 최근에 우리나라에서 유행하는 '역사주의와 도덕주의가 대립'한다는 주제는 이러한 사유의 산물인 것이다. 스스로 역사주의자라고 인정하는 사람들의 눈에는 역사발전이 도덕과 무관하며 도덕은 도구와 수단으로서 기능할 뿐이다. [현재] 최고의 가치는 인간의 자유가 아니라 인간의 부유가 되고 있다. 재부를 가져다주는 데 도움이 되는 어떠한 수단과 행위는 역사필연성의 각도에서 보자면 모두 합리적인 된다.

　"재부를 가져다주는데 도움이 되는 어떠한 수단과 행위도""모두 합리적"이라는 "[중국의] 역사주의자들"의 주장은 인문정신 논쟁 속에서 시장경제론자였던 왕멍이 시장경제와 현대화에 도움이 되는 가치는 모두 당위성을 지닌다는 주장과 완전히 일치한다. 즉 가치의 공리성이 역사주의의 이름아래 중국사회에 확산되어나가는 것에 대한 장루룬의 비판과 경계가 여전히 이어지고 있는 것이다.

　결과적으로 장루룬은 〈역사주의와 현대성〉에서 Karl Popper가 제시한 두 가지 종류의 역사주의 모두를 비판하고 있다. 당시 중국의 역사주의는 역사적 필연성을 조장하고 이는 다시 가치의 공리성과 상대성을 합리화하고 있다는 것이다. Karl Popper의 두 가지 역사주의 정의는 서로 논리적으로 모순되는 것임에도 현실적으로 결탁되어 있다는 말이다. 이제 장루룬이 이 두 가지 정의를 동시에 병렬시키며 중국의 역사주의를 논하고 있는 이유를 알 법 하다. 아이러니칼하게도 역사 법칙주의와 역사 상대주의가 서로 내적인 이해관계를 공유하는 중국의 역사주의의 역사를 만들어 가고 있다는 말이다.

## (2) 쉬지린의 〈보편문명인가 중국적 가치인가-
## 최근 10년간 중국 역사주의 사조〉[9]

2010년 출판된 〈보편문명인가 중국적 가치인가- 최근 10년간 중국 역사주의 사조〉에 나타나는 쉬지린의 역사주의 인식은 2000년 〈역사주의와 현대성〉에 나타난 장루룬의 역사주의 인식과 흥미롭게 대조된다. Karl Popper의 역사주의에 대한 두 정의 중에서 장루룬이 역사법칙주의에 우선적인 관심을 보였다면 쉬지린은 역사 상대주의에 더욱 주목하고 있기 때문이다. 장루룬은 중국사회에 만연된 역사주의는 역사법칙주의이며 이로부터 역사 상대주의라는 또 다른 병폐가 파생되고 있다고 인식했다. 그러나 10년 뒤에 쉬지린은 중국사회에 만연된 역사주의는 역사 상대주의라고 말하며 필연적 역사법칙이라는 역사주의의 또 다른 의미에 대해서는 언급조차 하지 않는다. 10년이라는 세월동안 중국사회에 일어난 어떠한 변화가 역사주의에 대한 두 학자의 태도를 다르게 만들고 있는가?

쉬지린은 2000년대 초반부터 중국에서 역사주의의 내용이 근본적으로 달라지기 시작했다고 주장한다. 1990년대만 해도 중국 지식계에서 서구의 계몽적 문명에 대한 역사주의의 도전은 있었지만 여전히 계몽적 가치의 보편성에 대한 믿음이 남아있었던 반면에 21세기에 접어들면서부터는 역사주의의 급격한 확산과 함께 계몽의 보편적 가치가 중국사회에 더 이상 설 자리를 완전히 잃어버렸다는 것이다. 1990년대와 2000년대의 중국 역사주의, 즉 장루룬이 〈역사주의와 현대성〉을 출판할 당시의 역사주의와 자신이 〈보편문명인가 중국적 가치인가〉를 쓸 당시의 역사주의의 차이점에 대해 쉬지린은 다음과 같이 설명한다.

90년대에는 민족의 역사문화전통을 중시하는 문화보수주의자들조차도 계몽적인 보편주의적 목표에 반대하지 않았다. 오히려 유가문화와 계몽이상을 서로 결합하려 시도했으며 계몽의 보편적 가치관 안에서 중국의 특수한 진로를 찾으려 했다. 그러나 21세기 초 역사주의는 중국전통과 보편적 가치관을 직접적으로 대립시켰으며 이들이 대항하는 대상은 90년대 반서구주의가 미워하던 '현실의 서구'가 아니라 '이념의 서구' 즉 계몽을 대표하는 보편적 가치관이다. '현실의 서구'에 대한 비판에서 '이념의 서구'에 대한 이론적 저항으로 상승한 것이다.

쉬지린에 의하면 90년대까지만 해도 "보편적 가치에 대한 칸트식 정의가 남아있었다." 그러나 "2000년대에 들어서면서 가치와 도덕을 둘러싼 질문이 푸코식으로 바뀌어 나갔다"는 것이다. 다시 말해 "계몽이란 언어가 어떻게 역사적으로 구성된 것인가?"라는 질문으로 사유방식의 패턴이 바뀌었다는 것이다. 이러한 역사주의적 사유방식은 곧바로 상당수 지식인들에게 받아들여졌다고 쉬지린은 주장한다. 1990년대에 보수주의자, 좌익, 자유주의자 등으로 나뉘었던 다양한 지식계가 2000년에 접어들면서 '중국특색의 현대성'을 창출한다는 공동목표 아래 모두 하나로 뭉치고 있었으며 바로 이 '중국특색의 현대성'이라는 개념의 근저에 역사주의 정신이 자리 잡고 있다는 것이다.

서구 계몽가치의 보편성을 거부하는 역사주의가 중국사회에서 거대한 동력을 획득하는 것은 2008년 올림픽과 전지구적 금융위기 이후 중국이 세계적으로 부상하게 되면서부터라고 쉬지린은 말한다. 이때부터 중국의 역사주의자들은 더욱 대담해져서 "얼마전까지만해도 … 그토록 조심스럽게 중국 현대성의 특수경험을 논하였는데 지금와서는 말하는 태도가 오만하고 거칠게 바뀌었으며" "돌다리를 두드려 강을 건너던 것 같은 조심스러운 '중국패러다임' '중국모델'에 대한 논의”가 점점 더 체계화되고 있다는 것이다.

'중국특색의 현대성'에 내재된 역사주의의 향방은 크게 두 갈래로 나뉘어져 진행되고 있다고 쉬지린은 분석한다. 하나는 부국강병을 추구하는 역사주의자들에 의해 국가주의로 변모하고 있다. 이러한 역사주의에 대해 쉬지린은 다음과 같이 비판한다.

> 부강과 계몽은 서구 현대성에 내재된 동전의 양면이다. 자본주의 초기에는 물질주의와 국가주의를 핵심으로 하는 부강의 현대성이 계몽가치를 압도했고 식민지의 확장, 세계대전 등의 죄악을 가져왔다. **서구문명에 내포된 자유민주의 가치와 제국주의적 확장의 양면성 가운데 중국 역사주의는 자유민주를 지향하는 계몽가치를 비판하면서 부강을 지향하는 속성은 그대로 받아들이고 있다. 중국의 국가주의가 서구에 대항하여 중국적 특색의 길을 추구할 때 … 서구문명의 귀중한 보편적 가치는 배척하고 서구문명의 야만적 부국강병만을 채택하고 있는 것이다.** [이들의 주장은] 표면적으로는 서구와 대립하고 있지만 실제로는 … 서방의 정신적 포로가 된 것이며 문명가치가 가장 결핍된 바로 그 부분의 정신적 포로가 된 것이다.

중국 역사주의의 또 다른 경향은 90년대에 보편적 인문정신을 강조하던 지식인들이 역사주의를 수용하면서 나타나고 있다. 이들은 '중국특색의 현대성'을 실현하는 새로운 중국문명을 건립하기 위해 역사주의의 이름으로 서구와 보편적인 어휘주도권 투쟁을 벌이고 있다는 것이다. 쉬지린에 의하면 가장 먼저 이러한 의식을 나타낸 사람은 간양(甘阳)이다. 간양은 이미 2003년에 “중국이 민족국가에서 문명국가로 발전해야 함”을 주장하기 시작했다. “중국이 앞으로 '현대화이지만 서방화가 아닌' 길을 선택할 수 있음”을 강조하면서 간양은 중국이 유구한 문명역사를 가졌기 때문에 문명적 대국이 될 수 있다고 말한다. 중국은 "터키와 같은 3류 국가가 되는 것에 만족할 수 없으며 단순히 서방의 포로가 되는 것에 만족할 수 없다"는 것이다. 장쉬동 역시 간양과 마찬가지로 서구와 보편적 어휘패권을 다툰다. 장쉬동은 "보편적 가치가 서방만의 산품이 아님"을 주장하면서 "중국가치와 보편가치 사이에 어떠한 긴장감도 존재하지 않는다"고 역설하고 있다.

2000년대 말에 등장하는 중국 역사주의, 즉 서구와 보편적 어휘패권을 경쟁하는 역사주의는 치명적인 문제점을 담고 있다고 쉬지린은 지적한다. 왜냐하면 이는 중국 대 서구라는 이원론적 대립을 전제로 하기 때문이다. 다시 말해 이들 역사주의자들이 추구하는 '중국문명'이 '서구화를 제거하는' 중국문명이라는 점에 문제가 있다는 것이다. "서구의 현대성은 여러 대립된 요소를 지닌 문명복합체"라고 쉬지린은 강조한다. "부국강병과 자유민주, 권력의지와 인간존엄, 자본주의적 합리화와 비판이성전통, 국가주의와 세계주의"와 같은 대립된 가치들이 "서구의 근대 역사과정에서 계속 공존하면서 내부에서 투쟁하는 긴장성을 갖고 있다" 는 것이다. 따라서 '서구화를 제거하는' 중국문명은 서구문명이 산출해 냈던 이러한 긍정적 가치들을 소멸시켜버리는 것과 다름없기 때문이다.

그러나 10년전 장루룬이 그랬던 것처럼 쉬지린 역시 역사주의 그 자체를 부정하고 있지 않다. "서구사상사에서 역사주의는 초기에 나름대로의 이론적 공헌을 했다." "계몽운동의 보편적 이성이 서로 다른 민족문화의 특수성을 무시하는 편행을 고치게 했으며 인류의 보편이상의 실현을 위해 다양한 민족문화의 뿌리를 내리게 했다"는 것이다. 그러나 "19~20세기의 독일 역사주의는 독일초기의 계몽운동 중 괴테, 칸트, 헤르더의 인문주의 전통을 포기하고 프러시아와 함께 보수적인 국가주의와 내통함으로서 독일문화의 명성을 파괴했다"고 말하면서 쉬지린은 중국의 역사주의도 "이를 거울로 삼을 것"을 강조한다. 90년대 장루룬이 역사주의가 가져다주는 이점인 가치의 다원성을 계몽가 치의 보편주의 속으로 흡수하려 노력했던 것처럼 쉬지린 역시 똑 같은 해결방식을 제시한다. 즉 역사주의가 허무주의로 전락하지 않고 또한 국가주의와 이념적 결탁을 하지 않고 중국 현대화에 공헌하기 위해서는 "문화상대주의가 아니라 진정한 문화다원주의"로 재탄생되어야 할 것을 말한다. 그리고 그는 이사야 벌린의 말을 빌려 다음과 같이 결론을 내린다.

> 문화다원주의는 인류의 보편적 가치를 승인한다. 그러나 서로 다른 역사 문화 체계 속에서 보편가치는 서로 다른 문화형식과 구체적 표현양식을 가진다. **문화다원주의와 계몽의 보편적 가치는 서로 공존할 수 있다.**

## 4. 결론

현대 중국의 담론 지형에서 역사주의는 극히 미미한 양적 영역을 차지한다. 그러나 이는 역사주의가 현대 중국의 사상지형에서 차지하는 역할이 작다는 것을 의미하지는 않는다. 개혁개방 이후 중국의 담론계에서 역사주의 용어의 사용이 극히 저조했던 이유는 중국정부와 학술계 모두에서 이념적 용어를 그다지 반기지 않는 경향이 강했기 때문이다. 인민일보와 학술 잡지에서 기타의 이념적 어휘들—민족주의, 자유주의, 보수주의, 급진주의—역시 모두 저조한 사용빈도수를 보이고 있는 것이 이를 반증해 준다. 이념적 어휘들이 정치투쟁과 연결되어 일으킨 사회적 폐해는 아직도 중국인들로 하여금 이념적 어휘에 대한 경계를 늦추지 않게 하는 원인이 되고 있는 것이다. 결국 현대 중국의 담론지형에서 역사주의는 역사주의 자체를 둘러싼 담론을 형성함으로서 영향력을 행사하기 보다는 다른 주요 담론들 속에서 사고의 패턴을 결정하는 (보이지 않지만 중요한) 힘을 발휘하고 있다고 할 수 있다.

중국의 학술담론 지형에서 역사주의와 연결되어 논의를 전개시키는 담론 중 가장 많은 영향력을 갖고 있는 것은 현대성이다. 현대성 담론은 중국전체 담론지형에서 (15개 관건사 중에서) 제 4순위를, 인문학내 담론지형에서는 제1순위를 차지하고 있으며 더 나아가 역사주의 용어의 사용에 있어서도 제 1순위를 차지한다. 다시 말해 현대 중국의 역사주의를 분석함에 있어 현대성 담론과 연결하여 살펴보는 것이 역사주의의 위상을 가장 보여줄 수 있다는 말이다. 이런 점에서 현대성과 역사주의의 관계를 직접적으로 논하고 있는 장루룬과 쉬지린의 글은 중국의 역사주의를 이해하는데 상당히 적절하다. 흥미로운 것은 이 두 저자의 글이 10년의 간격을 두고 쓰였고 두 저자가 주목하는 역사주의의 기능 역시 다르게 나타나고 있음에도 이들은 중요한 부분을 공유하고 있다는 사실이다. 즉 장루룬과 쉬지린 모두 중국의 역사주의의 현재 모습을 비판하면서도 동시에 역사주의를 버리지 않는다. 이들은 모두 서구 계몽가치의 보편주의에 대한 신념을 버리지 않으면서도 역사주의가 인류역사에 가져다준 이점을 수용하려 노력하고 있는 것이다. 다시 말해 역사주의를 포함하는 보편주의 또는 다원주의를 포함하는 보편주의를 만들어나갈 것을 주장하면서 중국 역사주의의 지평을 다시 써 내려가고 있다는 말이다.

마지막으로 장루룬과 쉬지린의 이러한 역사주의 인식을 역사주의적 방식으로 이해한다면 어떠한 설명이 가능할까? 다시 말해 오늘날 중국사회를 압도하는 중국적 특색의 현대화, 또는 중국적 패러다임의 목소리를 역사주의의 산물로 해석하기 보다는 보편주의의 산물, 즉 세계화의 진전과 더불어 지구촌 곳곳에서 나타나는 '문화 다원주의'

의 보편적 현상의 산물이라고 해석할 수 있지 않을까? '중국적 특색의 현대화'를 위한 학문적 노력이라고 할 수 있는 중국 지식계의 '학문의 본토화' 현상이 사실상 유럽과 북미의 사회과학계에서 먼저 제기되어 전 세계로 유행하고 있듯이 말이다.

## ■ 주

1) 중국의 담론지형을 분석하기 위해 본 논문은 15개의 주요 담론 어휘를 뽑아 이를 관건사로 포함하는 논문의 출판량을 분석했다. 중국 논문 자료는 CNKI 의 검색 시스템을 이용하였으며 본 논문에 사용된 대부분의 통계는 2011년 5~6월에 검색된 자료이다.
2) 표 5-3)에 의하면 15개의 관건사중에서 역사주의는 9위, 중국특색사회주의는 10위로 나타난다.
3) 張汝倫〈歷史主義與現代性〉≪浙江社會科學≫ 2000年6期, 許紀霖〈普世文明, 〈還是中國價値?-近十年中國的歷史主義思潮〉≪開放時代≫ 2010年 5月.
4) 王蒙,〈人文精神問題偶感〉,≪人文精神尋思錄≫, p. 118.
5) 長汝倫,〈人文精神: 是否可能與如何可能〉長汝倫,王曉明, 朱學勤, 陳思和와 의 대담,≪讀書≫ 1994년 第 5期.≪人文精神尋思錄≫, p. 24.
6) 앞의 글, 김수영〈1990년대 '인문정신' 의 보편주의와 국가 이데올로기의 실용주의〉p. 209로부터 재인용.
7) 앞의 글, p. 24
8) 張汝倫〈歷史主義與現代性〉≪浙江社會科學≫ 2000年6期, p. 103. 이후 장 루룬의 글의 인용은 이 논문에서 발췌한 것으로서 인용-각주를 생략함.
9) 이후 쉬지린 글의 인용은 모두 許紀霖〈普世文明, 還是中國價値?-近 十年中國的歷史主義思潮〉≪開放時代≫ 2010年5月에서 발췌한 것으로서 인용-각주를 생략함.


## ■ 참고문헌

人民日報 (1949~2009년)
CNKI 논문검색시스템 (1949~2010년)

秦曉等, ≪現代性與中國社會轉型≫ 座談會, ≪讀書≫編輯部與博源基金會主 管, ≪讀書≫ 2009年 7月.
張汝倫,〈歷史主義與現代性〉≪浙江社會科學≫ 2000年 6期.
_____〈人文精神: 是否可能與如何可能〉長汝倫, 王曉明, 朱學勤, 陳思和와의 대담, ≪讀書≫ 1994年 第5期.
_____ 許紀霖,〈普世文明, 還是中國價値?-近十年中國的歷史主義思潮〉≪開放 時代≫ 2010年 5月.

_____ 〈現代性的岐路-淸末民初社會達爾文主义思潮〉《史學月刊》 第2輯.

_____ 羅崗 等, 《啓蒙的自我瓦解》 吉林出版社集團有限責任公司 2007年 9月.

王蒙, 〈人文精神問題偶感〉, 《人文精神尋思錄》王曉明 編 (上海:文匯出版社, 1996.

張和亭, 〈關於現代性語境下歷史主義的重新審視〉《經濟與社會發展》 2010年 8月.

蔣大椿, 〈重看歷史主義與階級觀點論戰〉《安徽史學》 1997年 第1期.

馬德普, 〈普遍主義還是歷史主義〉, 《政治學研究》 2005年 第1期.


김수영, 〈1990년대 '인문정신'의 보편주의와 국가 이데올로기의 실용주의〉《中國近現代史研究》, 2005. 12.

박영미, 〈계몽과 현대성-중국 신좌파의 현실인식과 지향-〉, 한국철학사연구회 《한국철학논집》 제28집, 2010. 3.

이한구, 《역사주의와 반역사주의》, 철학과 현실사, 2010.

최성철, 〈'현재'에 대한 역사적 성찰-역사주의와 현재주의를 중심으로〉 《역사와 경계》 제53집, 2004. 12.

# 중국 전통사학에 대한 역사주의적 담론

최 병 수

이 글의 주제어는 중국 전통사학(傳統史學)과 역사주의[Historism; Historismus]이다. 여기에서 중국 전통사학은 상고(上古)시기로부터 청조(淸朝) 말기까지 이어온 중국 고유의 사학을 의미한다. 역사주의는 19세기 전후 유럽 사상계에서 풍미했던 것으로, 인류사회의 삶과 관련된 다양한 형체의 본원적 가치기준을 전적으로 역사에 귀의시키는 이념을 뜻한다. 곧 모든 개체의 존재 가치와 그 유기적 의미를 역사에서 찾고자 함이 역사주의이다. 중국 전통사학과 역사주의, 이 두 가지의 관계 설정은 중·서 사학 상호간의 소통과 조화를 시도한 것이다. 이 글은 구미(歐美)의 역사주의적 입장에서 중국 전통시대의 사학을 음미한 시론(試論)이다.

## 1. 중국 전통사학(傳統史學)의 특징

중국 전통사학이라 함은 시대구분 차원에서 볼 때, 전근대사학을 지칭한 것이고, 중국인들은 이것을 고대(古代)사학으로도 호칭한다.

고대 사학이라 함은 곧 상고(上古)시대부터 근대 구미(歐美)사학이 중국에 도입되기 전, 청조(淸朝) 말기까지의 사학을 통사(通史)적으로 일컬은 것이다. 또한 중국 전통사학은 근현대 이전까지 이어온 중국 사학의 고유성 내지 특징을 띄워 일컬은 것이다. 양계초(梁啓超)는 발전적으로 '신사학(新史學)'을 제창하면서 종래까지의 중국 사학을 '구사(舊史)'라고 호칭하였다. '구사(舊史)'라 함도 곧 전통사학을 지칭한 것이다.

중국은 오랜 역사와 전통문화를 갖고 있고, 여러 방면에 걸쳐 사학을 발전시켜 왔다. 그래서 양계초(梁啓超)는, '중국은 각종 학문 중에서 사학이 가장 발달하였고, 사학은 세계 각국 중에서 중국이 가장 발달하였다.(『中國歷史硏究法』, 제2장 「過去之中國史學界」)'라고 서술하였다. 중국 전통사학은 여러 가지 특징을 보이고 있는데, 그 내용을 아래와 같이 정리할 수 있다:

첫째, 전통사학의 기원에는 제왕(帝王)의 역사의식이 주효하였다. 중국의 고대문자는 처음에 역사기록을 목적삼아 만들어진 것으로 전한다. 『한비자(韓非子)』·『사해(辭海)』·『사기(史記)』·『한서(漢書)』·『설문해자(說文解字)』 등 고서(古書)에 의하면, 삼황오제(三皇五帝) 중 황제(黃帝)는 사관(史官) 창힐(蒼頡)에게 문자를 만들도록 하였다. 창힐은 새와 짐승의 발자국의 형상에서 착안하여 처음으로 문자를 만들고, 그 문자를 사용하여 황제의 통치적 전언왕행(前言往行)을 기술하였다. 사관은 국가의 공식 업무 및 행사를 기록하고 그 관공문건을 관장한 관리인데, 중국은 황제(黃帝) 시대에 이미 사관을 설치하고 그들에게 통치적 행위를 기록으로 남기게 함으로써 후손에게 귀감이 되고자 했다는 것이다. 『묵자(墨子)』 권12, 「귀의(貴義)」편에 의하면, '옛 성왕(聖王)은 후세 자손에게 자신의 치도(治道)를 전하고자 함에 그것을 죽백(竹帛)에 기록하고 금석(金石)에 새겨 법(法)으로 지키도록 하였다'고 전한다. 제왕의 그와 같은 의지는 일종의 역사의식이고, 사관의 주요 업무는 곧 역사기록이며, 문자의 발명과 사용 목적은 일단 역사기록에 있었음을 알 수 있다.

둘째, 중국 전통사학은 사관(史官)제도로부터 출발하였다. 중국에서의 사학(史學)의 어원은 '사관학(史官學)'에서 찾기도 한다. 중국은 상고(上古)시대부터 사관제도가 발달하였다. 역사 용어에서의 '사(史)'는 곧 사관을 말함이다. 허신은 '사(史)'를 풀이함에 '일을 기록하는 사람[史, 記事者也.]'라고 하였다. 일[事]는 국가의 공적인 일을 가리키고, 이 국사(國事)를 기록하는 관리가 곧 사관이다. 문헌에서 보여주듯이 사관은 황제(黃帝)시기에 설치되었고, 사관제도는 후대의 여러 왕조의 제왕에 의해 계승된다. 상고시대의 역사기록은 국가정부차원에서 사관이 담당해야 하는 공무이기 때문에 사인(私人)자격으로는 국사를 기록할 수 없었다. 모든 공문서 또는 국사기록은 본디 사관만의 고유 업무이다 보니, 사관이 기록하고 관장한 문건 즉 사료(史料)는 여러 저작(著作)[또는 저술]의 자료가 되기 때문에 유사배(劉師倍)의 '상고시대의 학문은 사관에게서 나왔다'는 이론이 성립된 것이다(「古學出於史官」, 『國粹學報』 제17기). 그렇다면 사관에게서부터 나온 학문을 사관학(史官學)으로 표기할 수 있는데, 이를 약기(略記)하면 '사학(史學)'이 되고, 이 '사학(史學)'은 다시 훗날 역사학과 동의어로서의 사학(史學)으로 통용하게 된다.

셋째, 중국 전통시대 사학의 주체는 유가(儒家)사학이다. 유가사학의 비조(鼻祖) 공자의 역사정신과 그의 춘추필법(春秋筆法)은 중국의 전통적 역사의식과 역사방법으로 전승되었다. 유가사학은 중국 중심적 역사의식 뿐 만 아니라 중화민족 우월의식 내지는 민족차별의식, 정통(正統)의식 등을 내포한 전통사학의 특징을 선도한다. 또한 유가사학은 경학(經學)으로 승화됨으로써 경사합일(經史合一)적 역사기능을 수행하여 역사의 감계(鑑戒)적 또는 교훈(敎訓)적, 경세치용(經世致用)적, 상고(尙古)적 가치를 중국 전통가치로 이끌었다. 유가적 전통사학은 구미의 사학과 마찬가지로 다분히 사학의 비평기능을 수행해 왔다. 중국 전통사학은 종래의 역사서의 서술내용, 서술방법, 사가의 역사지식 내지 역사의식 등에 대해 시비득실과 포폄(褒貶)을 주저하지 않았다. 이 또한 공자의 춘추필법에서 그 범식(範式)을 찾을 수 있다.

넷째, 중국 전통사학에서는 왕조별의 역사 즉 '조대사(朝代史)' 편찬의 특징을 보였다. 후대왕조에서 전대왕조의 역사를 편찬하는 전통이 수립되었다. 중국은 전통적으로 이분법적(二分法的) 사고를 하였다. 천지(天地)·동서(東西)·치란(治亂)·음양(陰陽)·고금(古今) 등이 그 실례이다. 고대·중세·근세 등의 구미식 시대구분도 근대에 들어와서야 도입되었고, 전통시대에는 오직 고금(古今)으로 분별하거나 아니면 고(古)시기를 상고(上古)·중고(中古)·근고(近古)로 나누어 처리하는 경우가 있긴 하였지만, 반고의 『한서(漢書)』이후 일반적으로는 왕조별로 시기를 나누어 '조대사(朝代史)'를 편찬하였다. 아울러 전통사학의 특징은 역사서술상 독특하고 다양한 서술체례 곧 기전체·편년체·기사본말체 등을 전승시켰고, 중국 인근 국가의 역사서술에 직접적인 영향을 주었다는 점이다.

이러한 중국 전통사학은 아편전쟁이후 엄복(嚴復), 양계초 등 개화기 사학가들에 의해 비판적으로 평가되고, 또 구미사학이 소개됨으로써, 마침내 중국 역사학은 중·서 역사학의 만남 즉 전통사학과 보편사학의 만남을 통해 세계 보편적 역사학의 평가검증을 받기에 이른다.

## 2. 중·서 사학의 소통과 역사주의(Historismus) 유입

### (1) 중·서(中·西)사학의 소통

사학사(史學史) 입장에서 볼 때, 중국역사학은 청말민초(淸末民初) 시기를 경계 삼아, 이전의 전통사학 시기와 이후의 서구적 세계 역사학 시기로 양분할 수 있다. 청말민초 개화기 이후 현 2012년까지 약 1세기 간의 중국 역사학은 다시 신중국 건립(1949년10월)이전의 세계역사학 계몽시기, 신중국 건립이후 마르크스·레닌주의 역사관 및 모택동지도이념에 바탕을 둔 중국식 사회주의 역사관 성립시기(1949년~1978년), 개혁개방과 시장경제 이념을 가미한, 세계 보편사학 안에서의 중국적 사회주의 역사관이 대두된 시기(1979년~2012년 현재)로 삼분할 수 있다.

중국 역사학계에서 구미 역사학을 접하게 된 것은 늦어도 청말민초 개화기가 아닐까 싶다. 당시 개혁파 계열에 속한 양계초, 엄복, 장대염(章大炎), 호적(胡適), 고힐강(顧頡剛) 등이 구미의 사학사조(史學思潮)를 소개하는데 있어 선구적 역할을 했다.

금현의 여영시(余英時), 두유운(杜維運), 하조무(何兆武), 황진흥(黃進興)과 같은 역사가들은 일찍이 중국 국내와 국외 구미에서 수학하고 연구하며 서학[서양역사학]에 대해 흥미를 갖고 세계사적 역사학의 연구실적을 성취하며 중국 역사학을 선도하고 발전시켜 오고 있다. 20세기 중국의 역사이론연구는 이미 현저하게 진전 되어, 20세기 후반 개혁개방시기이후에는 서양역사이론 연구가 급증하고 있다. 중국 역사학계는 서방사회과학의 연구 성과와 방법 중에 유익이 되는 것을 섭취해야 하고, 비(非)마르크스주의적 연구 성과와 방법에 대해서도 적절한 예우를 해야 하고 받아들여야 한다고 인식한다.

역사학에서 다루어야 할 영역은 실로 방대하다. 1980년대 이후부터 마르크스주의 역사학의 지도적 입장에는 변함이 없지만, 개혁개방물결에 의해 중국 역사학은 구미 역사학을 좇아 그 연구시각이 문화사, 사상사, 종교사, 사회경제사 연구 등으로 다양화하고 다원화하고 있다.

역사안목의 변화로 인해 역사서술 대상은 특정한 개인 내지 영웅에서 대중으로 전환하게 되었고, 정치이념사 대신에 문화사 내지는 사회사 방면으로 연구의 비중이 증진되었다. 역사연구시각의 전환과 다양화는 중국역사학의 면모를 크게 일신시켰고, 사회의 진보와 국제적 환경의 영향으로 중국 역사학의 시각은 점점 더 풍부해져 가고 있다.

이제 중국역사가들이 수행하는 과제는 시장의 상품처럼 효용성을 살려서 시장화 하는 추이임을 엿볼 수가 있다. 역사연구 과제의 선택 방향은 '수요로서 공급을 정한다'는 시장 조절원리와 동일하다고 본다. 크로체(Benedetto Croce, 1866~1952)가 표현한 '일체의 역사는 모두 당대사(當代史)이다'라는 명제를 입증이라도 하듯이 말이다.

중국 역사학은 관용(官用)사학을 벗어나 점차 공용(公用)[통속]사학의 경향을 나타내고 있다. 역사연구물의 실용화, 시장화 내지 상품화는 통속사학 내지 역사지식의 대중화를 크게 신장시키는 결과를 가져왔다. 최근 30년 내에 '관용사학'의 전통이 흔들리고 '공용사학' 방향으로 변화 발전하기 시작하였다. 통속사학의 형식 또한 다양해지고 있다. 예컨대 사화(史話)·역사연의(歷史演義)·역사물 드라마 및 경극(京劇)은 역사지식의 대중화에 훨씬 효과적인 방향으로 변모하였다. 실제로 역사의 실용성 및 효용성이 점차 확대되어가고 있다.

## (2) 중국에의 역사주의(Historism;Historismus)유입

필자는 역사주의가 이미 위기를 맞았다고 주장하는 이즈음에도 그것에 대해 낯가림을 한다. 역사주의는 필자에겐 그 만큼 생소하고 난해하다. 그럼에도 이제라도 그것과 사귀어 보려고 힘쓰고 있다.

역사주의Historism 용어는 독어 Historismus에서 연유한 것으로, 1852 년에 독일학자 Carl Prant가 바바리안 과학원 Bavarian Academy of Sciences and Humanities에서 행한 강연문『철학의 당대임무*Die Gegenw ärtige Aufgabe der Philosophie*』안에서 처음 사용한 것으로 전한다(黃進 興,『歷史主義與歷史理論』,「歷史主義」편 참고). 역사주의적 사조(思 潮)는 헤겔(Georg Friedrich Wilhelm Hegel ; 1770~1831)에게로 소급하기도, 심지어 이태리 역사가 비코(Giambattista Vico;1668~1744)에게로 까지 소 급하여 적용하기도 한다.

한편, 역사주의 사조(思潮)의 출발점은 영국 경제수준에 비해 독일 경제수준이 낙후된 19세기 중엽 쯤, 국민경제의 보호를 주장한 독일 경제 역사학파 리스트(Friedrich List, 1789~1846)를 비롯한 몇 학자들의 경제이론에서 근거 삼기도 한다. 그들은 국가경제의 특성은 자연적·불변적인 것이 아니라 국가별, 시대별의 상대적인 것·개별적인 것으로 보고 이를 역사적으로 접근하였다. 저들의 경제이론에서 역사주의 개념에 함축된 상대성(相對性)과 개별성(個別性) 또는 개체성(個體性)이 발견된다.

그 후 종합된 역사주의적 이론은 랑케(Leopold von Ranke, 1795~1886)에게서 찾는다. 랑케의 역사이론 중, 역사서술에 있어 1차 사료에 충실하면서 사실의 개체성을 객관적으로 기술할 것을 중시한 점에서 역사의 실증적 특징이 있음을 본다. 또한 랑케는 '모든 시대는 신(神)에 연결 된다'고 하였는데, 역사의 발전성 속에서의 신성성(神

聖性)을 엿보게 하는 점이다. 랑케의 정치사에 편향된 역사인식과 신성(神聖)한 역사주의적 사고는 뒤따르던 그의 제자 부르크하르트 (Jacob Christoph Burckhardt, 1818~1897년) 등 역사가들의 반론을 받기도 하였다.

공인된 학문용어로서의 역사주의는 트룁치(Ernst Troeltsch, 1865~ 1923년)와 마이네케(Friedrich Meinecke, 1862~1954년) 로부터 본격화하였 다고도 한다. 『역사주의와 그 문제들 *Der Historismus und seine Probleme*』 (1922년), 『역사주의와 그 극복 *Der Historismus und seine Überwindung*』 (1924년) 등을 저술한 트룁치는 역사주의를 학문적 창조물로 인식할 뿐만 아니라, '역사주의는 모든 사건 인물 등 사상(史象)에 대한 모든 인식과 경험의 역사화이다' 고 하여 기타 학문에 대한 역사의 근본 적 위상 됨을 제시하였다. 『세계시민주의와 국민국가*Weltbürgertum und Nationalstaat*』(1908년), 『근대사에서의 국가이성의 이념*Die Idee der Staatsräson in der neueren Geschichte*』(1924년), 『역사주의의 성립*Die Entstehung des Historismus*』(1936년) 등을 저술한 마이네케는 역사주의 의 근본개념의 핵심은 개체와 그 발전임을 명시하고, 그 같은 역사인 식은 랑케에게서 절정에 달했다고 하여 근대 역사학 상에 이룬 랑케 의 역사주의적 업적을 극찬하였다.

역사주의에 대한 해석과 적용이 다양해지고, 그 논리의 한계 및 충돌이 야기되면서 포퍼(Karl Popper; 1902~1994)의 반역사주의적 비판 (『역사주의의 빈곤 *The Poverty of Historicism* [*Historizismus*]』)의 출현, 오 늘날의 포스트모더니즘(Postmodernism)적 현상 등이 그 뒤를 잇게 되 었다.

그렇다면 역사주의는 언제 중국의 역사사상계에 유입되었는가를 살펴보자. 조심스럽긴 하지만, 대만의 역사학자 황진흥(黃進興)이 중 국에 처음으로 역사주의를 소개한 것이 아닐까 생각한다. 그는 1974

년에 대만대학역사연구소에서 논문 「역사주의(歷史主義)」를 작성하여 이듬해에 석사학위를 취득 하였다. 70년대 당시 대만정부는 중국 본토와는 달리 개방적 행정체제를 유지하였고, 젊은 학자들이 구미의 각 학계에 유학하며 역사학의 신사조에 흠뻑 취했던 상황에서 황진홍도 이에 동참하여 그 「역사주의」 외에도 구미의 다양한 역사이론과 관련된 다수의 연구논문을 발표하였다. 이러한 연구물을 묶어 1982년에 단행본으로 『역사주의여역사이론(歷史主義與歷史理論)』(대북(臺北)允晨文化實業股份有限公司 출판)을 출간하였고, 이것을 20년 뒤 2002년에 중국 본토 서안(西安) 섬서(陝西)사범대학출판사가 똑같은 책명으로 출판하였다. 그 뒤에 역사주의 이론과 관련된 여러 번역서가 출간되었다. 양예(楊豫)의 번역으로 『당대사학주요추세(當代史學主要趨勢)』(영국 역사가 Geoffrey Barraclough:1908~ 1984, *Main Trends in History* )가 상해역문출판사(1987년)에 의해 출간되었고, 미국 역사가 G.G.Iggers의 *Historiography in the Twentieth Century* 가 하조무의 번역서 『20세기적역사학(二十世紀的歷史學)』(요녕교육출판사, 2003년)으로 출판되었다. 또한 G.G.Iggers의 *The German Conception of History*가 팽강(彭剛)·고항(顧杭) 합작역서 『독일적역사관(德國的歷史觀)』(남경:역림출판사,2006년)으로 출간되었다. 그리고 마이네케(Friedrich Meinecke : 1862~1954)가 저술한 *Die Entstehung des Historismus*가 육월굉(陸月宏)에 의해 『역사주의적흥기(歷史主義的興起)』(역림출판사,2009년)라는 책명으로 출간되었다.

더욱 주요한 사업으로는 포퍼(Karl Popper : 1902~1994)의 *The Poverty of Historicism*[ *Historizismus* ] 가 여러 역사가에 의해 번역되었다는 점이다. 먼저 두여집(杜汝楫)·구인종(邱仁宗) 양인의 번역에 의해 『역사결정론적빈곤(歷史決定論的貧困)』(화하출판사, 1987년; 상해인민출판사, 2009년)의 책명으로 출판되었고, 한편, 하림(何林)·조평(趙

平) 양인의 번역에 의해 『역사주의빈곤론(歷史主義貧困論)』(중국사회과학출판사, 1998년)의 책명으로 출판되었다.

역사주의에 관한 다수의 논문도 만나볼 수 있다. 유오금(俞吾金)의 「역사주의여당대의식(歷史主義與當代意識)」(2010년)과 「인체해부는 원숭이 해부의 열쇠이다(人體解剖是猴體解剖的鑰匙)-歷史主义批判-」(『探索與爭鳴』, 2007年 第1期) ; 허기림(許紀霖)의 「普世文明, 還是中國價值?-近十年中國歷史主義思潮之批判-」(『開放時代』, 2010年 第5期) ; 손호휘(孫皓暉)의 「역사주의는 중국문명사를 푸는 근본이다(歷史主義是理淸中國文明史的根基)-就≪大秦帝國≫創作理念答十年批評群-」(『上海文學報』 2010년) ; 오승명(吳承明)의 「논역사주의論歷史主義」(『中國經濟史硏究』,1993年 第2期) ; 조문헌(曹文軒)의 「역사주의여상대주의歷史主義與相對主義」(북경대학 사이버 교육원, 2008년) 등등. 좀 늦게나마 중국 역사계도 역사주의에 호기심을 갖고 나름대로 그 의미와 가치를 찾으며 중국사학에 구미사학을 접목하듯 중국사학의 보다 온전한 발전을 도모하고 있음을 감지할 수 있다.


## 3. 중국 전통사학과 그 역사주의적 특징

초기 고유의 역사주의Historismus는 19세기에 성장해서 20세기에는 충분히 인식되어, 역사가의 사고 내에 자리 잡게 된 일종의 사학사상이다. 독일에서 가장 일찍이 그리고 가장 많이 발달한 고유의 역사주의는 진실 된 역사사실을 확인한 후에 개체(個體)적 사상(事象) 하나하나의 인과(因果)관계를 살펴서 그것이 역사 속에 잉태되고 현실로 드러나게 된 근본 요인을 밝히려는 데 목적 삼고 있다. 그래서 역사주의의 주요 특점은, 역사 요소의 존속성, 개별성[개체성] 내지 유기성, 구체성 내지 다양성을 제기하는 한편, 원시적 사료에 대한 깊은 발굴과 고증을 당연시 할 뿐만 아니라, 이성보다 감성을, 그리고 직각(直覺)적 소통을 중요시하는 것 등이다.

그러나 인생사에서 드러나는 실제적 군상(群像)을 모두 역사주의적 사고 내에 포유(包有)할 수도 없을 뿐만 아니라, 본래의 실사(實事)를 역사가의 연구에 의해서 진실을 생명으로 여기는 역사로 구현하는 작업 그 자체를 불가능한 망상으로 인식하는 자들이 역사주의를 비판하고 부정함으로써, 그리고 새로이 Postmodernism과 같은 사고가 등장함으로써 고유의 역사주의는 존재의 위기를 맞은 것이 현실이다. 이 또한 역사의 한 현상임을 인식하는 반면, 그럼에도 역사주의를 개재(介在)시켜 중·서 역사학 상호간의 소통 내지 조화를 시도해 볼 수 있다.

## (1) 선진(先秦)시대 공자(孔子) 사학과 그 역사주의적 특징

일반적으로 공자(B.C.551~B.C.479)의 역사정신과 역사서술방법을 중국 전통사학의 기본적 토대로 삼는다. 공자의 역사방법, 소위 춘추필법(春秋筆法)의 대부분은 전통시대의 역사 속에서 중국뿐 만 아니라 그 이웃들에게도 역사정신과 역사방법의 규범(規範)으로 지켜져 왔다. 이제 공자의 역사주의적 사학을 살핌에 있어, 그의 역사정신과 역사방법 두 가지로 나누되 특히, 경사일체(經史一體)적인 『춘추(春秋)』가 무엇이고 어떤 이유로 작성 되었는가에 대해서 『맹자(孟子)』·『춘추좌전(左傳)』·『사기(史記)』등의 서술내용을 주로 근거삼아 담론코자 한다.

먼저 『춘추』 작성의 공능(功能)면에서 공자의 역사주의적 역사정신을 살펴볼 수 있다. 『맹자』에 의하면, '서주(西周)시대 말기에 주(周)

왕실의 치도(治道)가 쇠퇴해지고 동주(東周)시대[춘추전국시대]에 들어와서는 세상에 사설폭행(邪說暴行)이 저질러지며 신하와 자식이 그 임금과 부친을 시해(弑害)하는 포악한 행위가 있게 되자, 공자가 이런 세상을 두려워하여 마침내 『춘추』를 지어 완성하니, 이를 본 난신적자(亂臣賊子)들이 도리어 두려워했다'는 것이다. 이는 당시 지방 세력인 여러 제후가 통치를 잘하도록 이끌어야 할 주(周) 왕실이 이를 제대로 감당하지 못하자, 공자가 역사서 『춘추』를 지어 공의를 드러냄으로써 쇠퇴해진 왕도(王道)를 재건하는 역할을 대신했다는 말이다.

역사서 『춘추』가 행한 경세치용(經世致用)적 권능을 주목할 필요가 있다. 『사기』에 의하면, 『춘추』는 위로는 상고시대 하(夏)·은(殷)·주(周) 삼대의 통치도리를 밝혔고, 아래로는 인사(人事)의 기강(紀綱)을 바로 세움에 있어, 역사상의 혐의스러운 일(事)을 판별하고, 옳고 그릇됨을 명확하게 처리하며, 미루어진 사안을 해결하고, 선·악과 현(賢)자·불초(不肖)자를 분별할 뿐만 아니라, 억울하게 당한 망국(亡國)과 단절된 세대를 보존시키고 이어주며, 감추어지고 폐기된 사실을 보충하고 일으켜 드러냄으로써, 그 행한 권능(權能)이 위대한 왕도(王道)와도 같다는 것이다. 즉 맹자(孟子)는 공자의 『춘추』 필력(筆力)을 '천자지사(天子之事)' 곧 제왕의 통치행위와도 비견(比肩)하였다. 그래서 후세에 공자가 왕관이 없이도[제왕의 지위를 갖지 않고서도] 제왕의 권능을 발휘했다하여 그를 '무관지왕(無冠之王)' 또는 '소왕(素王)'으로 칭송하기에 이른다.

공자께서 인생 설계를 하나하나 실현해 나아가는 데 있어, 청장년 시절에는 주공(周公)을 꿈꾸며 현실 정치에 직접·간접적으로 참여하였는데, 그때 행한 그의 정치 유세(遊說)는 현실감이 없이 공언(空言)에 의탁한 꼴이 되어 현실참여는 결과적으로 실패하고 만다. 다행히도 공자는 노년에 이르러서 귀향하여 선생(先生) 된 자로서 후생(後

生)을 양육하는 한편, 특별한 의미와 가치가 있는 선성(先聖)의 정치 행적을 취사선택하여 역사저술하고 이를 교육교재로 삼으며 여생을 마쳤다.

그는 모든 문제를 치사(治史)에 귀의시켜 해결코자 한 역사주의적 삶을 가졌다. 『논어』「술이」 편을 보면, 공자는 스스로 '옛 것을 있는 그대로 기술할 뿐 새롭게 만들지 않았고, 옛 것을 믿고 좋아한다(述而不作,信而好古)'는 역사정신과 실록(實錄)의지를 나타내었다. 또한 사마천(司馬遷)의 『사기』를 보면, 공자께서 『춘추』를 저술하며, '나는 공언(空言)에 의탁해서 꿈을 이루고자 하였지만, 이는 이미 행한 일[旣往行事] 중 깊고 절실하여 드러낼만한 것에서 삶의 이치[이상,꿈]을 드러내 보이는 것만 같지 못했다[我欲載[託]之空言,不如見之於行事之深切著明也]'라고 역사서술의 의지를 강하게 드러낸 점을 소개하고 있다.

공자의 『춘추』 필법을 통해서 그의 역사주의적 역사방법을 음미해 볼 수 있다. 『춘추』는 노(魯)나라 은공(隱公) 원년(기원전 722년)에서 애공(哀公)14년(기원전481년)까지 242년간의 노국(魯國)중심의 사기(史記)이다. 내용은 정치, 군사, 외교, 제사 등 제반 행사를 위주로 기술되어 있고, 그 외에 여러 가지 자연현상－일식(日蝕), 월식(月蝕), 재이(災異)－를 포함하고 있다.

그 『춘추』 필법의 주요점은 다음과 같다. 『춘추』는 역사의 속성(공간성·인간성·시간성) 중 시간성을 앞세워 편년(編年)체[법]을 사용하였다. 편년체에 대해, 좌구명(左丘明)의 『춘추전(傳)』「서문」을 보면, 『춘추』는 노(魯)나라 사기(史記)의 명칭으로 기사(記事)한 것이며, 사건 하나하나를 하루로 묶고 하루하루의 사건을 월(月)별로 엮었으며, 월별의 사건을 다시 묶어 사시(四時) 별로 처리하고, 사시로 엮은 것을 다시 년(年)으로 묶고 매년의 것을 하나로 편집(編輯)한 것으로 설명되었다.

　『춘추』는 역사상 개체(個體)로서의 의미를 살려 명분(名分)을 바로 잡는 정명(正名)필법을 제시하였다. 당시 제후의 호칭(公·侯·伯·子·男 등)을 바르게 살리되 오자(吳子)·초자(楚子)·제후(齊侯)·진후(晋侯)·송공(宋公)·노공(魯公) 등으로 명기하였고, 죽음도 같은 죽음이 아님을 인식하고 해당자 마다 살(殺)·시(弑)·사(死)·졸(卒)·거(去)·훙(薨)·붕(崩) 등으로 분별하여 각기 달리 표기하였다. 국가의 무력행위도 중국과 비중국, 중앙왕실과 지방제후, 그리고 어떤 상황과 이유이냐에 따라서 정(征)·벌(伐)·구(救)·침(侵)·략(略)·범(犯)·약(掠) 등으로 달리 표기하였다. 정(征)·벌(伐)·구(救)는 상자(上者) 되고 중심된 중국(왕실)의 입장에서 하자(下者)되고 주변이 된 국외 내지 제후에 대해 무력행위를 했을 경우에 표기되는 것이고, 반면 침(侵)·략(略)·범(犯)·약(掠)은 아래 내지 변두리의 입장에서 중심된 중국(왕실)에 대해 무력행위를 했을 경우에 표기되는 것으로 명분(名分) 삼았다.

　중국은 고금을 막론하고 실리(實利) 못지않게 명분(名分)을 중시해 온다. 역대 중국 왕조는 대외적으로 '중국 중심의 국제적 봉건질서'를 내세우고 동아권의 주군(主君)국가 내지 맹주(盟主)로서의 명맥을 지탱하고자 힘써왔다. 여기에 사상적 뒷받침이 된 것이 곧 정통(正統)사상, 화이(華夷)사상, 그리고 대일통(大一統) 사상이다.

　정통사상은 역대 군주재위계승, 역대 왕조계승, 역대 사서체례 등에 적용되었다. 역대군주 재위계승 문제에 있어 실례를 들면,『춘추』내의 난신적자에 대한 징벌정신에 입각해서 전한(前漢)을 멸한 왕망(王莽)이나 당조(唐朝)의 여황 측천무후 등을 정통 군주로 인정치 않는다. 또 역대왕조 계승 문제에 있어 실례를 들면, 왕망의 신(新), (비록 견해 차이는 보이고 있지만) 삼국시대의 위(魏)·촉(蜀)·오(吳)정권, 남북조시대의 북조(北朝), 오대십국 시기의 10국(國) 등은 정통왕조인지 아닌지 시비되는 왕조로 인식된다. 역대 사서체례 문제에 있어 실례를 들면, 사마천에서 비롯된 기전체(紀傳體)를 정통사체(正統史體)로, 편년체(編年體)를 고전사체(古典史體)로 인식하다가 송대 사마광의 편년체『자치통감』이 등장하면서 사체에 대한 정통성 시비가 비등해졌다.

공자의 춘추필법(春秋筆法) 중에는 중국민족과 그 주변민족을 차별하는 화이관념[중화사상(中華思想)]이 들어 있다. 이 또한 공자의 역사인식에서 출발한 중국 중심적 사고이다. '중국(中國)'과 '중화(中華)' 라는 호칭은 중국 주변 민족을 동이(東夷)·북적(北狄)·서융(西戎)·남만(南蠻)으로 표기한 데서 알 수 있듯이, 화려한 문명·문화민족으로서의 중국자존감을 가지고 주변 국가를 차별한 표현이다. 중국 전통사학은 이러한 민족국가의 우월감성을 가지고 중국권역과 그 외곽 권역을 구별(차별)하고 역사 속에서 중국 권역을 점차 확대해 왔다(『春秋公羊傳』－成公十五年條－'春秋,內其國而外諸夏,內諸夏而外夷狄.)는 점을 제시하고 있다.

공자의 춘추필법 중에서 빼놓을 수 없는 것이 '대일통(大一統)' 사상이다. 천자국가[皇朝]는 지상에서 유일해야하고 나머지 국가[왕조] 및 제후국은 천자황조를 중심삼아 한가지로 상하질서를 이루어야 한다는 것이다.『춘추』는 '○○(元)年(春) 王(正)月'의 6字가 일정하게 반복하여 표기되어 있다. 이 6자의 표기법은 곧 '대일통' 의의를 실은 것이다. 물론 기술내용은 순차별로 그 원년은 이, 삼, 사년 등의 수치로 바뀌고, 그 춘 절기는 하, 추, 동 절기로 바뀌며, 그 정월 또한, 이, 삼, 사월 등으로 바뀐다. 6개 자(字) 중 앞부분 '○○(원)년(춘)'은 노(魯)나라 역대 제후의 연시(年時)를 표시한 것이고 뒷부분 '왕(정)월'은 당시 종주국(宗主國)인 주(周)왕실의 연시를 표시한 것이다. 다시 말하자면, 공자는 종주(宗主) 주(周)왕조의 연대를 바탕삼고 그 안에서 제후국 노(魯)나라의 연대를 표기한 일종의 종법(宗法)적 표기법을 발휘하여 주(周)왕실 중심의 대일통적 천하관념을 드러낸 것이다. 이는 오늘날 글로벌 시대에 세계가 함께 서기력(西紀曆)을 사용하여 연월일을 따져 살아가는 한편, 특정 국가에서는 이와는 별도로 자국의 기원력(紀元曆)을 병행하는 것과 같다. 우리 한국도 한 때 서기력 외에도 단기력(檀紀曆)을 병용한 바다. 이 같은 공자의 '대일통'의 역사정신과 역사방법은 좌구명(左丘明)의 『춘추전(傳)』으로 사승(師承)되고, 훗날 사마천 『사기』에서의 한무제(漢武帝) 건원(建元)연호(年號) 필법으로 계승되면서 중국사학의 전통적 필법으로 자리매김하게 된다. 따라서 공자의 춘추필법은 중국 전통시대의 역사주의적 역사필법의 규범으로 봄직 하다.

## (2) 전한(前漢)시대 사마천(司馬遷) 사학과 그 역사주의적 특징

중국 전통시대의 사학성립의 원조는 공자라는 견해가 상당한 반면, 실제적 전통사학의 성립은 사마천에게서 부터라는 견해도 비등한 실정이다. 사마천(B.C.145~B.C.87?)은 공자의 역사정신과 춘추사학의 주요점을 사승(師承)하고 좌구명 등 앞선 시대의 사가들의 역사방법을 종합하여 자신의 역사재능을 십분 발휘했는데, 그 결정체가 『사기(史記)』이다. 사마천의 역사주의적 사학도 그의 역사정신과 역사방법 두 가지 방면으로 구분하여 담론해 볼 수 있다.

사마천의 역사정신은 그가 『사기』를 저술하게 된 연유와 저술과정의 상황을 통해서 얻어 볼 수 있다. 당시는 전한의 무제(武帝, B.C.156~B.C.87) 통치 연간이었다. 그는 대대로 주나라의 사관에 봉직한 가문에서 출생하였고 성장과정에서 당대 석학 동중서(董仲舒)와

공안국(孔安國), 그리고 부친 사마 담(司馬 談)으로부터『춘추』,『상서 (尙書)』등을 전수받고 최고의 지성을 갖출 수 있었다. 특히 태사령(太 史令) 직을 수행한 부친으로부터 받은 학문적 영향은 지대하였다. 한 편 사마천은 궁중에서 낭중(郞中)직을 수행하면서 비서각(秘書閣)의 도서를 가까이 대할 수 있었고, 전국 여러 지역을 학술탐방 함으로써 현장감 있는 역사지식을 겸비할 수 있었다.

그런 중에, 부친 사마 담(司馬 談)이 사관으로서 감당해야 할 산동 (山東)의 태산(泰山) 봉선(封禪)의식 업무를 피치 못할 사정에 의해 수행할 수 없어 울분하던 차에 역사탐방 중이던 사마천을 불러 결정 적인 유언을 하였다.『사기』「자서」편에 있는 유언내용인즉슨, '선조 대대로 사관의 가문인지라 반드시 사관이 되어『춘추』를 이을 역사논 저를 수행할 것, 이 업무는 주공·공자와도 같은 성인(聖人)으로서 감 당할 위업이라는 것, 이는 자식으로서 네가 유명해짐으로써 부친 된 나도 덩달아 드러나게 하는 효도에 해당하니 반드시 수행할 것' 등이 다. 부친 사마 담이 자식 사마천에게 한 유언은『사기』저술에 지대한 영향을 미쳤다. 사관·성인·역사저술· 효자 등 그냥 나열하기도 벅찬 주문을 받고난 사마천은 반드시 해내겠다는 언약을 하고 얼마 아니 가서『사기』를 저술하기 시작한 것이다. 당시는 한(漢) 조정이 흉노를 정벌하는 대외적 난제를 안고 있었는데, 사마천은 소위 '이능(李陵)의 화(禍)'를 당하여 자신의 생사도 가름할 수 없는 곤경에 빠졌고, 그럼 에도 오직 부친의 유언과 역사저술에 대한 소명의식으로 울분을 새 기고 마침내 불후의 명저『사기』저술을 완성하기에 이른다. 과연 그 는 '왕자지대사王者之大事'에 해당하는 공자의『춘추』업적을 계승하 고 성취한 것이다. 그의 역사정신은 부친의 유언이 주효하였고,『사 기』저술을 통해 역사서의 개념과 역사서 저술의 목적을 분명히 보여 주었다. 반고(班固)의『한서(漢書)』「사마천 전(傳)」에 의하면, 그가『사기』 130권을 저술함에 있어 '하늘과 인간과의 관계를 궁구하고 고금간의 변화상을 통찰하여 하나의 역사전문가로서의 지론(持論)을 성취코자 함(欲究天人之際, 通古今之變, 成一家之言)'을 천명하였다. 『사기』 저술 목적의 결정체(結晶體)적 의미를 담은 이 명언에는 역사의 삼대 요소라고 할 수 있는 공간성·시간성·인간성을 모두 포함하였고, 나아가서 역사의 객관성·주관성 즉 역사 속의 객관적인 사건과 사가로서의 주관적 식견을 함께 발휘함으로써, 실로 명실상부한 역사저서를 완성하고자 하는 포부가 담겨져 있다.

이제 사마천의 『사기』 필법, 즉 역사방법을 살핌으로써 공자의 역사정신과 『춘추』 필법을 계승한 것 외에도 자기만의 역사의식과 창의적인 사서(史書)필법을 갖추었음을 피력하고자 한다. 『사기』 필법은 통사적이면서 종합적이다. 『사기』는 전래된 30여 개의 사적(史籍) 외에도 다양한 유물과 유적을 사료 삼아, 위로는 황제(黃帝)시기를 시작으로 아래로는 한조(漢朝) 무제(武帝) 시기까지의 약 2,500여 년간의 개체적 역사상(歷史象)을 회통(會通)하고 관통(貫通)하여 종합 정리한 것이다. 『사기』 체례도 종래의 다양한 사체(史體)를 취사선택하고 종합하여, 기전(紀傳)오체(五體) 즉 본기(本紀)12권·표(表)10권·서(書)8권·세가(世家)30권·열전(列傳)70권 도합 130권으로 편제하였다. 그래서 체례(體例) 상에서 『史記』를 '通代 紀傳之史'라고도 호칭한다.

『史記』는 체례와 서술 대상 및 내용에 있어 역사의 종합성 내지 유기성을 구현하였다. 사마천은 스스로도 『사기』내에는 2,500여 연간의 각계각층의 개체적 다양한 인물을 수록하되, 그들과 관련된 수많은 전적(典籍), 다양한 제도, 수많은 지역 및 그 유물 유적 등을 적나라하게 포함시켰음을 제시하였다. 『사기』 오체는 인물별로 서술대상을 구별한 것으로 이는 역사주의적 개체성과 상대성을 표출한 것이다.

특히, 『사기』「열전」편은 역사주의 속성과 관련하여 몇 가지 중요한 의미를 담고 있다. 열전의 편수는 『사기』 전체 130권 중 과반수가 되는 70권이나 되어, 수량적으로도 비중을 둘 수 있지만, 제왕 중심의 국사대강(國事大綱)을 수록한 본기(本紀)편을 보완하고 개체적으로 세밀화 하였다 해서 열전(列傳)이라고 명칭 하였다.

필자로서는 『사기』가 인물 중심의 '기전지사(紀傳之史)'라는 점에서 오체 중 열전 편에 보다 비중을 두고자 한다. 대체로 「백이열전(伯夷列傳)」편은 전체 칠십 열전편의 강령(綱領)에 해당하는 것으로 본다. 사마천은 「백이열전」 편에서, 백이·숙제는 지체 높은 귀공자로 생장(生長)하였지만 부친의 지위 계승을 서로 양보하고 도피할 정도로 의인(義人)이었고, 그럼에도 그들이 끝내 배곯아 비참하게 죽었음을 제시하고, '하늘은 사사로이 친함을 갖지 않고 항상 선한 사람과 함께 한다(天道無親,常與善人)'는 설을 전제하여 무력한 천도(天道)의 권능을 시비한 뒤, 천도의 역할을 대신해서 역사가로서의 사마천 자신이 세상사의 시비득실을 논저하여 후세에 남기겠다는 강한 역사의식을 보여주고 있다. 어떻게 생각해보면, 억울하게 남성(男性)불능 처벌을 받아 불우한 생애를 살아가고 있는 사마천 자신의 울분을 역사[서술]을 통해 해결코자 했는지도 모른다. 인간은 유한한 존재이지만, 무한한 가능성을 추구하며 살아가는 존재이다. 역사가 사마천은 인간의 육적인 삶은 유한하지만, (어쩌면 종교적 시각일 수 있는) 무한한 삶, 영생도 가능함을 일깨워 주고 자신도 역사를 통한 영생의 꿈을 추구했을지도 모른다. 불교는 윤회설을 통해 어떤 형태이든 삶의 무한성을 제시하였다면, 기독교는 부활설을 통해 내세에 대한 영생(永生) 내지는 영생(靈生)의 꿈을 제시한다. 이에 반해 역사가 사마천은 역사필력(춘추필법이기도 하지만)을 발휘함으로써 인간은 역사서술의 대상으로서 역사 속에서 영생할 수 있음을 보여주고자 하였다. 육체의 사후(死後)세계엔 극락(極樂[天堂])과 지옥(地獄)으로 구분된 또 하나의 삶이 있다는 것처럼, 역사기록의 대상 인물 중에는 작가와 독자의 권선징악과 포폄(褒貶)의 서술·평가를 통해 불후(不朽)의 사적(史籍) 안에서 영생하게 된다는 것이다. 아무튼 당대(當代)의 대부분 생존인은 역사인물을 추존하며, 한편 자신도 역사에 이름을 남기고자는 꿈을 갖고 살아가고 있을 것이다. 그렇다면 사마천은 철저하게 인본주의적 사고를 갖고 인생의 시비득실 문제를 역사서술로 해결하고자 한 진정한 역사주의자라고 해도 지나치지 않을 것이다.

「太史公 自序」편을 살펴보면, 사마천은 후세의 성인군자들이 자신의 『사기』를 읽고 평가해 주기를 기대하였다(…, 藏之名山, 副在京師, 俟後世聖人君子). 이 같은 표현을 오늘날의 입장에서 볼 때, 왜 독서층을 일반 대중까지 포괄하지 않고 굳이 성인군자로만 한정하였는가 라고 시비할 수 있겠지만, 실제 성인군자들에게 한정시켜서 자신의 『사기』를 읽고 평가해 주기를 기대한 점은 즉 부친 사마담의 유언을 통해 공자 『춘추』의 뒤를 이을 사서(史書) 논저(論著)를 주문받은 사마천 자신이 『사기』를 저술한 역사가로서의 위상을 성인군자(聖人君子)의 반열에 올려놓으려는 의도가 잠재되어 있다고도 본다면 과연 필자의 억측일까 자문해본다. 다만 역사저술가로서의 사마천이 성군들에게 그 같은 평가를 기대했다는 것은 전통시대나 현세의 역사연구자들에게 심절(深切)한 자긍심과 지고(至高)한 포부를 갖게 할 수 있다는 점에서 심히 역사주의적 발상이라고 본다.

이상의 공자와 사마천의 역사의식과 사학방법은 줄곧 중국 전통사학의 토대가 되었다는 점과 저들이 경세(經世)적이고 통치[정치]중심적 역사서술을 성취하였다는 점은 역사주의자 랑케의 정치사적 역사인식과 근사하였다고 본다. 한편 저들의 철저한 인본적 역사인식은 신본적 역사인식을 보인 랑케와는 구별된다는 점과, 그럼에도 저들이 토대가 된 중국 전통사학에는 역사서술자체에 신성성을 내포시킬 정도로 역사 중심적 사고, 곧 서구의 고유한 역사주의적 사고가 역사 내내 살아있었다는 점을 주시해야 할 것이다.

## (3) 당대(唐代) 유지기(劉知幾) 사학과 그 역사주의적 특징

『신·구당서(新·舊唐書)』두 서책의「유지기전(劉知幾傳)」을 살펴보면, 유지기(661~721)는 부친이 가내 서방(書房)에서 형들에게『춘추좌전(左傳)』을 학습시킬 때, 서방 밖에서 홀로 귀동냥하였음에도 형들보다 학습능력이 뛰어났음을 추정케 한다. 그가『춘추좌전』의 학습에 탁월하였다는 사실은 일찍부터 역사분야에 천부적 재능을 지녔음을 일깨우는 대목이다. 유지기는 역사가보다 역사비평가, 역사방법론가 내지 역사이론가로 더 유명하다. 그에 대한 그 같은 평가인증은 그가『사통(史通)』을 저술했기에 가능했다. 따라서 유지기는 송대『통지(通志)』를 저술한 정초(鄭樵), 청대『문사통의(文史通義)』저술로 유명한 장학성(章學誠)과 함께 중국 3대 역사이론가로 손꼽힌다.

유지기는 상당히 정직하고 강인한 사관이었던 것으로 전한다. 이 점은 그의『사통』저술의 배경에서 얻어 볼 수 있다. 그가 사관으로서『사통』을 사찬(私撰)하게 된 연유는 다음과 같다. 유지기가 감수국사(監修國史)를 비롯한 다른 사관들과 함께, 아직 생존하고 있는 측천무후(則天武后) 즉 당시 실제 여황제를 위해〈측천실록則天實錄〉을 예수(預修)할 때, 감수관 무삼사(武三思)를 비롯한 그녀의 측근 사관들과의 결정적 이견(異見)이 심각하였다. 유지기는 특히 편찬과정에서 무후의 통치와 관련, 그녀의 통치행위가 선한 것이든 악한 것이든 반드시 모두 정직하게 기술할 것을 주장하였고, 무후의 근거 없는 공덕(公德)을 곡필(曲筆)하여 가송(歌頌)하지 말 것을 제기하다가 반대에 부딪쳐 사관직을 세 번이나 사임하였다. 그러나 무후가 그 때마다 그를 다시 불러들였고, 이를 피치 못해 사관직을 수행하는 중에 관찬(官撰)차원에서 반영하지 못한 것을 사찬(私撰)차원에서 서술하고자 하였고, 그것을 종합하여 찬술한 것이 바로 『사통』이다.

유지기는 『사통(史通)』 「직서(直書)」편 등을 통해서, '정직이란 사람이 귀중하게 여기는 것이며 군자의 덕이다(正直者,人之所貴,而君子之德也)'를 전제하고, 사서를 찬술하는 사람이 흔히 권세가의 위세를 두려워하거나 한편 뇌물을 수단으로 부귀를 탐하는 당시상황에서 정직하게 필서 하지 못하고 왜곡하여 필서 하는 경우가 많음을 환기시켰다. 수사자(修史者)는 응당 '그 허물을 감추지 말고(不掩其瑕)', '근거 없는 미담을 하지 말고(不虛美)', '강제적으로 통제함을 피하지 말며(不避强御)', '기술상 아부함이 없게(無所阿容)' 할 것, 사가(史家) 임의로 포상(褒上)하고 폄하(貶下)할 수 없다는 것, '실재를 허구로 만들거나(以實爲虛), 잘못함을 가지고 옳음으로 삼음(以非爲是)' 등 왜곡된 필서를 버려야 할 것 등을 제시했다. 역사주의의 위엄은 징실(徵實)의 바탕에서 세운다. 유지기가 정직한 필서를 누누이 강조한 점은 원시적 사료의 가치를 중시한 역사주의자 랑케Ranke의 '그것이 실제로 있었던 것 같이 wie es eigentlich gewesen (as it really was)'라는 어문을 떠올리게 한다.

한편, 유지기는 관부(官府)가 주관하는 역사 편수(編修)의 문제점을 제시한 것 외에도 '문사(文士)는 사가(史家)와 비교되듯 서로 노선이 다르다(文之與史較然異轍-『史通』內篇31, 「覈才」篇-)'하여 문사가 사가와 함께 역사 편수를 할 수 없음을 분명히 하였다. 실제로 역사 사실을 표기함에 있어 문자를 빌리지 않으면 불가능하다. 그러나 문학적 소양을 드러내야 할 문사는 실사를 있는 그대로 구현해야할 역사서술 업무를 결코 담당할 수 없다는 것이다.

그런 중에도 유지기는 사학 재능 자가 갖추어야 할 세 가지 장점을 제시하였는데, 그 세 가지는 곧 재(才)·학(學)·식(識)이다(史才須有三長, 世無其人, 故史才少也. 三長謂才也,學也,識也 -『新·舊唐書』「劉知幾傳」-). 그 세 가지 중 재(才)는 표현력 또는 문장력에 해당한다. 표현력·문장력은 문학 분야와 사학 분야에서 요구하는 재능이 각기 다르다. 문학 분야는 창의성을 갖춘 주관적 문장력을 요구한다면 사학분야는 사실을 사실대로 표현해서 그 사실을 인식하려는 독자에게 정확하고 인식하기 편이한 문장력을 요구한다. 그래서 유지기는 문사가 수사(修史)에 참여할 수 없다고 말한 것이다. 유지기는 비평사학의 가치를 한 단계 제고하였다. 사실과 진실을 훼손한 서술이라면 금기(禁忌) 사항인 경서(經書)비평도 주저하지 않았고, 특히 고사(古史)에 의혹을 나타내고 바로잡을 것을 요구하였다. 유지기의 사론(史論)에는 고대부터 내려온 사실주의적 징실(徵實)정신, 실록(實錄)정신, 직필(直筆)정신이 녹아있다. 이러한 정신은 역사주의에서 중시하는 실증정신과도 상통하는 것으로, 사가들이 가장 기본적으로, 으뜸으로 갖추어야 정신임을 환기코자 한다.

### ⑷ 송대(宋代) 사마광(司馬光)·정초(鄭樵) 사학과 그 역사주의적 특징

송대의 사학에서의 주요점은 통사법(通史法), 역사정신 내지 역사방법에서의 정통성(正統性)이다. 송대는 무관들의 무력을 통해 건국되었다. 그러나 무력을 통해서 건국한 초기의 태조 조광윤과 태종 조광의 등 통치자는 어느 왕조보다도 철저하게 무력(武力)을 경시하고 대신 문력(文力)을 중시한다. 송조 초기부터 문치주의 정책을 펼친 것이다. 이는 당대 후반기부터 지방의 군벌세력의 폐해가 컸음과, 송조

(宋朝)를 세우는 과정에서 무력을 동원했지만, 송조가 다시 다른 무력에 의해 무너질 수 있음을 사전에 우려했기 때문일 것이다. 그래서 송조는 초기부터 중문경무(重文輕武) 정책을 실시하였고, 이는 바로 국방약화라는 부작용을 낳았으며, 실제로 이웃 국가민족으로부터 국방상의 위험을 받기에 이른다.

이 같이 국방력이라는 형이하(形而下)의 힘에서 밀린 송조의 사대부들은 민족의 우월성을 강조하고 송조의 정통성을 제고하는 등 형이상(形以上)의 힘을 내세워 대처해 나아가고자 했다. 따라서 학문의 성향도 전통, 뿌리, 근원, 정통을 추구하는 데 가치를 두어 성리학을 성립시켰으며, 아울러 통사(通史)적 역사학을 발전시켰다. 따라서 송대 역사지성계는 통사(通史)정신과 정통성(正統性) 확립 차원에서 공자의 『춘추』사학을 더욱 중시하였고, 사서(四書) 또한 경서(經書)로 제고될 정도로 중시되었다. '통(通)'자가 들어간 사서(史書)로는 사마광의 『자치통감(資治通鑑)』, 정초의 『통지(通志)』, 원추(袁樞)의 『통감기사본말(通鑑紀事本末)』, 주희(朱熹)의 『통감강목(通鑑綱目)』 등 여러 통사류의 사서가 존재한다.

정통론은 공자의 정명분(正名[分])사상에 따른 대일통(大一統) 관념에서 유래한다. 이 정통론은 역대 왕조[조대(朝代)], 역대 군주권자(君主圈者), 사서체례(史書體例) 등을 주로 논거의 대상으로 삼았다. 정통성 문제를 중시한 인물로는 『삼국지』를 지은 진수(陳壽), 『한진춘추(漢晋春秋)』를 지은 동진의 습착지(習鑿齒), 「동진원위정윤론(東晉元魏正閏論)」을 제시한 당대 황보식(皇甫湜), 칙찬(勅撰)『책부원귀(册府元龜)』와 『신오대사(新五代史)』를 편찬한 구양수(歐陽脩), 「후정통론삼수(後正統論三首)」를 제시한 소식(蘇軾), 司馬光, 『통감강목』을 범례(凡例)하고 감수한 주희(朱熹) 등이 있다.

송대 전통사학의 상징적 인물로는 사마광(司馬光, 1019~1086)과 정초(鄭樵,1104~1162)를 내세울 수 있다. 사마광의 역사학은 통사필법과 정통적 역사정신을 그대로 드러내 보여 준다. 그의『자치통감』은 위로는 주(周) 위열왕(威烈王) 23년(기원전403년)을 서술시작으로 삼고, 아래로는 후주(後周) 세종 현덕6년(959년)을 서술종말로 삼은 1,362년간의 편년체 통사이다. 정통적 사고를 중시한 사마광은『춘추(좌전)』의 뒤를 계승하겠다는 의지를 갖고 전국시대부터 서술의 대상으로 삼았다. 또한 사마광은『사기』기전필법 대신에『춘추(좌전)』편년필법을 정통으로 인식하고『자치통감』을 편년체로 편찬하였다. 그리고 삼국시대를 서술함에 있어 진수의『삼국지』서법에 따라 삼국 중 위(魏)를 정통왕조로 인식하고 서술하였다. 그리고 신종(神宗)의 어제(御製)로 명명된『자치통감(資治通鑑)』의 책명에서도 느낄 수 있듯이 사마광은 공자사학의 경세목적을 이어받아 정치에 도움이 되고자 하는 정치사적 목적을 나타내었다. 당시 구법파의 정상이었던 사마광은 비록 정치현장에서 신법파에 밀리긴 하였지만, 경세적이고 통치적 치사(治史)임무인 역사서술의 전통적 가치를 구현하여 간접적으로나마 제왕의 통치를 보필한 점은 중국 전통사학에서 찾을 수 있는 일종의 역사주의적 특징임을 인식할 수 있다.

정초(鄭樵)의 사학은 사마천의 전통적 역사정신과 역사방법을 계승한 것 위에 자신의 창의적 역사방법을 가미한 특징을 보이고 있다. 그의『통지(通志)』체례는 통대(通代) 기전체의 골간을 계승 유지하였다. 그런 중에도 종래의 기전지사(紀傳之史)에서 내포된 〈서·지(書·志)〉편을 〈략(略)〉이라 개칭하고, 20개의 〈략〉 중에 〈씨족략氏族略〉, 〈육서략六書略〉, 〈칠음략七音略〉 〈재상략災祥略〉, 〈곤충초목략昆蟲草木略〉, 〈금석략金石略〉 등을 새롭게 부가하여 서술 대상 영역을 인간 세계에서 자연물 및 동식물 세계로 까지 넓힌 것은 역사주의적 입장으로서, 존재하는 모든 개체의 가치를 역사의 범주에서 다루었다는 특징을 보이고 있다. 『통지』「서문」에 반영된 사학사상 중 하나는 역사의 '회통지의(會通之義)'이다. 큰 강수(江水)의 시발점은 각기 다르고 작지만 그것들이 아래로 흐르면서 서로 가능한 회통을 하여 큰 물줄기를 이루어 대하(大河)가 되고 다시 해양으로 흐르듯이, 중국의 대국적 실체와 화려한 문화는 그 시작은 미약하였지만, 그 같은 회통적 역사과정을 거쳐 이룩한 점을 일깨우고, 사서(史書)편찬에 있어 '회통'의 원칙을 터득하여 고금의 변화를 통달해야 함을 제시한 것이다. 정초는 종합적 '통사'법을 중시하고 왕조별 '단대사'법을 반대하여 사마천의 『사기』를 포상(褒上)하고 반고의 『한서』를 폄하(貶下)하였다. 정초는 유가의 '실사구시(實事求是)'의 가치를 제고하여 음양오행설(이는 요학妖學 또는 기천지학欺天之學임을 힐책함), 재상설(災祥說) 등을 반대함에 있어, '국가와 가정은 재상(災祥)과 변괴(變怪)를 근거삼아 흥망성쇠와 길흉화복을 논정할 수 없다(國不可以災祥論興衰', '家不可以變怪論休咎)' 라고 표현하였는데, 이 점을 통해서 그의 실존적 역사주의적 정신을 엿볼 수 있다.

## (5) 청대(淸代) 장학성(章學誠) 사학과 그 역사주의적 특징

장학성(章學誠,1738~1801)은 청 중기에 『문사통의(文史通義)』을 저술한 역사이론가, 절동(浙東)사학가로, 그리고 지방사학 즉 방지학(方志學)의 선구자로 저명하다. 그는 중국 전통사학을 종합 집성한 자의 위치에 우뚝 서있다. 절동사학[학술]의 용어는 장학성이『문사통의』「절동학술」편을 통해서 처음 명명(命名)한 것으로 알려지고 있다. '절동'은 역사 속에서 절강(浙江) 곧 현재의 전당강(錢塘江)을 중심 삼아 행정 구역을 절강동로, 절강서로로 나눈 데서 유래한다. 장학성은 「절동학술」편에서 절동학술[학파]와 절서학파로 구별한 데서 다시

절동사학의 학맥을 제시하고 있다. 그가 제시한 절동사학 학맥은, 양명학(陽明學)의 비조 왕수인(王守仁)에서 시작으로 명말청초기의 유종주(劉宗周)를 토대삼아 황종희(黃宗羲)에 의해 절동학술이 사학(史學) 방향으로 확립되고, 그의 제자 만사동(萬斯同)을 거쳐 그 다음 전조망(全祖望)을 거쳐 소진함(邵晉涵)과 장학성(章學誠) 자신에게 까지 다다른 것임을 추정하게 한다.

명말청초 시기의 사상적 풍기(風氣)는 주자(朱子)학풍과 양명(陽明)학풍의 문제점을 들추고 장점을 계승하는 차원에서 공자의 학풍 중 '실사구시(實事求是)'적 학풍이 대두하였다. 그 중에서 중국 강남의 절강지역을 중심으로 고염무(顧炎武)에 의한 절서(浙西)학파와 황종희(黃宗羲)에 의한 절동(浙東)학파가 양립하였다. 이들 절학(浙學)의 실사구시적 학풍 곧 실학(實學)에 있어서, 절서학파는 훗날 청조 중기에 만개한 실증적 고증사학의 견인역할을 행한 반면, 절동학파는 훗날 실용적 경세사학의 견인 역할을 행하였다. 절학의 경사합일적 학풍은 역사주의적 성격도 반역사주의 성격도 나타내었다. 그 근거로는 역사학의 진실성 내지 과학성 가치와 역사학의 실용성 내지 예술성 가치의 대립상황을 일깨운 점에서 찾을 수 있다.

장학성의 사학이론은 종래 여러 역사이론을 종합한 특징을 보이면서도 그 중에서는 진정 올바른 국사를 위해선 지방사를 중시한 점, 역사의 영역을 보다 더욱 넓힌 점, 단대사보다 통(대)사의 가치를 제고한 점, 사료와 사저[역사저술] 간의 의미와 가치를 엄격하게 구별한 점, 역사의 의미[史意]를 밝히고자 한 점, 양사(良史)가 갖추어야 할 세 가지 장점[史家三長說] 외에도 사덕(史德)를 제시한 점 등에 주시할 필요가 있다.

그 중에서 역사주의와 연계시켜 두 가지만 담론코자 한다. 장학성의 명제 중에 으뜸은 〈육경개사(六經皆史)〉설이다. 장씨는『문사통의』

제일 앞부분에 「역교편(易敎篇)」을 편제하고 그 첫 마디가 '육경개사야六經皆史也'다. '육경개사'는 장학성에 앞서, 양명학 대성자 왕수인의 '오경역사야五經亦史也'와 이지(李贄)[李卓吾]의 '육경개사'가 제출되었기 때문에 그의 독창적 학설이라고는 말할 수 없다. 그럼에도 일반적으로 '육경개사'를 논급할 때면 우선 장학성을 떠올린다. '육경개사'에 관한 장학성의 공훈이 그만큼 크다는 의미일 것이다. '육경은 모두 역사기록[史記;史料;史書]'라는 '육경개사'는 사서(史書)와 사학(史學)의 영역의 광대함을 일깨우고, 사학의 제학문에 대한 근본적 가치 됨을 일깨운 명제라고 말 할 수 있다.

이보다 더 역사학의 영역을 확대하고 사학(역사)의 근본성을 일깨우는 명언은, '삼림(森林)처럼 수많은, 모든 저작물[저술서]를 통독하고 섭렵하듯 해보면 모두가 사학이고, 육경은 성인[공자]께서 이 6가지 사서[史記]를 취하여 교훈을 수립한 것일 뿐이고, 자집제가(子集諸家)도 그 원천은 모두 사기[史書 즉 史官에게서 기록된 문서]이다 (凡涉著作之林皆是史學,六經特聖人取此六種之史以垂訓者耳.子集諸家,其源皆書於史.-『章氏遺書』卷9『文史通義外篇』三〈報孫淵如書〉-)'라는 구절이다. 한마디로 말하면, 이 같은 인식은 경사합일(經史合一)적 사학 영역을 뛰어넘어 경사자집(經史子集) 등 모든 기록 문건은 본디 고대 사관의 역사적 기록 문건에서 출발하여 자료삼아 작성되고 저술된 것이라는 점에서 구미의 역사주의 본질적 개념을 떠올리게 한다. 즉 역사학이 모든 저술과 학문의 원천이 된다는 논지 속에는 역사주의적 이해가 함축되어 있음을 알 수 있다. 장학성은 그의 생존 시에 알려진 인물이 아니라 약 1세기 뒤에 내려와서야 알려진 것이다. 더구나 그의 사학의 진가를 인정한 사람은 중국인이 아니라 일본의 경도사학의 내등호남(內藤湖南)이라고 전한다. 나이토씨의 장학성 발굴이 중국에 전해지고 중국 철학자 호적(胡適) 등이 재차 발굴하는 과정을 거쳐 마침내 장학성의 역사이론은 각광을 받게 된 것이다. 장학성은 역사를 통해서 다시 살아났고 역사를 통해서 지금도 앞으로도 살아 존재할 것이라는 점이 역사주의적 역사가들이 기대하는 바일 것이다.

여기에서 담론 끝을 맺고자 한다. 이 글은 Karl Popper의 *The Poverty of Historicism* (Historizismus)가 출현하기 이전의 고유한 역사주의Historism의 관점에서 중국 전통사학을 살펴본 것이다. 중국의 역사정신과 역사의식은 전 전통시대에 걸쳐서 서구에서 출현한 역사주의의 개념보다 더 강렬하였다고 본다. 이미 상고시대의 황제(黃帝)라는 최고 통치자의 역사정신의 발로로 문자의 창작을 가져왔고, 그의 사관(史官)이 그 문자를 사용해서 역사기록을 수행하였다. 사관이 관장한 모든 공문서를 자료 삼아 역사저술 뿐만 아니라 교육교재로서의 유가 경서(儒家 經書)가 출현하였다. 역사 속에서 추존된 공자의 춘추사학은 중국 전통시대의 사학과 학문의 근본이 되었다는 전통적 인식은 역사주의에서 볼 수 있는 그 이상의 역사의식이 아닐 수 없다. 사관학(史(官)學)에서 출생한 경(서)학(經(書)學)은 중국 중세기에 경·사(經·史) 분리로 인하여 상위(上位)의 예우를 받기도 하였지만, 후대 장학성에 의해 사학(史學)의 모든 학문에 대한 근본성이 인식되면서 사학 중심의 경사합일적 인식 안에 묶기는 상황이 조성되었다. 중국의 학문적 가치를 반드시 실사(實事)에서 찾고자 하는 점은 역사 위상의 근본성을 인식한 것이 아닐 수 없다. 중국 전통적 역사학을 역사주의를 통해 볼 때, 역사는 살아 존재하며, 살아 존재하는 역사 안에서 모든 개체 또한 유기적으로 살아 소통한다 할까.

# ▣ 참고문헌

杜維運, 中國史學與世界史學, 北京 商務印書館, 2010년.

倉修良, 中國古代史學史, 北京 人民出版社, 2009년.

羅炳良, 傳統史學理論的終結與嬗變, 濟南 泰山出版社, 2005년.

王晴佳(외), 後現代與歷史學:中西比較, 濟南 山東大學出版社, 2006년.

Georg G. Iggers(저), 何兆武(역), 二十世紀的歷史學, 濟南 山東大學出版社, 2006년.

蔡克驕(외), 浙東史學硏究, 北京 知識産業出版社, 2009년.

Georg G.Iggers(외저)·, 楊豫(역), 全球史學史-從18世紀至當代-, 北京大學出版社, 2011년.

李紅岩(저), 中國近代史學史論, 北京 中國社會科學出版社, 2011년.

吳懷祺, 中國史學思想史, 北京 商務印書館, 2007년.

許凌雲, 經史因緣, 濟南 齊魯書社, 2002년.

黃進興, 歷史主義與歷史理論, 西安 陝西師範大學出版社, 2002년.

Friedrich Meinecke(저)·陸月宏(역), 歷史主義的興起, 北京 譯林出版社, 2009년.

Karl Popper(저)·何林,趙平(역), 歷史主義的貧困 The Poverty of Historicism, 社會科學文獻出版社, 1987년.

# 제5부
## 역사주의 논쟁

# 역사주의와 반역사주의

이 한 구

역사주의는 때로는 역사적 사건들의 일회적인 개성을 강조하는 주장으로 이해되기도 하고 때로는 사건들을 역사적 발전의 맥락 속에서 파악하고자하는 입장으로 규정되기도 한다. 그것은 역사법칙이나 역사적 예측과 연관되기도 하고, 이들과는 전혀 관계가 없는 것으로 이해되기도 한다. 그것은 서구 사상이 이룩한 가장 위대한 정신적 혁명으로 평가 절상되기도 하고, 단순히 가치와 진리의 상대주의에 불과한 것으로 폄하되기도 한다. 뿐만 아니라 정신과학의 본질을 드러내는 특수한 방법론으로 극찬되기도 하고, 과학의 방법론을 오해한 잘못된 방법론으로 비판되기도 한다.[1]

이런 다양한 사용의 맥락 속에서 역사주의는 심지어 상호 대립되거나 모순되는 의미까지 갖게 되었다. 한 개념이나 교설이 동시에 대립적인 의미를 갖거나 모순적인 주장을 함축할 때, 그것은 이미 학문적인 개념이나 교설이라고 하기는 어렵다. 그것은 관련된 모든 주장에 대해 비판이나 반증을 불가능하게 만들기 때문이다. 조지 오월이 『1984년』에서 비판이 철저하게 봉쇄된 전체주의 사회를 중요 단어들이 모두 반대되는 이중의 의미를 갖는 사회로 그린 것도 이런 논리에 기초하고 있다.

역사주의는 이 말을 사용하는 사람마다 다른 의미로 사용하기 때문에 사람 수 만큼의 의미를 갖는다고 보아야하며, 도저히 어떤 고정된 의미로 규정하기 어렵다는 주장도 있다. 그렇지만 이런 주장은 '역사주의'라는 개념을 통째로 쓸모없는 것으로 만들 뿐이다. 아무리 다양한 의미를 갖는 말이라 할지라도 일반적인 의미를 규정하지 않고는 사용자체가 불가능하기 때문이다.

이런 문제 상황에서 이 논문은 다음과 같은 세 가지 과제를 중점적으로 다룬다. 첫째로 역사주의라는 다양하고 복잡한 교설을 정리하기 위해 역사주의를 두 유형으로 정형화한다. 하나는 역사개성주의이고, 다른 하나는 역사법칙주의이다. 둘째로 이들의 문제점들에 관해 논의해 보고, 각 유형들이 갖고 있는 가장 큰 문제점을 현대의 인식론적 관점에서 재구성한다. 이때 역사개성주의는 역사적으로 닫힌 인식체계의 성격을 가지며, 역사법칙주의는 진화론의 한 유형임을 밝힌다. 셋째로 이들의 타당성을 검토한다. 여기서 인식론적 열린체계와 과학적 의미의 법칙이 비판의 기준으로 제시된다.

# 1. 역사주의는 두 유형으로 정형화된다.

랑케 Leopold v. Ranke나 마이네케 F. Meinecke 등이 대표하는 독일의 전통적 역사주의는 역사적 사건들의 개성과 발전을 강조하는 이론이며, 칼 포퍼 Karl Popper가 새롭게 규정한 역사주의는 역사가 거시적인 역사의 법칙에 의해 지배된다는 교설이다. 이들은 강조하는 초점이 다르므로 이들을 한 단어로 포괄하기에는 무리가 따른다. 그러므로 나는 역사주의를 역사개성주의와 역사법칙주의라는 두 유형으로 정형화하고자 한다. 이런 구분이 역사주의를 둘러싼 수많은 혼란을 정리할 수 있다고 판단하기 때문이다. 물론 단순하게 '역사주의'라고 할 때는 역사주의 일반을 의미하는 것으로 사용한다.

영어로는 처음 전통적 역사주의를 *historism* 으로 표현하고, 역사법칙주의를 *historicism*으로 표기하다가, 나중에는 혼용하게 되고, 최근에는 *historicism*으로 통일되는 경향을 보인다. 나는 '*Historism*'과 '*Historicism*'을 함께 사용하는 것이 좋다고 보고, 우리말에서도 이들을 구별할 수 있어야 혼란을 막을 수 있다고 생각한다. 이런 논리에서 나는 '*Historism*'은 '역사개성주의'로, '*Historicism*'은 '역사법칙주의'로 번역하고자 한다. 이렇게 번역되어야 강조점이 다른 역사주의의 두 흐름이 극명하게 드러날 수 있다고 보기 때문이다. '*Historism*'을 '역사 상대주의'로 번역하는 경우도 가끔 있었지만, 그것은 '*Historism*'의 상대주의적인 인식론적 측면만을 지나치게 부각시키고 개성을 강조하는 존재론적 측면을 사장시키는 폐단이 있기 때문에 적절한 번역이 아니라고 생각된다. 역사주의는 앎의 원리이면서 동시에 존재론의 원리이기 때문이다.

역사주의에 대한 논의에서 거론된 중요한 개념들을 일별해 보면, 역사, 개성, 발전, 법칙등을 확인할 수 있다. 역사주의의 의미를 좀 더 간결하면서도 일반화하기 위해 나는 〈역사성〉 하나만을 핵심 개념으로 사용하는 것이 좋다고 생각한다. 나머지 개념들은 모두 역사성보다 약한 비중을 갖거나 역사성에서 파생된 개념이기 때문이다. 이렇게 되면 우리가 여러 종류의 역사주의를 이야기하고 논의한다할지라도 모두가 역사성이라는 하나의 기본적인 개념 밑에 묶을 수 있다. 이 때 역사주의는 다음과 같이 정의된다: 역사주의란 모든 사물과 사실이 역사성을 본질적 속성으로 갖는다고 보고, 역사성을 통해 이들을 설명하고 평가하고자하는 특수한 사고방식이다.

역사성이란 무엇인가? 그것은 시간의 흐름 속에서 갖는 변화이다. 우리는 어떤 것이 시간의 흐름 속에서 변화할 때, 그리고 그 변화가 단순한 반복이 아니라 어떤 고유한 특성들을 구현할 때, 역사성을 갖는다고 규정한다. 역사주의는 만물을 역사성아래에서 보고자하는 입장이다. 그렇지만 이 역사성을 어떤 방식으로 이해하느냐에 따라 역사주의는 전혀 다른 유형으로 나타난다.

## (1) 역사개성주의

역사개성주의는 단순화시키면 역사를 개성과 발전 및 연관성의 원리에 의해서 설명하려는 것이다.[2] 세 원리는 다음과 같이 설명된다. '개성의 원리' *Individualitaetsprinzip* 란 역사 속의 개별적 사건이나 사실들은 그 자체로서 독특한 개성과 가치를 갖는다는 것이다. 이런 관점에서 보면 모든 사건은 반복이 아니라 일회적이다. '발전의 원리' *Entwicklungsprinzip* 는 역사적 현실 전체가 다양한 개체들의 발전 과정이고 역사 속에 존재하는 모든 개체들의 본질이 이 발전하는 역사과정 속에서 전개된다는 것이며, 그리고 '연관성의 원리' *Zusammenhangsprinzip* 란 개별적인 사건들이 하나의 유기적이고 통일적인 연관 속에 존재한다는 것이다.

개성의 원리는 역사세계를 개성적 개체들의 집합으로 본다. 개성은 보편성에 대립한다. 개성의 원리는 사물이나 사건을 그들의 고유한 특수성의 관점에서 이해하고자 한다. 말하자면 태양 아래 같은 사물은 존재하지 않는다고 본다. 해변의 셀 수 없는 모래알 하나하나도 자세히 보면 나름대로의 개성을 갖고 있다는 것이다.[3] 더 나아가 우리의 가치와 인식까지도 개성적 차원에서 바라본다.

'어떤 것의 본질은 그것의 발전 과정을 통해서 완전하게 이해된다.'는 발전의 원리에 의하면 개별적인 역사적 사건들이나 사실들은 정지된 상태에 있지 않고 끊임없는 시간의 변화 속에 존재한다. 그러므로 역사가는 개인이나 사건, 민족이나 시대를 다른 개별자들과의 상호 작용 속에서 발전하는 특이한 개체로서 고찰하지 않으면 안 된다. 그는 한 개체가 발전하는 상이한 단계에 유의하지 않으면 안 되며, 이러한 변화를 초래한 내적 혹은 외적 원인이 무엇인가 규정하지 않으면 안 된다. 뿐만 아니라 역사가는 모든 개체가 역사 과정에서 그 자신의 시대와 장소에 뿌리를 내리고 있다는 것을 알아야 하며, 그것이 그 시대의 특수한 상황으로부터 성장했다는 것을 인지해야 한다.

개성과 발전 중 어느 것이 더욱 핵심적인 개념인가? 역사개성주의는 어디에다 초점을 맞추고 있는가? 역사주의를 서구 사상이 이룩한 가장 위대한 정신적 혁명 중의 하나로서 규정하는 마이네케에 의하면 역사개성주의의 본질은 발전의 원리로서보다는 오히려 개성의 원리로서 더욱 더 잘 설명된다.[4] "개체는 말과 글로 다 표현할 수 없다 Individuum est ineffabile"[5]는 명제가 개성의 원리를 전형적으로 상징한다. 마이네케의 관점에서 보면, 역사개성주의의 핵심은 역사적·인간적 작용에 대한 일반화적 고찰을 개별화적 고찰로서 대신한 것이다.[6] 마이네케는 자연법적 사고방식이나 보편적 이성의 울타리를 파괴한 역사개성주의의 개성의 원리를 종교 개혁에 이어 독일 정신이 두 번째로 수행한 위대한 업적 중의 하나로서 평가하며, 그 의의도 프랑스 혁명에 결코 뒤지지 않는다고 찬양했다. 그는 보편적인 것까지도 개체들 속에 내재하는 최고의 개성에 불과하다고 본다.

여기에서 역사개성주의의 '연관성의 원리'가 나타난다. 연관성의 원리란 역사상의 개별적인 사실들이나 인물들, 민족이나 국가, 제도나 개체 등은 각각 개성적인 발전을 하지만, 이러한 개별적인 발전 간에는 긴밀한 상호 연관이나 유기적 통일성이 존재한다는 이론이다. 딜타이는 연관성의 개념을 다음과 같이 설명한다: "정신생활은 부분들의 합성으로 이루어지지 않는다. 즉 그것은 요소들로 형성되는 것이 아니다.… 그것은 항상 근원적으로 포괄적인 통일체다."[7]

이런 연관성의 원리는 불가피하게 역사개성주의를 전체론으로 몰고 갔다. 많은 사람들이 역사개성주의는 개체와 개성을 강조하기 때문에 전체만이 참다운 존재라는 전체론과는 양립할 수 없을 것으로 생각했다. 그러나 역사개성주의의 개체는 원자적 개체가 아니라, 연관성의 원리에 기초한 총체적인 개체이기 때문에 역사개성주의는 전체론과 연관되지 않을 수 없게 된다. 역사주의를 새롭게 규정한 칼 포퍼는 역사주의의 전체론적 기초를 가장 날카롭게 갈파한 사람 중 하나였다고 할 수 있다.

## (2) 역사법칙주의

역사법칙주의란 역사가 역사법칙에 의해 지배된다는 주장이다. 역사의 법칙을 주장한 역사법칙주의자들은 대체로 역사 세계 전체를 셰익스피어의 희곡과 같이 어떤 줄거리를 가지고 전개되는 기나긴 드라마로 간주하거나, 탄생과 성장과 죽음이 주기적으로 전개되는 생명을 가진 하나의 유기체로 해석한다. 따라서 이들에 의하면, 역사의 과정에는 필연적으로 이 과정을 지배하는 어떤 법칙이나 율동이 존재하고, 우리가 그 법칙이나 율동을 발견할 때 우리는 미래의 세계가 어떻게 전개될 것인가를 알 수 있으며, 이에 기초하여 변화에 합리적으로 대처할 수 있게 된다.

역사법칙주의를 처음으로 정식화한 칼 포퍼는 이를 사회과학의 특이한 방법론으로 규정하고 다음과 같이 규정한다.

> 역사법칙주의란 역사적 예측이 사회과학의 기본적 목적이라고 생각하고 이러한 목적은 역사 진전의 밑바닥에 깔려 있는 율동이나 유형, 법칙이나 경향을 발견함으로써 달성될 수 있다고 보는 사회과학의 한 접근법을 의미한다.[8]

이러한 규정에서 보면 역사법칙주의는 방법론적 전체론이나 역사 법칙에 의한 역사적 예측의 신념과 동일시된다. 말하자면 포퍼가 규정한 역사법칙주의의 방법론적 원리는 방법론적 개체론에 대립되는 방법론적 전체론 *methodological holism*의 원리로서, 이것은 다음과 같은 명제들로서 정식화될 수 있는 것이었다 ; (i) 개인들의 활동으로는 환원될 수 없는 사회 전체가 존재한다 ; (ii) 이러한 사회 전체의 발전을 지배하는 거시적인 역사 법칙이 존재한다 ; (iii) 이러한 역사 법칙에 기초해서 미래에 대한 예측이 가능하다.

이런 역사주의는 전통적 역사주의와는 전혀 다른 형태의 역사주의이다. 역사주의가 이렇게 규정되면서, 플라톤, 헤겔, 마르크스 등이 그 대표자들로서 등장하게 되었다.


## 2. 역사주의의 무엇이 문제인가.

역사주의는 정적 세계관에 대립되는 동적 세계관이면서 동시에 독특한 방법론이라 할 수 있다. 역사주의적 세계관은 우리가 사는 세계를 유전과 변화의 와중에 있고 끊임없이 새로운 개체들이 나타나서 발전해 가는 과정으로 본다. 그리고 반복되지 않은 개체들 각각은 시간과 공간 속에서 자신의 특이한 위치를 갖는 것으로 이해한다. 이런 역사주의적 세계관은 18세기 자연주의적 세계관에 대립하는 것이었다. 자연주의가 모든 현상을 자연화하려 했고, 동시에 수학화하려 한데 반해서, 역사주의는 모든 현상을 역사화하려 했고 개별화하려 했기 때문이다. 말하자면 자연주의가 온갖 현상을 자연의 불변적 법칙에 따라 설명하고자 하는 입장인데 반해, 역사주의는 모든 현상을 개성적이고 발전적으로 파악하고자하는 입장이었던 것이다.

이러한 동적 세계관으로서의 역사주의는 19세기에 와서 형성된 새로운 세계관이다. "역사주의란 현대의 세계관이며, … 우리의 모든 세계 이해가 기초하는 세계 해석의 방식이다."[9] 만하임에 의하면 서양 중세기를 특징지은 정적이고 신학적인 세계 개념은 계몽주의 시대까지도 세속화된 개념으로 전승되었다. 왜냐하면 두 문화 모두 무시간적 개념에 집착하고 있기 때문이다. 여기에 도전한 역사주의는 극단적인 시간 중시적인 세계관이었고, 모든 것을 역사화하려는 진화적 세계관이었다고 할 수 있다.

마이네케 역시 역사주의를 동적 세계관으로 정의한다. 그에 있어서 역사주의는 우리의 온갖 지식과 가치를 역사적 변화의 맥락 속에서 보고자 하는 앎의 원리(Wissenschaftsprinzip)이면서, 동시에 모든 현실은 동일한 두 사건이 존재할 수 없는 일회적인 역사적 흐름이라는 삶의 원리(Lebensprinzip)[10]로서 파악되기 때문이다.

세계관은 동일하다 할지라도 구체적인 방법론은 다를 수 있다. 뿐만 아니라 세계관도 구체화되려면 방법론적 차원에서 논의될 수밖에 없다. 전통적 역사주의인 역사개성주의는 개성기술적 방법론을 주장한다. 이것은 보편화적 방법에 대립되는 개별화적 방법이다. 반면에 역사법칙주의는 전체론적 방법론에 기초한다. 이것은 개체론적 방법론에 대립한다.

이런 역사주의는 한동안 인문사회과학의 토대를 제공하는 교설로 평가되었다. 그렇지만 그것은 다시 나름대로의 새로운 문제를 야기했다.

## (1) 개성적 발전과 역사적 상대주의

먼저 역사개성주의는 인식론적으로 역사적 상대주의를 함축한다. 역사적 상대주의의 관점에서 보면 우리는 같은 사물이라도 시대에 따라 달리 볼 수밖에 없다. 말하자면, 진리라는 말은 서로 다른 역사적 상황에서는 완전히 다른 것을 의미하며, 보편타당한 진리란 존재할 수 없게 된다. 이러한 주장은 모든 개념과 규범 자체의 타당성을 역사적으로 주어진 어떤 것으로만 파악코자 하는 역사개성주의의 실증적 태도와도 관련을 갖는다.[11] 모든 개념과 규범이 다만 역사적 사실들이고 역사적 사실성이 모든 개념과 규범들의 기초라면, 초역사적으로 타당한 보편적 인식이나 가치란 존재할 수가 없기 때문이다.

트뢸치는 역사개성주의의 상대주의적 위험을 누구보다 잘 간파하고 있었다. 역사개성주의의 관점에서 보면, 기독교도 유일하게 참된 종교가 아니라 여러 역사적 현상 중의 하나에 불과하며, 기독교의 여러 가르침도 절대적일 수가 없었다. 가치뿐만 아니라 우리의 지식도 마찬가지라고 할 수 있다. 그러나 신학자인 트뢸치에게는 기독교를 비롯한 많은 진리들은 절대적이어야만 했다. 그는 마이네케가 말한 바와 같이, 만물유전 속에서 그가 설 곳을 찾고자 했다. 그는 『역사개성주의와 그 문제들』(1922)과 그의 사후 출간된 『역사개성주의와 그 극복』(1924)에서 이 문제를 '문화의 종합'이라는 프로그램을 통해 해결하려고 했다.

문화의 종합이란 한 문화권 속의 여러 문화를 종합함으로써 보다 보편적인 가치와 진리를 발견하려는 시도이다. 그렇지만 이러한 시도가 불완전하다는 것을 트뢸치 자신도 잘 알고 있었다. 이것은 진리의 합의이론이 개별적 차원을 넘어서서 여러 사람들의 공통분모에 도달했다 해도, 객관적 진리와는 거리가 먼 것과 마찬가지이기 때문이다.

둘째, 역사개성주의는 개별 사건의 특성을 고찰하는 데 열중하여 같은 종류의 사물들이 갖는 일반적 구조를 간과한다는 비판을 면하기 어렵다. 예컨대, 모든 나무는 개성을 갖고 있다. 그렇지만 참나무와 밤나무가 서로 다른 것은 같은 참나무 종에 속하는 나무들이 서로 다른 것과는 차이가 있다. 같은 논리를 사회현실의 파악에도 적용할 수 있다. 같은 문명권 안의 사회는 다른 문명권의 사회와 비교하면 공통점이 많다. 그러나 원숭이의 사회와 비교하면 인간의 사회들은 모두 일반적인 공통의 속성을 갖고 있다고 할 수 있다. 사회가 유사하다는 것은 어떤 일반적인 구조나 속성을 갖고 있음을 의미한다. 역사개성주의는 이런 일반적 구조를 제대로 파악하지 못한다는 약점을 갖고 있다.

셋째, 역사개성주의는 발전을 기술할 뿐 설명하지 못한다는 문제점을 갖는다. 발전이란 상태 a에서 상태 b로의 변화이다. 역사개성주의는 a에서 b로의 변화가 일어났다는 것을 이야기할 뿐 왜 그런 변화가 일어났는가를 설명해 주지 못한다. 이런 변화를 설명하려면 일반적 법칙이 필요하다. 법칙만이 개별 사건들을 연결시킬 수 있다. 그렇지만 역사개성주의는 일반적 법칙을 사용할 수 없다. 만물이 모두 특이한 개체들로 구성된 세계에서 법칙의 존재나 인식은 불가능하기 때문이다.

넷째, 역사개성주의에는 정치적 이념의 좌절과 위기라는 문제도 있었다. 트뢸치, 마이네케 등을 비롯한 대다수의 역사개성주의자들은 대체로 보수주의에 기초하고 있으면서도[12] 온건한 자유주의 이념을 추구하고 있었다. 이들은 역사의 발전에 대해서도 매우 낙관적이었다. 그러므로 이들에 의해 제기된 역사개성주의의 위기는 독일 자유주의 사상의 위기와 밀접하게 연결되는 것이었다.[13]

역사개성주의는 처음 역사개성주의자들이 생각했던 것과는 달리 정치적 자유주의를 위한 타당한 이론적 기초가 될 수 없었다. 개성에 대한 강조에도 불구하고, 역사개성주의의 개체는 구체적 욕망을 가진 개인이 아니라, 랑케의 국가관에서 대표적으로 나타난 바와 같이 거의 언제나 집단적 실재였기 때문이다. 마이네케 역시 국가를 역사의 중심으로 보았다. 그는 문화생활을 비롯한 경제, 사회적 생활에 대해서 가장 강력한 인과적 작용을 하는 것은 실제로 국가 이외에 다른 것이 아니라고 생각했다.[14]

이거스(G. G. Iggers)는 독일의 역사개성주의가 국가권력의 신성화에 봉사했다고 주장한다. 그는 역사개성주의가 국가를 자체의 목적을 지닌 형이상학적 실체로 인정하여 국가에 무한정한 권력을 부여하였고 이를 정당화했다고 이해한다. 이런 관점에서 보면 히틀러(A. Hitler)의 출현은 오랜 세월동안 독일 정신을 지배해온 역사개성주의의 필연적 귀결이었다.[15]

## (2) 역사적 결정론과 정치적 전체주의

포퍼가 규정한 역사법칙주의는 사회과학의 한 방법론이었다. 그러므로 역사법칙주의의 문제들은 주로 사회과학의 방법론을 중심으로 해서 제기된다.

포퍼에 의하면 역사법칙주의는 과학의 방법론에 대한 오해에서 비롯된다.

첫째, 사회적 전체론은 비판의 대상이 된다. 사회적 전체론이란 개인의 집합으로는 환원될 수 없는 사회전체가 존재한다는 주장이다. 이것은 더 나아가 사회 전체를 파악하기 위해서는 자연과학의 개체론적 방법이 아닌 본질주의적 방법이나 객관적 이해의 방법이 필요하다고 주장한다. 그러나 이런 주장은 수많은 문제들을 야기한다.

둘째, 역사적 결정론의 문제이다. 이것은 사회 전체의 발전을 지배하는 역사의 발전법칙이 존재하며, 이 법칙에 따라 역사가 진행된다는 주장이다.

포퍼가 『역사법칙주의의 빈곤』의 머리말에서 엄밀한 논리적 이유로 우리가 역사의 미래 과정을 예측하는 것은 불가능하다는 것을 밝힌 다음과 같은 논증이 역사법칙주의의 문제점을 잘 대변해 준다. :

(1) 인간의 역사 과정은 인간의 지식의 성장에 크게 영향을 입는다.

(2) 우리는 합리적인 방법이나 과학적 방법에 의해서 우리의 과학적 지식이 미래에 어떻게 성장할 것인가를 예측할 수 없다.

(3) 그러므로 우리는 인간 역사의 미래 과정을 예측할 수 없다.

(4) 이것은 이론 역사학의 가능성, 즉 이론 물리학에 대응하는 역사적 사회과학의 가능성이 부인됨을 의미한다. 역사적 예측의 근거가 될 수 있는 역사발전에 관한 과학적 이론이란 있을 수 없다.

(5) 그러므로 역사주의적 방법들의 기본적 목표는 오해에서 기인하는 것이며, 역사법칙주의는 붕괴한다.[16]

셋째, 정치적 전체주의는 가장 격렬한 논쟁의 대상이 된다. 정치적 전체주의는 개인의 자율성과 존엄을 부정한다. 그렇지만 사회적 전체론과 역사의 결정론이 결합했을 때, 이들은 정치적 전체주의를 정당화하는 듯이 보인다. 역사가 지향하는 목표나 방향이 정해져 있다면, 그리고 사회가 하나의 유기적 전체라면, 그런 목표를 향해 전진하도록 사회를 통제하는 것은 합리적일 수 있기 때문이다.

지금 까지의 논의를 정리해 보면, 결국 역사개성주의에는 상대주의가, 역사법칙주의에는 법칙이 가장 큰 논란의 대상이 된다고 할 수 있다. 이제 이런 문제점을 현대의 인식론적 관점에서 재구성해 보고, 그 타당성 여부를 검토해 볼 단계이다.

## 3. 역사개성주의는 역사적 닫힌 체계의 인식론을 함축한다.

역사개성주의는 역사를 개성적 존재들의 독특한 발전 과정으로 본다. 말하자면 낱낱의 개성적 존재들이 제 나름의 발전을 이루어 나가는 체계가 역사라는 것이다. 방법론적 측면에서 보면, 역사개성주의가 개성기술적 방법론을 요청할 수밖에 없는 이유가 여기에 있다.

개성기술적 *idiographisch* 방법은 원래 신칸트학파의 빈델반트와 리케르트가 법칙정립적 *nomothetisch* 방법에 대립시켜 주장한 것이다.[17] 이들이 주장한 법칙정립적 방법은 자연과학의 방법론으로서 탐구의 최종 목표를 법칙의 수립에 두는 것이다. 예컨대 우리가 화강암의 성질을 연구한다고 해보자. 크고 작은 온갖 모양의 화강암이 탐구의 대상이 될 것이다. 하나하나의 화강암은 모두 모양이나 무게 등에서 나름대로의 특색을 갖고 있다고 할 수 있다. 말하자면 모두가 독특한 개성을 갖고 있는 셈이다. 이때 자연과학적 탐구에서 우리가 추구하는 것은 이 모든 화강암에 공통되는 보편적인 속성이며, 규칙성인 것이다. 이 규칙성을 법칙이라 부른다. 그러므로 자연을 인식한다는 것은 보편적인 요소를 근거로 하여 보편적 개념을 구성하는 것이며, 탐구의 대상들에 대해서 전칭판단을 내린다는 것을 의미한다. 여기서는 일회적이며 개별적인 사상에서만 찾아볼 수 있는 것은 아무것도 없다. 오직 하나의 유일한 대상에만 귀속시킬 수 있는 성질은 언제나 비본질적인 것으로 간주된다. 앙리 베르그손은 일반화의 방법을 기성복의 제작에 비유한다. 기성복은 개인 갑이나 을의 특수성을 고려하면서 만드는 것이 아니다. 그것은 어떤 특수한 사람의 체격을 본뜬 것이 아니라, 일정한 집단의 사람 모두에게 보편적으로 적용됨직한 치수를 정하여 만드는 것이다.

개성기술적 방법은 이와 정반대이다. 이것은 일반화를 추구하지 않고, 특수화, 개별화를 추구한다. 빈델반트나 리케르트는 이를 역사적 방법이라 부르기도 한다. 그들은 역사란 개성적인 것, 일회적인 것을 기술하고자 한다고 보기 때문이다.

이런 '개성적 발전'이란 개념을 가치와 인식에 적용하면 어떻게 될까? 그것은 필연적으로 상대주의를 함축하게 된다. 우리는 이를 역사적 상대주의라 부른다. 이유는 분명하다. 역사개성주의의 관점에서 보면, 어떤 시대의 가치는 그 시대의 고유한 특성을 나타낼 뿐 보편적인 것은 아니다. 보편적이라면 개성을 갖는다고 할 수 없다. 예컨대 조선조 시대 사람들이 추구했던 유교적 가치나 이념은 오늘날 민주주의적인 가치체계나 이념과 매우 다르다는 것은 명백하다. 삼강오륜은 더 이상 지배적인 가치가 아니다. 그렇기 때문에 유교적 가치나 이념은 조선 시대의 독특한 윤리적 특성이 될 수 있다. 동시에 철저한 개성주의의 입장에서 보면, 어떤 것이 우월한지 판별할 수 없게 된다. 이것이 상대주의이다.

우리가 어떤 사물을 규정할 때 A개념체계로서 할 수도 있고, B개념체계로서 할 수도 있다. 예컨대 '아버지'라는 개념이 없는 모계사회를 생각해보자. 이 사회의 관점에서 보면 일부일처사회에서 '이 사람은 누구의 아버지이다'라고 규정하는 사실은 사실이 아니다. 그것은 어떤 특정한 관점에서만 사실일 뿐이다.

이런 사회 구성주의의 인식론을 인식론적 닫힌 체계 *closed system* 라고 할 수 있다. 한 사회와 다른 사회의 공통적 기반을 배제하고, 한 사회를 다른 사회와 소통 불가능한 독립된 사회로 간주하기 때문이다. 닫힌 체계란 한 체계가 다른 체계와 통약가능하지 않고 그 자체로 완결되어 있는 체계이다. 자신의 울타리를 넘어설 수 없다고 주장하는 점에서 그것은 유아론과도 흡사하다. 이때 이런 사회들의 교체를 역사적 변화와 동일시한다면 역사적 닫힌 체계의 인식론이 성립된다. 즉 어떤 역사적 단계의 사회A에서 다음 역사적 단계의 사회B로 변화가 일어나면서 각 사회마다 사물을 다르게 구성한다면, 그것은 역사적 닫힌 체계의 인식론이라고 할 수 있다. 이런 논리에서 보면 역사개성주의는 역사적 닫힌체계의 인식론을 함축한다.

인식론적 닫힌 체계를 주장하는 지식사회학의 세 거두는 칼 맑스, 칼 만하임, 그리고 토마스 쿤이다. 이들은 모두 우리의 지식이 사회에 의해 결정된다는 사회적 전회를 감행한 자들이며, 특히 토마스 쿤은 우리의 지식은 우리가 사용하는 언어체계에 의해 결정된다는 비트겐슈타인의 언어적 전회를 계승한 자이다. 이들은 모두 변화의 단위를 기본적으로 역사적 단계로 삼기 때문에 이들이 주장하는 닫힌체계는 역사적으로 닫힌체계가 된다.

가장 최근의 논의까지를 포함해서 인식론적 닫힌 체계의 주장들은 다음과 같은 세 개의 핵심적인 논제로 압축된다. 첫째로 우리의 존재가 우리의 의식을 결정한다는 의식의 존재구속성 논제와, 둘째로 언어체계가 다르면 세계를 다르게 인식한다는 언어결정론 논제, 그리고 셋째로 패러다임 상호간에는 통약이 불가능하다는 통약불가능성 논제가 그것이다. 여기서는 세 번째 논제만 검토하기로 한다.

〈그림 24〉 우리의 의식은
우리의 언어체계나 패러다임의
영향 하에 있다.

## 통약불가능성 논제

언어 공동체 이론은 토마스 쿤의 패러다임 이론에서 가장 전형적으로 나타난다. 그는 패러다임을 한 시대를 특징지을 정도의 탁월한 학문적 성취이면서 모든 유형의 문제들을 후속 연구자들이 해결할 수 있도록 기초를 제공하는 학문연구의 모델로 규정한다.[18] 쿤의 설명에 따르면, 아리스토텔레스의 자연학 *physica*, 프톨레마이오스의 알마게스트 *almagest*, 뉴턴의 프린키피아 *principia*와 광학 *opticks*, 라브아지에의 화학요론 *traite' elementaire de himie*, 라이엘의 지질학 *geology*등이 패러다임의 대표적인 예들이다. 오늘날의 관점에서 보면 학교에서 배우는 교과서와 같은 것이다.

패러다임은 전문가들 집단이 시급하다고 느낀 몇 가지의 문제를 경쟁 상대들 보다 훨씬 성공적으로 해결한다는 이유로 해서 그 지위를 획득한다. 그렇지만 성공적이라는 말은 완벽하게 성공적이라든가 또는 모든 문제들에 대해서 성공적이라는 것을 의미하지는 않는다. 한 패러다임의 성공은 당초에는 주로 불완전한 예제들에서 발견할 수 있는 성공의 약속일 따름이다. 정상과학 *normal science*은 사실들에 대한 지식을 확장시키고 사실들과 패러다임의 예측이 서로 일치하는 정도를 증진시키면서, 그리고 패러다임 자체를 더욱 명료화시킴으로써 이런 약속을 구체화시킨다.[19]

여기 까지는 큰 문제가 없어 보인다. 문제의 핵심은 옛 패러다임($P_1$)과 새로운 패러다임($P_2$)가 서로 통약불가능 *incommensurability*하다는 쿤의 주장이다. 통약 불가능이란 일차적으로는 동일한 기준으로 잴 수 없다는 의미이며, 더 나아가 과학에 대한 기준이나 정의가 동일하지 않다는 의미이다. 비록 $P_2$가 $P_1$으로부터 개념들과 중요한 실험적 요소들을 차용한다 할지라도 전통적 방식으로 사용하지는 않는다. 말하자면 새로운 패러다임 속에서 옛 용어나 실험은 서로 새로운 관계를 맺는다. 예컨대, 같은 '공간' 이란 용어를 사용한다 할지라도 아인슈타인의 휘어진 공간은 이미 평평하고, 동질적인 뉴턴의 절대공간이 아니다.

$P_1$과 $P_2$가 전혀 비교 불가능하다면 어느 패러다임이 더 우수한지 우열을 가릴 수 없게 된다. 이것은 철저한 상대주의이다. 그리고 이것은 완전히 닫힌 체계라고 해야 한다. $P_1$ 속에 있는 사람들은 그것을 넘어서 그 밖으로 나갈 수가 없다고 가정하기 때문이다.

패러다임 상호 간에는 통약이 불가능하다는 논제를 포퍼는 체계의 신화 *The myth of the framework*라 부른다.[20] 체계의 신화는 우리가 원리나 근본적인 어떤 것에 대해서는 합리적으로 논의하거나 비교할 수 없다는 교설이다. 이 교설은 모든 합리적 논의가 어떤 원리로부터 출발하지 않으면 안된다는 전제에서 출발한다.[21] 이 원리들은 통상 공리체계라고도 불린다. 이 체계들에 대해서 합리적 토론이 불가능한 이유는 이 체계를 논의하려면 다시 어떤 체계를 전제해야 하는 무한 퇴행에 빠지기 때문이다. 그러므로 비교는 한 패러다임 안에서만 가능하다. 이런 상황에서 체계론자들은 공리체계의 진리를 독단적으로 주장하거나 아니면 상대주의자가 된다.

비판적 합리주의의 관점에서 보면, 쿤이 주장한 통약불가능성하고는 다르게 모든 이론은 비교가능하다. 예컨대 프톨레마이오스의 천동설은 아리스타쿠스나 코페르니쿠스의 지동설과 통약불가능한 것이 아니다. 실재로 지구 중심적 체계에 적합할 수 있는 모든 천문학적 관찰은, 간단한 번역의 방법에 의해, 항상 태양 중심적 체계에도 적합할 수 있다는 것이 코페르니쿠스의 중요 논증 중 하나였다.[22] 물론 두 체계는 세계를 전혀 다르게 보며, 차이점도 많다. 심리적 상태에서 보면 충격적으로 이질적이며, 그런 점에서 형태전환이라 할만하다. 그러나 아무리 이질적으로 보이는 두 체계에도 공통적인 영역이 있다. 이를 기초로 두 체계를 비교할 수 있다. 천동설과 지동설에서는 천체의 움직이는 속도가 공통의 기초를 이룬다. 또 이들은 천체들의 운동을 설명하는 같은 문제를 다룬다.

## 4. 역사법칙주의의 법칙은 진정한 법칙이 아니다.

역사법칙주의가 주장하는 역사의 법칙은 역사적 단계A와 역사적 단계B를 연결하는 역사적 계기의 법칙이다. 역사법칙주의는 이런 역사 법칙이 역사의 과정을 지배한다고 주장한다. 이런 계기의 법칙에 대한 신념은 콩트와 밀의 시대에는 천문학의 법칙에 의해 지지되었고, 최근에는 다윈주의 *Darwinism*에 의해 지지되었다.

역사법칙주의자들은 말한다. '일식의 예측이 가능하다면 왜 혁명의 예측은 불가능 한가?' 일식은 달과 지구가 태양을 회전하면서 달이 태양과 지구 사이에 놓였을 때 태양이 보이지 않게 되는 현상이다.

지구와 달의 회전은 행성들의 운행법칙에 따라서 일어난다. 그러므로 우리가 행성들의 운행법칙을 알면 일식을 정확하게 예측할 수 있다. 역사 법칙주의자들은 사회 변화에 대해서도 비슷한 설명이 가능하다고 본다. 사회는 변화한다. 이런 변화는 계기의 법칙에 따라 일어난다. 그러므로  우리가 사회의 변화를 지배하는 역사의

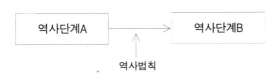

〈그림 3〉 역사의 법칙은 단계A와 B를 연결하는 계기의 법칙이다.

법칙을 알면, 봉건사회 다음에 자본주의 사회가 오며, 자본주의 사회 다음에 공산주의 사회가 도래한다는 것을 예측할 수 있다. 태양계 행성들의 운행 법칙과 역사의 법칙을 같은 차원에서 비교하는 것은 직관적으로도 설득력이 적어 보인다. 왜냐하면 사회의 변화를 다루는 사회적 동태학은 천문학이 기초를 두고 있는 물리적 동태학과 대응할 수 없기 때문이다.

## 토대법칙과 수반법칙

역사주의자들이 주장하는 역사의 계기법칙은 대다수의 경우 법칙이 아니라 추세에 불과하다. 추세와 법칙은 전혀 다르다. 추세는 어떤 것이 존재한다는 존재 진술로 나타나고 법칙은 어떤 것이 존재하지 않는다는 비존재진술로 나타난다. 나는 이제 수반이론에 기초하여 역사의 법칙을 때로는 법칙으로 수용한다고 할지라도, 그것은 기초법칙

이 아닌 수반 법칙임을 밝히고자한다.

수반이론은 기본적으로 두 속성간의 의존적 관계를 설명하는 이론이다. '수반'이란 술어 자체를 철학적으로 처음 사용한 사람으로 지목되고 있는 헤어R. M. Hare 도 가치적 속성과 자연적 속성 간의 의존적 관계로서 수반을 사용하고 있다.[23] 즉 우리가 갑을 '훌륭한' 사람이라고 상정할 때, 을이 갑과 똑같은 상황에서 똑같이 행동한다면 을도 역시 '훌륭한' 사람이라고 하지 않을 수 없다는 것이다. 다시 말해서 우리가 '훌륭한' 덕성의 사람을 용기 있고 자애롭고 정직한 사람으로 규정했다면, 용기 있고 자애롭고 정직한 사람은 누구든지 '훌륭한' 덕성을 갖게 된다는 것이다.

이제 이를 역사법칙의 문제에 적용해보자. a, b, c 세 사람이 A, B, C의 개인적 속성들을 공통으로 갖고 있다고 하고, 이 개인적 속성들의 집합을 P라 하자. a, b, c가 일정한 관계 속에 돌입하여 하나의 사회 s를 이루었다고 하고 이 s가 Q, R의 사회적 속성을 갖는다고 하자. 그리고 이 사회적 속성들의 집합을 M이라 하자. 이제 우리가 부분전체론적 수반이론을 받아들이면, M은 P에 수반되었다고 할 수 있을 것이다. 똑같은 논리로 모든 속성들에 *를 붙인 다른 세계도 상정할 수 있다. 그러면 역시 수반적 속성 M*는 토대적 속성 P*에 수반되었다고 해야 할 것이다.[24]

만약 P가 P*로 변화한다면, M도 M*로 변화한다고 해야 할 것이다. 왜냐하면 M은 P에 수반되고 M*는 P*에 수반된 속성이기 때문이다. 그렇다면 M과 M*는 무엇에 의해 연결되는가? 즉 어떤 고리에 의해 M과 M*는 인과적으로 연결되는 것일까? 그것은 P와 P*를 연결시킨 바로 그 행위의 규칙들 ($l_1$, $l_2$, $l_3$)에 의해서인가? 아니면 다른 법칙에 의해서인가? 우리가 부분전체론적 수반론에 기초한다면 다음과 같이 말할 수 있을 것이다. P와 P*를 연결하는 행위의 규칙들 ($l_1$, $l_2$, $l_3$)이 존재한

다면, P와 P*에 수반된 사회적 속성 M과 M*를 연결하는 법칙 L이 수반
적으로 존재할 수밖에 없다. 법칙 L은 물론 기초법칙 (l₁, l₂, l₃) 에 수반
된 법칙이다. 그리고 이 L은 바로 역사적 법칙주의자들이 주장했던
거시적 역사 법칙인 것이다.

이를 도식화하면 다음과 같다.

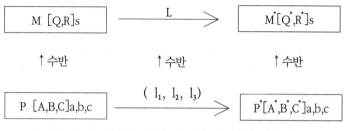

[그림 4] 거시적 법칙은 미시적 법칙에 수반된다.

이것은 수반적 인과관계 supervenient causation라 할 수 있다. 수반적
인과관계란 수반된 속성간의 인과관계를 의미한다. 이것은 거시적 인
과관계 marco causatim이다. 거시적 인과관계를 수반적 인과관계로서
볼 수 있는 이유는 전체의 속성은 그 부분들의 속성에 수반된다는 부
분전체론적 수반에 기초해서이다. 그렇다면 거시적 인과관계란 무엇
인가?

법칙도 수반될 수 있는가? 수반이론에서 중심적으로 논의되어 온
것은 속성의 수반이었다. 속성의 수반이 모든 수반 중에서 가장 기본
적인 것은 사실이다. 그렇지만 속성의 수반만이 수반의 유일한 대상
일 필요는 없을 것으로 생각된다. 사건의 수반은 속성의 수반과 더불
어 많이 논의되어 왔고, 우리가 만약 수반적 인과관계를 얘기한다면
인과관계도 역시 수반의 대상이 된다고 봐야 한다. 그렇다면 이 인과

관계를 지배하는 법칙만은 수반되지 않는다고 해야 할 이유란 없을 것이다.

이런 관점에서 볼 때 헤겔이나 맑스가 역사세계 전체의 흐름을 설명하기 위해 추구한 역사의 법칙은 수반법칙임이 드러난다. 그렇지만 그들은 이런 법칙이 개인들의 행위의 법칙에 기초해서 나타난 수반법칙임을 철저히 인식하지 못했다. 그렇기 때문에 이들은 역사의 법칙을 그 토대가 되는 행위의 법칙에서 정당화시키려 하지 않고, 형이상학적 전제나 선험적 직관에 의해 정당화시키려고 했던 것이다. 말하자면, 그들의 잘못은 역사법칙 자체의 수립에 있었다기보다는 그것을 정당화시키려 한 방법에 있었던 것이다. 그리고 우리가 이렇게 역사의 법칙을 승인한다고 해서, 역사적 결정론이나 전체주의를 받아들일 이유란 없는 것이다. 뿐만 아니라 역사적 예언도 불가능하게 된다. 이런 계기의 법칙들은 미시적 인간 행위의 법칙들에 수반된 이차적 법칙일 뿐이며, 그 존재론적 토대는 개개인의 행동들에 관련된 기초 법칙들이기 때문이다.

## 5. 결론

나는 역사주의의 혼란을 피하기 위하여 역사주의를 역사개성주의와 역사법칙주의 두 유형으로 정형화하고, 이들 각각을 현대 인식론의 관점에서 재구성 했다. 그리고 역사개성주의가 역사적 닫힌 체계의 인식론을 함축한다는 사실을 밝히기 위해 현대의 패러다임 이론을 활용했다. 패러다임 이론에서 보면 우리가 보는 세계의 사실들은 발견되었다기 보다는 구성된 것이다. 우리의 신념도 사회적으로 구성된 것이다. 그러므로 어떤 신념도 절대적 근거를 갖지 못하며, 합리적 근거가 있다는 어떤 주장도 어떤 패러다임에 상대적인 근거를 가질 뿐이다.

이런 상대주의 인식론은 닫힌체계라고 할 수 있다. 닫힌체계란 한 체계가 다른 체계와 통약가능하지 않고 그 자체로 완결되어 있는 체계 이다. 나는 역사개성주의를 이런 체계로서 재구성했다. 그리고 닫힌체 계를 패러다임 이론을 통해 구체적으로 설명하려고 했다. 또한 역사법 칙주의가 주장하는 역사의 법칙을 과학적 법칙으로 재구성했다.

이런 재구성의 결과는 역사주의의 두 유형이 모두 정당화될 수 없 다는 것이었다. 그 이유는 통약불가능성 논제가 정당화될 수 없으며, 역사법칙주의자들이 주장하는 역사의 법칙이 추세이거나 최대한 우 호적으로 해석해도 이차적인 수반법칙임이 밝혀졌기 때문이다.

결론적으로 내가 도달한 귀결은 1)역사개성주의는 진리의 상대주 의를 초래하고, 역사법칙주의는 정치적 전체주의를 야기한다는 것이 다. 역사적 닫힌체계를 주장하는 역사개성주의는 현대의 수많은 상대 주의의 원형이 되었다. 역사법칙주의가 전체주의를 야기하는 이유는 분명하다. 그것은 소위 역사의 법칙이라는 것을 우리에게 덮어 씌우 면서 정해진 노선에 따라 강제적으로 우리를 몰아가고자 하기 때문 이다.

2) 역사적 닫힌 체계는 역사적 열린체계로, 역사법칙은 합리성의 원리로 대체되어야 한다는 것이다. 역사적 닫힌체계가 정당화될 수 없는 이유는 그것이 이성의 자율성과 자기 초월성을 부정하기 때문 이다. 이성은 역사적 상황의 제약을 받지만, 전적으로 상황에 갇힌 노 예는 아니며, 때때로 잘못을 범하지만 오류를 수정할 수 있는 비판적 능력을 갖고 있다. 역사적 한계를 뛰어넘으면서 전진하는 인식의 논 리가 역사적으로 열린체계이다. 이런 입장을 우리는 반역사주의라 부 를 수 있다.

# ▣ 주

* 이 글은 나의 논문 「역사주의와 반역사주의」(한국사학사학보 24호, 2011.11)
와 「역사주의의 현대적 재구성과 그 비판」(학술원 논문집 49집, 2010.8)을 기
초로 부분적으로 수정 보완한 것이다. 보다 자세한 논의는 나의 저서 『역사
주의와 반역사주의』(철학과현실사, 2011)를 참고할 것.

1) 김현식, 「역사주의」, 김영한. 임지현 편, 『서양의 지적 운동』, 지식산업사,
1994, p. 505.

2) C. G. Rand, "Two Meanings of Historicism in the Writings of Dilthey, Troeltsch, and
Meinecke", *Journal of History of Ideas, vol. 25. NO.4, 1964.* p. 507. 발전과 개성 및
연관의 세 개념을 방법론적 원리로서 논의하는 것은 Dilthey, Troeltsch, Meinecke
뿐만 아니라, 거의 대다수의 역사주의들에 공통되는 현상이다. 이 부분에
관한 논의에서 나는 인용한 Rand의 논문과, 차하순 교수의 「역사적 상대주
의와 현대사학의 전망」『역사학보』 제80집, 1978을 특히 많이 참조했다.

3) H. Meyerhoff, ed., *The Philosophy of History in Our Time* (New York: Doubleday &
Company, Inc., 1959), p. 10.

4) F. Meinecke, *Die Entstehung des Historismus* (München: R. Oldenbourg, 1965), p. 2.

5) 같은 책, p.xix ; 참조, H. A. Hodges, *Wilhelm Dilthey* (New York: Howard Fertig,
1969), pp. 144~45.

6) F. Meinecke, *Die Entstehung des Historismus*, p.2 : "Der Kern des Historismus besteht in
der Ersetzung einer genenralisierenden Betrachtung geschichtlich-menschlich Kräfte durch
eine individualisierende Betrachtung".

7) W. Dilthey, *Die geistige Welt. Einleitung in die Philosophie des Lebens*, G. S. V
(Stuttgart: B. G. Teubner, 1957), p. 211.

8) K. Popper, *The Poverty of Historicism* (New York: Harper & Row,1957), P. 3.

9) K. Mannheim, "Historicism" , G. W. Remmling, ed., *The Sociology of Knowledge*
(London: Routledge & Kegan Paul, 1973), p. 103.

10) F. Meinecke, *Die Entstehung des Historismus*, p. 2.

11) H. Schnädelbach, *Geschichtsphilosophie nach Hegel* (München: Alber, 1974), p. 21.

12) Pietro Rossi, "The Ideological Valences of Twentieth Century Historicism," *History and
Theory: Essays on Historicism* (Middletown, Connecticut: Wesleyan University Press,
1975), p.27.

13) George G. Iggers, *The German Conception of History*, (Middletown, Connecticut:
Wesleyan University Press, 1968) p. 271.

14) Friedrich Meinecke, Machiavellism: *Machiavellism: The Doctrine of Raison d'Etat and
its Place in Modern History*(Die Idee der Staatsräson in der neueren Geschichte),

trans., Douglas Scott(London: Routledge & Kegan Paul, 1957), p. 6.

15) George G. Iggers, *The German Conception of History*, p. 14.

16) Karl Popper, *Poverty of Historicism*, p. vii.

17) 하인리히 리케르트, 『문화과학과 자연과학』 윤명노 역, (삼성문화문고 26, 1963), 6장.

18) Thomas S. Kuhn, *The Structure of Scientific Revolutions* (The University of Chicago, 1970); 토머스 쿤, 『과학혁명의 구조』, 김명자 역, 까치, 1999, p. 33.

19) 참조, 같은 책, p. 50.

20) Karl Popper, *The Myth of the Framework: In defence of science and rationality*, p.33.

21) 같은 책, p.59.

22) 같은 책, p.54.

23) Richard M. Hare, "Superveinience" 1쪽, *The Aristotelian Society Suplementary* Vol. 58, 1984.

24) 이한구 『역사주의와 반역사주의』, 철학과현실사, 2011, 184쪽 이하 참조.


# ▣ 참고문헌

김현식, 「역사주의」, 김영한. 임지현 편, 『서양의 지적 운동』, 지식산업사, 1994.

이한구, 『역사주의와 반역사주의』, 철학과현실사, 2011.

차하순, 「역사적 상대주의와 현대사학의 전망」, 『역사학보』 제80집, 1978.

하인리히 리케르트, 『문화과학과 자연과학』, 윤명노 역, 삼성문화문고 26, 1963.

Dilthey, W. Die geistige Welt: *Einleitung in die Philosophie des Lebens*, G. S. Ⅴ.(Stuttgart: B. G. Teubner, 1957)

Hare. Richard M, "Superveinience", The Aristotelian Society Suplementary Vol. 58, 1984.

Hodges, H. A, *Wilhelm Dilthey* (New York: Howard Fertig, 1969)

Iggers, *G. G. The German Conception of History.* (Middletown, Connecticut: Wesleyan University Press, 1968).

Kuhn, Thomas S. *The Structure of Scientific Revolutions.* (The University of Chicago, 1970): 토머스 쿤, 『과학혁명의 구조』, 김명자 역, 까치, 1999.

Mannheim, K, "Historicism", Remmling, G. W. ed., The *Sociology of Knowledge* (London: Routledge & Kegan Paul, 1973)

Meinecke, F, *Die Entstehung des Historismus* (München: R. Oldenbourg, 1965).

Meinecke, F, Machiavellism: *The Doctrine of Raison d'Etat and its Place in Modern*

History(Die Idee der Staatsräson in der neueren Geschichte), trans., Douglas
Scott(London: Routledge & Kegan Paul, 1957)

Meyerhoff, H. ed., The Philosophy of History in Our Time (New York: Doubleday &
Company, Inc., 1959)

Pietro Rossi, "The Ideological Valences of Twentieth Century Historicism," History and
Theory: Essays on Historicism (Middletown, Connecticut: Wesleyan University
Press, 1975)

Popper, K, The Poverty of Historicism, (New York: Harper & Row, 1957)

Popper, K, The Myth of the Framework: In defence of science and rationality (London:
Routledge, 1994)

Rand, C. G., "Two Meanings of Historicism in the Writings of Dilthey, Troeltsch, and
Meinecke". Journal of History of Ideas, vol. 25. NO.4, 1964

Schnädelbach, H. Geschichtsphilosophie nach Hegel (München: Alber, 1974).

# 우리시대 역사주의란 무엇인가

김 기 봉

## 1. 역사와 역사주의

서구 역사의 아버지 헤로도토스는 『역사』를 집필한 이유를 "인간들의 행적이 시간이 지나면서 망각되고, 헬라스인들과 비헬라스인들의 위대하고도 놀라운 업적들이 사라지는 것을 막고, 무엇보다도 헬라스인들과 비헬라스인들이 서로 전쟁을 하게 된 원인을 밝히는 데 있다"[1]고 썼다. 그는 지난 과거의 일을 기억하여 소통할 목적으로 역사를 썼고, 그가 쓴 『역사』를 읽는 독자로 일차적으로 그리스인들을 상정했다. 페르시아 전쟁에서 그리스가 승리하지 못했다면 민주주의는 꽃을 피우지 못했을 것이다. 따라서 그는 페르시아전쟁이 일어난 원인을 탐구하는 역사를 써서 그리스인의 정체성을 형성하는 집단기억을 만들어 내고자 했다.

헤로도토스가 과거를 기억하기 위해 역사를 서술했다면, 투키디데스는 과거 인간들이 범한 과오로부터 교훈을 얻기 위해 역사를 썼다. 그는 펠로폰네소스전쟁에 관한 『역사』를 쓴 목적을 다음과 같이 밝혔다. "인간성으로 말미암아 반복되거나 유사할 것이 틀림없는 미래에 대한 해석을 위하여, 과거에 대한 정확한 지식을 얻고자 하는 연구자들에게 본인의 『역사』가 유용할 것이라 판단된다면 그것으로 만족할 것이다. 『역사』는 한순간의 박수갈채를 얻기 위해서가 아니라 영원한 유산으로 쓰였다."[2] 투키디데스는 인간성은 변하지 않기 때문에 동일한 일이 반복적으로 일어난다고 생각했다. 그래서 그는 역사를 매개로 해서 과거와 소통하지 못하는 인간은 똑같은 잘못을 범하므로 미래 세대를 위한 유산으로 역사를 쓰고자 했다.

하지만 절대적이며 영원한 것으로 여겼던 전통시대 가치의 탈주술화가 일어난 근대에서 영원한 진리란 없고 모든 것은 시간의 흐름 속에 놓이게 됐다. '진리를 시간의 딸'로 만든 근대에서 과거의 범례로서 역사는 더 이상 현재와 미래 인류 삶의 거울이 될 수 없었다. 근대란 인간이 하늘 아래 새로운 것을 만들 수 있다고 믿는 시대다. 새로움을 추구하는 근대에서 과거에 대한 낡은 정보만을 주는 역사의 의미는 축소됐다. 역사를 연구하는 제일 목적을 과거에서 배우는 것이 아니라 과거를 극복하는 것으로 설정하는 근대에서 대화의 주도권은 과거에서 현재로 바뀌었다. 역사란 일어났던 과거뿐 아니라 미래의 기획이라는 역사 개념의 근본적 변화가 이 같은 의사소통관계의 전도를 초래했다.

인간은 역사를 서술하는 존재일 뿐 아니라 만드는 주체라는 인식을 통해 세계와 인간에 대한 모든 사고가 역사화 됨으로써 근대의 세계관으로서 역사주의가 탄생했다. 자연은 반복하지만, 역사란 인간이 의지와 행동으로 창조하는 세계다. 역사주의의 비조인 비코는 "진리는 창조된 것과 동일하다(verum est ipsum factum)"는 명제에 입각해서 인간이 역사를 만들기 때문에 인간이 알 수 있는 것은 역사라고 주장했다. 이 같은 역사주의에 따르면, 인간의 모든 지식은 역사적이며, 역사적인 것만이 진리로 인식될 수 있다. 하지만 상대적인 역사적 지식 자체가 어떻게 옳고 그름의 판단기준을 제공해야 하는 진리가 될 수 있는가?

변화하는 역사성 그 자체가 진리를 판단하는 근거가 된다는 딜레마로부터 역사주의 문제는 필연적으로 발생한다. 이 같은 역사주의 문제와 정면으로 대결하기 위해서는 먼저 변화하는 역사성에 대한 탐구를 통해 진리에 이를 수 있다는 생각이 어떻게 성립할 수 있는지부터 검토해볼 필요가 있다. 기본적으로 모든 역사가는 역사를 통해서 인간이란 무엇이며 인간 삶의 의미가 무엇인지를 밝힐 수 있다고 믿는 한에서 역사주의자라고 말할 수 있다. 개체적인 역사성 그 자체에 대한 탐구를 통해 보편적인 진리에 도달할 수 있는 방법론의 정립을 통해 역사주의를 역사의 첫 번째 과학모델로 정립한 역사가가 독일의 레오폴드 폰 랑케다. 역사주의로부터 출발한 독일 역사학은 그에 대한 안티테제로서 사회사를 지향하는 역사적 사회과학이 등장했고, 다시 그것을 지양하고자 하는 일상사를 사회사가들이 역사주의의 부활이라고 비난하는 것에서 알 수 있듯이, 역사주의 문제의 연속이라고 말할 수 있다. 이 같은 역사학의 흐름과는 별도로 영문학에서 신비평(new criticism) 이후에 신역사주의라는 새로운 사조가 대두했다. 그렇다면 우리시대 역사주의란 도대체 무엇이며, 왜 근대 이후 인간은 역사주의에서 벗어나지 못하는가?

## 2. 역사의 첫 번째 과학모델로서 독일 역사주의: 역사개성주의

독일 역사주의는 변화하는 개체의 역사성을 해명하는 것을 통해 보편적인 진리에 도달하는 길을 제시할 수 있다는 방법론에 입각해서 역사학의 첫 번째 과학모델을 정립했다. 개체적 역사성을 '지식의 원리(Wissensprinzip)'로 삼아 역사의 과학화를 이룩한 근대 역사학의 아버지가 랑케다. 그는 인간사(menschliche Dinge)를 아는 방법은 개체를 인식하는 것과 추상을 인식하는 것의 두 가지가 있다고 했다. 후자가 철학의 길이라면, 전자는 역사학의 길이다. 각 개체는 나름대로 고유한 발전을 하는 가운데 신이 부여한 존재의 이유를 실현해 나가므로, 그는 '본래 그것이 어떠했는지'의 해명을 통해서 보편적 진리에 이를 수 있다고 믿었다.

역사가의 과제는 현상의 근저에 놓여 있는 내면적 형식을, 유한한 것에서 무한한 것을, 특수성에서 보편성을 그리고 자료 속에 있는 이념을 파악하는 것이라고 주장한 사람은 훔볼트다. 랑케는 그의 이념을 개체에 내재해 있는 초월적인 '숨은 신'으로서의 '정신적 실재(das Real-Geistige)'로 파악하는 방식으로 실제 역사서술의 화용론으로 발전시켜서 개체의 나름대로의 발전을 역사의 전체적 운동과 연결시키는 개체사상을 완성했다. 이 같은 랑케 개체사상의 진수를 압축적으로 표현하는 것이 "모든 시대는 신에 직결된다"는 말이다. 모든 시대가 신에 귀속되어 있다면, 각 시대의 가치는 그로부터 파생되어 나온 결과가 아니라 그 존재 자체 안에 내재해 있다. 이 같은 개체적인 것의 보편적 가치를 읽어낸다는 것이 역사학의 가장 큰 매력이다. 따라서 그는 신의 눈으로 보면 인류의 모든 세대가 동등하게 정당한 가치를 가진다는 것을 명심하고 '본래 그것이 어떠했는지'를 기술하는 것이 역사가의 임무라고 역설했다.

랑케는 각 개체의 발전을 '정신적 실재'의 보편적 섭리의 구체적 발현으로 이해함과 동시에 역사가는 자기 자신을 해소할 때만이 '정신적 실재'의 보편성에 근접할 수 있다고 봄으로써 상대주의 문제로부터 벗어날 수 있었다. 하지만 드로이젠이 보기에, 랑케의 "사실이 스스로를 말하게 하라"는 주장은 역사를 사물화(Verdignglichung)하는 '거세된 객관성'이다. 드로이젠은 칸트처럼 인식의 중심을 대상에서 주체로 변경하는 역사인식론의 '코페니르쿠스적 전회'를 함으로써, 독일 역사주의는 객관적 역사주의와 주관적 역사주의로 분화됐다. 랑케는 역사를 역사가의 주관 밖에 정신적으로 실재하는 '존재의 세계'로 설정하는 객관적 역사주의를 지향했다. 이에 반해 역사를 끊임없이 움직이는 '생성의 세계'로 보는 드로이젠은 역사가의 주관을 역사를 구성하는 주체로 설정하는 주관적 역사주의의 길을 열었다. 랑케가 '본래 그것이 어떠했는지'를 보여줄 목적으로 하는 사료비판을 역사 연구방법론의 제일 원칙으로 삼았던 반면, 드로이젠은 "역사적 방법의 본질은 연구하면서 이해하는 것(forschend zu verstehen), 곧 해석"이라고 주장했다.[3]

어원적으로 역사라는 말은 서구에서 과거 사건과 그에 대한 서술이라는 두 가지 의미를 가진다. 역사가란 전자로부터 후자의 역사를 구성해 내는 일을 직업적으로 하는 사람이다. 이것을 드로이젠은 이것을 "작업들로부터 역사를 만든다(macht aus Geschäften Geschichte)"고 표현했다.[4] 그는 역사가는 그의 문제제기와 함께 역사연구를 시작한다는 점에 착안하여 랑케의 객관적 역사주의와 다른 역사인식론을 전개했다. 그는 개념 없는 역사 인식이란 불가능하다고 생각했다. 결국 역사란 무엇인가를 정의하는 것은 과거 실재 그 자체가 아니라 역사가의 개념이라는 사실로부터 그는 '과거로서 역사'와 '역사서술로서 역사' 사이의 간격과 불일치를 해소하는 선험적 전제로 '범주로서의 역사'를 상정하는 방식으로 역사학과학론(Historik)을 정립했다.

'범주로서 역사'란 과거를 역사로 개념화하는 프레임을 의미한다. 드로이젠은 이 같은 역사 인식 프레임을 인륜세계(die sittliche Welt)라고 지칭했다. 인륜세계란 인간의 자유의지가 창조한 세계다. 인간은 인륜세계에서 공동으로 그리고 진보적인 노동의 거대한 연속을 지속하면서 함께 살며 함께 창조하기 때문에 역사를 갖으며, 이것이 인간의 유적개념(Gattungsbegriff)을 단순한 동물적인 자연이 아니라 역사로 규정하는 이유가 된다.[5] 인간은 역사를 만드는 존재이면서 동시에 역사를 통해 인간으로서의 자의식을 각성한다는 점에서 "인간은 역사적 존재다"라는 명제는 이중의 의미를 갖는다. 역사와 인간의 변증법적 관계를 드로이젠은 역사를 인륜세계의 운동으로 파악하는 방식으로 해명했다. 인간은 자유롭게 역사를 만드는 것이 아니라 인륜세계에서 역사를 만든다면, 인륜세계란 인간의 역사인식을 선험적으로 조건지우는 범주다. 따라서 역사란 무엇인가는 결국 인륜세계를 역사적으로 파악하는 것을 의미하므로, 그는 역사연구의 영역을 '인륜세계의 우주'라고 명명했다.[6]

자연적 원인이 아닌 인간의 자유의지로 창조된 인륜세계가 인간의 자의식을 형성하는 역사 인식의 범주를 형성한다는 사실로부터 드로이젠은 자유를 인륜세계에서 배제되지 않고 참여하여 공동생활을 할 수 있는 가능성으로 규정했다. 인륜세계에서는 개별적인 불완전한 개성이 상대적인 총체성에 의해 보완되는 방식으로 개별적인 것이 일반적인 것과 관계를 맺기 때문에 자유와 필연성은 양자택일이 아니라는 것이다.[7] 랑케가 시대의 경향성을 결정하는 힘을 지도이념들이라고 지칭한 것과 유사하게 드로이젠은 인륜세계에 내적 필연성을 강제하는 요인을 인륜적 힘들(die sittlichen Mächte)라고 말했다. 인륜적 힘들이란 개별적인 의지를 제약하면서도 동시에 그것을 실현시킬 수 있는 조건을 마련해 주는 인륜적 공동성으로서 자연공동체, 가족, 민족, 언어 그리고 무엇보다도 사회와 국가다. 랑케의 객관적 역사주의가 "모든 시대를 신에 직결시켰다"면, 드로이젠의 주관적 역사주의는 "모든 인간을 인륜적 힘들에 직결시켰다"고 말할 수 있다.

민족국가 건설을 독일문제 해결의 선결과제로 인식하는 시대상황 속에서 전자에서 후자로의 이행은 독일 역사주의를 민족주의 정치종교를 정당화하는 이데올로기로 변질시키는 결과를 초래했다.

역사의 첫 번째 과학모델을 제시한 독일 역사주의 비극의 씨앗은 무엇보다도 국가주의다. 독일 역사주의는 "국가가 없다면 역사도 없다"는 헤겔 국가주의에 입각해서 성립했다. 독일 역사주의자들은 개인을 국가이성을 실현하는 도구로 보았다. 이 같은 국가주의의 단초는 국가를 '신의 사상'이라고 여긴 랑케가 1836년 베를린대학 정교수로 취임하면서 했던 연설 "역사와 정치의 친화성과 차이"에서도 명확히 드러난다. "역사의 과제가 국가의 본질을 이전에 일어났던 일련의 사건들로부터 해명하고 그런 식으로 이해하는 것이라면, 정치의 과제는 그렇게 얻어진 지식에 따라 국가의 본질을 더욱더 발전시켜서 완성시키는 데 있다."

'독일'이라는 국가가 부재한 상황에서 민족통일이 지상과제였던 시대에서 독일 역사주의가 민족국가 건설에 공헌하는 정치사 중심의 역사학 모델을 추구한 것은 결코 비난의 대상이 될 수 없다. 하지만 문제는 독일 역사주의가 정치적 민주화를 동반하지 않는 근대화의 길을 옹호하는 '독일적 특수의 길'을 옹호하는 이데올로기로 기능했다는 사실이다. 오늘날 국가 중심의 정치사 역사학 모델은 낡은 것으로 여겨지지만 개체성을 명분으로 자유, 평등, 인간의 존엄성과 같은 보편적 가치를 상대화하거나 무시하는 역사개성주의 문제는 여전히 반복되고 있다. 21세기에서 '독일적 특수의 길'의 전철을 밟고 있는 국가가 중국이다. 중국 화둥사범대학 쉬지린(許紀霖) 교수는 현재 중국의 경제 발전에 대한 자부심이 중국 내에서 역사주의 사조를 부추기는 경향을 낳고 있는 것을 우려했다. 중국의 관변 지식인들은 보편적 가치나 법칙을 부정하는 역사주의에 입각해서 서구 문명의 보편성을 거부하고 '중국적인 특수의 길'을 옹호한다. 오늘의 중국은 "사회주의 몸체에 자본주의 바퀴를 달고 달리는 기관차"와 같다. 지금까지 중국이라는 기관차는 일본과 독일을 추월하고 미국과 결승 레이스를 펼치고 있다. 하지만 이 레이스가 언제까지 지속될까? 사회주의 몸체에 자본주의 바퀴를 달고 달리는 중국이라는 기관차가 과연 탈선하지 않고 계속 달릴 수 있을 것인가는 두고 볼 문제지만, 역사개성주의가 상대주의 문제에 직면한다는 점은 명확하다. 부분인 개체성으로 전체인 보편성을 실현하는 방법이 아니라 그것을 부정하려는 목적으로 추구되는 역사개성주의는 상대주의 문제를 결코 극복할 수 없다. 이 같은 상대주의 문제의 본질에는 모든 가치를 역사화 하는 근대의 세계관으로서 역사주의 문제가 있다. 결국 역사주의 문제는 독일 역사학만의 문제가 아니라 근대 이후 역사적 사유 일반의 문제다.

## 3. 근대의 세계관으로서 역사주의와 역사법칙주의

니체는 이미 1874년에 출간된 『반시대적 고찰』에서 모든 것을 역사화 하는 역사주의가 낳은 역사적 질병에 대한 경고로 "역사학의 생을 위한 이로움과 해로움"을 썼다. 니체는 '역사적인 것'이 아니라 '비역사적인 것'과 '초역사적인 것'이 인간 삶의 토대이자 지침이라고 주장했다. 과거를 기억하지 않고 오직 현재에 몰입해서 비역사적인 삶을 영위하는 동물이 인간보다도 더 행복하게 산다는 것이다. 니체는 순간의 말뚝에 묶여 있어서 우울함도 권태도 느끼지 않는 동물을 시기심 어린 눈으로 바라보는 인간이 동물에게 "너는 왜 너의 행복에 대해 내게 말하지 않고 그저 나를 쳐다보기만 하는가?" 묻는 것을 상상한다. "그러나 동물은 이 대답 역시 곧 잊어버렸고 침묵했다. 그래서 인간은 그것을 이상하게 생각했다. 그러나 그는 망각을 배우지 못하고 항상 과거에 매달려 있는 자신에 대해서도 이상하다는 생각이들었다. 이렇게 동물들은 비역사적인 삶을 산다. 매 순간 진정 있는 모습 그대로다."[8] 니체의 통찰은 통렬하다. 하지만 인간이 문명이라는 인류세계를 포기하고 동물처럼 자연으로 돌아갈 수 있는가?

니체가 지적한 중요한 점은 역사적인 것과 비역사적인 것 사이의 균형이다. 이를 위해 요청되는 것이 초역사적인 가치와 의미다. 인간은 초역사적인 가치와 의미를 통해 역사화 되지 않는 비역사적인 공간을 확보할 수 있다. 하지만 문제는 모든 것이 연기처럼 사라지는 근대에서 그 같은 역사의 진공상태를 어디서 구할 수 있는가이다. 세계의 탈주술화가 일어난 근대에서 문화가 세속적인 방식으로 종교의 역할을 대신할 수 있다. 문화의 여러 분야 가운데 특히 예술이 초월의 기능을 담당한다. 하지만 우리시대 예술이란 무엇인가도 문제다. 이 문제를 화두로 해서 아서 단토(Arthur Danto)는 영원하고 보편적인 미를 추구하는 예술의 종말이 일어난 탈근대에서 무엇이 예술작품인가를 W=I(o)라는 함수로 정의했다.[9] 그는 여기서 W(ork)가 작품이라면, I(nterpretation)는 해석이고 o(bject)는 대상이다. 지각 대상에 대한 예술가의 해석으로 창작되는 것이 작품이라는 것이다. 보편적 예술의 종말을 함축하는 이 함수 자체가 역사주의에 입각해 있다. 역사 또한 과거라는 대상에 대한 현재의 역사가의 해석으로 만들어진 작품이다. 과거는 상수이지만 역사가의 해석은 관점과 현재의 시점에 따라 달라짐으로써 역사는 끊임없이 다시 쓰인다.

'인간의 지식과 사유의 근본적인 역사화'가 일어난 근대에서 결국 인간은 역사로써 역사를 극복할 수밖에 없는 운명에 대해 가장 치열하게 고뇌한 사람이 에른스트 트룈치다. 그는 제 1차 세계대전의 패망과 함께 서구문명의 몰락이 실제로 일어나고 있다는 위기상황의 근원적 원인을 역사주의 문제로 진단했다. 그는 막스 베버 말대로 근대의 합리화과정이 이전 시대의 신들을 부활시킴으로써 생긴 '가치의 다신교'가 초래한 혼돈이 역사주의 문제의 본질임을 통찰했다. 이 같은 문제의식으로 그는 『역사주의와 그 문제들』을 썼고, 이 책의 화두를 마이네케는 "모든 것이 유전된다. 내가 설 자리를 다오."라고 요약했다.

트뢸치는 근대인의 운명과 대결하기 위해 마이네케의 표현대로 그야말로 '목숨을 건 모험'에 착수했다. 이 같은 모험 끝에 그가 다다른 결론은 '역사로써 역사를 구출' 하는 것이었다. 여기서 후자의 구출해야 할 역사가 자신의 역사현실이라면, 전자의 구출하는 역사란 서구문화의 정신적 유산인 기독교적 절대성이었다. 그는 결국 랑케가 말하는 '정신적 실재'처럼 개체에 초월적으로 내재해 있는 절대적 가치를 역사연구를 통해서 알아냄으로써 역사주의 독을 제거할 수 있다고 믿었다. 그는 랑케의 개체사상을 문화적으로 확대하여, 개체적 문화는 결국 초월적 가치의 단편이며 조각이므로 그것들의 종합을 통해 항구적 가치를 발견할 수 있다는 '문화 종합(Kultursynthese)'의 기획안을 역사주의 문제의 해결책으로 제시했다. 하지만 탈주술화 된 근대에서 다시 기독교적 세계관에 귀의해서 역사에서 신이 심어놓은 절대적 가치를 찾아낸다는 그의 기획은 시대착오가 아닌가?

역사를 통해서 역사주의를 극복하려는 트뢸치의 모험이 실패할 수밖에 없다는 것을 깨달은 마이네케는 더 철저하게 랑케의 개체사상에 의지하여 트뢸치와는 반대로 오히려 역사주의를 통해 역사를 극복하고자 시도했다. 그에게 역사주의란 문제가 아니라 "종교개혁을 뒤 이은 독일 정신의 두 번째 위대한 업적"이었다. 그는 역사주의를 스토아학파부터 계몽주의에 이르기까지 서구사상을 지배해온 자연법사상을 타파한 18세기말부터 19세기 초까지 독일의 사조를 선도한 지도이념으로 이해했다.

그는 역사주의를 역사를 과학화하는 '지식원리'가 아니라 모든 것이 생성과 변화의 끝없는 흐름 속으로 던져진 근대인의 실존적 상황을 타개하는 '삶의 원리'로 고양시켰다. 인간은 개별적 삶의 상황 속에서 영원한 것을 찾고 또한 창조하지 않고는 견딜 수 없는 존재이기 때문에 덧없이 흘러가는 시간 속에서도 있는 정신적으로 충만한 순간에 특별한 가치를 부여하고 그것에 도달하려는 노력으로 역사적 참여를 한다는 것이다. 그는 개체가 상대적이고 덧없다는 것을 느끼면 느낄수록 보편과 절대를 갈구하는 인간의 충동으로부터 역사주의를 '삶의 원리'로 삼는다고 보았다. 하지만 여기서 문제는 개체의 보편적 절대를 향한 충동이 주관적이며 자의적인 광기로 변질될 수 있는 위험성을 어떻게 예방할 수 있는가이다. 마이네케는 개체적 인간이 신과 소통할 수 있는 통로인 양심이 인간사회의 가장 강력한 수단이며 인간에게 고유한 형이상학적 원천이라는 믿었다. 그는 역사의 가장 모든 영원한 가치는 행동하는 인간의 양심적 결단에서 비롯한다고 보았다. 그는 개인이 양심을 통해 신의 계시를 직관적으로 이해하고 섭리를 추체험할 수 있다고 믿음으로써 실존적 역사주의의 길을 열었다.

크로체가 보기에, 마이네케의 실존적 역사주의는 논리적으로는 설명될 수 없는 형이상학이다. 마이네케의 구루가 랑케라면, 그는 헤겔이라는 구루를 부활시켰다. 그는 마이네케가 말하는 양심이란 랑케의 신을 바꿔 표현한 것이고, 랑케의 신이란 결국 헤겔이 '이성'으로 세속화시켰던 것을 재주술화 시킨 것에 불과하다고 비판했다. 역사주의 위기 극복은 근대에 물러난 신을 역사에 다시 호명하는 것이 아니라 역사를 통해 더욱더 세속화 시킬 때 가능할 수 있다고 믿었다. 역사의 신은 바로 이성이며, 그러므로 "이성적인 것이 현실적이며, 현실적인 것이 이성적이다"가 역사주의 위기를 극복할 수 있는 처방이라는 것이다. 그는 헤겔의 이성적인 것과 현실적인 것의 동일성의 공식을 현실권력을 옹호하는 보수주의 이데올로기가 아니라 이성의 간계가 현실에서 성취하는 진보의 논리로 해석하고자 했다.

"모든 시대는 신에 직결된다"는 원칙으로 성립하는 랑케의 역사성이 '과거의 현재성'을 절대화 한다면, "이성적인 것이 현실적이며, 현실적인 것이 이성적이다"에 입각한 헤겔의 역사성은 '현재의 과거성'을 추적해 내는 것을 의미하다. 과거는 현재의 현실적 가치로 환원될 수 없는 절대적 가치를 가진다고 보는 랑케에게 과거는 그 자체로 완결된 전체다. 이에 반해 '현재의 과거성'을 찾아내서 과거를 현재의 전사(前史)로 포섭하고자 하는 크로체에게 과거는 미래의 진보를 통해 완성되어야 할 전체 역사의 일부분이다. 이 같은 맥락에서 도출된 크로체의 역사주의 테제가 "모든 역사는 당대사다"라는 것이다.

19세기 역사과학론을 어떻게 정립하느냐를 둘러싼 랑케와 드로이젠의 대립은 객관적 역사주의와 주관적 역사주의의 분화를 낳았다. 20세기에 근대의 세계관으로서 역사주의의 위기가 화두가 됐을 때는 랑케를 계승한 마이네케에 반대하여 헤겔을 부활시키고자 하는 크로체에 의해 현재주의적 역사주의가 생겨났다. 이처럼 과거사실의 재현을 목표해서 성립한 역사주의의 현재주의적으로 전도가 일어난 배경에는 집합단수 '역사(die Geschichte)' 개념의 탄생이라는 근대에 일어난 역사 개념의 근본적인 변화가 내재해 있다.

독일의 역사가 코젤렉(R. Koselleck)이 밝혀냈듯이, 전자의 집합단수 '역사' 개념은 처음부터 있었던 것이 아니라 1780년경부터 나타나기 시작했다. 그 이전 서구에서 역사라는 단어는 '언제부터 언제까지의 역사' 또는 '무엇의 역사'처럼 과거의 범위나 탐구의 대상과 연관해서 그에 대한 이야기의 의미로, 주로 복수의 형태로 사용됐다. 그러다가 대략 프랑스혁명을 기점으로 모든 개별적인 역사들을 포괄하는 상위 개념으로서 집합단수 '역사' 개념이 출현했다. 집합단수 '역사' 개념은 어느 한 시대의 특정 과거가 아니라, 그림(Grimm)이 1897년 편찬한 사전에서 정의했듯이, "세상에서 일어나는 모든 것의 총괄개념"으로서 거대담론이다.

근대는 이전 시대와 달리 역사 전체를 파악하여 새롭게 창조할 수 있다는 계몽의 기획을 추진한 시대다. 하지만 문제는 근대인에게 자기 자신이 설정한 근거에 따라 이전의 시대들과 단절함으로써 가장 새로운 시대를 창조할 수 있는 권리가 과연 있는가이다. 이러한 문제제기와 함께 이른바 '근대의 정당성' 문제는 발생했다. 독일의 철학자 브루멘베르크 말대로, 근대의 "역사적 정당성 문제는 전통과의 근본적인 단절을 성취하고 또 성취할 수 있다고 주장하지만, 이러한 주장이 완전히 새롭게 시작할 능력이 없는 역사현실과 불화를 빚으면서 일어났다."[10]

크게 보면 역사주의 위기란 '근대의 정당성' 문제와 연관된다. 모든 것을 역사화 함으로써 직면한 상대주의 문제를 해결하기 할 목적으로 거대담론 역사의 발명을 통해 변화의 총체적 방향을 진보로 설정하는 것으로부터 역사법칙주의 형태의 역사주의가 태동했다. "모든 것은 변화한다. 변화하는 것은 역사다. 고로 모든 것은 역사다"라는 역사주의 삼단논법에서 먼저시간 속에서의 변화를 제1원칙으로 해서 역사개성주의가 성립했다면, 다음으로 그 변화의 총체로서 역사의 방향성을 역사법칙으로 정식화하려는 인간의 욕망이 역사법칙주의를 만들어냈기 때문이다.

20세기를 '극단의 시대'로 만든 대표적인 두 이데올로기인 나치즘과 공산주의는 이 두 유형의 역사주의가 낳은 역사의 비극이다. 전자가 저지른 홀로코스트가 계몽주의 보편적 이성에서 벗어난 독일적

인종주의를 옹호하는 역사개성주의가 빚어낸 문명의 파국이라면, 후자의 소련 강제수용소와 중국의 문화혁명은 마르크스주의라는 역사법칙주의에 의거해서 기도한 유토피아 사회공학이 초래한 재난이다. 그렇다면 인류가 역사의 진보라는 명분을 갖고 자행한 문명의 파국을 예방하기 위해서는 반역사주의의 길을 모색해야 하는가?

## 4. 역사주의 대 반역사주의

역사주의 문제를 해결한다는 문제의식으로 반역사주의에 관한 책을 쓴 이한구는 "'역사'라는 미명 아래 희생당하고 현혹된 모든 분들께 이 책을 바친다"고 썼다.[11] 그는 역사주의를 '역사'라는 미명 아래 희생을 강요한 이데올로기로 규정했다. 역사주의라는 블랙박스를 해체하고 반역사주의를 주장하는 그의 논증은 다음 세 가지 명제로 요약될 수 있다. 첫째, 역사성을 키워드로 하는 역사주의는 다양하게 나타났지만 역사개성주의와 역사법칙주의 두 유형으로 정형화될 수 있다. 둘째, 역사개성주의는 진리의 상대주의 문제를 야기하고, 역사법칙주의는 전체주의와 유토피아 사회공학을 통해 역사적 재난을 초래한다. 인식론적 관점에서 보면 이 두 역사주의는 모두 역사를 반증불가능한 닫힌 체계로 보는 사관이기 때문에 열린사회의 적으로 폐기돼야 한다. 셋째, 역사를 닫힌 체계가 아니라 열린 체계로 서술하기 위해서는 역사학은 비판적 합리주의에 입각한 포괄법칙 모형과 상황논리로 설명과 논증을 하는 과학이 돼야 한다.

이한구의 반역사주의 테제는 역사학의 정체성과 존재이유를 묻는 중대한 주장이다. 먼저 과학의 한 분과로 역사학의 정체성에 관한 문제부터 살펴보자. E. H. 카의 말대로, "역사의 연구는 원인에 대한 연구"다. 원인에 대한 탐구는 인과관계의 구성으로 이뤄진다. 이것을 이한구는 "역사학은 인과의 엉킨 실을 푸는 것과 아울러, 이 실이 어떻게 '우연적'으로 짜여 있는가를 서술하는" 이중의 과제를 지닌다고 썼다.[12] 이 두 과제를 해결하는 방식은 설명과 해석의 두 가지다. 법칙이나 합리성의 원리를 기반으로 하여 단칭적 사실들을 연결시키는 것이 설명이라면, 어떤 관점에서 사실들을 규정하고 이를 한데 묶어 범주화하는 것이 해석이다. 일반적으로 말해 자연과학이 설명하는 과학이라면, 역사학은 해석하는 과학이다. 역사가의 작업은 크게 역사연구와 역사서술로 구분되는 데, 먼저 수많은 사건들 가운데 중요한 사건들을 선택하는 역사연구와 그러한 연구 성과로 얻어진 역사적 사실들을 일관성 있는 이야기로 서술하기 위해 하는 플롯구성 과정에는 모두 해석이 개입한다.

문제는 역사학이 이 같은 해석에 의거한 역사연구가 합리적 절차를 통해 이뤄지고 그렇게 서술된 역사를 반증할 수 있어야 합리적 의사소통이 가능한 하나의 분과과학으로서의 위치를 점할 수 있다는 사실이다. 반역사주의자 이한구는 두 유형의 역사주의 모두가 이 같은 과학성의 요건을 충족시키지 못한다고 주장한다. 먼저 역사개성주의는 무관점의 해석을 지향했기에 탐조등 없는 역사의 항해를 함으로써 결국 상대주의라는 암초에 부딪쳐 좌초할 수밖에 없다는 것이다. 관점을 포기하고 "그것이 본래 어떠했는지"를 기술해야 한다는 랑케의 역사주의는 현실에서는 실현 불가능한 꿈이다. 이에 반해 역사법칙주의는 하나의 선험적인 관점에 의거해서 역사를 재단한다. 이같은 선험적 관점의 대표적인 것이 "지금까지 존재했던 모든 사회의 역사는 계급투쟁의 역사였다"는 마르크스의 공리다. 마르크스주의 역사가들은 이 같은 공리에 의거해서 계급투쟁이 아닌 역사들을 배제하는 방식으로 무계급사회라는 공산주의를 향한 유토피아 사회공학을 정당화하는 역사연구와 역사서술을 했다.

역사학이 하나의 해석과학으로서의 정체성을 포기하지 않는다면, 이론상으로는 관점에 따라 무한정한 해석이 가능하기 때문에 역사학은 역사주의 문제로부터 근본적으로는 벗어날 수 없다. 역사개성주의는 무한정한 해석의 가능성을 개체성이라는 이름으로 모두 다 인정하는 방식으로, 그리고 역사법칙주의는 어느 한 관점만이 진리임을 공인하여 그 가능성을 차단하고 통제하는 방식으로 역사주의 문제를 해결하지 않고 무시함으로써 파탄에 이르고 말았다. 이 같은 문제에 직면해서 칼 포퍼가 화두로 삼은 것은 역사주의의 양극단을 중재하는 제3의 길로서, 역사적 해석의 다양성을 열어놓으면서도 객관성의 준칙을 세울 수 있는 길을 모색하는 것이었다. 결국 해석을 설명의 차원으로 높일 수 있는 방안을 세우는 것이 해법임을 포퍼는 통찰했다. 관점을 하나의 이론으로 변형시킬 때 반증가능성이 생기고, 그래야 이론에 근거한 과학적 설명이 가능하다는 것이다. 이 같은 맥락에서 포퍼가 창안한 것이 포괄법칙모형이다.

포괄법칙모형이 설정하는 대전제는 반증 가능한 가설이다. 포퍼의 포괄법칙모형은 막스 베버의 이상형(Idealtypus)과 매우 유사하다. 예컨대 베버는 왜 동양이 아닌 서구에서 자본주의가 나왔는지를 "개신교 윤리와 자본주의 정신의 선택적 친화성"이라는 이론에 근거하여 설명했는데, 여기서 그의 이론은 반증 가능하며 다른 연구를 통해 보완될 수 있는 하나의 이상형이다. 실제로 1970년대 독일 역사학계에서 일어난 역사주의에서 역사적 사회과학으로의 역사학 패러다임 전환이 베버의 역사사회학에 입각해서 일어났다는 사실은 포괄법칙모형이 역사주의를 대체하는 새로운 방법론임을 입증하는 사학사적 사례다.

역사주의가 역사학을 이해의 방법론에 근거해서 해석과학의 정체성을 세웠다면, 역사적 사회과학은 이론, 개념, 모델에 의거한 설명과학의 패러다임을 추구했다. 역사주의가 외정(外政) 위주의 정치사를 지향했다면, 역사적 사회과학은 사회구조적 문제로부터 발생하는 문제를 해결하기 위한 내정(內政)이 역사변화의 원동력이라는 전제로 사회사를 추구했다. 그리고 서술방식도 공감을 자아내는 이야기체 역사에서 인과적 설명에 의거해서 비판하는 논증적 역사로 바뀌었다.

독일 역사학에서 역사의 사회과학화에 대한 반격은 1980년 중반 이론 지향적 역사를 인간의 숨결이 담긴 역사로 대체하려는 일상사의 대두를 통해 본격적으로 일어났다. 그런 가운데 1989년 베를린 장벽이 갑자기 무너지고 연이어 동구 사회주의 국가들이 붕괴하는 대변혁이 일어나면서 역사학은 물론 사회과학의 존재의미에 대한 근본적인 회의가 생겨났다. 결국 아무도 예상하지 못한 독일통일이 급격히 이뤄지고 소련이 붕괴하면서 이에 대한 이론적 설명이 과연 가능하며 무슨 의미가 있는지를 반성하기 시작했다.

1989년 11월 9일 저녁 7시 동독정부는 긴급 기자회견을 가졌다. 정치국 위원이고 대변인인 샤보스끼가 기자회견에서 동독인들의 해외여행 절차를 간소화하고 주변국외에도 동서독 국경을 통한 출국도 가능케 하는 여행규제완화 행정조치를 발표할 계획이었다. 그런데 방금 휴가에서 돌아온 샤보스끼는 새 여행법의 자세한 내용을 숙지하지 못한 상태에서 기자회견을 했다. 기자들이 새 여행법의 발효시점에 대한 질문을 쏟아대자 그는 얼떨결에 "지금 당장"이라고 대답했다. 그러자 동독 주민들이 베를린 장벽으로 떼 지어 몰려가고 급기야는 망치와 도끼로 장벽을 무너뜨림으로써 냉전체제의 거대한 상징이 한 순간에 무너졌다. 결국 대변인의 우연적인 말실수라는 초기조건이 '나비효과'를 일으켜서 동독을 무너뜨리는 민중혁명의 도화선이 되고,

그 결과로 독일은 통일됐다.

그렇다면 후대의 역사가는 이 같은 역사적 과정을 어떻게 서술해야 하는가? 독일통일의 주역인 헬무트 콜 전 총리조차 회고록에서 "1989년 정월에도 그해 11월에 베를린 장벽이 무너질 것이라고는 짐작하지 못했다"고 썼다. 그 때까지 동서독의 정치가들과 학자들은 "한 민족 두 국가"로 사는 것이 독일문제 해결을 위한 최선책이라고 생각했다. 하지만 극적으로 독일통일이 이뤄진 이후의 동독사에 대한 연구의 가설은 백팔십도로 바뀌었다. 처음에는 "왜 그렇게 갑자기 무너졌는가?"의 문제의식으로 연구에 착수했지만, 독재국가가 은폐한 현실사회주의의 속살을 본 이후에는 "어떻게 해서 그런 불합리하고 모순적인 체제가 그렇게도 오랫동안 유지될 수 있는지"로 작업가설이 수정됐다. 다시 말해 동독 체제의 붕괴가 기정사실이 된 이후의 동독사는 멸망사의 관점으로 연구되고 서술되는 경향을 보였다. 이처럼 사후적 설명은 우연을 필연으로 전제하고 결정론적인 인관관계를 구성한다는 문제점을 가진다.

물론 베를린 장벽 붕괴라는 사건 그 자체는 우연적으로 일어났지만 구조적 관점에서 보면 필연적인 귀결일 수 있다. 여러 사건들이 축적됨으로써 구조적 변동이 일어나고 그 같은 조건 속에서 우연적으로 발생한 사건이 역사를 바꿀 수 있다. 그렇다면 문제는 이 같은 역사변동의 과정을 포괄법칙모델과 상황논리로 설명해 낼 수 있으며 그 같은 설명이 얼마나 유의미한가이다.

먼저 포괄법칙모델로 행해지는 과학적 설명방식은 문제되는 사건을 두 종류의 전제, 곧 약간의 보편적 법칙들과 특수한 초기 조건들이라고 부를 수 있는 약간의 단칭적이거나 특수한 진술들로부터 연역해 논리적으로 연역하는 것을 의미한다. 이 모델에 따라 독일통일의 역사적 과정을 설명하면 무엇이 약간의 보편적 법칙이 될 수 있으며, 특수한 초기조건이란 무엇인가? 특수한 초기조건이 대변인의 기자회견의 말실수에 의한 베를린 장벽의 붕괴라는 것은 명확하지만, 무엇이 약간의 보편적 법칙인가를 결정하는 일은 쉽지 않다. 예컨대 "사회주의 국가는 망한다"로 할 때를 상정해 보자. 그렇다면 북한체제는 왜 붕괴하지 않는가? 북한 사회주의의 붕괴도 시간문제이므로 중요한 것은 대변인의 말실수와 같은 초기조건이 언제 발생하느냐 하는 점인가? 그런데 역사가들이 연구의 목표로 삼는 것이 "사회주의국가는 망한다"와 같은 약간의 보편적 법칙을 증명하는 것인가, 아니면 역사적 사건들의 연관성을 규명하여 기술하는 것인가? 이 둘 사이를 중재하는 설명방식이 상황논리다. 상황논리란 구체적인 상황분석을 통해서 역사적 설명을 하는 것을 의미한다. 포퍼에 따르면, "'상황분석'이란 행위자가 그 자신을 파악한 상황에 기초하며 수행하는 인간 행위에 대한 어떤 종류의 감정적이거나 가정적인 가설이다. 그것은 역사적 설명이라고 불러도 좋을 것이다. 아마도 우리는 사상의 어떤 구조가 어떻게 그리고 왜 창조되었는가를 설명하려고 할 것이다. 물론 어떠한 창조적 행위도 충분히 설명될 수는 없다. 그런데도 우리는 가정적으로 행위자가 자신을 파악한 문제 상황에 대해서 이상화된 재구성(idealized reconstruction)을 시도할 수 있고, 어느 정도 그 행위를 이해 가능하게 (혹은 합리적으로 이해 가능하게) 만들 수 있다."[13]

'이상화된 재구성'으로 역사적 사건을 설명하는 상황논리는 "인간을 합리적 존재로 보고 합리성의 원리를 인간 행위의 상황에 적용"할 수 있다는 전제로 성립한다.[14] 하지만 인간이 합리적 존재인가? 앞서 예로 든 동독의 대변인처럼 인간은 실수를 하는 비합리적 존재이고, 그렇기 때문에 우연이 역사를 창조하는 초기조건으로 작동한다. 우연을 포괄법칙으로 제거하는 설명이 아니라 포괄법칙을 반증할 목적으로 기존의 역사서술이 의미부여 한 것 대신에 무의하게 배제된 역사들을 발굴하는 푸코의 '지식의 고고학'이 역사학을 위해 더 유용하다.

포괄법칙모형에 의한 설명이 우연이란 참을 수 없는 역사의 가벼움을 포괄법칙이라는 무거움으로 대체함으로써 상실하는 것은 무엇보다도 의미해석 과학으로서 역사학의 존재이유다. 역사적 사회과학은 이론, 모델, 또는 베버의 이상형과 같은 포괄법칙으로 역사학을 설명 또는 논증하는 과학으로 만들고자 했다. 이에 반해 푸코의 '지식의 고고학'의 방법론이나 기어츠의 '치밀한 묘사(thick description)'를 차용하는 미시사나 신문화사는 역사학을 의미를 해석하는 과학으로 재규정하고자 한다. 이 같은 일반적으로 탈근대라 불리는 조건 속에서 고전적 역사주의라는 알을 깨고 신역사주의라는 새로운 문예사조가 등장했다.

## 5. 탈근대 역사주의의 귀환

신역사주의란 그린브래트가 1982년 문학저널 『장르Genre』에서 처음 사용한 용어다.[15] 고전적 역사주의가 이념을 시대의 내적 필연성을 부여하는 구조로 보고 그것을 이해하거나 그것에 의거해서 개체의 역사적 의미를 해석하는 것을 목표로 삼는데 반해, 신역사주의는 그 같은 이념이란 당대의 지배 권력을 합리화하고 기존질서를 옹호하는 관념으로 이해가 아닌 해체의 대상이다. 고전적 역사주의의 창시자 랑케는 역사성을 개체에 초월적으로 내재해서 형용할 수 없는 가치와 의미를 부여하는 '정신적 실재'에서 기원하는 것으로 기술해야 한다고 보았다. 하지만 신역사주의는 이 같은 '정신적 실재'란 결국 역사라는 텍스트가 만들어내는 허구일 뿐이다. 과거는 없고 역사만이 존재하는 현실에서 역사성이란 텍스트에 의해 구성된 것이고, 그렇게 구성된 텍스트의 의미 또한 초월적인 것이 아니라 역사 속에 생산되고 유통되며 소비된다. 고전적 역사주의는 역사성을 사료라는 텍스트가 만들어낸 것만으로 한정해서 그것을 재현하는 텍스트를 생산하는 것을 목표로 했지만, 신역사주의는 역사성을 '역사의 텍스트성(the textuality of history)'과 '텍스트의 역사성(the historicity of texts)'이 교차해서 상호작용하는 것으로 재정의 한다. 실제로 과거는 없고 여러 개의 역사 텍스트만이 존재하는 상황에서 역사가는 스스로가 처한 현실의 콘텍스트에서 복수의 역사 텍스트들의 상호텍스트성 속에서 자신의 역사 텍스트를 생산한다. 이렇게 구현된 역사 텍스트의 역사성이란 결국 '콘텍스트의 상호텍스트성'으로 만들어진 것이다.

이 같은 신역사주의 역사성은 과거는 원본이고 역사는 그것의 재현이라는 헤로도토스와 사마천 이래의 역사서술의 문법을 파괴하는 해체주의에 입각해서 성립한다. 탈근대 해체주의 역사인식론이 나오기 이전에는 단편적인 사료의 조각들을 퍼즐로 해서 과거 실재를 복원하는 것이 역사서술의 목적이었다. 이에 따르면 새로운 역사서술은 기존의 사료들을 재구성하든지, 아니면 새로운 사료를 발견하여 퍼즐 맞추기를 다시 하는 것으로 성취될 수 있다. 이에 반해 해체주의 역사인식론은 역사란 불충분한 사료 조각들을 갖고 퍼즐을 맞추려고 노력하는 가운데 재현되는 과거 실재가 아니라 역사가가 사료로써 주어진 물감을 갖고 상상력을 발휘해서 그리는 그림과 같은 것으로 본다. 재현주의 역사인식론은 역사란 이미 일어났던 과거를 모사하는 것을 목표로 삼기 때문에 과거의 역사에 대한 존재론적인 우위를 전제로 한다. 이에 반해 해체주의는 서술된 역사가 없다면 과거 자체가 존재했다는 것조차도 알 수 없기 때문에 역사의 과거에 대한 인식론적 우위를 주장한다. 요컨대 해체주의 이전의 역사인식론이 '과거로서 역사'에 입각했다면, 해체주의는 반대로 '역사로서 과거'를 주장하는 인식론적 전환을 모색한다.

재현주의 역사인식론은 역사의 과거에 대한 '유사성(resemblance)'을 금과옥조로 삼았다. '유사성'이란 과거라는 원본과 역사라는 복제 사이의 닮음의 관계를 지칭한다. 이러한 '유사성'은 아리스토텔레스 이래로 서양미술사를 지배해 온 모방(mimesis) 이론에 기초해 있다. 하지만 현재의 역사가가 모방의 대상으로 삼는 과거 실재란 더 이상 존재하지 않는다. 역사가의 역사연구와 역사서술은 과거와 역사의 모사의 관계가 아니라 이미 다른 역사가에 의해 써진 역사와 자기가 새로 쓰고자 하는 역사 사이의 차이를 만들어내려는 노력으로 전개된다. 모사가 '유사성'에 도달하고자하는 것이라면, 차이는 '상사성(similitude)'을 추구한다. 역사가가 '상사성'의 발명을 통해 추구하는 것은 기존의 역사 텍스트가 구현하지 못한 새로운 역사적 의미다. 이것의 생산과정은 구체적으로 '콘텍스트의 상호텍스트성', 다시 말해 역사가는 현실의 맥락에서 이미 서술된 역사 텍스트들을 상호비교해서 해체하여 차이를 발견함으로써 '상사성'을 부각시키는 새로운 서사를 구성하는 것으로 이뤄진다. 결국 새로운 역사적 사실들을 규명하고 그것을 서사로 구성하는 방식으로 인간과 삶의 의미에 대해 이야기하는 것이 역사학의 존재이유라고 말할 수 있다. 그런데 사람들이 역사학자가 쓴 역사책 보다는 역사소설을 더 선호하는 이유는, 전자의 역사에는 논증적인 주장이 있지만 후자의 역사에는 이야기가 있기 때문이다.

인간은 무엇보다도 이야기를 통해 소통한다. 인간들 사이의 소통은 합리적 논증보다는 공감적 이해를 통해 더 잘 성취된다. 역사학이란 과거 인간들과의 소통을 하는 역사연구와 그 성과를 현재의 인간들에게 소통하는 역사서술의 두 과정으로 성립한다. 역사학에서 문제는 이 두 단계의 소통을 어떻게 하면 가장 원활하게 할 수 있는가이다. 역사가는 과거의 인간 뿐 아니라 현재의 인간과의 소통을 잘해야 한다. 역사주의는 이 같은 의사소통관계를 여는 일차적 통로를 감정이입으로 설정하고 공감적 이해에 입각한 연구방법론을 제시했다.

김현식은 역사주의 의미를 헤겔『역사철학강의』결론을 인용하여 "역사주의로 인해 우리의 '의식은 여기까지 도달한 것이다'"라고 결산했다.[16] 결국 인간이 자기가 만든 역사세계의 정당성을 자기 스스로 정당화해야만 하는 근대의 조건이 인간으로 하여금 역사주의 의식에 도달하게 만들었고, 탈근대에서도 인간은 역사를 통해 역사를 정당화하고 역사를 극복해야 하는 역사주의 행해를 계속할 수밖에 없는 운명이다. 탈근대주의가 근대(Neuzeit)라는 새로움의 과거성을 드러내서 역사화 하려는 시대정신이라면, 신역사주의란 역사주의라는 과거의 새로움을 추구하는 사조다. 인간이 역사 속에 사는 한 역사주의에서 벗어날 수 없으며, 단지 탈근대의 조건 속에서 '역사주의란 무엇인가'의 문제를 다시 제기할 수 있을 뿐이다.

## ▣ 주

1) 헤로도토스, 『역사』, 천병희 옮김, 도서출판 숲, 2009, 24쪽.
2) 오흥식, 「그리스인의 역사서술」, 김진경 외, 『서양 고대사 강의』, 한울, 1996, 198쪽 재인용.
3) John Gustav Droysen, *Historik*, Textausgabe von Peter Leyh (Stuttgart-Bad Cannstatt: frommann-holzboog, 1977), p. 22.
4) 위의 책, p. 435.
5) 위의 책, p. 17.
6) 위의 책, p. 435.
7) 위의 책, p. 55.
8) 프리드리히 니체, 『니체 전집 2: 비극의 탄생·반시대적 고찰』, 이진우 옮김,책세상, 2005, 290쪽.
9) 아서 단토, 『일상적인 것의 변용』, 김혜련 옮김, 한길사, 2008.
10) H. Blumenberg, *Legitimität der Neuzeit*(Frankfurt/M., 1966), p. 72.
11) 이한구, 『역사주의와 반역사주의』, 철학과 현실사, 2010.
12) 위의 책, 259쪽.
13) 위의 책, 271쪽 재인용.
14) 같은 곳.
15) Steven Greenblatt, The Form of Power and The Power of Forms in the Renaissance, *Genre* 15(1982), pp. 3~6.
16) 김현식, 「역사주의」, 김영한·임지현 편, 『서양의 지적운동: 르네상스에서 포스트모더니즘까지』, 지식산업사, 1996, 532쪽.

## ▣ 참고문헌

김현식, 「역사주의」, 김영한·임지현 편, 『서양의 지적운동: 르네상스에서 포스트모더니즘까지』, 지식산업사, 1996.

단토, 아서, 『일상적인 것의 변용』, 김혜련 옮김, 한길사, 2008.

오흥식, 「그리스인의 역사서술」, 김진경 외, 『서양 고대사 강의』, 한울, 1996.

이한구, 『역사주의와 반역사주의』, 철학과 현실사, 2010.

프리드리히 니체, 『니체 전집 2: 비극의 탄생·반시대적 고찰』, 이진우 옮김, 책세상, 2005.

헤로도토스, 『역사』, 천병희 옮김, 도서출판 숲, 2009.

Blumenberg, H., *Legitimität der Neuzeit*(Frankfurt/M., 1966).

Droysen, John Gustav, *Historik*, Textausgabe von Peter Leyh (Stuttgart-Bad Cannstatt: frommann-holzboog, 1977).

Greenblatt, Steven, The Form of Power and The Power of Forms in the Renaissance, Genre 15(1982).

■대표저자: 임상우 서강대학교 사학과 교수

■강성호 국립순천대학교 인문학부 사학전공 교수
■고지현 가천대학교 아시아문화연구소 학술연구교수
■김기봉 경기대학교 사학과 교수
■김수영 국민대학교 국제학부 중국학 전공 교수
■나인호 대구대학교 역사교육과 교수
■노명환 한국외국어대학교 사학과 / 대학원 정보기록학과 교수
■노용필 한국사학연구소 소장
■이한구 경희대 석좌교수
■전진성 부산교육대학교 사회교육과 교수
■조한욱 한국교원대학교 역사교육과 교수
■최병수 충북대학교 역사교육과 교수
■최성철 서강대학교 국제문화교육원 전임강사
■최호근 고려대학교 역사연구소 연구교수

## 역사주의 : 역사와 철학의 대화

초판 인쇄   2014년 9월 01일
초판 발행   2014년 9월 15일

저 자   한국사학사학회 편
펴낸이   한정희
펴낸곳   경인문화사
등 록   제10-18호(1973.11.8)
주 소   서울시 마포구 마포동 324-3
전 화   (02) 718-4831   팩스   (02) 703-9711
홈페이지   http://kyungin.mkstudy.com
이메일   kyunginp@chol.com

ISBN   978-89-499-1043-7   93900
정가   25,000원